CORRESPONDANCE INÉDITE

DU

P. LACORDAIRE

CORRESPONDANCE INÉDITE

DU

P. LACORDAIRE

LETTRES A SA FAMILLE ET A DES AMIS

SUIVIES DE

LETTRES DE SA MÈRE, D'UN APPENDICE

ET PRÉCÉDÉES

D'UNE ÉTUDE BIOGRAPHIQUE ET CRITIQUE

PAR

Henri VILLARD

2e ÉDITION REVUE ET CONSIDÉRABLEMENT AUGMENTÉE

Defunctus adhuc loquitur.
(S. Paul.)

SOCIÉTÉ GÉNÉRALE DE LIBRAIRIE CATHOLIQUE

Ancienne Maison PALMÉ, éditeur des Bollandistes

PARIS	BRUXELLES
VICTOR PALMÉ	G. LEBROCQUY
DIRECTEUR ADMINISTRATEUR	DIRECTEUR DE LA SUCCURSALE
25, rue de Grenelle.	5, place de Louvain.

1876

LANGRES, IMP. FIRMIN DANGIEN.

PRÉFACE

Le livre dont je publie une édition nouvelle a paru, pour la première fois, en 1870, à la veille de la guerre. Peu de journaux en parlèrent à cette époque (1), mais grâce au nom qui le protégeait et malgré les événements, il a fait son chemin en ce monde et la première édition est épuisée.

Je dois dire quelques mots de celle que je publie aujourd'hui.

J'ai supprimé plusieurs lettres (2), jugeant qu'une seule publication de ces lettres suffisait au but que je m'étais proposé. Je les ai remplacées par d'autres beaucoup plus

---

(1) M. Victor Fournel, le premier, recommandait mon livre aux lecteurs de la *Gazette de France* dès le 18 avril 1870. Le 28 juin, le regrettable abbé Falcimagne, dans le *Monde*, — le 29 du même mois, M. de Fontpertuis, dans l'*Avenir catholique*, lui consacraient chacun un long et bienveillant article; M. Marius Sepet en parlait dans la *Revue des questions historiques* de juillet; trois ans plus tard, le 29 décembre 1872, l'*Univers* l'appréciait favorablement dans un article anonyme dans lequel j'ai cru reconnaître la plume aimable de M. Léon Aubineau. — En citant ces noms divers, je paie une dette de reconnaissance.

(2) 26 lettres de la première édition ont été supprimées.

nombreuses (1) qu'ont mises à ma disposition des correspondants dévoués, comme moi, au culte de cette grande et chère mémoire.

L'accueil qui a été fait aux lettres de Mme Lacordaire m'a déterminé à accroître cette partie de ma publication, en puisant de nouveaux extraits dans sa correspondance de famille.

J'ai ajouté également de nouveaux chapitres à l'Appendice, dont je remercie ceux qui ont parlé de mon livre d'avoir constaté l'importance. Mon but, je l'ai dit, n'a pas été d'écrire une biographie du P. Lacordaire, mais de fournir des matériaux à celui qui aura l'honneur de l'écrire, en des jours qui, plus heureux que les nôtres, permettront de dire, sur les hommes et sur les choses, la vérité toute entière. L'admirable livre de M. Foisset n'a pas tout dit et n'a pas pu tout dire encore. Nul, plus que moi, tout en en constatant les lacunes, nécessaires peut-être aujourd'hui, ne lui rend un plus reconnaissant hommage. Pour écrire une biographie complète du Père Lacordaire, il faut que ce que j'appellerai « ses grandes correspondances » soient connues, et c'est à peine si, à l'exception de celles avec Mesdames Swetchine et de la Tour du Pin, quelques fragments en ont paru dans le livre du P. Chocarne, dans l'œuvre de M. Foisset, dans le recueil de l'abbé Perreyve et dans les pages éloquentes de M. de Montalembert.

---

(1) 53 lettres nouvelles ont été ajoutées à cette seconde édition.

Enfin j'ai ajouté à l'étude biographique des notes, la plupart tirées des lettres de Mme Swetchine, et plusieurs documents nouveaux.

Je n'en dirai pas davantage sur cette seconde édition. Elle parait en des jours troublés et difficiles. Les droits de l'Eglise, de la société, des pères de famille, sont méconnus. Chrétiens et français, nous sommes en proie à de trop légitimes inquiétudes, en but à de nombreux périls. Celui dont j'ai parlé dans ce livre a connu ces inquiétudes et ces périls. Il nous a appris l'art de combattre les uns et de ne pas nous laisser décourager par les autres. Plus que jamais sa vie doit nous être un conseil et un exemple. *Defunctus adhuc loquitur*.

Langres, 20 juin 1876.

PRÉFACE

DE LA PREMIÈRE ÉDITION

Je crois tenir du P. Lacordaire, autant que de ma reconnaissance le droit de parler de lui.

Dieu m'a fait le bonheur de le rencontrer à l'aurore de ma jeunesse, et jamais, depuis lors, son affection n'a manqué à mon âme ; et quelle affection ! Ceux qui, comme moi, l'ont éprouvée, n'en sauraient oublier le dévouement ni la tendresse, et ce sera toujours pour eux une joie d'en témoigner, si humble ou si puissante que soit leur parole.

Plus jeune, et lui vivant, j'avais déjà eu le désir de parler du P. Lacordaire ; mais je n'avais cru pouvoir le faire qu'après en avoir obtenu de lui la permission. C'est alors, — le 15 janvier 1852, — qu'il me répondit une des plus admirables lettres qui aient jamais jailli de son cœur :

" ..... Je ne sais, mon cher ami, si je mériterai qu'on
" s'occupe de ma vie après ma mort. C'est la mort seule
" qui donne à la vie son véritable caractère et qui permet

« de la perpétuer..... moi vivant, l'amitié vous aveu-
« glerait.....

« ..... Que si c'est pour vous un soin pieux de ras-
« sembler les matériaux de ma faible vie, rassemblez-les
« comme on fait de choses intimes, pour vous, pour
« les heures d'un âge plus mûr, et si je viens à mourir
« avant vous, comme c'est l'ordre de la nature, vous
« verrez alors s'il convient à l'édification des âmes de
« dire quelque chose de moi sur mon tombeau. La mort
« vous permettra tout, parce qu'elle vous donnera la
« mesure de tout. Vous serez plus vieux et moi, mieux
« placé sous vos regards. »

A la page 277 de ce volume, le lecteur lira cette lettre toute entière, mais je devais en citer ici quelques phrases pour justifier le droit que je revendiquais en commençant.

Cette heure de l'éloge funèbre n'est, hélas ! que trop tôt venue. Le temps est si rapide que voilà neuf ans déjà que celui qui fut notre père, notre maître et notre ami, est allé recevoir de Dieu la récompense de sa vie.

Je n'ai pas la prétention d'écrire sa biographie. C'est une œuvre, à mes yeux, prématurée, quelque soit le désir ou le mérite de ceux qui l'essaient. Le P. Lacordaire a touché à trop de choses encore palpipantes, à trop d'hommes encore vivants, pour qu'il soit aujourd'hui possible d'être impartial et complet, comme il faudrait l'être en parlant de son temps et de lui. Tous les trésors qui renferment les secrets de cette biographie ne sont pas ouverts; tous les matériaux ne sont pas à pied d'œuvre, comme on dit en style d'architecture, qu'il me sera permis d'employer, puisqu'il s'agit d'un monument à élever à la mémoire de l'homme dont la gloire est l'une des plus pures et des plus vraies de la France de nos jours. *Scribantur hœc in generatione alterâ*, a dit avec raison M. de Montalembert, en louant son ami et en empruntant la parole du Roi-Prophète pour expliquer des réticences nécessaires. Mais, en attendant que le jour de la pleine justice et de l'entière vérité se lève, c'est le devoir de tous ceux qui ont connu le P. Lacordaire de lui rendre chacun son témoignage. L'Eglise de France a parlé la première par la voix de Mgr de la Bouillerie et du cardinal de Bordeaux. (1) L'amitié est venue ensuite, disant, avec une éloquence attendrie, ses souvenirs et sa tristesse (2). La famille religieuse a succédé, révélant au monde étonné, scandalisé peut-être, les héroïques vertus du moine que le cloître avait voilées de ses ombres sacrées (3). L'amitié parlera bientôt encore par la plume autorisée de M. le conseiller Foisset. D'autres viendront, j'en suis sûr, fidèles à leur reconnaissance et à l'appel de Dieu, qui veut que rien ne manque à la

---

(1) V. *Oraisons funèbres* prononcées aux funérailles par Mgr de Carcassonne et le 16 janvier 1862, à l'église Notre-Dame de Bordeaux, par Son Em. le cardinal Donnet.

(2) V. *le P. Lacordaire*, par M. de Montalembert.

(3) V. *la Vie du P. Lacordaire*, par le P. Chocarne.

gloire de ses saints. *Custodit Dominus omnia ossa eorum : unum ex his non conteretur.*

J'apporte aujourd'hui mon rameau. Allié à la famille du P. Lacordaire, et depuis vingt ans son ami, j'ai recueilli ses confidences dans des conversations d'où l'affection n'excluait pas la vérité ; elle m'a confié des lettres nombreuses. Ce sont ces souvenirs que je raconte et ces lettres que je publie, désireux de montrer quel était le P. Lacordaire dans ses rapports avec ceux dont il avait le sang dans les veines.

Ces lettres de famille ne sont pas les seules de mon livre. Des correspondants qui réclamaient un avis, la solution d'un doute, un service, des amis, des fils spirituels du P. Lacordaire, m'ont fait l'honneur de me confier leur correspondance et de m'autoriser à la reproduire. De toutes ces lettres, quelques-unes paraîtront insignifiantes et ne pas mériter la publicité que je leur donne. Elles ont leur importance cependant, ne fût-ce que par un renseignement, un mot, une date qu'elles fourniront un jour pour une biographie complète du P. Lacordaire.

J'ai fait suivre cette correspondance d'extraits de lettres de la mère du P. Lacordaire. Nul, j'en suis certain, ne me reprochera la joie que j'ai prise à mettre un rayon de lumière sur la figure de cette vraie chrétienne, en qui l'élévation de l'intelligence s'alliait à la grâce de l'esprit, et qui joignait un cœur si tendre à un jugement si ferme, — la digne mère de son fils, en un mot.

J'ai fait précéder les lettres d'une étude biographique et critique, où j'ai pris le soin de laisser, le plus que j'ai pu, parler le P. Lacordaire lui-même. A deux pages près, cette étude est celle que j'ai soumise l'année dernière à l'Académie des Jeux-Floranx. L'approbation qu'elle a donnée à mon travail (1) et le conseil de mes amis m'ont déterminé à ne rien changer à cette étude et à laisser, pour en faire l'objet d'un apendice, des documents qui y auraient trouvé leur place naturelle. Ces documents appellent l'attention du lecteur à plus d'un titre. Ils font partie de ces *matériaux* que le P. Lacordaire me donnait le droit de recueillir. Je l'ai fait avec *un soin pieux*, persuadé qu'ils serviront à cette histoire future, qu'un de nos descendants, plus heureux que nous, aura la gloire d'écrire.

Voilà toute l'économie du livre que je publie aujourd'hui, avec l'espoir qu'il fera connaitre, admirer, aimer davantage le P. Lacordaire.

Langres, en la fête de saint Thomas d'Aquin, 7 mars 1870.

---

(1) V. Rapport de M. le comte de Toulouse-Lautrec, dans le *Recueil de l'Académie des Jeux floraux* de 1869.

Je voudrais parler du père Lacordaire avec le cœur d'un fils et que ces quelques pages consacrées à sa mémoire, s'inspirant de mon respect, de mon affection et de ma reconnaissance, rendissent témoignage à l'un des hommes qui ont le mieux servi et le plus honoré la France, l'Eglise et l'humanité.

Le plan de mon travail est tout entier dans ces derniers mots. Après avoir esquissé d'un trait rapide la vie du père Lacordaire, je voudrais montrer en lui l'homme de génie, le citoyen et le chrétien, grands tous les trois jusqu'au sublime, à l'héroïsme, à la sainteté, pour unir ainsi autour de ce front prédestiné ce triple rayon d'une immortelle et divine auréole.

I

Jean-Baptiste-Henri Lacordaire est né à Recey-sur-Ource, en Bourgogne, le 12 mai 1802. Le lieu d'origine de sa famille est Bussières-les-Belmont, charmant village à quelque distance de Langres, sur les bords pittoresques du Saolon. C'est là qu'est située « la maison paternelle. » (1) C'est là que Nicolas Lacordaire, son père, est venu mourir le 4 août 1806, le jour même de la fête de saint Dominique qu'il semblait léguer pour père à son fils ; c'est là, dans « ce manoir primitif de ses ancêtres, » qu'Henri Lacordaire a vécu la plus grande partie de son heureuse enfance, et que, chaque année, du lycée de Dijon où il était entré en 1812, il revenait passer ses vacances dans une famille où il trouvait « une hospitalité si cordiale et des plaisirs si vrais. » Aussi aimait-il tendrement cette maison de Bussières « à laquelle tant de souvenirs de jeunesse sont

---

(1) « Par une singularité qui s'était déjà rencontrée à Domremy, lieu natal de Jeanne d'Arc, un ruisseau partageait Bussières en deux provinces : Bussières, *rive droite*, appartenait à la Bourgogne ; Bussières, *rive gauche*, à la Champagne. La maison où naquit le père d'Henri Lacordaire, se trouvait dans la partie bourguignonne. »
(Foisset, *Vie du R. P. Lacordaire*, t. I, page 30.)

Le fait est exact, à la condition qu'au lieu de *rive droite* on lira *rive gauche* et réciproquement. M. Foisset s'est mal orienté. La maison patrimoniale des Lacordaire est à gauche du Saolon, en descendant le cours de la rivière.

attachés et que nous pouvons regarder — écrivait-il à un parent de son nom — comme notre berceau à tous (1). »

Henri Lacordaire était le second des fils que Nicolas Lacordaire avait eus de son mariage avec Anne Dugied, fille d'un avocat au Parlement de Bourgogne. En 1812, il quitta Bussières où il vivait chez un oncle, frère aîné de son père et médecin comme lui, pour entrer au lycée de Dijon où il avait obtenu une demi-bourse. Il y resta pendant sept années, « élève médiocre » au commencement ; c'est lui du moins qui se juge ainsi dans ses Mémoires, en évoquant des souvenirs qui sont contredits sur ce point par ceux de sa famille entière. Mais ce qui ne fait plus doute, c'est qu'en rhétorique il devint un élève hors ligne ; aussi lorsque, chargé de couronnes sans nombre, il quitta le lycée en 1819, faisait-il déjà augurer de lui un brillant avenir.

Mais s'il avait acquis un peu de science et un commencement de gloire au lycée, il y avait perdu la foi. Il avait apporté, en y entrant, la radieuse beauté d'une âme pure et déjà pleine de Dieu ; il en sortait incrédule « avec une religion détruite et des mœurs menacées. » Les témoignages contemporains, — s'il ne nous l'avait dit lui-même, — nous apprendraient le martyre véritable que, grâce à son innocence, il eut à subir de la part de camarades qui l'avaient pris « comme une sorte de jouet ou de victime (2). » Le régime intérieur du lycée ajoutait ainsi ses ruines à ceux d'un enseignement d'où Dieu était absent et le chrétien disparaissait peu à peu de l'intelligence et du cœur de ceux

---

(1) Lettres inédites. — Voir à la fin du volume une note sur les origines de la famille du P. Lacordaire.

(2) Mémoires.

qui les subissaient. Rien ne soutenait leurs mœurs qui se dégradaient; rien ne soutenait leur foi qui sombrait dans l'incrédulité. Le souvenir de ce temps avait laissé dans l'âme du P. Lacordaire un ressentiment qui ne désarma jamais, même à la veille de la tombe. Il n'en parlait qu'avec « un accent d'imprécation; » et lorsque, plus tard, aumônier d'un lycée, il put juger dans les autres des ravages du mal qui l'avait vaincu lui même, on ne s'explique que trop des colères qui trahissaient la profondeur de ses blessures et sa haine contre un régime qui ne savait pas protéger les âmes de la jeunesse et les jetait en proie à tous les attentats (1).

Au sortir du lycée, Henri Lacordaire entra dans « la petite maison de sa mère, » où il retrouva le « charme infini de la vie domestique, tendre et modeste, » et il suivit les cours de la faculté de droit de Dijon. La science difficile du droit et la manière trop positive dont il est souvent enseigné dans nos écoles, n'empêchaient pas le brillant rhétoricien de se consacrer sérieusement à cette étude qui, dans les prévisions de sa famille et dans les siennes, devait lui ouvrir une carrière. Ses succès le signalèrent même à l'attention et aux éloges de ses professeurs, aux yeux desquels il était cependant suspect de faire un *peu trop de métaphysique*. Il échappait d'ailleurs aux aridités de l'école par d'autres études d'un ordre plus élevé et plus en harmonie avec une intelligence aussi haute et aussi accessible aux idées que la sienne. « Honnête, ouvert,
« impétueux, sensible à l'honneur, ami des belles lettres
« et des belles choses, ayant devant moi comme le flambeau
« de ma vie, l'idéal humain de la gloire (2), » tel se peint à dix sept ans le jeune légiste de la faculté de Dijon. Il est

(1) Mémoires.
(2) Mémoires.

aisé de comprendre quelle pouvait être la séduction des grandes études littéraires sur une nature ainsi organisée et préparée. Il lisait beaucoup, promenant partout les curiosités de son esprit; si parfois, dans ses loisirs, il traduisait en vers Anacréon, ou rimait de petites pièces dont ses amis avaient la confidence, il discutait plus souvent encore avec eux les questions qui surgissaient des hasards de ses lectures, des doctrines du jour ou des événements contemporains, et « les plus hauts problèmes de la philosophie, de la politique et de la religion (1). » Ses camarades de la société d'études n'ont pas oublié de quel style éloquent, avec quelles vives et puissantes images, il leur parlait de *la Patrie*, ou leur racontait *le siége et la ruine de Jérusalem*, ou, évoquant Platon lui-même, le faisait s'entretenir de la liberté avec ses disciples, assis en face de cette mer d'Ionie qui bat le cap Sunium de ses flots sonores.

« Dans ces premiers essais de cet esprit encore mineur — a dit trente ans plus tard l'un d'eux — dans ce choix même de sujets si grands et si graves, il y avait déjà, pour ceux qui les ont entendus, la meilleure part de l'orateur de Notre Dame (2). »

La plupart des membres de cette société d'études étaient chrétiens en religion, libéraux en politique. Libéral comme eux, Henri Lacordaire n'était plus chrétien. Il n'était pas impie cependant : « l'impiété conduit à la dépravation, — écrivait-il au contraire, — prenons garde (3) ! » Il lisait les œuvres de Voltaire, mais de cette « suite de débauches d'esprit » il lui restait l'impression d'une

---

(1) Mémoires.

(2) *Le R. P. Lacordaire*, par M. P. Lorain, 1847, excellente notice, pleine de détails importants sur la jeunesse du P. Lacordaire.

(3) Lettre citée par M. Lorain.

grande « pauvreté morale et philosophique ; » il lisait Rousseau qu'il trouvait meilleur que Voltaire et ne méprisant pas comme lui son lecteur. Mais tout en en subissant le « charme, utile quelquefois à des jeunes gens qui ne respectent rien (1), » il réfutait l'erreur de son système qui, « suivi dans toutes ses conséquences, mène au suicide « social, c'est-à-dire au crime le plus grand que la pen- « sée humaine puisse concevoir après le déicide (2). »

Le déisme qui faisait le fond de ses idées religieuses se pénétrait de quelques idées chrétiennes. » Il aimait l'Evangile, parce que la morale en est ineffable ; il respectait ses ministres, parce que l'influence qu'ils exercent est salutaire à la société, mais la foi ne lui avait pas été donnée en partage. » C'est ainsi qu'il parlait de lui-même au président Riambourg (3). C'est à cette époque encore, qu'au grand scandale de son frère aîné qui trouvait qu'il *se déshonorait* par une pareille doctrine, il professait que *la France ne serait bien que quand elle serait protestante* (4). »

Son droit fini, le jeune légiste avait dix-neuf ans. « Il faut que tu fasses le sacrifice d'envoyer ton fils à Paris, — écrivait une de ses tantes à sa mère ; — Dijon n'est pas un théâtre digne de lui (5). »

« Malgré son état très-gêné de fortune, » Mme Lacordaire céda aux conseils de sa sœur et à ses propres espé-

---

(1) Lettre du 30 juin 1853, publiée par M. l'abbé Pereyve.
(2) Lettre citée par M. Lorain, p. 11.
(3) Notice de M. Lorain, p. 12. — M. Riambourg, ancien procureur général, puis président de Chambre à la cour royale de Dijon, auteur d'œuvres philosophiques remarquables dont M. le conseiller Foisset a publié une édition chez Migne.
(4) Notes de famille.
(5) Notes de famille.

rances sur son fils, et elle l'envoya faire son stage au barreau de Paris.

Il y vint, après un voyage en Suisse, à l'automne de 1822.

Le président Riambourg l'avait adressé à un avocat de ses amis, M. Guillemin. Celui-ci a raconté, en quelques pages émues (1), son entrevue avec ce beau jeune homme, « à l'air décent et presque angélique, » dont son ami lui vantait la *candeur* et les dispositions heureuses, et *à qui il ne s'agissait plus que de donner une bonne direction à Paris*. En congréganiste qu'il était, l'excellent M. Guillemin se méprit au mot et proposa un confesseur. — « Un confesseur à moi ! — répondit le jeune homme d'une voix grave et douce, mais je ne vais pas à confesse, et la raison en est que je ne crois pas. Si j'avais le bonheur de croire, j'irais à confesse ; mais je ne dois pas y aller, puisque je ne crois pas. »

Pour ne pas aller à confesse, Henri Lacordaire n'en devint pas moins le collaborateur aimé d'un avocat qui se confessait, et il le resta pendant deux ans, « travaillant
« avec une patiente ferveur, suivant un peu le barreau,
« attaché à une société de jeunes gens qu'on appelait
« *des Bonnes-Etudes*, société à la fois royaliste et catho-
« lique, et où il se trouvait sous ce double rapport comme
« étranger. Aucune lumière ne me vint de ce côté, —

---

(1) *Le Souvenir du ciel dans les émotions de la terre*, par M. Alexandre Guillemin, ancien avocat à la cour de cassation. Paris, 1841, chez Debécourt et Gaume. — V. p. 247 et suiv. la notice qui précède la *Doléance amicale au R. P. Lacordaire*, à propos du *Discours sur la vocation de la nation française*. M. Guillemin a réimprimé en partie cette notice dans le volume qu'il a publié sur le P. Lacordaire en 1862, chez Palmé et Douniol.

« ajoute-il dans ses Mémoires, — aucune amitié non plus.
« Je vivais solitaire et pauvre, abandonné au travail se-
« cret de mes vingt ans, sans jouissances extérieures,
« sans relations agréables, sans attrait pour le monde,
« sans enivrement au théâtre (1), sans passion du dehors
« dont j'eusse conscience, si ce n'est un vague et faible
« tourment de la renommée. Quelques succès de cour
« d'assises m'avaient seuls un peu émus, mais sans m'at-
« tacher. »

Ce que le P. Lacordaire oublie de nous dire, c'est le succès éclatant de ses débuts : M. Mourre, procureur général à la cour de cassation, l'admettait dans son cabinet (2); Berryer lui prédisait qu'*il pouvait se placer au premier rang du barreau, s'il évitait l'abus de sa facilité pour la parole;* — « Messieurs, — disait de lui le premier président Séguier, après une de ses plaidoiries, — ce n'est pas Patru, c'est Bossuet. »

Mais ces premiers sourires de la gloire ne l'éblouissaient pas et ne parvenaient point à dissiper cette mélancolie naturelle aux grandes âmes et dont le Père Lacordaire ne s'est jamais dépris. « Je suis rassasié de tout
« sans avoir rien connu ; — écrivait-il à des amis. — Si
« l'on savait comme je deviens triste ! J'aime la tristesse,
« je vis beaucoup avec elle...Franchement, j'ai pitié de la
« gloire, et je ne conçois plus guère comment on se donne

---

(1) V. à l'appui la lettre I de ce recueil, qui paraît aujourd'hui pour la première fois.

(2) « Je travaillais comme secrétaire libre, dans le cabinet de M. Mourre, procureur général à la cour de cassation, et j'eus le bonheur de lui présenter à ma place mon collaborateur, qui alternait ainsi, avec la même liberté, entre le magistrat éminent et le simple avocat.

« Lacordaire hérita ensuite, avec M. Gaudry et quelques autres jeunes confrères amis, de mes causes à la cour royale, quand je fus nommé avocat aux conseils. » — *Le P. Lacordaire*, par M. Guillemin, p. 58, en note.

« tant de peine pour courir après cette petite sotte... J'é-
« prouve chaque jour que tout est en vain ...(1) »

L'aube de la vérité se levait dans cette âme que rien de la terre ne pouvait séduire en dépit de sa jeunesse et de son génie ; Dieu l'amenait pas à pas aux rivages de la foi ; il lisait beaucoup, il priait, il réfléchissait, et « quand on réfléchit, on touche vite à Dieu (2) ; » il était chaste (3). « Il s'oubliait tout-à-fait lui-même pour chercher la vérité seule, — a dit de lui M. Guillemin ; — c'est que la pureté de sa vie ne lui donnait aucun intérêt contraire. » *Beati mundo corde quia Deum videbunt :* c'est l'oracle de l'éternelle Sagesse.

Je vois, je sais je crois...

put dire un jour Henri Lacordaire, Jésus-Christ avait tou-

---

(1) M. Lorain, p. 16 et 17.

(2) Discours à l'institut catholique, à Lyon, en 1845.

(3) *L'Année dominicaine* (août 1865, p. 318), a publié une lettre ravissante qu'Hyppolyte Regnier écrivait à son père le 3 décembre 1823. Avocat lui-même, il vivait avec Henri Lacordaire dans un petit appartement de la rue du Dragon, n° 30, où ils s'étaient mis ensemble *dans leurs meubles* pour obéir aux prescriptions du conseil de l'Ordre. En comparant sa vie à celle de son ami, voici le témoignage qu'il lui rend : « Je n'étais qu'un bam-
« bin à côté d'Henri ; s'il se couche à dix heures, il est au travail à cinq du
« matin, fait les diners (même de dévouement), vit de science et d'air ; tout
« cela sans pédantisme, sans bizarrerie ni avarice, mais par principe d'or-
« dre et de santé. C'est du reste le meilleur tempérament que je sache,
« délicat mais élastique ; sobre, mais régulier. Il prétend que chacun peut
« s'en créer un pareil avec son régime. Il fait tout avec mesure et à temps
« donné ; si bien que je le regarde comme une de ces bonnes petites mon-
« tres de Genève, pas brillantes, pas volumineuses, mais capables de
« régler le soleil.... C'est pour moi *l'ange de l'école*, au moins l'ange gar-
« dien des principes dont vous m'avez doté, le guide de ma vie judiciaire,
« le maître de ma vie sociale. Ses leçons se bornent à l'exemple. Pratique-
« t-il la religion ? Pas encore ; cependant je ne suis pas sur ses épaules
« quand il sort, pas plus que lui sur les miennes. Mais dernièrement, me
« reprochant mes oublis envers Dieu et passant devant Saint-Germain-des-

ché son cœur de vingt ans. Il était chrétien ; chrétien, il voulut être prêtre : il eût été moine, s'il y eût eu des Dominicains en France à cette époque, ainsi qu'il en témoignait vers la fin de sa vie à celui qui écrit ces lignes. Dieu, le Dieu de la Crèche et du Calvaire s'était révélé, s'était donné à lui tout entier, il fallait qu'il se donnât lui-même à Dieu tout entier : *totum pro toto*.

« J'abandonne le barreau, nous ne nous y rencontrerons jamais, — écrivait-il le 11 mai 1824, — nos rêves de cinq ans ne s'accompliront pas. J'entre demain matin au séminaire de Saint-Sulpice. »

Il y entra en effet le 12 mai, jour anniversaire de sa naissance. Il avait vingt-deux ans. « Soyez le bien-venu, — lui avait dit Mgr de Quelen en lui tendant la main, — vous défendiez au barreau des causes périssables, vous allez en défendre une dont la justice est éternelle. »

Seule de tous les siens, la mère d'Henri Lacordaire avait eu le secret de la résolution de son fils. Elle en avait d'abord souffert dans ses espérances ; elle s'y résigna dans sa foi. Mais les autres membres de sa famille

---

« Près, j'entre, et derrière un pilier, qui vois-je agenouillé, la tête à
« moitié cachée dans une de ses mains, comme une statue de la médita-
« tion ? Mon Henri, mon petit bijou d'Henri lui-même. Que diantre faisait-
« il là ? N'en déplaise à Messieurs du Cercle, ce n'est pas en priant qu'on
« attend sa maîtresse, et je mettrais ma main au feu qu'il n'en a jamais
« eu.
« J'ai filé sans lui dire ce qu'il tient peut-être à me cacher. Ou je me
« trompe fort, ou il n'en restera pas là ; et quand il voudra trahir le secret
« qui fermente au fond de sa bonne petite caboche, ce n'est pas à moi seul
« qu'il le dira, mais au monde entier... »
Hyppolyte Regnier, mort depuis, était le frère du savant auteur de *l'Orgue*, M. Joseph Regnier, ancien magistrat, aujourd'hui prêtre et chanoine honoraire de Reims, qui devrait bien nous donner ses souvenirs sur le P. Lacordaire et les belles lettres qu'il a de lui.

ne l'apprirent pas sans étonnement, quelques-uns même sans une irritation que es idées du temps expliquent (1) :

Voltaire alors régnait...

« Comprends-tu cela? Henri Lacordaire curé ! curé !... » disaient avec colère d'anciens camarades de collége.

(1) La lettre suivante que son frère aîné Théodore lui écrivit en cette circonstance m'a paru à tous égards mériter d'être conservée. Elle honore les deux frères ; elle est un signe du temps et de ce qu'inspirait à des esprits élevés et graves le spectacle d'un système qui, malgré les trahisons répétées des événements, fait encore illusion aujourd'hui à beaucoup. J'ai l'original de cette lettre sous les yeux.

Hâvre, 24 mai 1824.

« Mon cher Henri, je viens de recevoir ta lettre et elle me jette dans une surprise si grande, qu'après l'avoir relue plus de dix fois, je doute encore si ce qu'elle m'annonce est véritable; mais enfin il faut bien en croire mes yeux. Dans une affaire aussi grave, je ne songe plus aux petits froissements de l'amour propre, et ne te ferai nul reproche du secret que tu as gardé avec moi et auquel maman a été également fidèle; mais je te tromperais et me tromperais moi-même si je te cachais que je suis profondément affligé du parti que tu viens de prendre: je ne te ferai cependant aucune réflexion à ce sujet, bien convaincu que tu t'es dis à toi-même tout ce qu'il est possible de te dire, et que je ne ferai que te répéter ce que mille autres ont dit avant moi en pareille occasion; c'est une affaire finie et je n'ai plus que des souhaits à former pour toi; puisse-tu trouver dans l'état que tu viens d'embrasser le bonheur que tu y as cru attaché, et ne pas éprouver un jour d'inutiles regrets. Tu es bien jeune encore et ta vie est longue de quelque manière qu'on la considère. Tu viens de me causer le plus grand chagrin que j'aie éprouvé, mais qu'il n'en soit pas question. Je suis loin de t'en vouloir; jamais tu n'affaibliras mon attachement pour toi en suivant ce que te dictera ta conviction et ta conscience; mes opinions, quelles qu'elles soient, n'entrent pour rien dans ce que j'éprouve; je ne hais ni la religion ni ses ministres en général; mais je déteste l'usage qu'on fait actuellement de la première et la conduite de la plupart des seconds.

« Je recevrai avec plaisir des détails sur le séminaire où tu es ; la bourse qu'on t'a accordée est-elle entière et n'as-tu pas quelques dépenses à faire; si jamais tu as besoin d'argent, tu peux m'en demander et même en un besoin pressant tirer sur moi avec avis, si la somme est un peu forte, au dessus de 100 francs par exemple. On m'a accordé des appointements depuis

En attendant qu'il le devînt, — et c'était quelquefois son rêve de l'être dans un humble village, — l'abbé Lacordaire était au séminaire d'Issy, et il y faisait sa théologie.

---

huit jours; j'ai 800 francs pour cette année à compter du 1ᵉʳ janvier dernier, ce qui me donne 4 mois d'avance; je l'ai annoncé à Mme Lacordaire qui sans doute n'aura pas pu t'en faire part.

« Sors-tu quelquefois du séminaire, auras-tu des vacances ? Je suis presque décidé à aller à Paris l'an prochain à pareille époque, j'irai alors te voir; je ne pensais guère ce matin que ce serait où tu es. Adieu, je t'embrasse avec mon attachement accoutumé.

Théod. LACORDAIRE. »

V. au surplus l'appendice VI.

II

« En entrant au Séminaire, surtout à la campagne, on
« éprouve une grande paix. Il semble que le monde est
« détruit, que c'en est fait depuis longtemps des guerres
« et des victoires, et que les cieux, à peine voilés, sans
« canicule et sans tonnerre, enserrent une terre nouvelle...
« Ce qu'éprouve l'âme est une sorte d'aimable enivrement
« de frugalité et d'innocence... »

Ces paroles d'Amaury, dans *Volupté* (1), mais qui sont de l'abbé Lacordaire lui-même, nous peignent bien l'état de son âme et le calme qui s'y était fait après sa résolution.

---

(1) « Lorsque je fis le roman de *Volupté*, j'avais eu à inventer une conclusion, et je voulais qu'elle parût aussi vraie et aussi réelle que le reste. Ayant à conduire mon personnage au séminaire, je m'adressai à l'abbé Lacordaire pour qu'il voulût bien me donner des renseignements. Il m'offrit de me conduire lui-même au séminaire d'Issy ; et en effet, un mercredi d'été, il vint me prendre chez ma mère, rue Montparnasse, en compagnie de son frère (actuellement professeur à l'Université de Liége) (*), et nous nous acheminâmes à travers la plaine de Montrouge jusqu'à Issy. C'était jour de congé, et nous pûmes tout visiter. Le lendemain, je me disposais à noter tout ce que j'avais vu de remarquable et à profiter des

(*) Ceci est une erreur de mémoire du célèbre critique : « Si Sainte-Beuve a écrit
« quelque part que je l'avais accompagné dans sa visite au séminaire d'Issy, il s'est
« trompé ; j'étais alors à Cayenne. » (Lettre de M. Théodore Lacordaire, du
29 novembre 1869).

Il recommençait sa jeunesse, « je veux dire cet âge qui « est entre l'enfance et la jeunesse, avec les forces mo- « rales qui appartiennent à un âge plus élevé (1). » Il étudiait la théologie « qui est une des plus belles sciences, « puisqu'elle comprend la philosophie, l'histoire, les let- « tres humaines et divines... Rien n'est plus dangereux « que la théologie quand on la fait mal : — ajoutait-il, — « les demi-connaissances sont nuisibles en toutes choses, « mais surtout dans celle-là, où un mot mal compris peut « ébranler les croyances les mieux fondées et perdre les « empires (2). » Il est aisé de penser avec quel recueillement et quelle gravité d'esprit il se livrait à cette étude.

Il s'appliquait en même temps à former en lui l'homme de Dieu, le prêtre. « L'état ecclésiastique exige un grand « esprit de dévouement, des intentions pures, des vues « élevées, la force de protester sans cesse contre le siècle « par son exemple et ses discours. Le prêtre est un « homme jeté au milieu des peuples pour servir de bar-

---

observations de mon guide, lorsque je reçus de lui une longue lettre par laquelle il allait au-devant et au-delà de mon désir et achevait de compléter mes instructions de la veille. C'était un compte-rendu exact et minutieux de tous les exercices du séminaire, et ce compte-rendu était relevé des traits d'imagination comme sa plume en faisait jaillir inévitablement devant elle. Je n'eus donc, pour ce chapitre de *Volupté* qui commence par ces mots : « *Quand on entre au séminaire, etc.*, » qu'à reprendre les paroles mêmes de l'abbé Lacordaire et à les faire entrer dans le tissu de mon récit, en y changeant ou en y adaptant çà et là quelques particularités et en opérant les soudures. L'abbé Lacordaire m'avait recommandé alors la discrétion sur ce genre de communication ; lorsque le livre fut terminé, publié, et qu'il en eut fait la lecture, il trouva qu'au total les convenances morales et même ecclésiastiques (puisque le récit est censé fait par la bouche d'un prêtre), avaient été suffisamment observées. » — Sainte-Beuve, *Nouvelles Causeries*, t. 4, p. 449 et 450.

(1) Lettre citée par M. Lorain, p. 22.
(2) Lettres inédites, publiées par nous pour la première fois.

« rière à la corruption ; c'est Caton se présentant dans le
« cirque et arrachant le respect et le silence des Romains
« par sa seule présence. La foi et la charité, voilà les
« deux éléments de son âme où doivent vivre tous les sen-
« timents qui honorent la race humaine et qui la rendent
« digne d'avoir été faite à l'image de Dieu. Quelle mis-
« sion sublime que celle d'annoncer l'Evangile aux na-
« tions ! Si tandis que Platon, l'honneur de la Grèce, se
« promenait avec ses disciples dans les jardins de l'Aca-
« démie, un homme se fût présenté à lui et eût charmé
« ses oreilles par la lecture de quelques pages de l'Evan-
« gile, Platon fût tombé à ses genoux et l'eût adoré comme
« un Dieu (1) ! »

Le jeune homme qui parlait ainsi du prêtre, quelques mois à peine après son entrée au séminaire, ne devait rien négliger de ce qui pouvait en réaliser en lui l'idéal.

Mais sa vie de prière et de travail ne l'empêchait pas de jouir avec épanouissement et une grande liberté de cœur des choses de la nature et de la vie.

Il prenait plaisir « aux parterres et aux allées couvertes qu'embaumait l'air du matin (2), » à suivre les progrès des fleurs et des fruits, « à voir les cerises montrant leurs têtes rouges à travers la verdure de leurs feuilles (3). »

Il était bon, il se faisait affable et communicatif pour ses condisciples « qui sont presque tous, — disait-il, —
« comme des fleurs choisies et transportées dans la soli-
« tude... Je me plais à me faire aimer, à conserver dans

---

(1) Lettre inédite du 8 nov. 1824.
(2) Paroles d'Amaury ; — le chapitre écrit par l'abbé Lacordaire est le vingt-troisième, p. 335 et suiv. de l'édition de 1869.
(3) Lettres citées par M. Lorain. p. 21, 22, 23.

« un séminaire quelque chose de l'aménité du monde,
« quelques grâces dérobées au siècle... Je vis doucement
« avec mes confrères et avec moi-même (1). »

Certains de ses condisciples avaient obtenu de lui le privilége d'une affection plus tendre qui s'épanchait comme un trésor sur leurs âmes : « Aidons-nous mutuellement,
« — disait-il à l'un d'eux, — dans cette voie difficile où
« l'homme trouve toujours bien des chagrins et commet
« bien des fautes ; avertissons-nous, consolons-nous, di-
« sons-nous la vérité avec un cœur pur et naïf..... nous
« sommes unis dans la même foi, dans les mêmes devoirs,
« dans les mêmes espérances, conservons toujours cette
« union. Conserve la pureté de tes mœurs : c'est ce
« qu'il y a de plus agréable à Dieu et aux hommes, et on
« ne se console jamais de l'avoir même effleurée. Observe
« la règle du séminaire avec fidélité, et si quelquefois je
« t'ai donné là-dessus un mauvais exemple, pardonne-le
« moi ; tu as vu un homme bien pauvre en vertus et en
« piété, et tu as pu juger que les hommes ne gagnent ja-
« mais à être vus de trop près. C'est là notre misère : plus
« on connait Dieu, plus il est grand ; plus on connaît
« l'homme, plus il est petit. » (2)

Et à un autre qui quittait le lendemain le séminaire pour rentrer dans le monde ; après dix pages de douces et fortes remontrances, d'avertissements, de conseils, il terminait sa lettre par ces lignes où se révèle tout ce qu'il y avait de tendre dans ce cœur de vingt-trois ans qui s'essayait au sacerdoce et qui aimait déjà tant les âmes :

« ..... Sois aussi fidèle à l'amitié ; conserve la mémoire

---

(1) Id.
(2) Lettre inédite du 23 fév. 1826. Je l'ai copiée sur l'original.

« d'un homme qui t'est sincèrement attaché par goût et
« par estime et qui ne t'oubliera jamais, dans quelque
« coin de terre que la Providence te porte. Donne-lui
« aussi des conseils en échange de ceux qu'il te donne et
« ne lui cache jamais la vérité, quelque dure qu'elle soit
« à dire dans bien des circonstances; je t'en estimerai
« davantage dans le moment et je t'en aimerai mieux un
« quart d'heure après. L'amitié n'est si divine que parce
« qu'elle donne le droit de dire la vérité aux hommes qui
« la disent si peu et qui l'entendent si rarement. Aime-moi
« bien, mon cher ami, parce que je t'aime bien. Tu ne
« trouveras jamais d'âme qui te sera plus réellement
« dévouée que la mienne, qui ait un si grand besoin de
« franchise et de confiance envers toi, qui t'aime avec
« plus d'emportement et de sagesse. Tu trouveras des
« connaissances aimables, des complices frivoles;

« Mais un ami sincère est un bien précieux
« Qu'on ne tient qu'une fois de la bonté des cieux.

« Pour moi je me souviendrai toujours de de B***. J'aimerai
« toute ma vie à me rappeler ce que nous avons dit et ce
« que nous avons fait ensemble, tant de riens gracieux qui
« sont tout pour le cœur. Ah! tu me manqueras souvent;
« il m'eût été doux de combattre avec toi sur le même
« champ de bataille, et il n'y en a pas de plus beau que
« celui sur lequel nous étions placés. Tu quittes la seule
« chose qui soit grande ici-bas, la seule qui vaille la peine
« qu'on s'en occupe: *Demas me reliquit amore hujus*
« *sœculi*. Quoi qu'il arrive, tu seras toujours présent à ma
« pensée, dans un état obscur ou dans un sort brillant, au
« temps de la prospérité comme au temps de la persécu-
« tion, nos deux âmes ne seront jamais étrangères l'une
« à l'autre. Oh! tu es mon ami, je pourrai mourir, mais
« non perdre ce titre. Voici la dernière nuit que tu dois
« passer au séminaire; je souhaite que tu n'en aies jamais

« de plus mauvaise et que tu ne te rappelles jamais avec
« amertume ce dernier moment que nous avons passé
« sous le même toit, quand nous étions jeunes, pleins de
« vie et d'amité, et que nous devions nous dire adieu le
« lendemain, en prenant deux routes différentes dans le
« monde. Que la tienne soit heureuse! Adieu, mon ami!
« Tu t'en vas donc? Arrêtons-nous encore avant de nous
« séparer; regarde-moi une dernière fois. Pourquoi som-
« mes-nous nés ensemble? Pourquoi nous sommes-nous
« rencontrés? Que deviendrons-nous tous deux? Je ne
« sais rien de ta destinée, tu ne sais rien de la mienne.
« Hélas! nous la connaîtrons bientôt toute entière; le
« drame sera bientôt joué; nous ne conserverons pas
« longtemps sur notre visage cet air de jeunesse qui nous
« plaît, ce feu qui brille dans nos yeux, ces illusions qui
« nous enchantent; nos mains voudront encore se serrer
« qu'elles n'en auront déjà plus la force. Allons! adieu!
« poursuivons chacun notre route; que Dieu soit avec
« toi! Donne-moi ta main: heureux est le jour où je
« l'ai touchée pour la première fois! Adieu de B***! L'Eter-
« nité ne sera pas capable de me faire oublier ton
« nom (1). »

La vie de séminaire avait cependant pour Henri Lacordaire d'inévitables épreuves. S'il était aimé de ses maîtres, il leur inspirait aussi des inquiétudes. « Je sortais sans le
« vouloir de la physionomie ordinaire de leurs élèves,
« — a-t-il dit dans ses Mémoires. — Sûr du mouvement
« qui m'avait poussé près d'eux, je ne songeais pas assez
« à réprimer les saillies d'une intelligence qui avait trop
« discuté de thèses et d'un caractère qui n'était pas
« encore assoupli. Ma vocation devint promptement sus-
« pecte. »

---

(1) Lettre inédite du 25 décembre 1825.

Les échappées de cette nature impétueuse du jeune lévite, ses convictions libérales, sa résistance instinctive à se plier, tout d'abord, à certaines petites exigences de la règle, bien qu'il en triomphât, tout effrayait les bons et graves Sulpiciens de *la Solitude*. Si ses confrères applaudissaient au sermon qu'il leur faisait à son tour, en plein réfectoire, au bruit des cuillers et des assiettes — (il a délicieusement conté ce premier sermon (1), — ses directeurs ne s'en alarmaient que davantage. On différait de l'appeler aux Ordres; il en souffrait et peu s'en fallut qu'il ne quittât le séminaire pour entrer chez les Jésuites. Mgr de Quélen s'y opposa; ses maîtres comprirent enfin ce que sa vocation avait de sérieux et d'irrésistible; leur opposition tomba, et au mois de décembre 1826, le sous-diaconat lui fut conféré (2). Il avait vingt-quatre ans et demi. Après cet engagement irrévocable, il crut devoir reprendre avec sa famille, toujours irritée, ses relations interrompues, et il écrivit à son frère aîné, fils d'un premier mariage de son père (3), la lettre, inédite encore, que je copie ici toute entière pour montrer avec quelle délicatesse sa charité savait dès lors parler à ceux qui ne partageaient pas ses pensées, et « leur ménager la lumière

---

(1) V. M. Lorain, p. 27.

(2) « J'ai brûlé de longues lettres que M. de B˙..... m'avait écrites de « plus de cent lieues, et la première chose que j'ai faite, en le revoyant, ç'a « été de lui dire ce petit sacrifice fait en cachette à Vulcain. J'ai tort de me « servir d'expressions mythologiques, car me voilà sous-diacre depuis « huit jours. J'ai reçu les ordres moindres de la main de Mgr l'archevêque « de Bourges quelques jours avant l'ordination de Noël et j'ai été fait sous-« diacre le samedi des quatre-temps. »
Lettre inédite du 21 décembre 1836.

(3) C'est ce frère dont il raconte la mort à Mme Swetchine dans une lettre du 20 août 1835. — V. à la fin du volume la note sur les origines de la famille.

comme on ménage la vie à un être malade et tendrement aimé (1). »

« Je ne sais mon frère, s'il faut t'apprendre mon admis-
« sion irrévocable dans l'état ecclésiastique ; c'est samedi
« dernier qu'elle a eu lieu et que j'ai reçu les ordres
« auxquels sont attachés le vœu de chasteté perpétuelle
« et celui de réciter tous les jours le bréviaire. Je n'ai
« accepté cet engagement qu'après deux ans et demi d'é-
« preuves et de réflexions. Dans d'autres siècles tu m'en
« aurais félicité, aujourd'hui tu me le pardonneras. Ainsi
« changent les pensées des hommes ! Ainsi ce qui était en-
« touré du respect de toutes les classes, ce que les plus beaux
« génies recherchaient pour se rendre leurs talents plus
« sacrés à eux-mêmes et aux autres, ce qui a fait Bossuet,
« Fénélon, Vincent de Paule, est devenu de peu de valeur
« dans cette génération-ci. J'ignore ce que son jugement
« pèsera un jour ; le temps seul est impartial et nous ne
« serons plus quand la question sera jugée. Heureusement
« le cœur est à part de l'esprit et la séparation des idées
« n'emporte pas la séparation des sentiments. L'amitié et
« l'estime viennent du cœur, c'est le cœur qui juge les
« actions, qui apprécie les dévouements, qui sait ce qu'on
« doit de respect aux croyances des hommes, même lors-
« qu'on ne les partage pas. Dans cette division générale
« qui fait que de l'Europe à l'Amérique deux hommes
« d'esprit ne s'entendent plus sur deux idées, tu as pris
« le parti des temps nouveaux ; j'ai pris le parti des temps
« anciens. Je me suis rattaché à ce que j'ai trouvé de plus
« fort, de plus frappant, de plus extraordinaire en ce
« monde, *à la seule religion qui soit certaine*, disait, il
« n'y a pas longtemps, un déiste anglais qui a fait beau-
« coup de catholiques. L'expérience m'a prouvé de plus

(1) Préface des Conférences de Notre-Dame de Paris.

« en plus que j'avais rencontré juste, et la vie chrétienne
« m'a démontré le dogme chrétien. Après cela, que veux-
« tu? Si on ne peut se donner la main dans le temple, il
« faut se la donner dans le péristyle et fraterniser entre
« les deux camps.

« Cette année est la dernière que je passe au séminaire;
« il y aura trois ans au mois de mai que j'y suis entré et
« le temps ne m'a pas paru long; je suis maintenant sur-
« chargé de travail, et pourtant ma santé va mieux que
« jamais; j'ai besoin d'être fortement occupé, d'avoir
« l'imagination remplie; le repos de la tête me tue.

« Si tu vois mon oncle Pétot (1), présente-lui mes res-
« pects. Je n'ai pas eu occasion de le voir depuis que je
« porte la soutane, mais je me souviens toujours de ses
« anciennes bontés pour moi, et j'espère qu'il ne m'a pas
« retiré l'intérêt dont il voulait bien m'honorer. Je ne
« souhaiterais rien tant que d'être curé de Voulaines. *Dis
« aliter visum.* »

Le 22 septembre suivant, l'abbé Lacordaire était ordonné prêtre par Mgr de Quélen, dans la chapelle particulière de l'archevêque. « Ce que je voulais faire est fait,
— écrivait-il le 25, — je suis ordonné prêtre depuis
trois jours, *Sacerdos in æternum secundùm ordinem Mel-
chisedech* (2). »

---

(1) M. Pétot, maître de forges à Voulaines (Côte-d'Or), depuis, député sous Louis-Philippe.

(2) V. M. Lorain, p. 58.

III

Ceux de sa famille ou de ses amis qui pensaient que l'ambition des honneurs ecclésiastiques l'avait poussé au séminaire, durent être surpris de lui voir refuser les vicariats importants que Mgr de Quélen s'était empressé de lui offrir. Ils l'eussent été bien davantage si toute la vérité leur eût été connue. Malgré les plus vives instances, l'abbé Lacordaire refusa d'aller à Rome, pour succéder comme auditeur de Rote, à Mgr Isoard, nommé archevêque d'Auch et cardinal. C'était cependant pour lui la certitude d'un évêché, la pourpre en perspective. « Lorsque je me suis décidé à entrer dans le sacerdoce, — répondit-il au vénérable M. Boyer, de Saint-Sulpice, qui voulait *le faire cardinal*, — je n'ai eu en vue qu'une chose : servir l'Eglise par la parole.... Je serai simple prêtre, et probablement un jour religieux (1). »

Il lui suffit, en attendant, d'être aumônier d'un humble couvent de la Visitation : confesser des enfants, leur faire des instructions où il se mêlait bien un peu plus de *métaphysique* qu'il n'en fallait pour ces jeunes intelligences, c'est à cela que se bornait tout son rôle extérieur.

---

(1) V. le P. Chocarne, p. 79, 1re éd.

Sa mère était venue le rejoindre et il vivait tranquille avec elle, au coin de son foyer solitaire. Il travaillait, il lisait saint Augustin, Platon, les Pères : " La force est aux
« sources et je veux y aller voir. Le travail sera long,
« d'autant plus que je recueille sur ma route tout ce qui
« pourra me servir pour l'apologie du catholicisme dont
« le cadre n'est pas encore déterminé dans mon esprit,
« mais dont les matériaux me doivent être fournis par
« l'Ecriture, les Pères, l'histoire et la philosophie (1). "

Aux vacances de 1828, il alla chercher, en Suisse, un repos dont sa santé, fatiguée par le travail, avait besoin (2). Quand il revint à Paris, il fut nommé second aumônier du collège Henri IV par M. de Vatimesnil, alors ministre de l'instruction publique, ce qui ne l'empêcha pas de garder la Visitation. Il continua sa vie de travail et d'études, en essayant, malgré les obstacles, de faire quelque bien aux jeunes âmes dont il avait la charge.
« Qu'est-ce que je fais donc ? — écrivait-il à un ami. — Je
« pense, je lis, je prie le bon Dieu, je ris deux ou trois fois
« par semaine, je pleure une fois ou deux. Je m'échauffe
« de temps en temps contre l'Université qui est bien la
« fille des Rois la plus insupportable que je connaisse et
« qui ne m'a même pas appris l'orthographe, à ce qu'il me
« semble quelquefois. Ajoutez à cela quelques instructions
« improvisées à des élèves de troisième et de quatrième.
« Voilà ma vie (3). "

Ce qu'il voyait, en effet, de l'Université, n'était pas fait pour apaiser les colères que lui avait laissées son éduca-

---

(1) V. Lorain, p. 28.

(2) « Vous avez vu Henri à son retour de Suisse ; sa santé était-elle remise ?... Il mène une vie si retirée et si studieuse qu'il est fort à craindre que cela ne tourne mal. " Lettre de son frère aîné, l'*artiste*.

(3) V. M. Lorain, p. 31.

tion au lycée, « Quelques-uns d'entre nous ont passé leur
« jeunesse dans son sein, — disait-il dans ce *Mémoire
au Ministre* des aumôniers, destiné à susciter bientôt
un procès retentissant, — « ils ont vu autrefois comme ses
« élèves ce qu'ils voient aujourd'hui comme ses fonction-
« naires, et ils ne se sont jamais souvenu de leur
« éducation qu'avec une ingratitude sans bornes, comme
« ils ne se rappelleront leur ministère actuel qu'avec
« douleur (1). »

Les tristesses, les projets qui s'agitèrent dans l'âme du
jeune aumônier d'Henri IV, au spectacle des choses du
temps et de l'Eglise catholique, pour ainsi dire captive
sous sa pourpre, lui-même l'a dit avec son incomparable
éloquence, quelques mois plus tard, quand il comparais-
sait devant la cour d'assises de la Seine avec l'abbé de La
Mennais.

« J'étais bien jeune encore : Je vis cette capitale où la
curiosité, l'imagination, la soif d'apprendre me faisaient
croire que les secrets du monde me seraient révélés. Son
poids m'accabla et je fus chrétien ; chrétien je fus prêtre.
Laissez-moi m'en réjouir, Messieurs, car je ne connus
jamais mieux la liberté que le jour où je reçus avec l'onction sainte le droit de parler de Dieu. L'univers s'ouvrit
alors devant moi, et je compris qu'il y avait dans l'homme
quelque chose d'inaliénable, de divin, d'éternellement libre,
la parole ! La parole du prêtre m'était confiée, et il m'était

---

(1) V. l'*Avenir*, n° du 29 nov. 1830.

V. dans *La confession d'un enfant du siècle*, comme témoignage
contemporain, l'éloquente plainte de Musset :

« Qui osera jamais raconter ce qui se passait alors dans les colléges ?.....
Des enfants de quinze ans, assis nonchalamment sous des arbrisseaux
en fleur, tenaient par passe-temps des propos qui auraient fait frémir
d'horreur les bosquets immobiles de Versailles. La communion du Christ,
l'hostie, le symbole éternel de l'amour céleste, servait à cacheter des
lettres ; les enfants crachaient le pain de Dieu. » (Ire p. ch. 2).

dit de la porter aux extrémités du monde sans que personne eût le droit de sceller mes lèvres un seul jour de ma vie. Je sortis du temple avec ces grandes destinées, et je rencontrai sur le seuil les lois et la servitude. Les lois ne me permettaient pas d'enseigner la jeunesse de France sous un Roi très-chrétien, et si j'eusse voulu, comme mes Pères, m'enfoncer dans les solitudes pour y bâtir un lieu de prière et d'un peu de paix, on eût trouvé d'autres lois pour m'en bannir. Tous les efforts du pouvoir tendaient à mettre dans ses mains la direction suprême de l'intelligence humaine, sauf à laisser tomber sur l'Eglise catholique suppliante et servile quelques concessions de la piété royale à la première majesté. C'était là, c'était au règne absolu de cinq ou six hommes sur tous les hommes et sur Dieu qu'aboutissait ce système, et je lui vouai un combat d'autant plus implacable que tous les souvenirs de ma jeunesse conspiraient contre lui.

« Mais que faire? J'étais seul. Quand on est seul dans le monde, il faut se cacher et attendre; je me cachai et et j'attendis. Trois ans se passèrent: c'est peu de chose dans la vie d'un homme, et beaucoup dans la jeunesse naturellement vive et incapable de porter longtemps un fardeau. Je me lassai de cette vie, et je regardai au loin pour voir s'il n'était pas sur la terre quelque lieu où un prêtre pût vivre libre. Qui n'a tourné les yeux, dans ces moments où la patrie fatigue, vers la république de Washington? Qui ne s'est assis, dans la pensée, à l'ombre des forêts et des lois de l'Amérique? J'y jetai mes regards, las du spectacle qu'ils rencontraient en France, et je résolus d'aller leur demander une hospitalité qu'ils n'ont jamais refusée ni au prêtre, ni au voyageur (1). »

---

(1) Plaidoyer de l'abbé Lacordaire devant le jury, 31 janv. 1831. — V. l'*Avenir* du 8 fév. 1831, n° 115.

Il avait, en effet, rencontré Mgr Dubois, évêque de New-York, chez M. de La Mennais, à la Chênaie, dans les premiers mois de 1830, et l'Evêque lui avait offert une place de grand-vicaire dans son diocèse. L'abbé Lacordaire avait obtenu le double consentement de sa mère et de son archevêque. 1830 éclata comme un tonnerre, brisant en trois jours la plus vieille et la plus auguste monarchie du monde, et menaçant de renverser l'autel lui-même sous les débris du trône. L'évêque de New-York fut obligé de différer son départ; M. de La Mennais fonda l'*Avenir;* Lacordaire resta. La volonté de Dieu avait changé ses destinées.

IV

Jusqu'à la visite qu'il lui rendit à La Chênaie, au printemps de 1830, l'abbé Lacordaire n'avait fait qu'entrevoir M. de La Mennais. « Je ne l'avais vu que deux fois dans ma vie pendant quelques minutes, mais je ne voulais pas quitter la France sans approcher sa personne de plus près, sans lui demander sa bénédiction pour un jeune homme navré par instinct des mêmes douleurs qui consumaient son génie invincible. Je le vis, je saluai cet homme grand et simple sous le modeste toit de ses pères; il me permit de l'aimer (1). »

Trente années après, sur son lit de mort, revenant à cette visite de la Chênaie, qui devait avoir tant d'influence sur sa vie, le P. Lacordaire disait: « M. de La Mennais m'accueillit cordialement..... Cette visite, en me causant plus d'une surprise, ne rompit pas le lien qui venait de me rattacher à l'illustre écrivain. Sa philosophie n'avait jamais pris une possession claire de mon entendement; sa politique absolutiste m'avait toujours repoussé; sa théologie venait de me jeter dans une crainte que son orthodoxie même ne fût pas assurée. Néanmoins il était trop

---

(1) Plaidoyer de l'abbé Lacordaire devant le jury, 31 jan. 1831. — V. l'*Avenir* du 8 fév. 1831, n° 115.

tard ; après huit années d'hésitation, je m'étais livré sans enthousiasme, mais volontairement, à l'école qui jusque-là n'avait pu conquérir mes sympathies ni mes convictions (1). »

Quand, au lendemain de 1830, dans le désarroi d'une société qui touchait à tous les écueils comme un vaisseau démâté, M. de La Mennais, avec la passion de sa fougueuse nature, se jeta, d'un bond, d'un pôle à l'autre, de l'absolutisme sans limites à la liberté sans mesure, il groupait autour de lui un petit nombre de disciples, laïques et prêtres, qui le vénéraient comme un maître vieilli dans la vertu et dans la gloire, prêts à courir avec lui tous les hasards, à ne reculer devant aucun des périls d'une lutte où Dieu, l'Eglise et la société étaient en jeu. Ils y apportaient, avec les convictions d'âmes libres et chrétiennes, les illusions et les témérités de la jeunesse, croyant tout possible à leurs efforts et tout permis à leur dévouement. Je ne raconterai pas ici cette lutte énergique et courageuse et je ne ferai qu'indiquer le rôle qu'y remplit le jeune prêtre dont j'esquisse la vie, avec un génie d'éloquence qui le révéla dès les premières paroles, j'allais dire dans le premier choc de son épée.

> *Exultat audacter; in occursum pergit armatus;*
> *Contemnit pavorem, nec cedit gladio.*
> *Super ipsum sonabit pharetra, vibrabit hasta et clypeus;*
> *Fervens et fremens sorbet terram, nec reputat tubæ sonare clangorem;*
> *Ubi audierit buccinam, dicit : Vah!*

Ces paroles du livre de Job, qui ne trouveraient pas

---

(1) Mémoires.

dans une traduction l'écho de leur puissance, disent merveilleusement cette histoire du cheval de bataille, toujours frémissant, toujours prêt à la lutte, et qu'excitent, au lieu de l'effrayer, les cris des combattants et l'éclat des trompettes.

Cette histoire fut celle de l'abbé Lacordaire pendant les treize mois que dura l'*Avenir* : au journal, à la tribune, à l'école, écrivant, plaidant, enseignant, il était partout, on eût dit sans fatigue et avec joie, à entendre cette parole jetant ses ardents appels à tous les échos du patriotisme, de la religion et de la liberté.

« Jours à la fois heureux et tristes, jours dévorés par le travail et l'enthousiasme, jours comme en n'en verra qu'une fois dans sa vie ! » dont il écrivait encore quand ils furent passés, ces paroles qui peignent la sérénité que son âme avait gardée dans la lutte : « Si cruel que soit le temps, il n'ôtera rien aux délices de l'année qui vient de passer, elle sera éternellement dans mon cœur comme une vierge qui vient de mourir (1). »

Elle avait été généreuse en effet pour lui, cette année 1831 ! Si elle avait fait naître à son sujet des défiances et des craintes que son orthodoxie et sa sainteté n'ont jamais tout-à-fait calmées, elle lui avait suscité des admirations qui lui sont restées fidèles ; elle lui avait donné un ami. J'ai nommé celui qui devait, avec une ardente éloquence, parler de lui sur sa tombe encore entr'ouverte : M. de Montalembert, alors dans la fleur de sa jeunesse et de son talent. L'*Avenir* paraissait depuis un mois quand ils se rencontrèrent dans le cabinet de M. de La Mennais ; ils en sortirent ensemble, ils s'aimaient ; leurs âmes ne devaient pas faillir l'une à l'autre.

— « C'est un jeune homme charmant et que j'aime

(1) V. lettres citées par M. de Montalembert.

comme un plébéien, » — disait de son ami l'abbé Lacordaire, — « je suis sûr que, s'il vit, sa destinée sera pure comme un lac de la Suisse entre les montagnes et célèbre comme eux. »

Et lui, se reportant, trente ans plus tard, « avec une émotion que nulle parole ne peut rendre et d'un regard baigné des larmes d'une reconnaissance immortelle, » vers ces souvenirs qui sont comme la rayonnante aurore de sa noble vie, disait : « Je vis en lui un élu, prédestiné à tout ce que la jeunesse adore et désire le plus : le génie et la gloire. Mais lui, plus épris encore des suaves joies de l'amitié chrétienne que des lointains échos de la renommée, me fit comprendre que les plus grandes luttes ne nous émeuvent qu'à demi; qu'elles nous laissent la force de songer avant tout à la vie du cœur; que les jours commencent et finissent selon qu'un souvenir aimé se lève ou se tait dans une âme. C'est lui qui me parlait ainsi : « Hélas! nous ne devrions aimer que l'infini, et voilà pourquoi quand nous aimons, ce que nous aimons est si accompli dans notre âme (1). »

Ensemble ils combattirent; ensemble ils comparurent devant la plus haute magistrature de leur pays, dont la prérogative de sa naissance rendait M. de Montalembert justiciable, et avec lui les complices de sa noble faute; ensemble ils partirent pour Rome avec leur chef, lorsque, suspendant la publication de leur journal devant des inquiétudes très-vives et des admirations trop enthousiastes, les rédacteurs de l'*Avenir* se résolurent à aller interroger l'Oracle et à soumettre leurs doctrines à l'infaillible autorité du Vicaire de Jésus-Christ, sans que rien, pas même la prudence, pût arrêter « les pèlerins de Dieu et de la liberté. »

---

(1) *Le P. Lacordaire,* par M. de Montalembert, p. 14.

V

Rome rendit à l'abbé Lacordaire sa liberté. Elle le délivra « de l'oppression la plus terrible, celle de l'esprit; » il s'agenouilla au tombeau des Saints-Apôtres, il y pria « avec un cœur sincère; » il y vit d'une claire vue le vice d'une philosophie qui avait « si longtemps tenu en suspens sa raison; » il sortit de Rome libre et victorieux (1). »

Ce ne fut point, hélas! ainsi qu'en sortit celui qu'il avait appelé son maître. Il n'avait pas suffi à M. de LaMennais d'avertissements amis qui, tout en le contraignant à la prudence, ne condamnaient pas positivement ses doctrines. Vainement, plus sage que lui-même, son jeune disciple lui représentait-il qu'il fallait ou n'être pas venu ou se soumettre et se taire. Avec l'obstination de sa race et de son orgueil, le prêtre breton voulut forcer Pierre à parler. Pierre parla. Le 15 août 1832, Grégoire XVI publia l'encyclique *Mirari vos*. Elle atteignit les trois voyageurs à Munich, où le hasard les avait fait se rencontrer, après une première séparation que Lacordaire avait jugée né-

---

(1) *Considérations sur le système philosophique de M. de La Mennais*, par M. l'abbé Henri Lacordaire, p. 201 et 202.

cessaire pour échapper « aux tourments de la conscience qui lutte contre le génie (1). »

Le premier élan de leur âme fut de se soumettre, et les trois voyageurs revinrent en France « en vaincus victorieux d'eux-mêmes (2). »

L'abbé Lacordaire revint à la *Chênaie* avec M. de La-Mennais, mais il ne tarda pas à voir que celui-ci ne se résignait pas à sa défaite. Des nuages terribles passaient et repassaient sur ce front deshérité de la paix. Des paroles entrecoupées et menaçantes sortaient de cette bouche qui avait exprimé l'onction de l'Evangile ; il me semblait parfois que je voyais Saül, mais nul de nous n'avait la harpe de David pour calmer ces soudaines irruptions de l'esprit mauvais, et la terreur des plus sinistres prévisions s'accroissait de jour en jour dans mon esprit abattu (3). »

Dans cette extrémité, Lacordaire se regarda comme obligé à quitter la maison dont il était l'hôte, et le 4 décembre 1832, le soir, l'âme navrée, le cœur déchiré, il sortit de la Chênaie, après avoir écrit à M. de La Mennais cet adieu plein de larmes qui aurait du être pour l'infortuné prêtre un avertissement suprême :

« Je quitterai la Chênaie ce soir, je la quitte par un mo-

---

(1) Lettre à M. de Montalembert. — Trois ans plus tard il écrivait, à Mme Swetchine : « Il y a trois ans, je passais à Colmar pour me rendre à
« Munich, agité, torturé, n'ayant plus de route ; sentant sur ma tête la
« destinée d'un autre homme que je ne pouvais pas conjurer et qui allait
« me briser, quoique je fisse. Je courais en Allemagne pour n'être pas
« là quand la foudre tomberait sur ce Prométhée, non que je l'abandonnasse,
« mais au contraire pour ne pas le combattre, pour recevoir ma part de la
« catastrophe avec une paix qui le servît encore. » (Lettre du 15 sept. 1835.)
(2) Id.
(3) Mémoires.

« tif d'honneur, ayant la conviction que désormais ma vie
« vous serait inutile à cause de la différence de nos pen-
« sées sur l'Eglise et la société, qui n'a fait que s'accroître
« tous les jours, malgré mes efforts sincères pour suivre le
« développement de vos opinions. Je crois que, durant
« ma vie, et bien au-delà, la république ne pourra s'éta-
« blir ni en France, ni en aucun autre lieu de l'Europe, et
« et je ne pourrais prendre part à un système qui aurait
« pour base une persuasion contraire. Sans renoncer à
» mes idées libérales, je comprends et je crois que
« l'Eglise a eu de très-sages raisons, dans la profonde
« corruption des partis, pour refuser d'aller aussi vite que
« nous l'aurions voulu. Je respecte ses pensées et les
« miennes. Peut-être vos opinions sont plus justes, plus
« profondes, et en considérant votre supériorité naturelle
« sur moi, je dois en être convaincu; mais la raison n'est
« pas tout l'homme; et dès que je n'ai pu déraciner de
« mon être les idées qui nous séparent, il est juste que je
« mette un terme à une communauté de vie qui est tout à
« mon avantage et tout à votre charge. Ma conscience
« m'y oblige non moins que l'honneur, car il faut bien
« que je fasse de ma vie quelque chose pour Dieu, et ne
« pouvant vous suivre, que ferais-je ici, que vous fatiguer,
« vous décourager, mettre des entraves à vos projets, et
« m'anéantir moi-même?

« Vous ne saurez jamais, que dans le ciel, combien j'ai
« souffert depuis un an, par la seule crainte de vous cau-
« ser de la peine. Je n'ai regardé que vous dans toutes
« mes hésitations, mes perplexités, mes retours, et quel-
« que dure que puisse être un jour mon existence, aucun
« chagrin de cœur n'égalera jamais ceux que j'ai ressen-
« tis dans cette occasion. Je vous laisse aujourd'hui tran-
« quille du côté de 'Eg ise, plus élevé dans l'opinion que
« vous ne l'avez jamais été, si élevé au-dessus de vos en-
« nemis qu'ils ne sont plus rien; c'est le meilleur moment

« que je puisse choisir pour vous faire un chagrin qui,
« croyez-moi, vous en épargne de bien plus grands. Je ne
« sais pas encore ce que je deviendrai, si je passerai aux
« Etats-Unis, ou si je resterai en France, et dans quelle
« position. Quelque part que je sois vous aurez des preu-
« ves du respect et de l'attachement que je vous conser-
« verai toujours, et je vous prie d'agréer cette expression
« qui part d'un cœur déchiré. »

Cette rupture, la première qui le frappait, fut extrêmement sensible à M. de La Mennais. Elle ne devait pas le surprendre cependant; car dès les premiers mois de 1832, sa correspondance témoigne de ses craintes et de ses efforts pour se les dissimuler à lui-même et les voiler aux yeux de ses amis (1). »

Aux autres disciples, encore éblouis et prévenus, la conduite de l'abbé Lacordaire semblait une *folie*. Ses procédés *bizarres et coupables*, à les entendre, provenaient d'*une exaltation malheureuse*; il *se sauvait* de la Chênaie *comme un écolier*, et pour les plus indulgents « c'était

---

(1) *Œuvres inédites* de La Mennais publiées par Blaize (Dentu, 1866.) v. t. II. — « Pour diminuer la dépense, et aussi pour vous aider, Lacordaire retournera prochainement près de vous. » (Lettre à l'abbé Gerbet, du 25 fév. 1832, p. 78). — « Ils me paraissent être là sous l'influence de Lacordaire, dont les idées ont pris ici une direction toute particulière et fort différente des miennes et de celles de Montalembert, ce qui a même jeté entre nous un peu de froideur... Du reste, le fond des vues et de l'attachement est resté le même. » « Il y a un dernier pas à faire, et l'on ne veut pas le concevoir : c'est l'union universelle annoncée dans le dernier numéro de l'*Avenir*. Mais c'est précisément ce qui entre le moins dans l'esprit de Lacordaire, qui a une sorte de penchant étrange pour le juste-milieu, hommes et choses. S'il y avait quelque conséquence pratique à tirer de ses idées (lesquelles, nécessairement, modifient ses conseils), ce serait qu'aujourd'hui le seul parti sage est de s'enfermer dans sa chambre, ou de s'en aller rêver dans les champs. » — Lettre au même du 10 mai 1832, p. 109 et suivantes.

grande pitié de voir un talent comme le sien perdu pour la cause de la vérité et de la liberté (1). »

Calme et triste dans la résolution que lui avait imposée sa conscience, l'abbé Lacordaire laissa dire et il vint à Paris « sans savoir ce qu'il allait devenir et ce que lui vaudrait de Dieu l'acte qu'il accomplissait (2). »

A Paris, il se remit entre les mains de Mgr de Quélen et sollicita de lui de reprendre des fonctions ecclésiastiques dans son diocèse, « afin que ses actes rendissent de sa sincérité un témoignage plus fort que tous les soupçons (3). » L'Archevêque de Paris le reçut « à bras ouverts, comme un enfant qui a couru quelque aventure périlleuse et qui revient meurtri au logis paternel (4) » L'aumônier qui lui avait succédé à la Visitation venait de mourir; il lui succéda à son tour, et reprit, à côté de sa mère, sa vie de travail et d'études dans sa cellule solitaire et tranquille.

« Ces deux années ont été très-agitées et aujourd'hui je me retrouve fort paisible et fort peu de chose... Je me sens homme maintenant tout-à-fait (5). » Ainsi se jugeait-il alors. Il se préparait à écrire et à prêcher, « ces deux choses sans lesquelles sa vie ne serait pas complète (6), » et il méditait sur l'*Eglise et le monde au dix-neuvième siècle* un livre qu'il se donnait six ans pour composer.

---

(1) *Œuvres posthumes* de La Mennais, publiées par Forgues (1858, chez Paulin et Le Chevalier), t. I, p. LXXXVII et LXXXVIII.
(2) *Mémoires*.
(3) Lettre à l'Archevêque, du 13 décembre 1833. (V. correspondance avec Mme Swetchine, p. 3.)
(4) *Mémoires*.
(5) *Lettres inédites*.
(6) V. Lorain, p. 42.

C'est à cette époque de sa vie qu'il connut Mme Swetchine. Je ne puis écrire le nom de cette illustre chrétienne en qui « la vertu servait le génie (1), » sans un profond sentiment de reconnaissance pour ce qu'elle a mis « de lumière et de force (2) » au service du jeune prêtre que M. de Montalembert lui présentait au retour de la Chênaie. C'est alors qu'elle lui apparut « comme apparaît l'ange du Seigneur à une âme qui flotte entre la vie et la mort, entre la terre et le ciel (3)... et que ses conseils le soutinrent à la fois contre la défaillance et l'exaltation (4). »

La rencontre de Mme Swetchine fut une des plus grandes grâces que valut de Dieu à l'abbé Lacordaire cette simplicité qu'il mettait à accomplir son devoir, si douloureux qu'il fût. Nul, mieux qu'elle, ne connut du premier coup d'œil et ne comprit toujours cette âme dont elle disait : « qu'elle touchait à tous les abîmes (5). » Elle lui fut une mère et une amie, ne lui épargnant jamais la vérité et la lui disant avec un accent dont la tendresse égalait la franchise. Et lui; depuis le jour « où il aborda aux rivages de son âme, comme une épave brisée par les flots (6), » ne fit jamais rien sans demander son conseil, assuré que personne n'avait *une liberté aussi hardie dans une foi aussi solide* et ne pouvait répondre par une affection plus grande et plus dévouée à celle qu'il avait pour elle comme un fils et comme un ami. Leur correspondance de 25 ans témoigne de ce que j'écris.

L'abbé Lacordaire sortit du silence dans lequel il

---

(1) *Mme Swetchine*, par le P. Lacordaire, *(Correspondant, t. 42, p. 193.)*
(2) Id. p. 204.
(3) Lettre à Mme Swetchine, du 13 décembre 1833.
(4) *Mme Swetchine*, etc., V. *Correspondant*, p. 204.
(5) J'ai recueilli cette parole du P. Lacordaire lui-même.
(6) *Mme Swetchine*, etc. V. *Correspondant*, p. 204.

recueillait sa vie pour répondre au désir que lui manifestait M. l'abbé Buquet (1), de le voir donner des conférences aux élèves du collége Stanislas. Il n'avait jusqu'alors essayé sa parole de prédicateur qu'à Saint-Roch, et il y avait, dit-on, complètement échoué. Les conférences de Stanislas furent une éclatante révélation de sa vocation. On les accueillit avec *enthousiasme*. Le mot est de M. l'abbé Affre, alors vicaire général de Mgr de Quélen. C'est à cette époque qu'il devint le défenseur de l'abbé Lacordaire, dont il appréciait le caractère « si droit et si ferme, » et qu'il lui voua une protection et une amitié qui ne devaient cesser qu'avec sa glorieuse vie (2).

Ces conférences durèrent trois mois avec un retentissement considérable (3). La chapelle était trop étroite pour la foule qui venait entendre. Les rivaux de l'abbé Lacordaire, ses ennemis, tirèrent parti de quelques expressions téméraires échappées à son improvisation, pour réveiller des inquiétudes encore mal assoupies et jeter des doutes sur l'orthodoxie de l'ancien disciple de M. de La Mennais. On le dénonçait d'ailleurs au pouvoir comme « une sorte de républicain fanatique, » et bien que M. Guizot lui affir-

(1) *M. Buquet*, alors préfet des études au collége Stanislas, depuis vicaire général de Paris, aujourd'hui évêque de *Parium, in partib. infid.*

(2) V. *Mémoires* de Mgr Affre, cités par l'abbé Castan, son neveu, dans la vie qu'il a écrite de l'illustre martyr. (Paris, Vivès, 1855, p. 72.)

(3) « Lacordaire improvise tous les dimanches au collége Stanislas des choses admirables sur les vérités fondamentales de la foi. C'est une réunion très-brillante qui attire toute la jeunesse *pensante* et nombre d'hommes très-distingués, voire même de grandes célébrités. Dimanche dernier, Lamartine s'y trouvait. C'est qu'en vérité, c'est quelque chose d'inouï que cette éloquence, cette inspiration. Il n'est bruit que de cela dans le monde religieux et philosophique. » *Maurice de Guérin*, lettre à Hyppolyte de la Morvonnaie, du 28 février 1834. — V. p. 290 et 291.

— « Henri a fait des conférences dans un collége, qui ont eu un tel
« succès que deux heures d'avance il n'y avait plus de place : elles lui ont
« fait beaucoup de réputation. »
(Lettre de sa mère, du 11 mai 1834.)

mât que « jamais le gouvernement n'en avait conçu d'ombrage, et que lui en particulier, les voyait avec le plus grand plaisir, les conférences de Stanislas furent suspendues (1). Il fallait éviter, — disait Mgr de Quélen — de donner du mouvement aux esprits toujours prêts à s'entrechoquer (2). » Lacordaire se soumit sans murmure. « L'obéissance coûte, écrivait-il à M. de Montalembert, mais j'ai appris de l'expérience qu'elle est tôt ou tard récompensée et que Dieu seul sait ce qui nous convient (3). »

Si ses ennemis n'avaient pas puisé leur hostilité dans un sentiment de rivalité aveugle, ils auraient vu combien l'abbé Lacordaire était sincère dans son désintéressement de toute autre ambition que celle d'aimer Jésus-Christ et de servir son Eglise. A deux fois, il refusait la direction de l'*Univers* qu'on venait de fonder; il refusait également une chaire à l'Université catholique de Louvain. Il attendait dans la retraite l'heure de la Providence si elle devait venir pour lui.

Malgré son amour de la solitude et du silence il prit la plume pour écrire ses *Considérations sur le système philosophique de M. de La Mennais*. Celui-ci, en publiant les *Paroles d'un croyant*, ne réalisait que trop tôt les craintes de son ancien disciple de le voir « traîné par les faux libéraux dans une action sans possibilité de succès (4). » Lacordaire accusa publiquement l'abime qui désormais les séparait. Si les gens sensés firent bon accueil à son livre, les amis du prêtre tombé le lui reprochèrent

---

(1) Lettre à Mme Swetchine, du 8 décembre 1834.
(2) Lettre à la même, du 14 oct. 1834.
(3) Lettre du 12 nov. 1834.
(4) Lettre à M. de Montalembert, du 22 avril 1832.

avec amertume. Aujourd'hui que les deux adversaires sont morts, l'un, si je puis ainsi parler, aux extrémités de la haine contre l'Eglise, l'autre aux extrémités de l'amour pour elle, ce livre paraît ce qu'il a été dans la pensée de son auteur : l'humble aveu de ses erreurs, en même temps qu'une protestation nécessaire et courageuse en faveur d'une mère outragée par un de ses fils dans son honneur et dans ses droits ; et je suis convaincu qu'on ne peut reprocher au fils demeuré fidèle d'avoir oublié ce qu'il disait à M. de Montalembert dans une lettre du 19 août 1833 : « J'ai autant que personne le sentiment profond du respect que l'on doit aux souvenirs, et M. de La Mennais se séparât-il un jour de l'Eglise, devînt-il le plus fatal hérésiarque qui fût jamais, entre ses ennemis et moi il y aurait toujours une distance infinie, et personne ne lirait ce que je serais obligé d'écrire sans reconnaître la douleur de ma position, la durée de mon respect, le désintéressement et la fidélité de ma conscience. »

VI

Ce livre publié, la chaire de Stanislas fermée, il semblait que rien ne dût de sitôt enlever l'abbé Lacordaire à sa vie de chapelain de la Visitation, quand tout à coup, dans une entrevue qui n'avait été préméditée que par la Providence : « Je vous donne, lui dit Mgr de Quélen, la chaire de Notre-Dame, et dans six semaines vous y prononcerez votre premier discours. »

« Cette ouverture si brusque ne me causa aucune ivresse, — raconte le P. Lacordaire dans ses Mémoires ; — je demandai vingt-quatre heures de réflexion. Après avoir prié Dieu et consulté Mme Swetchine, je répondis affirmativement. »

Le cadre de cette étude ne me permet pas de dire ici les motifs qui s'étaient joints à l'affection naturelle qu'il lui portait pour déterminer l'archevêque à confier la chaire de Notre-Dame à l'abbé Lacordaire (1). Il y parla deux années de suite, en 1835 et en 1836, avec quel succès ! avec quel triomphe ! au milieu de quel concours inouï

---

(1) « M. Lacordaire travaille beaucoup, et cette année, pour son talent, et pour son influence, sera décisive. »
(M^m Swetchine, à M. de Melun, 9 nov. 1835.)

d'hommes de tout âge, de toute doctrine, de tout rang, nul de nos contemporains ne l'a oublié. L'archevêque fut séduit comme la foule, et dès la fin de la première station, il remercia le prédicateur à 'qui « Dieu avait départi la piété et l'éloquence, et plus encore cette vertu qui fait le prêtre : l'obéissance, cet excellent, ce fidèle ami qui fait, disait-il, la consolation et la joie de mon cœur (1). »

Il fit en même temps chanoine honoraire de sa cathédrale celui qu'il n'hésitait pas à baptiser du nom de *prophète nouveau*, de *nouveau Chrysostôme* (2), devant l'auditoire ému et ravi comme il l'était lui-même (3).

« Tu sais que je n'ai jamais désiré l'avancement et les dignités, — écrivait-il à ce propos à un ami ; — mais dans les circonstances où j'étais placé, j'ai reçu avec plaisir ce témoignage de la satisfaction de mon évêque. Il s'est conduit avec moi en tout d'une manière paternelle autant que généreuse. Je continuerai l'hiver prochain les conférences de Notre-Dame dont il a fait, pour ainsi dire, mon œuvre, et je vais même prochainement quitter la Visitation, afin d'avoir plus de loisirs pour travailler à me rendre plus utile à la jeunesse. Je vois beaucoup de jeunes gens, et je trouve dans un grand nombre des dispositions favorables à la religion, quoiqu'à des degrés bien divers (4). »

---

(1) V. *Univers* du 21 mai 1835.
(2) V. Mémoires de Mgr Affre, *loco citato*.
(3) « Vous ne voulez pas que je bavarde trop longtemps. Je veux vous dire pourtant la nouvelle d'aujourd'hui : M. Lacordaire nommé par M. de Quélen, chanoine honoraire de Notre-Dame de France, comme dit la très-aimable lettre dont Monseigneur accompagnait le brevet. »
(Mme de Swetchine à la duchesse de la Rochefoucauld, 28 avril 1834).
V. la lettre de l'archevêque à l'appendice X.
(4) Lettre inédite, du 10 août 1835.

Le lecteur ne me reprochera pas d'allonger un peu mon récit pour faire apprécier les conférences de Notre-Dame et leur influence par la mère même du prédicateur. J'extrais les lignes suivantes d'une lettre de famille du 31 mai 1835 :

« Je te remercie de la part que tu as prise au succès d'Henri ; il est vrai que cela a été une grande jouissance pour moi. Tu ne te fais pas une idée de sa réputation à Paris : on ne parlait que de lui dans tous les salons ; tout est de mode ; c'était un engouement. Il a eu des discours où il a été d'une éloquence et d'un brillant extraordinaires, quelquefois jusqu'au sublime. Certainement il doit acquérir encore ; il n'est pas à l'âge où l'on atteint tout le talent possible, et je ne doute pas que la Providence, qui le lui a donné, ne le fasse servir à un grand but. C'est à Paris qu'il faut voir la tendance de la jeunesse à revenir à la religion. Rien n'est plus remarquable. Tu ne te figures pas la multitude de celle qui se pressait à Notre-Dame. J'en sais qui sont déjà revenus tout-à-fait ; le cabinet d'Henri ne désemplit pas quelquefois de la journée, c'est-à-dire un à un ; ces matières ne se traitent pas devant témoins (1)..... »

Mais quand tous, ou presque tous, applaudissaient et se réjouissaient de voir quel puissant défenseur Dieu suscitait à son Eglise, lui, ne se trouvant pas assez mûr et se défiant de ses forces, descendait de cette chaire de Notre-Dame toute retentissante de sa parole, pour « se retrouver seul quelque temps devant sa faiblesse et devant Dieu (2). »

---

(1) Lettre de Mme veuve Lacordaire à Mme B***, sa nièce.
(2) 13e conférence de Notre-Dame.
— « L'adresse de Rome que je vous ai donnée vous étonnera peut-être, si vous n'avez pas su qu'à la suite des plus marquants succès, la profonde et sincère humilité de M. Lacordaire, au milieu de l'enthousiasme dont

Dans l'intervalle, le 2 février 1836, il avait perdu sa mère, femme éminente dans la noble simplicité de sa vie et digne d'avoir un tel fils. On sera heureux de voir comment ils parlaient l'un de l'autre.

— « Je suis parfaitement heureuse avec lui, disait-elle, — un mois à peine avant sa mort, — il est rempli de soins et d'attentions ; il est pour moi une source de jouissances, c'est te dire que je ne le quitterai jamais (1). »

— « Nous avons perdu en elle une véritable mère à qui nous devons, mon père étant mort si jeune, tout ce que nous sommes. Il lui a fallu autant de force d'âme que de prudence et de religion pour élever quatre enfants avec si peu de ressources (2)..... » C'est en ces termes qui louent sa mère en la racontant que l'abbé Lacordaire annonçait sa mort le 2 février 1836.

---

il était l'objet, lui fit désirer quelques années d'études et de recueillement dans une vie séparée et obscure. Rome dans ce but là lui offrait toutes les convenances avec toutes les ressources. C'est toujours là que l'esprit catholique va chercher ses inspirations, et la foi qui y conduit est bien sûre de se redresser encore sous son charme divin. »
(Mme de Swetchine à la comtesse Frèdro, 15 février 1836.)
(1) Lettre de Mme Lacordaire à Mme B***, de janvier 1836.
(2) Lettre inédite du 2 février 1836.

VII

Libre désormais de tout lien, il prit le parti d'aller à Rome pour y travailler pendant quelques mois à l'ombre de Saint-Pierre, dans le calme de la Ville-Eternelle, et déjouer ainsi les intrigues d'ennemis trahis dans leurs espérances à son sujet et rendus plus irrités par leur échec même (1). Il lui en coûtait néanmoins d'abandonner Paris, ses amis, cette jeunesse aux sympathies de laquelle répondaient si bien son dévouement et sa tendresse. Aussi partait-il sans enthousiasme : « Je n'ai jamais été moins en train d'une résolution que de celle-là, — écrivait-il à Mme Swetchine le 2 mai 1836. — J'ai quitté Paris... persuadé que l'ennui ne me serait pas épargné.... mais entraîné là par une suite presque fatale de circonstances et sentant que j'avais besoin de ce séjour pour achever de régler mon âme envers Dieu (2). »

---

(1) « J'ai reçu aujourd'hui une lettre de M. Lacordaire, il venait de s'installer et paraissait content... Le parti que vient de prendre M. Lacordaire est peut-être le nœud de tout son avenir; tout tient à la manière dont il sera exécuté, et les résolutions les plus sages et les plus méritoires ont encore bien des dangers aux yeux de ceux qui ne sont pas indifférents. Que de glaives, dans ce monde, à deux tranchants ! »

(Mme de Swetchine à M. de Melun, 20 juin 1836).

« (2) Je vous remercie, ainsi que votre bon frère, d'aimer un peu M. Lacordaire, mon autre adoption. Ce que j'aimerais, ce serait de vous le

Il était précédé à Rome par sa gloire récente et par l'impression qu'y avait laissée sa soumission sans réserve et sans retour. Aussi trouva-t-il partout un excellent accueil. « *Ah! l'abbate Lacordaire!* » avait dit le Pape en lui prenant, d'un air joyeux, la tête dans ses mains et en la lui pressant avec effusion, pendant que celui-ci baisait ses pieds : « Je sais que l'Eglise catholique a fait en lui une grande acquisition (1). » Il vivait un peu solitaire, selon sa coutume : « Ma vie romaine est tout entière d'études, sauf quelques courses aux environs de Rome, à Albano, Frascati, Palestrine, Tivoli, lieux célèbres, mais moins agréables de beaucoup que nos campagnes de France (2). »

Ce fut vers la fin de cette année que M. de la Mennais publia son livre des *Affaires de Rome :* « Cette lecture, — écrivait l'abbé Lacordaire, — m'a causé une tristesse incroyable ; je ne m'attendais pas à trouver ce mépris sourd et continu du malheur de l'Eglise, cette habileté implacable qui dépouille l'épouse divine de tous ses restes de gloire pour la montrer à tout l'Univers, nue, pauvre, souillée de plaies et toute crucifiée comme son maître (3). »

Il se trouvait sans fiel et sans irritation contre M. de

---

faire connaître, et en attendant, si c'est possible, de vous donner une idée de ses conférences de Notre-Dame. Les voilà interrompues par l'humble et sage résolution qu'il a prise de se retirer à Rome pendant deux ou trois ans, et de s'y livrer, dans la retraite, aux travaux que demande sa vocation toute spéciale et les encouragements inouïs qu'il a reçus. C'est une belle et bonne chose qu'un sacrifice qui doit coûter beaucoup, même au zèle. Il a été fait avec tant de dévouement et de pureté d'intention que j'espère le voir accepté et béni. » (Mme Swetchine à la comtesse Edling, 4 juillet 1836.)

(1) Lettre à Mme Svetchine, du 21 juin 1836.
(2) Lettre inédite, du 8 octobre 1836.
(3) Lettre à Mme Swetchine, du 26 nov. 1836.

La Mennais, mais il ne crut pas devoir laisser passer cette nouvelle attaque, à propos de choses au plus vif desquelles il avait été mêlé, sans protester de sa douleur et de son dévouement. Il écrivit son admirable *Lettre sur le Saint-Siége*, qui remplit de joie, sans l'étonner, le cœur du Souverain-Pontife, mais que certaines susceptibilités gallicanes de l'archevêché ne permirent point de publier, si bien qu'elle ne le fut que deux ans plus tard, et légèrement modifiée, à l'occasion des différends de la Prusse et du Saint-Siége, relatifs à l'Archevêque de Cologne.

Il resta à Rome jusqu'au mois d'octobre 1837; il ne voulut en partir qu'après le choléra, pendant lequel il assista à la mort le peintre Sigalon. « Ce séjour de Rome, si utile sous tant de rapports, — écrivait-il le 16 septembre 1837, — m'a mis bien des années sur la tête en dix-huit mois. J'en sors meilleur, plus détaché et aussi sans regrets (1). »

La vie religieuse, qui, dès le premier jour de sa conversion, avait préoccupé sa pensée, ne l'avait jamais abandonnée depuis. « Aujourd'hui je puis être missionnaire, *moine*, martyr, » écrivait-il en 1834, en annonçant à Mme Swetchine le mariage de son frère aîné, qui allait faire naître une nouvelle famille autour de sa mère et lui rendre, à lui, sa liberté. Pendant son séjour à Rome, cette perspective de la vie religieuse se présenta plus vivement que jamais à son esprit. « Il vient un temps, — écrivait-il alors à un ami qu'il engageait à se marier, — où nous ne pouvons plus vivre pour nous-mêmes, où il nous faut quelqu'autre vie où la nôtre se rattache; la famille comble admirablement ce besoin que nous éprouvons, quand toutes les jouissances personnelles sont

---

(1) Lettre à Mme Swetchine.

connues et épuisées (1). » Mais lui n'avait pas de foyer pour y abriter sa vie, et la famille spirituelle, la seule à laquelle il pût la rattacher, n'existait pas pour lui.

Il a raconté dans ses *Mémoires* au prix de quelles réflexions et de quelles angoisses il était arrivé à prendre un parti sur sa vie. Il lui semblait bien que « depuis la destruction des ordres religieux, l'Eglise avait perdu la moitié de ses forces, et que le plus grand service à rendre à la chrétienté était de faire quelque chose pour leur résurrection. » Mais qu'était-il pour un si grand et si difficile ouvrage? Il n'éprouvait aucune vocation à servir l'Eglise dans le ministère des paroisses, mais aurait-il la force de « sacrifier sa liberté à une règle et à des supérieurs? »... Et quels « obstacles extérieurs se dressant devant lui comme des montagnes!... » Devait-il attendre du gouvernement français au moins la tolérance!... Et que dirait l'opinion, juge souverain d'un pays « où toute liberté paraît le privilége de ceux qui ne croient pas contre ceux qui croient? » .... A quel Ordre enfin se donner?.... En envisageant ces questions, ces difficultés, ces périls, « son âme tombait sous lui comme un cavalier sous son cheval. » ....

« Pressé par la situation même et sollicité par une grâce plus forte que moi, — ajoute-t-il, — je pris enfin mon parti ; mais le sacrifice fut sanglant. Tandis qu'il ne m'en avait rien coûté de quitter le monde pour le sacerdoce, il m'en coûta tout d'ajouter au sacerdoce le poids de la vie religieuse. Toutefois, dans le second cas comme dans le premier, mon consentement donné, je n'eus ni faiblesse, ni repentir, et je marchai courageusement au-devant des épreuves qui m'attendaient. »

---

(1) Lettre inédite de septembre 1836.

De tous les Ordres religieux existants, celui de saint Dominique était celui qui fixait le plus ses sympathies, par sa règle, par son esprit, par son histoire. « Lorsqu'on regarde le passé, on est saisi d'admiration…. C'est une longue suite d'apôtres, de docteurs, de martyrs, de saints et de bienheureux, dont les noms ont un éclat universel, et par dessous leur gloire, dans des chemins moins visités, on découvre sans peine encore une race presque innombrable d'hommes et de femmes qui ont édifié leur âge par leurs grandes vertus ou qui l'ont éclairé par leur lumière. » Sans doute cet Ordre était « dépouillé et mutilé sous la main du temps et des révolutions…. Ce n'était plus ce tronc puissant qui avait couvert le monde de ses branches fécondes, il n'en restait que des débris épars çà et là. » Mais « cet Ordre avait-il achevé sa course, comme un astre qui s'éteint parce qu'il n'était point lié à l'ensemble de la nature et ne devait y briller qu'un jour, ou bien sa splendeur était-elle momentanément voilée par des nuages qui pouvaient se dissiper? » N'est-il pas vrai que « Dieu n'oublie jamais ce qui a été fait pour lui et qu'il a promis sa bénédiction jusqu'à la millième génération de ceux qui l'ont aimé? Trop de bienheureux issus du tronc qui porte ce saint Ordre, trop de sang versé par ses fils coule sur les parvis de la Jérusalem céleste, trop de mains suppliantes intercèdent en faveur de ses débris pour se persuader que Dieu les méprise et n'y verse plus l'espérance avec sa grâce. »

Ce qu'avait voulu saint Dominique était de concilier ensemble pour l'édification de l'Eglise la vie apostolique et la vie monastique, par des dispositions qui « étaient l'œuvre d'une sagesse admirable. » Aujourd'hui « tout était changé dans les idées, dans les mœurs, dans les gouvernements. Une ère inconnue, quoique visible, s'était inaugurée dans les nations; l'Eglise et toutes les institutions de l'Eglise en ressentaient le contre-coup. On pouvait croire que Dieu bouleversait tout pour tout renouveler, et que l'Ordre de saint Dominique était appelé lui-même à une régénération. » Il était donc possible de le restaurer et de le rendre applicable à notre temps et à notre pays; mais à la condition d'en « respecter la forme intime et organique, en la même manière que voulant acclimater en France quelque arbre des tropiques ou des pôles, on devait prendre soin d'y transplanter cet arbre dans sa semence réelle et intransformable. »

Ces paroles que je dérobe à une œuvre à peu près inédite du Père Lacordaire (1), résument les pensées qui se remuaient dans son esprit et faisaient l'objet de ses méditations.

Mais en attendant que le jour se fît dans son âme et que Dieu lui révélât enfin la voie qu'il l'appelait à suivre, il revint en France prêcher à Metz pendant tout l'hiver de 1838 « une mission qui fut très-suivie, » et où il eut « des consolations sans nombre (2). » Il sondait ses amis sur ses projets, mais il n'entendait d'eux aucune parole qui l'encourageât à restaurer en France « l'institut décrépit » de saint-Dominique, qui sentait trop son moyen âge et que l'inquisition avait « dépopularisé (3). »

Sa station terminée, il vint à Solesmes, chez les Bénédictins, ressuscités eux-mêmes sous la direction de Dom

---

(1) Mémoire pour la restauration des Frères-Prêcheurs dans la chrétienté, présenté par le R. P. H. D. Lacordaire à la commission de réforme instituée par la sacrée congrégation des évêques et réguliers, an 1852. — Dijon, imprimerie Loireau-Feuchot.

(2) Lettre à Mme la comtesse de la Tour Du Pin, du 27 décembre 1837.

(3) Mémoires.

Guéranger, et là, pendant deux mois (1), il étudia à fond les constitutions de saint Dominique, mûrit son projet dans la réflexion et la retraite, et repartit ensuite pour Rome avec « des résolutions bien arrêtées (2). »

Il y resta un mois environ, et il y réussit « au-delà de toutes ses espérances. » On lui faisait « un accueil incroyable, et qui m'a prouvé, — écrivait-il à Mme Swetchine, — que la confiance est arrivée à sa plénitude. » Les Jésuites le traitaient en amis ; — le Saint-Père le recevait « avec la plus cordiale bonté » et le général de l'Ordre avec une joie prophétique de voir ce jeune rameau se greffer sur le vieux tronc de saint Dominique. Tout ce qu'il demanda, il l'obtint « sans contestation, » et il revint en France chercher quelques compagnons choisis pour tenter avec lui une œuvre à laquelle il se persuadait d'avoir été prédestiné pour toutes les circonstances de sa vie.

Il voulait aussi préparer l'opinion publique de *son pays*, se la rendre favorable et lui demander « protection contre elle-même, s'il en était besoin, » en publiant un *Mémoire* où il dirait les causes de ce rétablissement des Frères-Prêcheurs dans un pays « d'où ils avaient été arrachés par un demi-siècle de tempêtes. »

Ce Mémoire parut dans les premiers mois de 1839. L'abbé Lacordaire l'avait écrit avec le cœur d'un fils et l'âme d'un citoyen ; et ce double amour de la France et de l'Eglise qui se partagea sa vie, rayonnait, pour ainsi

---

(1) « J'ai une bonne nouvelle à vous annoncer ; c'est que vous posséderez avant la fin de la semaine prochaine, M. Lacordaire dans vos murs de Solesmes ; il va passer quelque temps avec vous. J'espère que vous ne le garderez pas trop longtemps, et que vous ne vous laisserez pas non plus garder par lui au détriment de la visite que vous deviez nous faire. »
(Mme Swetchine à Dom Guéranger, 24 mars 1838).
(2) Lettre à Mme La Tour Du Pin, du 20 juillet 1836.

dire, à toutes les pages. C'est à *son pays* qu'il s'adressait pour lui faire connaître « ses vœux, ses droits, son cœur même ; » c'est de lui qu'au nom du droit commun il revendiquait pour tous ceux qui étaient « las des passions du sang et de l'orgueil, et pénétrés des éléments divins qui remuent ce siècle, » la liberté de vivre à trois cent francs par tête avec une casaque de laine sur les épaules et de se dévouer à Dieu et à leurs frères. La vie monastique, lui disait-il, est en merveilleuse harmonie avec la nature humaine ; elle répond à ses instincts les plus profonds, à ses plus ardents besoins ; elle a pu être renversée pendant un temps, comme ces « vieux arbres où s'abritèrent les générations ; » mais la France en a conservé le germe, et elle « en tire des troncs nouveaux où la postérité cherchera de l'ombre et des fruits ; » et cela, quoiqu'on fasse, car on ne change pas les essences et ce n'est pas une loi qui peut mettre à mort les chênes et les moines : *Les chênes et les moines sont éternels....*

« Et nous voilà revenus, nous, moines, religieuses,
« frères et sœurs de tout nom ; nous couvrons ce sol d'où
« nous fûmes chassés il y a quarante ans par un siècle ad-
« mirablement puissant en ruines, qui, après avoir enfanté
« pour les faire les plus beaux génies du monde, enfanta
« pour les défendre tant d'illustres capitaines. C'a été
« vainement : rien n'a pu prévaloir contre la force de la
« nécessité. Nous voilà revenus, comme la moisson
« couvre un champ que la charrue a bouleversé, et où le
« vent du ciel a jeté la semence. Nous ne le disons pas
« avec orgueil : l'orgueil n'est pas le sentiment du voya-
« geur qui est de retour dans sa patrie, et qui frappe à
« la porte pour demander du secours. Nous voilà reve-
« nus parce que nous n'avons pu faire autrement, parce
« que nous sommes les premiers vaincus par la vie qui
« est en nous ; nous sommes innocents de notre immor-
« talité, comme le gland qui croît au pied d'un vieux

« chêne mort est innocent de la sève qui le pousse vers le
« ciel (1).... »

Il indiquait ensuite les caractères généraux des Frères-Prêcheurs et les raisons de rétablir dans la France de nos jours un institut qui lui répond si bien par la nature de son génie. Sa règle, ajoutait-il, « n'a d'ancien que son histoire, et nous ne verrions pas la nécessité de nous mettre l'esprit à la torture pour le seul plaisir de dater d'hier. » Puis esquissant à larges traits l'histoire de l'Ordre de saint Dominique, il racontait d'un mot rapide ses gloires nombreuses dans les lettres, dans les arts, dans toutes les œuvres religieuses et sociales, et le vengeait, l'histoire à la main, des calomnies d'une science ignorante et incrédule.

« Je crois donc faire acte de bon citoyen autant qu'acte
« de bon catholique, en rétablissant en France les
« Frères-Prêcheurs, — disait-il en finissant. — Si mon
« pays le souffre, il ne sera pas dix années peut-être
« avant d'avoir à s'en louer. S'il ne le veut pas, nous
« irons nous établir à ses frontières, sur quelque terre
« plus avancée, vers le pôle de l'avenir, et nous y atten-
« drons patiemment le jour de Dieu et de la France....
« Quel que soit le traitement que me réserve ma patrie, je
« ne m'en plaindrai donc pas. J'espèrerai en elle jusqu'à
« mon dernier soupir. Je comprends même ses injustices,
« je respecte même ses erreurs, non comme le courtisan
« qui adore son maître, mais comme l'ami qui sait par
« quels nœuds le mal s'enchaîne au bien dans le plus pro-
« fond du cœur de son ami. Ces sentiments sont trop an-
« ciens en moi, et dussé-je n'en pas recueillir le fruit,
« ils seront jusqu'à la fin mes hôtes et mes consola-
« teurs (2). »

---

(1) Mémoire pour le rétablissement en France de l'ordre des Frères-Prêcheurs.
(2) Id., conclusion.

Deux ou trois journaux à part, échos de rancunes vieillies ou de haines qui resteront irréconciciables, l'opinion publique ne fut pas hostile à cet éloquent appel qu'un citoyen français faisait à sa justice. Le Gouvernement ne disait rien, se réservant d'agir à Rome par voie diplomatique ; le clergé voyait d'un œil favorable la résurrection d'un ordre destiné à lui donner des auxiliaires et dont la liberté garantissait la sienne. Tout était ou semblait propice. Aussi le retour à Rome, au printemps de 1839, « fut-il une sorte de fête continuelle (1). »

L'abbé Lacordaire emmenait avec lui deux Français, dont le dévouement répondait à son premier appel. L'un des deux était cet Hippolyte Requédat, si ardent du désir de l'apostolat, « qu'il ne regardait même pas cet Océan inconnu dont il allait traverser les flots (2) ; » âme aimable, intrépide et prédestinée, qui devait bientôt porter au ciel, en y remontant, les saintes prémisses de l'œuvre nouvelle.

J'ai déjà dit que Rome était favorable au projet de l'abbé Lacordaire. Grégoire XVI en désirait vivement le succès ; on était ravi du *Mémoire*, et ce fut au milieu d'une faveur et d'une espérance unanimes que le 9 avril, dans l'Eglise de la Minerve, les trois Français prirent l'habit des mains du Père général. Le lendemain, frère Dominique, — c'était le nouveau nom de l'abbé Lacordaire, — partait pour Viterbe où, coïncidence étrange ! le couvent de *la Chênaie* (en italien *la Quercia*) était assigné à son noviciat. Un an plus tard il était moine, et « saint Dominique revoyait la France au banquet de sa famille (3). »

---

(1) Mémoires.
(2) Id.
(3) *Vie de saint Dominique*, préface.

VIII

Dans l'intervalle, l'état de l'Eglise de Paris avait changé. Mgr de Quélen était mort, et Mgr Affre, « qui avait tout fait trois ou quatre fois pour n'être jamais évêque (1), » avait été choisi pour son successeur. Le P. Lacordaire crut qu'il importait aux intérêts de son Ordre de se mettre directement en rapport avec un homme dont il connaissait la droiture et dont il avait éprouvé l'affection. Puis il convenait de ne pas être trop longtemps absent de France et de s'y faire voir. Il y vint donc, n'emportant que « ses habits de dominicain et un manteau (2), » et le 14 février 1841, en présence de l'Archevêque et du Ministre des Cultes, « le froc séculaire » de saint Dominique reparaissait dans la chaire de Notre-Dame, « sans audace et sans crainte (3). » Une innombrable multitude entendit, d'une oreille charmée, le *Discours sur la vocation de la nation française*, tout éclatant des gloires du passé et tout frémissant des espérances de l'avenir.

A ce discours, qui était une solennnelle affirmation de son œuvre à la face de la France, le P. Lacordaire ajouta la *Vie de saint Dominique*. Il l'avait écrite pendant les rares loisirs que lui laissaient les exercices religieux de son noviciat. Il voulait faire connaître à la France, ignorante ou trompée, cet illustre Patriarche, à qui il venait

---

(1) Lettre à Mme Swetchine, du 8 juillet 1840.
(2) Id., lettre du 4 nov.
(3) *Discours sur la vocation française.*

de susciter une postérité nouvelle. « C'est le plus beau livre de ce genre que je connaisse, — lui écrivait Mme Swetchine, — il est complet, et je ne sais rien de plus harmonieux que le jour qui l'éclaire, et dont le foyer est au fond de votre âme. Si je ne me trompe, ce livre n'est pas seulement un chef-d'œuvre, c'est un miracle, parce qu'il est destiné à en faire. J'ai senti au-dedans de moi toutes les forces qu'il est destiné à remuer et à mettre au service de Dieu. C'est un de ces livres enfin dont la lumière intérieure a son auréole au-dehors et qui parfume toute une atmosphère. On ne peut le lire sans se sentir transporté dans cette région où la paix est la récompense du sacrifice, où la main de Dieu est si sensible que l'on tressaille sous sa touche. »

— « Personne n'est en état d'écrire les pages que j'y admire davantage, — disait à son tour M. de Chateaubriand ; — ce n'est pas seulement un talent hors ligne, c'est un talent unique : c'est immense comme beauté, comme éclat. Je ne sais pas un plus beau style (1). »

Je n'ajouterai rien à ce double et tout-puissant éloge.

Le livre eut l'accueil du discours. Tout réussissait au nouveau fils de saint Dominique, tellement, disait-il, « que j'ai peur de voir le malheur prendre une rude revanche (2). » L'épreuve l'attendait à son retour à Rome, la plus douloureuse qu'il pût rencontrer, puisqu'elle semblait ruiner son œuvre à peine commencée, — la plus glorieuse aussi, puisqu'elle devait révéler la sainteté de son âme. Dix jeunes gens, qui avaient tout quitté, position, famille et patrie, pour le suivre, étaient là, prêts à

---

(1) Lettres de Mme Swetchine, du 19 août 1840 et du 13 décembre 1842, et Mme Swetchine écrivait encore à Dom Guéranger le 9 septembre 1840 :

« Adieu. Le manuscrit de saint Dominique est ici. C'est un livre saint et de piété intime dans bien des traits. »

(2) Lettre à Mme Swetchine, du 14 mars 1841.

prendre l'habit et à faire leur noviciat sous sa direction; un ordre de dispersion immédiate arriva : cinq des novices devaient aller à *la Quercia*, cinq à Bosco, vieux couvent du Piémont, qu'avait fondé Pie V et sauvé Napoléon. Le P. Lacordaire restait seul à Rome. Pas une de ces âmes ne chancela sous le coup; toutes obéirent et se turent. Le vieux parti hostile au P. Lacordaire et le gouvernement avaient joint dans l'ombre leurs intrigues contre son œuvre et contre lui ; Rome, toujours prudente, avait cédé, assurée que le P. Lacordaire avait pour lui Dieu et le temps. Lui n'en croyait que davantage au succès, sachant bien que l'épreuve et la douleur sont des rosées fécondes pour les œuvres et pour les âmes. « J'ai toujours cru qu'il fallait semer dans la tempête, — écrivait-il à Mme Swetchine ; — nous passerons plus librement entre les nuages et la foudre (1). » Demeuré seul au couvent de la Minerve, il étudiait saint Thomas et préparait ses conférences. La liberté, qui lui était rendue, lui permettait de venir en France, où les évêques se disputaient sa parole. Ce fut celui de Bordeaux qui l'obtint le premier. Il prêcha pendant quatre mois dans la chaire de saint André, ouvrant les intelligences à la vérité et recueillant, de son ministère, des fruits qui surpassaient ses espérances (2). Evêques, prêtres, laïques, c'était à qui venait lui offrir des maisons pour ses moines ; généreuses années où le souffle divin de la liberté religieuse remplissait les âmes et où les gouvernements restaient presque seuls à ne pas comprendre que le péril n'était pas pour eux dans cette conjuration de quelques hommes, unis dans le dévouement et la prière, pour sauver le monde en lui faisant connaître Dieu !

---

(1) Lettre à Mme Swetchine, du 2 oct. 1841.
(2) Lettre à Mme Swetchine, du 22 mars 1842.

C'est à Nancy qu'était réservé l'honneur d'abriter le berceau des nouveaux enfants de saint Dominique ; et ce fut un laïque aimable, revenu du siècle à Dieu et qui devait mourir sous le froc, M. de Saint-Beaussant, qui leur donna ce berceau. Après une station à la cathédrale, qui dura tout l'hiver, le premier couvent dominicain était fondé ; la première messe dominicaine y était dite le jour de la Pentecôte de l'année 1843, par le P. Lacordaire, « avec quel inexprimable ravissement! » on peut le penser.

Le P. Lacordaire avait trouvé à Nancy le Gouvernement pour le combattre, mais un évêque pour le défendre. « Ce moine » effrayait un pouvoir né des barricades ; mais, par conscience de sa faiblesse sans doute, il n'osait le combattre à ciel ouvert, et c'étaient des tracasseries dans l'ombre ou une opposition sans courage et sans honneur, et qui arrachait à l'âme indignée du généreux lutteur des accents comme j'en surprends dans une lettre à un ami, du 28 décembre 1844: « Quel pays, que le nôtre ! Bientôt on ne pourra plus parler au nom de la liberté, se réunir deux ou trois pour prier ensemble ou pour visiter les pauvres ensemble. Ce gouvernement, affaissé sous le poids de l'égoïsme, ne peut supporter l'aspect d'un bien qui élève et rapproche les âmes! Cela, du reste, est heureux. Il faut que les catholiques demeurent seuls à défendre les libertés humaines, et que leurs adversaires arrivent peu à peu au délire du despotisme... Le malheur de l'Eglise était d'avoir un moment laissé à ses adversaires l'apparence du libéralisme. Le masque tombe chaque jour (1).... »

Le gouvernement avait, dans cette campagne, l'appui du *Patriote de la Meurthe* et du *Constitutionnel*. Le

---

(1) Lettre inédite.

P. Lacordaire avait pour lui sa vertu, son droit et sa liberté. Aussi était-il « de la dernière tranquillité, » assuré qu'on n'oserait le poursuivre, « ce qui serait pire que sous Danton et Robespierre (1). » On ne le poursuivit pas.

Le couvent de Nancy fondé, peuplé, il vint à Paris où, depuis plusieurs années, l'appelait Mgr Affre, qui, lui non plus, ne devait pas faillir à la liberté de la parole apostolique et des ordres religieux. Louis-Philippe, en personne, était cependant intervenu pour menacer d'une émeute, si « ce moine » osait monter dans la chaire de Notre-Dame. Il y monta le premier dimanche de l'Avent de 1843 pour n'en descendre qu'en 1851. Le vieux Roi s'était trompé : il n'y eut pas d'émeute. La chaire de Notre-Dame était fondée au milieu du respect de tous et de l'admiration du plus grand nombre.

De 1843 à 1848, je ne suivrai pas le P. Lacordaire à travers les détails de son existence. Prêcher l'Avent à Notre-Dame, le Carême à Grenoble, à Lyon, à Strasbourg, à Liège, à Toulon, et des sermons de circonstance un peu partout, bien qu'il y résistât ; — ramener ses novices et ses moines de Bosco à Chalais, charmante solitude au penchant des Alpes, au bord de la vallée du Graisivaudan ; — faire admirer Mgr de Forbin-Janson par une ville qui l'avait chassé, et louer le général Drouot d'une parole aussi grande et aussi belle que les vertus du *sage de la grande armée* ; — aller à Rome baiser les pieds de Pie IX et saluer de son admiration et de ses craintes l'aurore de ce nouveau pontificat ; — trouver partout sur sa route les évêques pour le protéger, la population pour l'applaudir, et le gouvernement de juillet pour le tracasser ; — c'est l'histoire de ces cinq années, dont je ne voudrais pas dire davantage, si je ne devais y signaler

---

(1) Lettre à Mme Swetchine, du 1er mai 1843.

encore la fondation du couvent de Paris au printemps de 1845.

« Bientôt il me faudra quitter ces belles montagnes du Dauphiné, — écrivait le P. Lacordaire à un bon vieillard de ses amis le 24 avril 1845, — pour aller me cacher dans l'ombre et la tristesse d'une petite rue de Paris, où je vais jeter les fondements d'une nouvelle maison et prendre possession de la capitale. Je recommande à vos prières cette hardiesse qui ne vous étonnera pas : car vous savez que Dieu entre partout où il veut sans les hommes et malgré eux (1). »

Cette petite rue où il vint « se cacher, » est la rue Honoré-Chevalier, voisine de la place Saint-Sulpice. C'est là, dans la maison qui portait alors le n° 3, que fut établi le premier couvent dominicain de Paris. Il se composait du P. Lacordaire et d'un autre Père. Une petite chambre avait été convertie en chapelle, et la messe y fut dite pour la première fois le 2 juin 1845, en présence de Mme Swetchine, de M. de Montalembert, du vénérable abbé Des Genettes, de M. Cartier, ce « familier » de la maison dominicaine, de madame Besson, cette digne mère d'un saint, et de deux ou trois amis. Je vois encore le P. Lacordaire, plus recueilli que jamais à l'autel ; je l'entends nous dire, en quelques paroles émues, la reconnaissance et la joie dont surabondait son âme ; jour heureux auquel je ne puis m'empêcher de donner en passant un souvenir et une larme (2) !

---

(1) Correspondance inédite.
(2) Le mobilier de cette petite chapelle n'était pas riche ; les ornements du culte n'étaient pas nombreux ; il n'y eut longtemps qu'une seule chasuble, blanche, pour toutes les messes : « Laissez faire, nous disait en souriant le P. Lacordaire, le bon Dieu saura bien nous envoyer des chasubles et des novices. » Lss chasubles et les novices sont venus.

IX

Mais les événements se précipitaient; le protecteur, l'ami du P. Lacordaire, Grégoire XVI, de noble et pieuse mémoire, était mort, et, pour lui succéder, la Providence avait nommé Pie IX, âme élue entre toutes pour montrer aux anges et aux hommes ce que peut, sur la chaire de Pierre, la sainteté aux prises avec les extrémités des choses humaines. Les peuples frémissaient d'un bout du monde à l'autre, et s'agitaient dans des aspirations inquiètes et des espérances confuses. La liberté paraissait vouloir enfin se réconcilier avec l'Eglise, et elle s'agenouillait au Vatican pour recevoir la bénédiction du Vicaire de Jésus-Christ. Les voûtes de Saint-Pierre et de Notre-Dame répétaient l'éloge d'O'Connell et le libérateur catholique « se couchait dans sa patrie entre les acclamations de Rome et de Paris, écho complet du monde entier (1). » Les cœurs se relevaient dans l'enthousiasme, et tout semblait présager des jours heureux pour l'Eglise et pour le monde. 1848 éclata. Un roi qui se croyait nécessaire et qui n'était qu'habile, prit peur devant quelques émeutiers qu'il ne put ou n'osa combattre et s'enfuit sans pouvoir léguer l'honneur et le trône à son petit-fils.

---

(1) Lettre à Mme Swetchine, du 29 août 1847.

La République était proclamée et la France jetée de nouveau à toutes les luttes, à tous les hasards et à tous les périls.

Le P. Lacordaire n'était pas républicain ; on peut certes l'en croire, lui qui n'hésitait pas, devant trois mille clubistes qui le sommaient d'expliquer ses doctrines, à déclarer qu'avant le 24 février 1848 « il n'y avait pas dans toute sa personne un atôme de républicanisme (1), » et qui refusait de reconnaître « ses pères » dans les coupe-têtes de 1793. A cette époque où tant de gens, par un oubli commode de leur passé, se donnaient des brevets d'un républicanisme de l'avant-veille, le P. Lacordaire n'effaça pas une ligne de ses écrits, ne désavoua pas un mot de ses croyances monarchiques. « Il était républicain par devoir, » c'est-à-dire qu'il acceptait l'ordre de choses inauguré par un coup de foudre que Dieu semblait avoir allumé lui-même, et que, dans la candeur de son âme, il voulait loyalement faire l'essai du gouvernement nouveau. Dès le lendemain de la Révolution, quand la plupart de ceux qui se sont faits ses ennemis ensuite apostasiaient ou se cachaient, il traversait, d'un pas intrépide et calme, les pavés encore fumants des barricades, et remontait dans sa chaire de Notre-Dame pour y proclamer au milieu d'un applaudissement universel, qu'il ne fallait « rien craindre pour la Religion et pour la France; » puis remerciant l'Archevêque « de l'exemple qu'il avait donné à tous dans ces jours de grande et mémorable émotion, » il conjurait Dieu, « le juge des rois et l'arbitre du monde, de regarder dans une lumière propice ce vieux peuple français, le fils aîné de sa droite et de son Eglise (2). »

---

(1) V. à la fin du volume : *Le P. Lacordaire devant le Club de l'Union.*
(2) 45ᵉ conférence.

« Les uns espèrent, les autres doutent, plusieurs maudissent, un grand nombre croit et attend. Nous sommes de ceux qui croient et qui attendent. » Ces paroles, qu'il écrivait dans le prospectus de l'*Ere nouvelle*, sont le résumé de sa pensée. Il était convaincu, d'ailleurs, qu'au milieu de ces événements imprévus qui ébranlaient les convictions et désarçonnaient les systèmes, il ne devait pas, « parce que les difficultés étaient plus sérieuses, se rejeter dans l'égoïsme d'un lâche silence. » Il se résigna donc « à de grands sacrifices » et « à un dévouement qui fait le droit s'il ne fait pas la vocation ; » il arbora « un drapeau où la religion, la république et la liberté s'entrelaçaient dans les mêmes plis, » et il se jeta résolument dans la mêlée (1). Il prit la direction de l'*Ere nouvelle*, échoua aux élections de Paris avec plus de soixante-deux mille voix, fut présenté dans les Côtes-du-Nord, la Mayenne, l'Isère et le Var, « où il n'avait rien fait cependant pour seconder la bienveillance des électeurs, « et il fut nommé par le département des Bouches-du-Rhône, sans l'avoir recherché.

« Etranger à la vie politique, — écrivait-il le 3 mai aux électeurs de ce département, — il me semblait que ma carrière avait été tracée par Dieu bien loin et bien au-dessus des agitations du Forum.... J'essaierai d'être à l'Assemblée nationale un représentant digne de vous, d'y faire asseoir, dans ma personne, votre foi religieuse, votre amour de la patrie, votre dévouement aux libertés chrétiennes et nationales, votre volonté de venir en aide aux classes pauvres et souffrantes, votre respect de la famille et de la propriété, votre zèle enfin pour la chose divine et humaine qui porte en ce moment le nom de

---

(1) V. *Ere nouvelle*, — lettres à Mme Swetchine, — Mémoires.

République et qui le portera toujours, si nous savons tous ensemble, comme il faut l'espérer, reconnaître et fonder l'avenir (1). »

Le 4 mai, l'Assemblée nationale se réunissait : une acclamation unanime saluait la République sous le péristyle du Palais-Bourbon, et le peuple ramenait comme en triomphe, aux cris de « vive Lacordaire ! » ce moine dont l'élection venait d'être validée par une Assemblée où siégaient cependant Isambert et M. Dupin.

Onze jours après, l'Assemblée nationale était envahie. Désigné par son costume même aux colères et aux menaces de la populace, le P. Lacordaire resta calme et triste à son banc, comprenant que c'en était fiat de la République. Il vit aussi, de ce clair regard que Dieu lui donnait dans les circonstances décisives de sa vie, qu'il ne pourrait concilier ses devoirs de moine et ceux de représentant. Le 18 mai, il adressa sa démission au Président de l'Assemblée ; il la donnait, — y disait-il, — par crainte « de ne plus être ce qu'il devait rester toujours devant Dieu et devant ses électeurs. »

L'épreuve était dure ; mais « il est des occasions, — a-t-il écrit dans ses Mémoires — où il faut savoir descendre devant les hommes pour s'élever devant Dieu. »

Il laissa dire et rentra dans sa vie monastique avec le calme d'une conscience qui a rempli son devoir et la certitude d'avoir fait consacrer par la nation elle-même, dans son assemblée souveraine, l'inviolabilité de son habit de religieux.

Peu de temps après, il se retirait aussi de l'*Ere nouvelle* et « ce pauvre moine aimant la retraite et la paix »

---

(1) V. *Ere nouvelle* du 4 mai 1868.

ne fut plus qu'à ses frères et à ses œuvres, « n'appartenant qu'à Dieu et ne voulant se donner qu'à lui (1). »

Il reprit ses courses apostoliques et ses fondations dominicaines, et dès la fin de 1848, réalisant une promesse qu'il avait faite à l'Evêque de Dijon, il vint prêcher l'Avent dans cette ville de sa jeunesse où il retrouva ses amis et ses souvenirs, « heureux, — disait-il, — s'il rapportait des vicissitudes de sa vie une âme digne de s'unir à celle de son auditoire (2). »

C'est après cette station qu'il établit une maison de son ordre à Flavigny, tout proche de ces lieux fameux où Vercingétorix jeta l'épée de la Gaule vaincue aux pieds du cheval de César.

Avec le Carême de 1849, il reprit ses conférences à Notre-Dame. Il trouvait un nouvel archevêque sur la chaire de saint Denis. En mourant sur les barricades, Mgr Affre emportait dans sa tombe de martyr son projet d'avoir pour coadjuteur le P. Lacordaire. Mgr Sibour qui lui succéda, et dont les armes étaient celles de saint Dominique, l'un de ses patrons, eut pour son illustre fils l'affection d'un père. Il lui donna les Carmes pour y établir son couvent de Paris. « C'est une bénédiction extraordinaire et à laquelle je n'aurais jamais osé prétendre, — écrivait le P. Lacordaire à un de ses jeunes amis. — Il a fallu une suite incroyable de circonstances politiques et ecclésiastiques pour qu'elle se réalisât.... Nous officions publiquement dans notre Eglise. C'est la première fois depuis soixante ans qu'un corps religieux officie ainsi

---

(1) Lettres inédites, citées par le P. Chocarne.
(2) 1re conférence de Dijon. — V. *Tribune sacrée*, année 1848-49.

publiquement dans une Eglise à lui. Priez Dieu, mon cher ami, pour que cette grâce ne tourne pas à notre confusion, et que si les Carmes, par suite des malheurs publics, deviennent une seconde fois la proie des révolutions, nous puissions dignement mêler notre sang à celui des martyrs qui nous ont précédés (1).... »

C'est aux Carmes qu'il prêcha tous les dimanches, pendant l'hiver de 1850, comme un bon curé, une série de prônes sur l'Evangile du jour, y mêlant la simplicité à l'éloquence et y jetant un *humour* où pétillait le plus vif de son esprit charmant.

Deux années encore, et il descendait, pour n'y plus remonter, de la chaire de Notre-Dame. Son enseignement dogmatique était fini. Avait-il le pressentiment qu'un prochain avenir arrêterait sur ses lèvres les libres élans de la parole apostolique? On le croirait volontiers, à entendre ces accents d'une si grande mélancolie par lesquels il faisait ses adieux « à cette génération déjà nombreuse en qui il avait semé, peut-être, — c'est lui qui le disait, — des vérités et des vertus (2). »

Les événements de 1851 changèrent bientôt de fond en comble les conditions de la société française. Le P. Lacordaire se tut et ne voulut céder à aucune des sollicitations qui le rappelaient à Notre-Dame. Pour rompre tout-à-fait le charme et garder son indépendance « en ne se liant pas à des hommes et à des choses dont il redoutait la solidarité (3), » il quitta même Paris et alla visiter,

---

(1) Correspondance inédite. — 14 décembre 1849.
(2) V. dernière conférence de Notre-Dame,
(3) Lettre à Mme Swetchine, du 10 mai 1852.

comme vicaire-général, les couvents de son Ordre en Belgique, en Hollande et en Angleterre. Il ne devait plus prêcher à Paris qu'une fois, le 10 février 1853, à Saint-Roch, comme si la Providence eût voulu que l'Eglise qui avait entendu les premiers accents de sa parole, en répétât les derniers échos.

X

Mais Dieu ne voulait pas, Lui, traiter le P. Lacordaire comme un serviteur inutile ou comme un ouvrier qui a fini sa journée. Il voulait, au contraire, récompenser par le succès tous les efforts de sa vie. Victime d'un monopole impie, l'abbé Lacordaire avait revendiqué pour les pères de famille la liberté d'élever leurs enfants selon le devoir de leur conscience et le droit de leur paternité. Epris de l'amour de Dieu et de ses frères jusqu'au sacrifice, il avait osé l'impossible pour obéir aux inspirations d'un dévouement plus puissant que l'iniquité des lois. L'heure était venue pour lui de récolter dans la liberté ce qu'il avait semé dans les périls d'une lutte infatigable. Rome consacrait de son autorité suprême la régénération monastique qu'il avait tentée et confiait au premier de ses disciples le généralat de son ordre; et d'autre part, en le rappelant vers la fin de sa carrière aux lieux même où saint Dominique avait commencé la sienne, des circonstances, trop imprévues pour n'être pas providentielles, mettaient aux mains d'un Tiers-Ordre fondé par lui l'éducation d'une jeunesse à laquelle il avait dévoué son âme. Il fondait un couvent à Toulouse, prenait la direction du collège libre d'Oullins et bientôt après de cette illustre école de Sorèze dont il lui était donné de rajeunir la gloire.

La fille des Capitouls et de Clémence Isaure fit à l'héritier de saint Dominique une hospitalité digne d'elle et digne de lui. Il l'en remercia, en prononçant dans l'antique basilique de Saint-Sernin un discours pour la translation du chef de saint Thomas-d'Aquin, en 1852, — un discours sur la loi de l'histoire, en 1854, à l'Académie de Législation qui l'avait choisi pour l'un de ses membres, — enfin, en y prêchant ses dernières Conférences.

« L'auditoire ne sera pas celui de Notre-Dame, — écrivait-il le 4 janvier 1854, — mais il sera encore considérable et composé, outre une jeunesse nombreuse, d'un grand nombre d'hommes cultivés, qui, plus qu'ailleurs, ont conservé le feu sacré des lettres et du goût (1).... »

L'auditoire qu'il groupa autour de la chaire de Saint-Etienne fut au niveau de cette parole qui n'eut jamais plus d'éloquence ni plus d'éclairs.

Ce furent ses adieux à la chaire : vainement des instances nouvelles, vainement une jeunesse enthousiaste vint-elle solliciter encore sa parole, il en était touché sans doute, car « jamais, — disait-il, — le soupir des âmes ne m'a trouvé sans émotion et sans le désir du dévouement ; mais, — ajoutait-il, — j'ai trop connu pendant vingt ans le poids de la parole pour m'y exposer déjà flétri, sans être sûr de mes forces et de mon temps (2). »

Et dans une confidence plus intime : « à mesure que j'avance vers la fin, j'aime à me retirer loin du bruit pour y faire plus sûrement le bien que Dieu me permet. Je me plais à penser que l'heure d'une profonde solitude viendra pour moi, et que Dieu me retirera avant ma mort de l'é-

---

(1) Correspondance inédite.
(2) Lettre à M. Delpech, doyen de la Faculté de droit de Toulouse.— 1854.

clat trop vif où j'ai vécu. C'est un si grand bien que le repos dans une gloire oubliée (1) ! »

Il n'était plus provincial de son Ordre, assez âgé, — semblait-il, — pour tenter ses propres forces et vivre par lui-même ; et quatre années devaient s'écouler avant que des nécessités, plus impérieuses que la règle, le rappelassent à un pouvoir, ou plutôt à une charge que nul ne pouvait remplir avec une égale sagesse et une prudence aussi consommée.

« Je ne vais plus être qu'un maître d'école cloué sur des bancs, obscur et oublié, mais enseignant encore la jeunesse, cette fonction des brillantes années de ma vie. » — C'est de Sorèze qu'il écrivait ainsi en 1854 à un ami (2).

---

(1) Correspondance inédite. — 15 janvier 1852.
(2) Correspondance inédite. — 15 août 1854.

XI

Avant de raconter ces dernières et rapides années que le P. Lacordaire occupa à élever des hommes, je demande aux lecteurs de s'asseoir un instant avec moi sous les vastes ombrages de la vieille abbaye contemporaine de Pépin le Bref pour regarder avec l'admiration du citoyen, le respect du chrétien et la sincérité du juge, cette grande âme où le caractère fut plus puissant encore que le génie et ne fut pas au-dessous de la vertu.

La première chose à dire de l'œuvre du P. Lacordaire, c'est qu'il a complétement changé les bases de l'apologétique chrétienne. Il n'a pas, comme ses devanciers, commencé par interroger Dieu dans les profondeurs de son éternité mystérieuse et l'âme humaine dans la réalité d'une existence qu'elle ne s'avoue pas toujours à elle-même, pour établir ensuite la nécessité d'un rapport de Providence et de culte entre le Créateur et la créature, et arriver, en suivant les longueurs d'une avenue éclairée par les historiens et les prophètes, à Jésus-Christ sauveur du monde et fondateur de l'Eglise. Lacordaire avait prêté une oreille trop attentive aux voix d'un siècle dont il avait tout aimé, il l'avait trop pressenti dans le positivisme de ses tendances et dans l'inquiétude de ses aspirations, pour n'avoir pas compris qu'il fallait appuyer sur des faits certains et définis la démonstration de la vérité. Au lieu de demander à une raison qui doutait de tout et d'elle-même la foi en des vérités métaphysiques et invisibles, il voulut « prendre pied sur le sol de la réalité vivante et y chercher les traces de Dieu (1). » Or un fait était là, merveille ou scandale, sous les yeux de tous, sollicitant de tous, incroyants ou fidèles, une explication de son existence dix-huit fois séculaire. Ce fait c'est l'Eglise. Ce fut sur l'Eglise que le P. Lacordaire appuya la démonstration de la vérité catholique; c'est elle dont il fit la pierre angulaire de son apologétique.

En creusant son sujet dans ses profondeurs, il montra d'abord le besoin qu'a l'humanité d'être enseignée et quel est le caractère distinctif de cet enseignement nécessaire, — caractère distinctif dont l'Eglise catholique a le privilège dans son universalité même. Puis, il étudia cette Eglise en présence de laquelle il avait amené son auditoire, dans sa constitution organique et dans sa constitution doctrinale, et il prouva qu'elle était surhumaine et divine dans toutes les deux.

Ce fut là l'objet des Conférences de 1835 et de 1836.

Quand, en 1843, il remonta dans la chaire de Notre-Dame, il employa trois années à examiner les effets de la doctrine catholique sur l'âme et sur la société, « qui sont les trois théâtres de toute action, » et sa conclusion fut encore que « l'Eglise, dépositaire et organe de cette doctrine, était évidemment douée d'un pouvoir incomparable et surhumain (2). »

Mais l'Eglise ne s'est pas faite toute seule; elle a un

---

(1) 73ᵉ Conférence de Notre-Dame.
(2) 36ᵉ Conférence.

auteur qui est Jésus-Christ. C'est à l'étudier dans sa vie intime, dans sa préexistence et dans sa puissance publique, dans l'établissement, la perpétuité et le progrès de son règne que le P. Lacordaire consacra ses merveilleuses Conférences de 1846. Quinze années avant Renan il l'avait réfuté, et les rationalistes avec lui, dans un style auprès duquel est bien pâle celui de ce sophiste romancier, avec une puissance de doctrine qui n'avait jamais été atteinte et qui ne sera jamais surpassée.

Ainsi l'Eglise, ce miracle, par ses divins caractères, prouve la divinité de son auteur, et la divinité de celui qui l'a fondée prouve, à son tour, la divinité de son œuvre.

Cette double démonstration achevée, il convenait « de franchir les portes du temple, et de regarder sans crainte comme sans présomption la doctrine elle-même (1). » C'est à cet examen que le P. Lacordaire consacra les quatre dernières années de son enseignement dogmatique, interrogeant Dieu dans le mystère révélateur de sa vie intime, le montrant dans l'acte de bonté par lequel il créa le monde et l'homme, et associa, pour ainsi dire, en celui-ci, être intelligent, moral et social, la nature à la divinité.

L'homme et Dieu sont désormais en présence ; il y a entre eux un commerce qui a ses lois et qui se manifeste par la prophétie et par le sacrement. Mais l'homme est sorti libre des mains de son Créateur, et si sa nature a besoin de la grâce divine pour atteindre sa fin, qui est Dieu, il peut vouloir échapper à la grâce et manquer à Dieu au jour de l'épreuve inévitable. Tenté, l'homme tombe, et l'humanité porte dans tout son être les signes douloureux de cette chute originelle. Mais Dieu le poursuit

(1) 45° Conférence.

d'un amour que rien ne lasse, il le relève et le répare par la mort volontaire et expiatrice de son Fils fait homme, au moyen d'une économie providentielle qui n'est pas autre chose que le gouvernement divin dans l'humanité.

Ce gouvernement a ses lois, ses grâces, ses résultats, ses sanctions dans l'éternité des peines et des récompenses, et le christianisme, ainsi démontré, a son couronnement dans l'incorporation réciproque de Dieu à l'homme et de l'homme à Dieu.

Tel est, résumé en deux pages, le plan des Conférences de Notre-Dame. Après cet enseignement de dix années, le P. Lacordaire s'arrêta « au point où finit le dogme et où la vérité, en échange de sa lumière, nous demande la vertu (1). »

Cette apologétique, nouvelle, on le voit, suivait une ligne inverse de l'ancienne ; au lieu de descendre de Dieu à Jésus-Christ et à l'Eglise, le P. Lacordaire était remonté de l'Eglise, réalité vivante, à Jésus-Christ, son auteur, et de là à Dieu, principe des choses, pour revenir, par une route transfigurée dans la lumière, à Jésus-Christ et à son œuvre, et en constater encore une fois l'indestructible divinité.

J'ai déjà dit que cette tentative était nécessaire. Elle était exigée par les besoins du siècle où nous avons l'honneur et le péril de vivre, siècle affamé de vérité, mais qui a horreur des « ombres » de la métaphysique, dussent-elles, en s'écartant, lui dévoiler la lumière, et qui veut, comme l'apôtre incrédule, toucher de ses mains les plaies divines avant de donner sa foi.

---

(1) 73ᵉ Conférence.

Mais cette tentative était hardie, et beaucoup la jugeaient une nouveauté téméraire et dangereuse, comme si la démonstration de la vérité était enchaînée à tel ou tel système et que nous dussions fixer nos pas à une route, parce que deux siècles et quelques hommes illustres y ont marché avant nous. *Omnia et in omnibus Christus.* Le succès a jugé l'œuvre et fait justice de craintes puériles ou ennemies. Les Conférences de Notre-Dame ont démontré à notre génération la nécessité de croire à Jésus-Christ, à l'Evangile et à l'Eglise, et l'impossibilité de rien trouver en dehors d'eux qui les vaille; elle leur ont conquis le respect et la foi des intelligences; elles ont incliné dans la vertu des cœurs éclairés par cette divine lumière. On l'a nié, mais en vain. Cette parole « qui semblait se jouer sur les confins de la terre et du ciel, » n'a pas seulement « préparé les âmes à la foi, » bien que ce fût « son but unique; » elle a « souvent atteint par-delà, » en les convertissant à la pratique de la vie chrétienne (1). Les lettres du P. Lacordaire sont pleines de témoignages à cet égard, et il en a fait quelquefois le public aveu : « Je suis bien jeune encore, — disait-il dès 1843, — et pourtant j'ai déjà vu bien des larmes de l'âme sur mes joues! J'ai serré bien des amis spirituels sur mon sein de religieux et de chrétien (2). »

C'était pour assister à autre chose qu'aux vains jeux de l'éloquence humaine que des multitudes, qui rappelaient les temps apostoliques, se pressaient aux pieds de la chaire du *Prophète nouveau.* Elles venaient entendre la vérité que leur annonçait un homme sincère, d'une parole inspirée, la plus populaire parole que la France ait entendue depuis saint Bernard, la plus puissante depuis Bos-

---

(1) Préface des Conférences.
(2) 20ᵉ Conférence.

suet, avec des élans d'amour divin que celui-ci n'a jamais rencontrés. Quel est celui de nous qui ait été de ces conférences de Notre-Dame et qui ne se rappelle avec des larmes ces jours dont les émotions ont ravi sa jeunesse et tracé dans son âme des sillons d'une ineffaçable lumière? C'est l'hiver; on est venu dès l'aube pour avoir de bonnes places; on attend de longues heures, sans impatience; on se montre au banc-d'œuvre, ou confondues dans la foule, les illustrations du jour, poëtes ou ministres, académiciens ou journalistes, que la curiosité, le goût de l'éloquence, le désir ou l'inquiétude de la vérité conduit à Notre-Dame. La dernière messe est dite; les chants qui l'ont accompagnée ont préparé l'âme. Une heure sonne : le P. Lacordaire apparaît dans la chaire avec sa robe blanche et sa tête rasée, calme, souriant, grave. L'archevêque le bénit; la foule se contraint au silence. Il parle; il résume en quelques mots les Conférences précédentes, indique d'un trait rapide ce qu'il va dire et commence à l'exposer ensuite d'une parole simple. Puis, tout-à-coup, sur un mot de l'orateur, sur un signe de l'auditoire, au détour d'une phrase, au choc d'une idée, l'inspiration jaillit comme l'éclair, elle éclate comme la foudre, elle saisit l'orateur comme faisait l'ange du prophète Habacuc; elle l'emporte avec elle frémissant dans l'espace, et quoique vous en ayiez, il faut qu'il vous emporte vous-même avec lui, jusqu'à ce qu'il vous dépose, haletant de votre course, épuisé de votre admiration même dans la calme lumière de la vérité rendue visible. D'autres fois, c'est une causerie pétillante de verve, de fantaisie, de causticité, d'ironie, d'anecdotes contées à ravir et de l'esprit le plus pur et le plus français du monde :

« ... Vous connaissez tous Erasme. C'était, en ce temps-là, le premier académicien du monde. A la veille des tempêtes qui devaient ébranler le monde et l'Eglise, il faisait de la prose avec l'élasticité la plus consommée. On se disputait dans l'univers un de ses billets. Les princes lui écrivaient avec orgueil. Mais quand la foudre eut grondé, quand il fallut se dévouer à l'erreur ou à la vérité, donner à l'une ou à l'autre sa parole, sa gloire ou son sang, ce bonhomme eut le courage de rester académicien, et s'éteignit dans Rotterdam au bout d'une phrase élégante encore, mais méprisée (1). »

Et cette charmante histoire d'un système philosophique :

« Un quatrième se hâte et me dit d'un air joyeux : Tous ces gens-là sont des gens d'esprit, mais qui n'ont pas la vérité. La vérité est beaucoup plus simple, et la voici : Il n'existe que de la matière, et même pour vous dire le fond de la science, il n'existe que des atômes. Ces atômes se meuvent dans un espace indéterminé, ils ont certains moyens de se rencontrer, et pour me servir de l'expression toute nue, de s'accrocher. Vous êtes un assemblage heureux d'atômes qui, après des millions de chances contraires, se sont une fois entrelacés et agencés. Tant que cela durera, jouissez-en, car il y a bien à parier que vos atômes, une fois séparés, ne se rencontreront plus de la même manière, et puisque cette fois est unique, tâchez qu'elle soit bonne. C'est mon conseil et je suis Epicure pour vous servir (2). »

Et ceci encore : « Je n'ai jamais ouï parler d'un rationaliste qui ait reçu des coups de bâton à la Cochinchine. Ces esprits-là sont trop polis et trop ingénieux pour se hasarder dans une semblable gloire, au profit de la vérité. Il sera donc toujours temps de s'occuper d'eux lors de la prochaine place vacante à l'Académie. Nous sommes

(1) 23ᵉ Conférence.
(2) 19ᵉ Conférence.

trop bien élevés pour leur offrir autre chose qu'une branche de laurier, et ils la méritent sans contestation (1). »

Les Conférences sont semées de ces choses, charmantes et profondes à la fois, qui reposent l'auditeur, sans le distraire du sujet qu'il écoute et auquel au contraire elles le rattachent; car la logique des idées n'a pas à en souffrir. La chaîne reste ferme et ne se casse pas sous les ornements que la main de l'artiste trame à la surface. Qu'on essaie d'analyser une Conférence pour s'en convaincre.

Le double caractère de l'éloquence du P. Lacordaire est d'être originale et spontanée. Je ne lui trouve pas de maître et je voudrais qu'il n'eût pas d'imitateurs. Il ne relève que de lui jusque dans ses défauts, car il en a; ne serait-ce que d'abuser de la Grèce et des proconsuls; ne serait-ce parfois qu'un peu d'emphase, une certaine enflure, dont sa mère le grondait dès la rhétorique, et dont il ne s'est jamais tout-à-fait débarrassé. Et si jamais une parole fut spontanée, c'est la sienne. Non qu'il ne sache parfaitement, quand il monte en chaire, ce qu'il va dire. Il a longuement réfléchi et mûri sa pensée. Le squelette de son discours est debout tout entier : il n'y manque pas un os, pas une articulation, pas une jointure, et c'est ce qui fait que les lois de la logique sont si complétement respectées dans ceux de ses discours qui semblent y échapper davantage par les hasards de la phrase et les richesses de la forme. Mais s'il sait ce qu'il va dire, il ne sait jamais comment il le dira. C'est affaire à l'inspiration du prophète, qui soufflera des quatre vents du ciel sur ces ossements arides, leur donnera la beauté, la puissance, la vie, et leur mettra l'éclair dans le regard.

(1) 24ᵉ Conférence.

Le P. Lacordaire était un improvisateur par excellence. Pour le contester, il faudrait ne l'avoir jamais entendu; il faudrait ne l'avoir jamais vu dans le travail même et les efforts de la pensée qui cherche à se produire à la vie, dût-elle, comme Prométhée, monter jusqu'au ciel pour y dérober la flamme.

C'est ce don, si rare, de l'improvisation, qui faisait sa force et qui lui captivait ses auditeurs sans que ceux-ci voulussent ou sans qu'ils pussent s'en défendre. Mais lui-même en nous disant ce que c'est que l'éloquence, va nous livrer le secret de sa puissance :

« ... Et tous les jours, messieurs, vous assistez à ces
« triomphes de la parole... Vous entendez Démosthènes
« obtenant la condamnation d'Eschine, Cicéron faisant
« tomber des mains de César l'arrêt de Ligarius, et vous
« vous demandez en quoi consiste cet art souverain sans
« lequel la raison et la justice ne sont pas sûres de vain-
« cre, par qui l'erreur et la passion l'emportent trop sou-
« vent. Oui, la parole éloquente est une dominatrice qui
« se fait obéir : mais qu'est-ce que l'éloquence? que peut-
« elle mettre dans la parole de plus que la lumière et la
« vérité? Y a-t-il quelque chose au monde de plus persua-
« sif que la lumière, de plus fort que la vérité? Oui,
« messieurs, ce qui est plus fort que la vérité, c'est
« le principe d'où elle émane; ce qui est plus per-
« suasif que la lumière, c'est le foyer d'où elle jaillit;
« ce qui est plus grand que la parole, c'est l'âme où elle
« vit et d'où elle sort. L'éloquence est l'âme même;
« l'éloquence est l'âme rompant toutes les digues de la
« chair, quittant le sein qui la porte et se jetant à corps
« perdu dans l'âme d'autrui. Après cela, étonnez-vous
« qu'elle commande, qu'elle règne : je le crois bien, c'est
« une âme mise à la place de la vôtre. N'est-il pas simple
« que cette âme qui est chez vous, en vous, qui est vous-

« même et plus que vous-même vous dise : va! et vous
« allez ; viens! et vous venez ; ploie le genou! et vous
« ployez le genou. Bref, le mystère de la parole à l'état
« d'éloquence, c'est la substitution de l'âme qui parle à
« l'âme qui écoute, ou, pour parler avec une justesse qui
« ne laisse rien à reprendre : c'est la fusion de l'âme qui
« parle avec l'âme qui écoute (1). »

Cette spontanéité du P. Lacordaire était, comme son originalité, la cause de quelques-uns des défauts de sa parole. Et lui-même nous en dira les raisons et plaidera les circonstances atténuantes dans une lettre qu'il écrivait à une de ses parentes, le 31 décembre 1828, à l'occasion d'un prédicateur du temps sur lequel elle l'avait consulté.

« ... Il faut que vous sachiez, ma chère cousine, que la
« véhémence est la qualité qui seule fait le grand orateur,
« et qui seule couvre les défauts nécessaires d'un dis-
« cours qui n'a pas été préparé la plume à la main ; mais
« aussi rien n'égare comme cette chaleur, elle emporte
« la tête d'un homme bien loin de ses épaules, et c'est elle
« qui jette dans tant de contradictions nos orateurs des
« chambres. Songez ce que c'est qu'un homme qui parle
« de cœur ; le cœur, c'est la foudre, on ne sait où elle
« tombe, que quand elle est tombée. Excusez donc tou-
« jours beaucoup, ma chère cousine, l'homme qui impro-
« vise, et qui vous annonce l'Evangile avec l'imperfection
« de sa nature, le joug de son caractère et de cette forme
« primitive que chacun apporte en naissant (2)... »

Si le P. Lacordaire agissait puissamment sur son auditoire, il en recevait beaucoup lui-même, il s'en inspirait ;

---

(1) 56ᵉ Conférence.
(2) Correspondance inédite.

il y avait une pénétration réciproque de leurs âmes, il montait d'en bas un souffle qui faisait vibrer la lyre, une étincelle qui allumait la flamme, et l'on peut dire du P. Lacordaire, que son auditoire était une partie de son éloquence. Il l'aimait d'ailleurs, non pas seulement comme le général aime le champ de bataille sur lequel il doit rencontrer la victoire; mais il aimait les âmes de ceux qui écoutaient parler la sienne; il se passionnait pour elles; il voulait les conquérir et les donner à la vérité, comme les dépouilles opimes du combat. Aussi,— qu'on me permette le mot, — son auditoire était-il toujours en scène avec lui; il l'interrogeait sans cesse; il voyait son regard, les plis de son visage, son acquiescement ou sa résistance. Celui-ci résistait; c'est lui qu'il fallait séduire ou vaincre, frapper au cœur d'une parole plus puissante; c'était à lui qu'il fallait faire sentir la foudre; c'est sur lui que l'aigle tombait du haut du ciel, pour y remonter en l'emportant dans sa serre victorieuse. Tel passage des Conférences, qu'on admire ou qui émeut davantage, est né de ces chocs de la lutte et de ces hasards du combat. Et puis il connaissait si bien le cœur humain! il racontait si bien son histoire! il mettait sur ses plaies une main si fraternelle et si douce!

Un autre secret de la puissance oratoire du P. Lacordaire était dans l'art avec lequel il posait les objections et présentait ses adversaires. Loin qu'il diminuât leur force et leur ôtât rien de leur valeur, il semblait prendre plaisir à l'augmenter encore et à agrandir l'obstacle. L'ennemi était là, armé par lui de pied en cap, le glaive au poing, la flamme aux yeux. Rien ne manquait à son audace; rien ne faisait défaut à son armure. Les armées sont attentives; on tremble pour David! N'ayez crainte, il suffit d'une petite pierre au front du Philistin, ou si vous préférez une image plus moderne ou qui sente moins son lieu commun, c'est, après une habile et savante escrime, un coup d'épée au défaut de la cuirasse, et l'adversaire est là, gisant sur le sol dans son sang répandu et dans la honte de sa défaite ; mais, auparavant, quelles passes d'armes ! quel cliquetis et quels éclairs d'épées (1) !

Je dirai encore que le P. Lacordaire a été le plus personnel des orateurs ; ç'a été sa force et sa gloire : Il se mettait tout lui-même dans sa parole, ses impressions, ses émotions, ses souvenirs, sa vie entière. On referait sa vie rien qu'avec ses discours. C'était un homme parlant à des hommes, touchant leurs âmes en leur montrant la sienne. Mais cette gloire n'est pas donnée à tous ; il n'en est pas beaucoup qui soient, d'instinct surtout, assez sûrs d'eux-mêmes pour se révéler et se montrer ainsi sans crainte à la foule.

On ne sera pas surpris que le P. Lacordaire fût poète, un grand et vrai poète ; il avait la vie et l'imagination créatrice ; il avait le don de sentir et d'exprimer sa pensée avec des images qui la faisaient vivante et qui prenaient si bien corps avec l'idée qu'on ne pouvait plus les séparer ensuite, à la différence des rhéteurs chez qui l'image est un luxe inutile et de mauvais goût trop souvent. Je veux citer un exemple ; il s'agit de la chasteté et du Coran :

« ..... Mahomet n'a pas voulu corrompre l'Arabie, mais

---

(1) « ... Je n'aime pas à amoindrir les ennemis de la vérité. A quoi cela
« peut-il servir ? Quand j'aurais abusé un moment de votre pénétration et
« de votre souvenir des choses, rentrés chez vous, un coup d'œil sur
« le docteur Strauss vous révélerait mon peu de sincérité, et la cause que
« je défends, pour avoir gagné un quart d'heure, perdrait un siècle dans
« votre esprit. Non, messieurs, c'est moins qu'un devoir, c'est un plaisir
« d'être sincère quand on a la vérité pour soi... » — 43ᵉ Conférence.

« la régénérer, la ramener au temps de ses célèbres et
« pieux ancêtres. Pourquoi ne l'a-t-il pas fait en réalité ?
« Parce qu'il n'a pas pu. Ni son cœur n'a été assez pur,
« ni sa main assez forte pour imposer, aux populations
« qu'il prétendait régir, la sainteté et la chasteté. L'Arabe,
« comme un cheval indompté, a bien obéi à son maître,
« quand ce maître l'a lancé par le monde avec un coup
« d'éperon qui lui promettait la victoire; il s'est bien
« jeté, la tête ardente, les jarrets souples, le poil hérissé,
« pour niveler les peuples sous son puissant passage ; mais
« quand il a fallu lui mettre à la bouche le frein de la
« pureté, il en a broyé les anneaux d'acier, et il s'est
« trouvé que la doctrine qui le poussait à la conquête du
« monde était une doctrine moins fortement trempée que
« ses muscles et son poitrail (1). »

J'étais là ; je l'ai vue venir au monde, cette image superbe ; j'ai vu l'orateur haletant, la sueur au front, les veines gonflées, l'arracher de son âme, vivante et toute armée !

Je m'arrête, non que le sujet manque à l'étude ou que la fatigue m'en prenne. Je craindrais plutôt de trop céder au charme ; mais il faut finir.

Je dois cependant dire un mot de *l'action* du P. Lacordaire orateur. Elle lui était naturelle et il ne l'avait apprise que de son génie, car ce qu'on a dit de ses rapports avec Talma et de l'étude qu'il allait faire au théâtre du jeu des acteurs fameux n'est qu'une erreur ou un mensonge. J'ajoute que son action oratoire était celle d'un grand artiste : parole, geste, regard, tout s'accordait merveilleusement avec la pensée pour l'exprimer et la rendre puissante.

(1) 23ᵉ Conférence.

Faible d'abord, mais toujours nette et claire, la voix du P. Lacordaire s'élevait peu à peu, et, vibrant comme un clavier sous la main qui le touche, se nuançait et s'accentuait de toutes les impressions, de tous les sentiments qui traversaient ou soulevaient son âme.

Le regard illuminait une parole qui s'affirmait par la physionomie toute entière de l'orateur, et le geste, fidèle et naïf interprète de l'idée qui l'inspirait en le dominant, semblait ou se jouer sans effort dans le charme de la causerie ou dissiper l'ombre et entr'ouvrir la lumière, puis éclatait enfin, solennel et vainqueur, pour étouffer la dernière révolte du doute et achever dans l'auditeur la conviction qu'avait commencée la parole.

XII

Les Conférences de Notre-Dame ont exercé une grande et puissante influence sur ce siècle. Cette influence dure et se continue. Après avoir remué les âmes qui les ont entendues, elles touchent profondément encore celles qui les lisent. Elles ont la vie et elles la donnent; elles ont reçu de Dieu la grâce et elles la communiquent. « Elles arriveront au lecteur froides et décolorées, — disait le P. Lacordaire en les publiant, — mais quand, au soir de l'automne, les feuilles tombent et gisent par terre, plus d'un regard et plus d'une main les cherchent encore, et fussent-elles dédaignées de tous, le vent peut les emporter et en préparer une couche à quelque pauvre dont la Providence se souvient au haut du ciel (1). »

Nombreux sont ces pauvres dont les regards et les mains les cherchent encore ! Le P. Lacordaire, — ses lettres en font foi, — recevait tous les jours des preuves que son action sur les âmes ne s'éteignait pas avec le bruit de sa parole, et que Dieu se plaisait à en prolonger l'écho.

« Rien de moi subsistera-t-il ? — écrivait en 1852 le P. Lacordaire à un de ses jeunes amis ; — ces Conférences

---

(1) Préface des Conférences.

de Notre-Dame, dont les pensées et dont le style semblent toucher nos contemporains, survivront-elles au siècle qui les a vues paraître? Qui pourrait en répondre? » L'Eglise et la France vous répondent, mon Père. Les Conférences de Notre-Dame sont et resteront un monument de l'éloquence chrétienne et de l'éloquence française au dix-neuvième siècle; monument achevé, d'une architecture originale et puissante, où tel rare détail, pris à part, peut choquer le goût, mais de l'ensemble duquel on peut dire le mot du poëte : *mole sua stat.* Il y a d'ailleurs des parties de l'édifice qui sont d'un indestructible airain sur lequel rayonnera toujours la lumière. Le temps peut venir : les Conférences sur la chasteté, sur la vie intime de Dieu, sur Jésus-Christ, n'ont rien à craindre de lui. Elles resteront des chefs-d'œuvre uniques d'une éloquence qui ne sera jamais dépassée.

Ecrivain, et dans le silence de son cabinet, le P. Lacordaire conservait toujours son génie; mais il n'avait plus ces hardiesses de la tribune que lui communiquait son auditoire. La pensée était plus reposée, le style plus calme, sans perdre de sa splendeur, de sa beauté, ni de cette *félicité* d'expression dont Châteaubriand trouvait que le P. Lacordaire avait le privilége. Pour être moins ardente et moins élancée, et concentrer ses rayons davantage, la flamme n'en conservait pas moins sa chaleur et sa force. *Intus alit venis.* Qu'on relise le *Mémoire pour le Rétablissement des Frères-Prêcheurs,* la *Vie de saint Dominique,* les *Eloges funèbres,* on sera bien vite, et avec bien du charme, convaincu (1).

---

(1) « Combien j'ai pensé à vous hier, en lisant d'un cœur ravi le manuscrit intitulé : Frédéric Ozanam, que le P. Lacordaire m'a fait passer pour le livrer à l'impression ! C'est un morceau délicieux. Nul ne sait mieux que

Parfois, cependant, l'absence de contradiction et de contrôle nuisait au P. Lacordaire. Il y avait alors dans son œuvre du tendu, je ne dirai pas du convenu, mais de l'artificiel, un goût qui n'était plus toujours assez pur, des fleurs de serre chaude, trop violentes de couleur et trop foncées de ton, d'un parfum trop concentré, et qui auraient demandé un peu d'air et de soleil. Ainsi dans la *Vie de sainte Madeleine*, dans les trois *Lettres à un jeune homme*, il y a des phrases qui sentent le collége et le trop proche voisinage de la rhétorique et qui font regretter pour l'orateur la tribune et la liberté du Forum.

---

lui faire vibrer les cordes intimes. Le sujet appelait des questions délicates, mais elles sont touchées avec une réserve qui laisse cependant intacte la sincérité. »

(Mme Swetchine à Mme Craven, 17 octobre 1355.)

XIII

Le P. Lacordaire n'a pas été seulement un orateur de génie et un grand écrivain ; son rôle ne s'est pas borné à ouvrir à l'apologétique une voie qui correspondit aux besoins et aux aspirations de son siècle, il a montré à notre génération le rare spectacle d'un homme toujours fidèle à lui-même, et il lui a laissé l'exemple de ce que doit être un citoyen.

Le Père Lacordaire aimait passionément la France. « Nous lui appartenons, — écrivait-il, — par notre baptême, par ses malheurs et ses besoins, par notre foi profonde en ses destinées, par notre âme toute entière. Nous voulons vivre et mourir ses enfants et ses serviteurs (1). » Mais il ne voulut jamais la servir dans les rangs d'un parti ; non, certes, que le P. Lacordaire n'eût des convictions politiques profondes et arrêtées ; mais l'indépendance de sa nature, la loyauté de son caractère et le respect de son sacerdoce ne lui permettaient d'entrer dans aucune coterie, de s'associer « à quelque degré que ce fût » à aucun parti. Les preuves en abondent.

..... « Je ne suis devenu ni républicain, ni juste-milieu,

---

(1) Lettre à Mme Swetchine

ni légitimiste, — écrivait-il en 1834 à M. de Montalembert, — mais j'ai fait un pas vers ce noble caractère de prêtre, supérieur à tous les partis, quoique compâtissant à toutes les misères. "

Dix-sept ans plus tard, au mois d'avril 1851, protestant contre les accusations d'un journaliste qui l'avait calomnié dans *le Corsaire*, à propos de ses Conférences : " .... il est vrai, Monsieur, — lui répondait-il, — que je ne suis pas de votre parti, car je ne suis d'aucun parti sans exception. Et plus j'avance dans la vie, plus en voyant l'injustice et la fureur des partis, plus je me félicite d'avoir mis mon sacerdoce à l'abri de tout engagement politique. C'est là mon vrai péché, je le sais ; mais quoiqu'il arrive et de quelque calomnie qu'on m'abreuve, j'y mourrai. Je ne vous requiers ni ne vous prie d'insérer cette lettre dans le journal où vous m'avez impardonnablement insulté. Vous ferez ce que votre conscience vous dira, et quoiqu'elle décide, je m'y soumets. Il y a vingt ans que je n'ai que Dieu pour appui et je n'en souhaite point d'autre (1). "

C'est fier, c'est chrétien et c'est vrai. Mais les partis ne lui ont jamais pardonné cette indépendance qui a été sa gloire et qui a fait la force des œuvres auxquelles il a dévoué sa vie à travers les vicissitudes de notre temps " si peu stable. "

J'ai parlé des convictions politiques du P. Lacordaire.

Il n'était pas républicain. Il n'était pas davantage ce que le jargon du jour appelle un démocrate. Il était monarchique et libéral. L'histoire lui avait appris que la France n'est pas républicaine. Quatorze siècles de royauté

---

(2) V. la lettre entière à l'*Appendice*.

héréditaire n'ont pas habitué notre pays à se contenter d'un chef électif et temporaire, ni à supporter ces commotions périodiques et fréquentes, qui semblent être du goût de certaines nations plus jeunes, d'un tempérament moins fait, ou peut-être moins usé et moins fatigué que le nôtre; et le P. Lacordaire avait trop de modération dans les idées, pour croire qu'on refait une nation en un seul jour, et pour se jeter dans des utopies qui sont au rebours de l'histoire et du bon sens.

« Je crois, — écrivait-il, en 1832, à M. de La Mennais, dans sa lettre d'adieux, — que durant ma vie, et bien au delà, la République ne pourra s'établir ni en France, ni en aucun autre pays de l'Europe, et je ne pourrais prendre part à un système qui aurait pour base une persuasion contraire. »

1848 ne modifia pas ses convictions. J'ai déjà dit qu'il accepta loyalement une forme de gouvernement pour laquelle le pays semblait être alors unanime. Il fit son devoir en honnête homme; mais les événements qui succédèrent n'étaient pas de nature à lui faire abjurer ses croyances (1).

Monarchiste, le P. Lacordaire n'était rien moins qu'absolutiste. Il voyait trop près de nous dans l'histoire les hontes que cette forme très-récente de royauté à l'orientale avaient tolérées ou fait naître, les caractères qu'elle avait abaissés ou avilis, et le sang dans lequel elle était tombée sous les coups de la justice de Dieu.

Le P. Lacordaire était libéral; il acceptait, sans arrière pensée et sans illusion, les conditions de la société moderne; il acceptait le temps où Dieu le faisait vivre et le

---

(1) V. à l'*Appendice*, le P. Lacordaire au club de l'*Union*.

champ de bataille où. sa volonté l'appelait à combattre. « Sans s'attacher aux formes variables du gouvernement représentatif avec une immobile ardeur, » ce qu'il voulait d'une conviction ferme et réfléchie, et dans laquelle il est mort *impénitent,* c'est une charte constitutionnelle et protectrice des droits du monarque et des citoyens. Dans « l'anarchie du monde, » dans le désarroi général des choses et la confusion des doctrines, il croyait que la liberté seule, une liberté sage et réglée, mais sincère et vraie, — pouvait nous protéger contre l'ambition des uns, les convoitises et les excès des autres et le despotisme de tous (1).

En se faisant prêtre, il n'avait pas dépouillé ces convictions qui étaient celles de sa jeunesse. A son double amour de la France et de la liberté, il avait ajouté celui de l'Eglise, qui, loin de les diminuer ou de les éteindre, avait agrandi et comme enflammé les deux autres. Il avait vu dans l'Eglise la libératrice du genre humain, et dans la Papauté la seule institution « qui eût fait prévaloir pendant dix-huit cents ans l'esprit sur la force. » C'est la religion, — écrivait-il dès 1824, — qui a fait l'Europe moderne, en demeurant stable au milieu du bouleversement des nations; » et c'est par « ses croyances sociales » qu'il était arrivé « aux croyances catholiques. » — « Je ne crains pas, ajoutait-il, de perdre avec le christianisme ces idées d'ordre, de justice, de liberté forte et légitime qui ont été mes premières conquêtes. Ah! le christianisme n'est pas une loi d'esclavage, et s'il respecte la main de Dieu qui suscite quelquefois les tyrans, il connaît les limites que l'obéissance ne peut dépasser sans devenir lâche et coupable..... L'Eglise a parlé de raison et de

---

(1) V. Plaidoyer de l'abbé Lacordaire, n° 115 de l'*Avenir.*

liberté quand ces droits imprescriptibles du genre humain étaient menacés d'un naufrage commun. Elle a recommandé la foi et l'obéissance, lorsqu'elle a vu la licence de l'esprit et des mœurs jeter les premiers fondements d'une révolution qui devait tuer la liberté par l'anarchie et la raison par les autels qu'on lui dresserait. Admirable sagesse, qui sait se proportionner à tous les besoins de la civilisation, qui tantôt presse et tantôt retarde la marche des siècles pour les amener à ce milieu sage où se trouvent la paix et la vérité, et dont les choses humaines s'écartent sans cesse par un flux et reflux inévitable! Puissance merveilleuse dans la variété de son action et dans l'immobilité de sa force et de sa conscience, qui arrache les peuples à la tyrannie par la liberté, à l'anarchie par le pouvoir, et qui, des deux extrémités opposées, les conduit au même point (1). »

Mais cette Eglise, qui a affranchi l'humanité, on conçoit que le P. Lacordaire ne se résignât pas à la voir esclave elle-même, qu'il la voulût libre et pouvant, ne fût-ce que comme un citoyen vulgaire, user, en plein soleil, pour le salut du monde, des droits qu'elle tient de Dieu.

Monarchiste, libéral et prêtre, enfant et serviteur de la France et de l'Eglise, voilà le P. Lacordaire tout entier, C'est avec ces convictions, ce caractère et cette indépendance qu'il aborda la vie publique.

Quand il avait regardé la France, il y avait vu l'Eglise opprimée par le gouvernement et victime de ces prétendues libertés gallicanes qui ne sont que des servitudes à peine déguisées et honteuses.

---

(1) V. M. Lorain, p. 23.

« L'Eglise avait tout perdu au pied de l'échafaud de Louis XVI, et Napoléon ne lui avait donné qu'une chose qui ne lui manquera jamais, du pain, au lieu de la seule chose qui lui fût nécessaire, la liberté. » Ces paroles écrites par l'abbé Lacordaire dans le *Mémoire* que les rédacteurs de l'*Avenir* avaient présenté à Grégoire XVI, peignent éloquemment la position de l'Eglise de France, si l'on y ajoute une série de lois oppressives, dans lesquelles la révolution et la royauté semblaient avoir rivalisé de zèle pour l'entraver. On regardait d'ailleurs le clergé comme un ennemi, on le traitait comme tel, et les politiques étaient volontiers de l'avis de Frédéric II : « Pour en finir avec l'Eglise, — disait le Roi-philosophe à ses amis, savez-vous ce qu'il faut en faire ? Il faut en faire un hibou.... Vous savez, messieurs, ajoutait le P. Lacordaire, en racontant l'anecdote à Notre-Dame, — cet oiseau solitaire et triste, qui se tient dans un coin, avec un air rechigné (1). »

Confiner le clergé dans ses sacristies, l'isoler dans ses églises à marmoter des oremus et des patenôtres à l'usage des petites filles et des vieilles femmes, c'était l'esprit d'une époque qui avait fait son éducation avec Voltaire et le dix-huitième siècle.

Le clergé, lui, au lendemain de 93 et de l'Empire, n'osait rien dire, et ne croyait possible que de se dévouer dans l'ombre au bien des âmes. Il avait vécu, pendant des siècles, avec la maison de Bourbon, honoré, protégé par elle; avec elle, il était monté sur l'échafaud ; avec elle, il était parti pour l'exil ; il l'aimait ; mais cette affection, qui accroissait contre lui les irritations d'une génération en révolte ne pouvait rien lui obtenir d'un pouvoir impuis-

(1) 20ᵉ Conférence.

sant à se défendre lui-même. Faut-il ajouter que si le clergé de France était dévoué à l'Eglise jusqu'au sacrifice de sa vie, le malheur des traditions et de son éducation le soumettait à ces doctrines gallicanes, dont je ne veux rien dire, même pour faire leur oraison funèbre.

En 1828, la vieille Eglise de France, cette fille ainée de l'Eglise romaine, n'avait pas le droit d'enseigner, de prier sous une soutane ou sous un froc à sa guise, et pas davantage le droit de correspondre avec son chef, le Vicaire de Jésus-Christ. Et cependant la liberté de l'Eglise est la liberté de l'âme humaine, la première des libertés du monde ! Deux ans plus tard, une révolution nouvelle qui se fit au nom de la liberté, et qui en inscrivit le nom dans la Charte, menaçait de resserrer encore ces chaines de l'Eglise.

C'est à ce moment que parut Lacordaire. Il crut que garder le silence plus longtemps était un crime, et ne point parler une faute. Il pensa que l'heure était venue où tout citoyen pouvait et devait réclamer la liberté pour son église et pour lui. Il descendit dans l'arène et combattit avec une intrépidité apostolique; et si, dans l'ardeur et les emportements de la lutte, il ne mesura pas toujours la portée de ses coups, si son courage fut quelquefois plus grand que sa prudence, il s'arrêta court sur un signe du chef de l'Eglise, donnant à tous, à son général le premier, l'exemple d'une obéissance plus glorieuse encore que ses efforts (1). Au nom de la conscience et de la Charte, il demanda la liberté d'enseignement; puis, convaincu qu'il ne suffisait pas de parler, si puissante que soit une libre parole, il agit. Il ouvrit une école, en compagnie d'un pair

---

(1) V. à l'*Appendice* une lettre du P. Lacordaire, du 12 août 1833, publiée dans le *Monde* du 10 octobre 1869.

de France et d'un savant économiste, et il apprit à lire à de petits enfants. On sait le reste : les poursuites du pouvoir, la défense des accusés, l'admiration des juges, la condamnation des coupables. La voie était ouverte ; d'autres y entrèrent, « servant tous la liberté chrétienne sous « les drapeaux de la liberté publique (1). » Ils n'étaient plus trois ou quatre alors ; laïques, prêtres, on ne les comptait plus ; l'unanimité des évêques parlait, écrivait, luttait. « Ce que demande l'Eglise, — disait au Roi d'alors, en 1846, le futur martyr des barricades, — ce n'est pas la protection, c'est la liberté (2). » Le gouvernement, qui persistait à rester sourd à ses principes, à ses intérêts, à ses promesses, tomba. Deux ans plus tard, la liberté d'enseignement devenait une loi du pays ; l'Université perdait son monopole, et l'Eglise, rendue à son droit de citoyen, enseignait librement à son tour. L'aumônier d'Henri IV avait vaincu.

J'ai dit déjà comment l'abbé Lacordaire s'était fait moine. Il existait cependant des lois qui le lui défendaient ; lois d'une époque de terreur et de ruines, dont les pouvoirs, qui lui ont succédé tour à tour en la maudissant, ne répudiaient point cependant le sanglant héritage. Il n'en eut cure, se fit moine, et revint de Rome, un froc sur les épaules, défiant la tyrannie des lois d'attaquer la liberté de la prière et du sacrifice en sa personne. La cause des moines, de Saint-François et de Saint-Dominique, de Saint-Ignace et du Carmel, était gagnée. Le P. Lacordaire avait vaincu.

Une autre grande cause était pendante : c'était celle de

---

(1) Paroles du P. Lacordaire dans son Eloge du P. de Ravignan.
(2) V. Discours de Mgr Affre à Louis-Philippe.

la Papauté. Je ne veux pas faire ici le procès à Bossuet ni à Louis XIV, aux articles organiques pas davantage. Mais il n'est pas défendu de croire que la déclaration de 1682, visée par l'Empereur Napoléon 1er, était aussi incompatible avec les droits de la Papauté qu'avec les droits de la conscience et de la liberté qui trouvent dans la Papauté leur suprême et essentielle garantie. Or, en 1830, le pouvoir, comme d'habitude, était gallican par peur de Rome et de la liberté apostolique; le clergé l'était par éducation et par routine; la magistrature, si tant est qu'elle ne le soit plus, était gallicane par tradition de jalousie parlementaire; et si l'opinion publique se fût préoccupée alors de penser quelque chose à ce sujet, elle eût été gallicane, parce qu'elle n'était pas religieuse. C'était le temps où, du haut de son siége, converti aujourd'hui en fauteuil de sénateur, un avocat du Roi (1) reprochait aux prêtres catholiques d'être les ministres *d'un Souverain étranger*. Ce fut ce temps que l'abbé Lacordaire, « ministre de quelqu'un qui n'est étranger nulle part, c'est-à-dire de Dieu, » choisit pour défendre la chaire de saint Pierre et revendiquer pour le clergé et les catholiques de France la libre communication avec le Vicaire de Jésus-Christ. Il vengea la Papauté des préjugés de l'ignorance et des mensonges de la haine, en racontant son histoire; il expliqua son origine, son développement, son martyre, les vicissitudes de son existence, sa mission providentielle, ses gloires passées et son prochain triomphe (2). Il aimait la Papauté, comme il aimait l'Eglise, et

---

(1) V. n° 47 de l'*Avenir*, 1er déc. 1830. L'avocat du Roi qui requérait contre les aumôniers des colléges de Paris était M. de Ségur-d'Aguesseau. Ses nobles discours au Sénat en faveur de l'Eglise et du Pape ont depuis fait oublier ce malheureux réquisitoire.

(2) V. notamment la 4e Conférence de Notre-Dame.

pendant vingt ans il l'a défendue de sa plume, de sa parole et de tout son dévouement. Aujourd'hui, le gallicanisme agonise ; les évêques communiquent librement avec Rome ; le denier de saint Pierre fait une liste civile à Pie IX ; le Concile œcuménique du Vatican est réuni ; le Conseil d'Etat laisse dire et le Pouvoir laisse faire. Encore une fois, le P. Lacordaire a vaincu !

XIV

Ces victoires, il les avait gagnées, grâce au régime de liberté publique dont jouissait la France, et le succès n'avait fait qu'agrandir et fortifier en lui ce que j'appellerai les convictions constitutionnelles du citoyen. L'histoire lui avait démontré d'ailleurs « que partout où le despotisme civil a fermement prévalu, le christianisme véritable, c'est-à-dire catholique, s'est à peu près éteint. On dira, — ajoutait-il, — que la liberté de la foi peut exister sans la liberté civile et politique? Quelques jours peut-être, mais longtemps? Y en a-t-il des exemples? La servitude civile et politique ronge les âmes, elle les affaiblit jusque dans l'ordre religieux, elle donne le vertige de l'idolâtrie à Bossuet lui-même (1). »

Il ne croyait pas cependant que « le clergé de France pût s'opposer jamais sans dommage au souffle des passions politiques, et descendre même pour un temps des hauteurs de l'Horeb et du Calvaire (2). » Mais entre une attitude militante et une soumission trop facile et trop aisément satisfaite aux faits accomplis il y a un abîme.

(1) Lettre à Mme Swetchine, du 25 déc. 1847.
(2) V. *Ere nouvelle* du 22 avril 1848 — (V. l'Appendice).

Ce qu'il voulait pour le clergé, ce n'était ni l'oppression ni la faveur, mais une liberté égale à celle de tous, un régime de droit commun qui ne lui suscitât ni jalousie ni haine et laissât sauve, avec sa liberté, la dignité de son sacerdoce.

Ces convictions du P. Lacordaire ont été celles de sa vie entière, et son couchant n'a pas fait oublier son aurore. « .... Quoiqu'il arrive de notre temps, — écrivait-il en 1858 à M. de Montalembert, l'avenir se lèvera sur notre tombe, il nous y trouvera purs de trahison, de défection, d'adulation du succès et constants dans notre espoir d'un régime politique et religieux digne du christianisme dont nous sommes les enfants. » Il n'a donc pas été de ceux dont il disait dans son *Eloge funèbre d'O'Connell:* « qu'on les voit tribuns du peuple, après avoir servi dans leur premier âge la cause de la justice et de la liberté, se détacher d'elle sous quelque couleur de devoir, se persuader qu'il y a deux manières de les servir, et trompés par l'inconstance, faire de la seconde part de leur vie une insulte à la première. »

L'opinion publique ne s'y est pas trompée, et c'est pour cela qu'elle lui fut toujours sympathique et favorable à sa cause. Elle savait que le P. Lacordaire était une âme vraie, parlant du droit de tous avec une conviction sincère, réclamant la liberté sans arrière-pensée, sans secret désir de privilége et de monopole, mais la voulant pour tous, parce qu'elle est l'imprescriptible propriété de la conscience et de la dignité humaine. « La conscience publique, — disait-il à Notre-Dame en louant O'Connel, — repoussera toujours l'homme qui demande une liberté exclusive ou même insouciante du droit d'autrui, car la liberté exclusive n'est plus qu'un privilége, et la liberté insouciante des autres n'est plus qu'une trahison. »

« Il n'en fut jamais ainsi du P. Lacordaire, — dirai-je, en lui empruntant, pour le louer, son éloquence, — jamais, en trente ans, sa parole ne perdit une seule fois le charme invincible de la sincérité. Elle vibrait pour le droit de son ennemi comme pour le sien.... Aussi attirait-il à sa cause des âmes éloignées de la sienne par l'abîme des dissentiments les plus profonds; des mains fraternelles cherchaient sa main de tous les points les plus éloignés du monde. C'est qu'il y a dans le cœur de l'honnête homme qui parle pour tous, et qui, en parlant pour tous, semble même quelquefois parler contre lui; il y a là, dis-je, une toute-puissance de supériorité logique et morale qui produit presqu'infailliblement la réciprocité (1). »

Quelles paroles! mais aussi, mais surtout quels exemples!

(1) Eloge funèbre d'O'Connell, du 10 février 1848.

XV

Mais on ne connaîtrait par le P. Lacordaire, si l'on ne connaissait le foyer auquel s'allumait une flamme aussi puissante et aussi généreuse.

Le P. Lacordaire a été un saint (1). Ceux qui pénétraient, à quelque degré dans l'intimité de sa vie, en savaient bien quelque chose. Ils voyaient sa candeur, « son adorable humilité (2), » sa droiture, — son amour de l'obscurité, de la règle, du devoir, — son enjouement et cette facilité aimable avec laquelle il se sacrifiait toujours au bien, ou même au plaisir des autres. Ils savaient qu'avec lui « la conscience parlait aussi haut que le cœur, » selon le mot de madame Swetchine, et qu'il disait vrai de lui-même, quand il écrivait à cette noble dame: « Aucun fiel n'a jamais souillé mon âme, et j'ai toujours été une créature aussi inoffensive qu'ardente. » Ceux qui l'ont eu pour confesseur et pour guide n'oublieront jamais quelle maternelle et forte tendresse il déployait pour leur âme, ce qu'il dépensait d'efforts pour former en eux l'homme véritable — *Vir* — et le chrétien. Ils ne pourraient pas

---

(1) Il est bien entendu que j'emploie ce mot sans rien préjuger du jugement de l'Eglise.

(2) Le mot est de Mme Swetchine,

oublier davantage quel prêtre amoureux de Jésus-Christ se révélait à eux dans ces sacrées et chères confidences.

« Mon père, — lui disait un de ses jeunes amis, en lui faisant un adieu qui devait être, hélas ! le dernier, — on dit qu'il n'y a pas de grand homme pour ses intimes et que les héros se déshabillent devant leur valet de chambre ; mais mon cœur a besoin de vous rendre cette justice que plus j'ai vécu avec vous, plus je vous ai admiré et plus vous avez grandi pour moi. »

Mais, à part ses frères du cloître, nul ne savait le mystère de sa vie intime et il a fallu « que la mort dît son oracle à son égard et donnât à sa vie son véritable caractère (1), » pour qu'on osât dire jusqu'où ce sublime extravagant avait poussé la folie de la croix.

Le livre du P. Chocarne a été toute une révélation.

Oui, en plein dix-neuvième siècle, au lendemain de la révolution, et quand la cendre ironique de Voltaire était à peine refroidie, cet avocat, ce libéral, cet écrivain, cet homme d'esprit, cet orateur, ce grand homme, le P. Lacordaire se donnait la discipline tous les jours, et plusieurs fois par jour souvent. Il obligeait ses frères, au nom de la sainte obéissance, à l'attacher, les épaules nues, à un poteau, à le flageller, à lui cracher au visage, à l'insulter, à le fouler aux pieds, à le lier sur une croix pendant les trois longues heures que Jésus-Christ son maître était resté vivant et sanglant sur la sienne ! Quel scandale ! Pas un de ces jours où il avait tenu des multitudes frémissantes et captives sous sa parole, non ! pas un de ces jours ne s'est passé qu'il ne se fît donner, fatigué, épuisé, brisé, une flagellation sévère. Il faut lire, dans l'admirable

---

(1) Corresp. inéd.

récit du P. Chocarne, l'histoire d'une de ces journées de Notre-Dame, « si éclatantes au dehors, mais au-dedans si simples, si calmes, si saintement religieuses, » et j'y renvoie.

« Ah! disait le P. Lacordaire, si le monde connaissait ce qu'il y a de bonheur à se sentir flagellé pour celui qu'on aime! » La cause des effrayantes mortifications du P. Lacordaire est dans cet amour sans bornes qu'il avait pour Notre-Seigneur Jésus-Christ et pour les hommes.

Animalis homo non percipit ea quæ sunt spiritûs Dei; stultitia enim est illi, ea non potest intelligere. Saint Paul a raison : il faut renoncer à justifier ces folies aux yeux de ceux qui ne peuvent les admirer. Et c'était cependant pour ces frères égarés dans le mal, abandonnés à toutes les convoitises de sens effrénés, que le P. Lacordaire crucifiait ainsi sa chair, à l'imitation de son divin maître, et qu'il éprouvait le besoin de s'unir, pour la compléter, à la passion du Sauveur. Il savait la vertu de l'immolation volontaire et l'efficacité du sacrifice ; il se faisait victime de son amour pour Dieu et pour les hommes, et se dévouait corps et âme à leur service.

« Un jour, — écrivait-il à un de ses novices, — vous paraîtrez devant les hommes ; vous leur porterez témoignage pour Jésus-Christ, et ce témoignage sera d'autant plus fort que vous aurez souffert davantage, pleuré davantage, sacrifié davantage. Entretenez-vous souvent dans la pensée de souffrir et de mourir pour Jésus-Christ. Ce n'est rien de parler, il faut mettre du sang sur les paroles et confirmer ainsi ce qu'on a dit pour Dieu (1). »

N'était-ce pas parce qu'il mettait ainsi du sang sur ses

---

(1) Correspondance inédite.

paroles qu'elles étaient si puissantes sur ceux qui les entendaient et qui en étaient remués dans les profondeurs de leur être? Aveugles que nous étions! qui ne voyions pas à quel foyer sacré s'allumait son âme, quand, avec un accent *qui le troublait lui-même* il nous parlait de « cet homme flagellé, tué, crucifié, qu'une inénarrable passion ressuscite de la mort et de l'infamie pour le placer dans la gloire d'un amour qui ne défaille jamais, qui trouve en lui la paix, l'honneur, la joie et jusqu'à l'extase! » Mais le matin même du jour où il nous disait ces choses, ne l'avait-il pas détaché « du trône de son supplice pour se mettre à genoux devant lui, et là, par terre, lui baiser avec une indicible ardeur les pieds sanglants (1)? »

Mais qui de nous, jeunes gens, charmés par la vie, eût soupçonné de pareils mystères de pénitence dans cet orateur dont le front rayonnait, dont l'œil jetait des éclairs, dont la parole étincelait d'esprit, d'audace et de génie? Ah! qu'il suivait bien les conseils de son adoré maître, de jeûner sans qu'on s'en aperçoive et sans exterminer sa face. Si nos yeux ne se doutaient de rien, à voir la sérénité de cette belle et radieuse figure, le père que nous avons au ciel avait vu ces secrets de l'ombre et les avait écrits au livre de vie pour nous les révéler un jour!

« Quand nous nous faisons moines, nous, — écrivait-il en 1838, — c'est avec l'intention de l'être jusqu'au cou (2). » Certes! il a tenu parole. Novice à *La Quercia*, nous a raconté son vieux maître, — « il se tenait pour le dernier de tous, il lisait à table comme les autres, balayait les corridors, puisait l'eau, entretenait les lampes, se portait

---

(1) 39ᵉ Conférence.

(2) Lettre à Ozanam du 2 octobre 1839.

volontiers aux services les plus vils, sans vouloir en cela ni distinction, ni dispense d'aucune sorte..., Par sa grande modestie, il était comme ces astres qui, tout en répandant au ciel des flots de lumière, n'en laissent arriver à la terre que de faibles et pâles rayons (1). » Il n'était pas de ces moines qui, « sous couleur de saintes fatigues, courent à l'hospice y chercher des soulagements irréprochables peut-être aux yeux des hommes, mais non pas aux yeux de Dieu (2). » Il avait embrassé la règle dans toute son austérité, ne la modifiant, pour les autres, qu'en ce qui pouvait, par des rigueurs inutiles, nuire d'une façon générale à la santé de ses moines et les empêcher ainsi de se dévouer, comme il le fallait, à leurs œuvres. Ici, comme en tout chez lui, la modération marchait de front avec le zèle, et c'était suivant son axiome favori, — *suaviter et fortiter*, — avec autant de douceur que de force, qu'il allait à son but, qui était le salut des âmes.

Plus tard, dans sa vie du cloître, chargé de gloire et déjà d'années, il resta ce que nous l'avons vu au noviciat, faisant sa cellule, balayant les corridors et les chambres, lavant les pieds de ses moines, faisant leurs chaussures, et descendant à la cuisine quand il était besoin, pour y aider le frère cuisinier, et tout cela avec quel entrain! quel enjouement! quel charme! mais aussi avec quel esprit de foi et d'humilité! Ceux qui en ont été témoins en conserveront une éternelle mémoire!

Je ne dirai qu'un mot, que je lui emprunte, de la charité qui présidait à tous ses actes : « il faut toujours ménager les faiblesses des autres, — disait-il, — n'y eût-il

---

(1) V. *Vie du P. Lacordaire*, par le P. Chocarne.
(2) V. Mémoire (inédit) de 1853, déjà cité.

qu'une âme attentive à la mienne, je lui devrais de ne pas la contrister.... je veux mourir avec la gloire intérieure de n'avoir jamais mis un grain de sable sur la route d'aucun homme dévoué à l'Eglise (1). »

S'il était arrivé à posséder ainsi son âme, ce n'avait pas été sans efforts et sans luttes. L'épreuve ne lui avait pas été épargnée, et je ne parle point de cette épreuve du dehors qui nous vient des hommes ou des choses, mais de ces combats intimes dont l'âme humaine seule dans ses profondeurs les plus secrètes, est à la fois le théâtre et l'acteur, et qui n'ont que Dieu pour témoin et pour juge : luttes d'autant plus douloureuses pour l'homme qu'il a reçu une intelligence plus haute, un cœur plus ardent, des passions plus puissantes ! C'est là, en définitive, l'épreuve souveraine, inévitable, celle qui fait l'homme, qui lui constitue son caractère, et de laquelle il sort un misérable où un saint. *Tanquam aurum in fornace probavit illos, et quasi holocausti hostiam accepit illos.* Voilà trente siècles que l'auteur inconnu du livre de *la Sagesse* a écrit cette histoire de l'épreuve humaine, en prédisant la récompense et la gloire aux victorieux, à ceux que Dieu aura trouvés dignes de lui après les avoir tentés, qu'il choisira alors pour ses amis, en les comblant de ses dons et de sa paix, et dont il fera les juges des nations et les princes des peuples, éclairés par les feux de ces astres nouveaux (2). La correspondance du P. Lacordaire avec madame Swetchine pourrait, à juste titre, être appelée *l'histoire d'une âme*. C'est la confession candide d'un fils à la mère et à l'amie qu'au lendemain de la

---

(1) V. Correspondance avec Mme Swetchine.
(2) *Liber sapientiæ*, ch. III, v. 5 à 9.

crise de l'*Avenir*, Dieu lui avait envoyée « comme l'ange à Agar dans le désert de Bersabée pour lui dire d'avoir courage (1), et qui, après avoir commencé à l'aimer « dans les ombres et les périls de la jeunesse (2) » l'enveloppa, pendant un quart de siècle, de sa vigilante et chrétienne tendresse (3). C'est là que, durant vingt-cinq ans, et presque jour par jour, on voit vivre cette âme, je veux dire qu'on la voit lutter et souffrir et travailler à sa perfection, comme l'artiste à la statue qu'il rêve et que son ciseau sculpte dans le marbre, jusqu'au jour où l'œuvre achevée appelle l'admiration des hommes et les complaisances de Dieu. Et, cependant, il y avait bien des journées douloureuses dans cette vie qui brillait d'un si vif éclat au dehors! il y avait des heures pleines de larmes, des heures où l'âme, prosternée dans l'agonie, semblait défaillir pour ne plus se relever, heures dont Dieu seul connaissait l'amertume et le remède. J'en veux citer un exemple, et je détache encore deux pages de cette admirable correspondance pour donner à ceux qui les liront un enseignement et une joie :

La Quercia, 15 avril 1839.

« Il y aura demain huit jours, chère amie, que nous
« avons pris l'habit de saint Dominique, et voici le qua-
« trième que nous habitons le couvent de la *Quercia*. Il
« me serait difficile de vous dire tous les sentiments de
« joie et d'attendrissement qui m'ont remué dans la soirée
« du 9 avril. Le souvenir de mon sacerdoce est bien
« vivant en moi, et je m'en rappelle tout le bonheur;

---

(1) Mme *Swetchine*, par le P. Lacordaire, *loco citato*.
(2) Lettre à Mme Swetchine, du 15 septembre 1834.
(3) V. à l'Appendice, le chapitre intitulé : *Les Jugements de Madame Swetchine.*

« mais ce qui manquait à cette première fête s'est trouvé
« ici dans une plénitude tout-à-fait enivrante, je veux
« dire l'effusion autour de nous d'une fraternité admi-
« rable. Jamais je n'ai reçu de si tendres embrassements.
« Les Français qui étaient là m'ont également accablé de
« marques d'amitié, et cette scène a recommencé le len-
« demain jusqu'à l'heure de midi où nous sommes montés
« en voiture pour Viterbe. Nous étions rassasiés sans
« être las. Le jeudi, à onze heures du matin, nous sommes
« entrés au couvent dominicain de *Gradi*, aux portes de
« Viterbe, et nous y avons dîné avec le provincial de la
« province de Rome et tous les Pères du couvent. Dans
« la soirée le provincial nous a conduits à la *Quercia*, qui
« est environ à une demi-lieue de *Gradi*, et il nous a
« intimé le commencement de notre noviciat, dans un
« petit discours, en présence de la communauté. Après
« quoi, chacun de nous est entré dans sa cellule. Il
« faisait froid, le vent avait tourné au nord et nous
« n'avions qu'un habit d'été dans une chambre sans
« feu; nous ne connaissions plus personne; tout le
« prestige, tout le bruit s'était évanoui; l'amitié nous
« suivait de loin sans nous presser plus; nous étions
« seuls avec Dieu, en présence d'une vie dont la pratique
« nous était encore inconnue. Le soir, nous allâmes à
« Matines, puis au réfectoire, et enfin nous coucher. Le
« lendemain, le froid était plus vif encore et nous ne com-
« prenions qu'à demi la suite de tous nos exercices. J'eus
« un moment de faiblesse; je tournai les yeux vers tout
« ce que j'avais quitté, cette vie faite, ces avantages
« certains, des amis tendrement aimés, des journées si
« pleines de conversations utiles, les foyers chauds, les
« mille joies d'une vie comblée par Dieu de tant de bon-
« heur extérieur et intérieur ! C'était payer cher l'orgueil
« d'une forte action que de perdre tout cela pour toujours.
« Je m'humiliai devant Dieu et lui demandai la force dont

« j'avais besoin. Dès la fin de la première journée, je
« sentis qu'il m'avait exaucé, et depuis trois jours, les
« consolations ont été croissant dans mon âme, avec la
« douceur d'une mer qui caresse ses grèves en les cou-
« vrant. »

Si je ne craignais d'excéder les bornes d'une rapide étude, je montrerais ce qu'a été le P. Lacordaire dans ses rapports épistolaires avec la jeunesse, et ce qu'il prodiguait à celle-ci de tendresse pour la ramener ou l'attacher à Dieu. Mais le récit de M. de Montalembert est dans toutes les mémoires, les lettres publiées par l'abbé Péreyre sont dans toutes les mains, et beaucoup de celles que je publie aujourd'hui, d'autres qui paraîtront plus tard, ajouteront à cette gloire du P. Lacordaire d'avoir été l'ami, l'apôtre, le père des jeunes gens.

Je ne voudrais pas quitter ici le P. Lacordaire dans l'esquisse que j'essaie de tracer de cette âme prédestinée, sans m'agenouiller encore une fois au pied de l'autel où il va monter pour dire sa messe. Ce n'est plus l'orateur de Notre-Dame avec des rayons au front comme Moïse au Sinaï; ce n'est plus l'écrivain inspiré dont l'idée va plus vite encore que la plume; ce n'est plus le causeur dont l'esprit brillant, étincelant, rapide, vous ravissait tout à l'heure : c'est le prêtre qui vient immoler l'éternelle victime sur l'autel du sacrifice. Son visage a perdu sa grâce et son sourire; il semble recueilli dans la majesté; ses gestes sont lents, sa voix est grave et douce; les signes de croix qu'il fait sur le divin calice ont je ne sais quelle solennité qui impose; par instant, son regard est fixe, on dirait qu'il voit et que la foi n'a plus pour lui de mystères.

C'en est fait; le prêtre est descendu de l'autel. Laissons-le se recueillir dans l'extase, et la tête dans ses deux mains comme pour supporter le poids d'un front que Dieu a touché tout à l'heure, causer, dans l'intimité de son âme, avec son maître bien-aimé ; et, après avoir dit ce qu'était ce moine, ce citoyen, cet orateur, revenons à Sorèze assister à la chute de ses dernières et trop rapides années, écouter les derniers accents de cette voix qui tombe et contempler cette flamme expirante qui n'a jamais été plus ardente à s'élancer vers le ciel.

XVI

C'est le 8 avril 1854 que le P. Lacordaire était venu prendre possession de Sorèze, et y établir le tiers-ordre enseignant de Saint-Dominique.

Le tiers-ordre était une œuvre nouvelle qui avait réalisé un très-ancien désir du P. Lacordaire. « Nous pourrons fonder des colléges pour l'éducation de la jeunesse; » écrivait-il en 1838 à madame Swetchine, de Rome où il venait négocier son entrée dans l'ordre des Frères-Prêcheurs. Mais il avait bientôt compris que malgré tout le dévouement de ceux qu'il y emploierait, cet enseignement de la jeunesse était incompatible avec les exigences de la vie monastique telle que « Dieu lui avait inspiré la pensée en lui donnant le pouvoir » de la restaurer. Il fallait une règle spéciale, des vocations particulières, une œuvre nouvelle qui, tout en plongeant ses racines dans le même sol que l'ancienne et en s'abritant sous son ombre, en fût distincte cependant dans son organisation, comme elle l'était dans son but. De là le Tiers-Ordre enseignant. C'est en 1852 qu'il prit naissance à Oullins près de Lyon. Il y avait là une institution ecclésiastique, dont la propriété fut cédée au P. Lacordaire. Quatre jeunes prêtres vinrent faire à Flavigny, sous sa direction, un noviciat spécial. Le Père donna l'habit à ces premiers tertiaires au mois d'octobre 1852 ; il leur fit, à cette occasion, une allocution familière et leur montra dans l'archange Raphaël le modèle de l'éducateur chrétien. J'en extrais quelques lignes, à peu près inconnues, parce qu'elles expliquent l'esprit avec lequel le P. Lacordaire abordait une œuvre à laquelle allaient appartenir les dernières années de sa vie :

... « Comme lui (l'archange Raphaël) nous recevrons
« l'enfant à sa première sortie de la maison paternelle,
« et nous aurons à le préserver des atteintes de ce mons-
« trueux poisson qui figure l'impureté. Comme lui aussi,
« en le disposant à vivre chrétiennement au milieu du
« monde, nous le préparerons pour la famille et pour les
« chastes dons que l'ange procura à Tobie. Nous le forme-
« rons au devoir de l'Etat et à l'ordre même dans la con-
« duite des affaires, à l'exemple de Raphaël qui s'occupa
« de recouvrer une somme compromise. Enfin nous aurons
« souvent le soin de rendre un fils pieux à un vieux père
« perdu dans les ténèbres de l'irréligion, lequel ouvrira
« ses yeux à la lumière divine, grâce à la foi filiale qui
« deviendra le remède de son aveuglement. Ce sera là
« notre plus douce, notre seule récompense. Car nous
« devons traverser les choses humaines sans nous y
« attacher, comme l'ange qui paraissait manger avec les
« hommes et qui vivait, en réalité, d'une nourriture et
« d'un breuvage célestes. Puis, lorsque nous aurons
« longtemps fait le bien comme les guides et les anges
« de la jeunesse, l'heure viendra pour nous aussi de
« remonter vers celui de qui nous tenons notre mission,
« et de dire : *Ego sum Raphaël, unus ex septem... tem-*
« *pus est ut revertar ad eum qui me misit* (1). »

Deux ans plus tard, le Tiers-Ordre entrait à Sorèze, où

---

(1) V. *Univers* du 4 nov. 285.

le P. Lacordaire était appelé à continuer l'œuvre de dom Fougueras et de l'illustre et vénérable dom Despeaux.

« J'ai quitté notre maison de Toulouse, — écrivait-il le 5 août 1854, — et me voici habitant cette magnifique école de Sorèze, dans un pays plein d'aspects variés sous des ombrages que nous donnent de très-grands, très-vieux et très-beaux arbres (1). »

C'est là qu'étranger désormais, semblait-il, aux destinées de l'Ordre qu'il avait restauré, il allait ensevelir sa vie dans des devoirs obscurs et féconds. *Viventi sepulchrum.*

Quatre années s'écoulèrent, années de solitude rarement visitée où il ne vécut que pour ces enfants dont il voulait faire des hommes et des chrétiens « comme Dieu et vous le souhaitez, » écrivait-il à un jeune père de famille. S'il sortit de son silence, ce fut pour rendre hommage à quelques chrétiens illustres, dont il ne fallait pas qu'on pût dire qu'ils étaient morts « sans entendre sa voix sur leur tombe (2). » C'est ainsi qu'il dit l'adieu suprême à Ozanam, le maître de la jeunesse « choisi de Dieu après de longues années d'humiliation, pour rappeler la gloire dans les camps de la vérité (3), » qu'il fit la visite d'un compagnon d'armes au tombeau du P. de Ravignan, et qu'il attacha au nom de sa maternelle amie, morte en 1857, la gloire de ces femmes romaines que saint Jérôme immortalisa (4). »

Le succès venait à son dévouement, Sorèze prospérait.

---

(1) Correspondance inédite,
(2) Le P. Lacordaire, Eloge de Mme Swetchine.
(3) *Frédéric Ozanam*, par le P. Lacordaire, p. 79.
(4) Mme *Swetchine*, par le P. Lacordaire. — *Correspondant*, t. 42, p. 208.

Ce vieil arbre séculaire refleurissait dans un jeune et glorieux printemps. Mais quelle éducation que celle qu'y recevait cette jeunesse de jour en jour plus nombreuse ! « *Fort comme le diamant, plus tendre qu'une mère !* » Voilà ce qu'était pour elle l'orateur de Notre-Dame. Il instruisait ces jeunes gens ; il les prêchait ; il les confessait ; il les aimait ; il leur apprenait à juger, à causer, à vivre ; il leur inspirait d'aimer « Dieu, Jésus-Christ, l'Eglise, la France qui fut toujours leur épée, » afin que ce double amour les guidât « aux travaux qui préparent les hommes, aux combats qui les éprouvent, au tombeau qui les récompense (1). » Le T. R. P. Mourey, ce disciple que Dieu devait appeler à l'honneur de recevoir le dernier soupir de son maitre, a résumé cette éducation dans un mot heureux : « Dans cette maison, nous élevons les enfants, tous les enfants, comme des fils de France ; nous leur réservons l'éloquence vivante de Bossuet et le cœur de Fénelon (2). »

Et n'était-ce pas en effet des fêtes princières que le P. Lacordaire leur donnait, pour célébrer le centième anniversaire de l'école fondée par dom Fougueras et que Louis XVI, à son avénement, avait érigée en *Ecole royale militaire ?* La France entière a su ces fêtes séculaires des 11 et 12 août 1857, où l'on put voir le grand moine du dix-neuvième siècle saluer de son éloquence le vainqueur de Sébastopol, devenu son hôte. C'est peut-être pour ces fêtes, que le P. Lacordaire, se faisant chansonnier, avait composé la *Sorézienne*. De ces quatre couplets populaires... à Sorèze, je ne citerai ici que le troisième. Il y a

---

(1) Discours prononcé à la distribution des prix de l'Ecole par le P. Lacordaire le 10 août 1859.
(2) Discours prononcé à la distribution des prix de Sorèze par le P. Mourey.

là des vers qui ne sont vraiment pas mal pour un homme qui avait l'habitude de n'être un grand poète qu'en prose :

> « Les arts aussi, premiers nés du génie,
> « A notre oreille, à nos yeux à nos mains,
> « De leurs trésors prodiguent l'harmonie,
> « Ils sont du beau les prophètes divins,
> « Et du ciel même échauffant la parole
> « Versent en nous la lumière et l'honneur.
> « Soyons donc fiers de notre vieille école
> « Et pour jamais gardons lui notre cœur (1) »

Je ne sais si je m'abuse ; mais, à mes yeux, ces petits riens sont beaucoup pour la gloire du P. Lacordaire. Tout s'agrandit par le but, et rien n'est petit de ce qu'on fait pour Dieu et pour les âmes.

En 1858, le grand ordre vint solliciter du P. Lacordaire un dévouement qui lui était nécessaire. Sans abdiquer la direction du Tiers-Ordre et de Sorèze, il ne se refusa pas à ce nouveau labeur, confondant, comme le patriarche, Joseph et Benjamin sur son cœur dans un embrassement paternel. L'œuvre de Saint-Dominique absorba désormais sa vie. Nous perdîmes à cela les *Lettres à un jeune homme sur la vie chrétienne.* Trois avaient déjà paru ; le plan des autres était écrit. Mais le P. Lacordaire respectait trop sa plume et les âmes au service desquelles il voulait l'employer, pour improviser un ouvrage qui devait faire, pour la vie chrétienne, ce que les Conférences de Notre-Dame avaient fait pour le dogme chrétien. Il attendait que la fin de son premier provincialat lui donnât, pour écrire ces lettres, un loisir nécessaire, et, cependant, il se consacrait aux travaux incessants et difficiles de la

(1) V. à l'Appendice la pièce entière (inédite).

vie de fondateur et de restaurateur d'Ordre, appliquant au gouvernement des hommes et des choses cette sagesse modérée et forte dont Dieu avait fait le fond même de sa nature. La France ne devait plus entendre que deux fois sa parole.

Au printemps de 1859, la guerre avait éclaté contre l'Autriche. Soixante ans après Marengo, nos armées avaient franchi les Alpes et bientôt appris aux échos de l'Italie le nom de leurs nouvelles victoires. La joie de ce triomphe fut courte. En spoliant le Saint-Père, en le menaçant encore dans son pouvoir diminué par elle et dans son indépendance, l'Italie avait armé contre sa cause l'inquiétude et les irritations filiales du monde. Le P. Lacordaire ne crut pas qu'il lui fût permis de se taire en ces graves conjonctures. Il était favorable à l'unité de l'Italie, mais il aimait l'Eglise comme un prêtre et la Papauté comme un fils. La souveraineté temporelle était à ses yeux « un dogme naturel qui tient à la raison et à la Providence (1), » et pour lequel il aurait donné son sang avec joie. Pie IX, dont il avait salué le Pontificat à son aurore avec autant d'admiration que de crainte, lui apparaissait avec la triple couronne du droit, de la sainteté et du martyre. « Dans un seul de ses cheveux blancs, — disait-il, — repose la liberté chrétienne tout entière. » Il était convaincu que Rome, comme toujours, « docile aux leçons des siècles comme aux leçons de Dieu, » saurait « apporter dans les affaires humaines les suggestions d'une sagesse deux fois éclairée, » et il n'hésita pas à reprocher aux Italiens de ne savoir ni servir ni honorer leur cause : « Sachez-le bien, leur disait-il, c'est Dieu qui a fait Rome pour son Eglise. Il n'y a pas un consul ni un César dont la

---

(1) Parole du P. Lacordaire citée par le P. Mourey. V. *Dernière maladie et mort du R. P. Lacordaire*. (Toulouse, 1861).

pourpre n'ait été prédestinée pour orner le trône où devait s'asseoir le Vicaire de Jésus-Christ. Vous avez mis contre vous une volonté éternelle de Dieu. Vous la trouverez, n'en doutez pas. » Il ne cachait pas non plus ses torts à la France : « On s'attendait à ce que la France, fille aînée du Saint-Siége, lui prêterait le secours du temps et celui du respect. L'Autriche arrêtée par nos victoires, il ne fallait en effet à Rome que du temps et du respect, armes sacrées qui n'eussent coûté qu'un grand dessein dans un grand cœur (1). »

Le *piége* qu'il redoutait s'était rencontré. On serait surpris, en relisant cette brochure à dix ans d'intervalle, qu'elle n'eût pas rencontré des sympathies publiques plus nombreuses, si l'on ne savait les exigences et les injustices des partis contre toute parole, « respectueuse et libre, sincère et sans offense » dont l'accent, profond et vrai, survivra à leurs clameurs.

L'année 1860 réservait au P. Lacordaire une dernière faveur, plus précieuse encore pour la liberté religieuse que pour lui. M. de Tocqueville était mort; l'Académie-Française voulut s'honorer elle-même, et continuer en l'augmentant, la gloire de ce fauteuil, en nommant le P. Lacordaire pour remplacer l'auteur de la *Démocratie en Amérique*. « Je n'ai point cherché cet honneur qui m'a été fait, — écrivait-il à cette époque, — par les esprits les plus éminents de notre pays, et j'avais même résolu de ne pas faire les visites préalables qui sont en usage lorsqu'on est porté pour un fauteuil; mais j'ai reçu des instances

---

(1) V. *De la liberté de l'Italie et de l'Eglise*, par le P. Lacordaire, Paris, 1860. (V. aussi à l'Appendice une lettre du P. Lacordaire à M. Cochin.)

qui m'ont déterminé, en me faisant voir dans mon succès un hommage à la religion, qui en a tant besoin (1). »

Il n'aurait cependant pas acheté ce succès au prix de la communion manquée d'un de ses pénitents de Sorèze, et M. de Montalembert nous a raconté comment, en cette circonstance où sa présence à Paris était pourtant nécessaire, il n'avait pu l'y retenir et l'empêcher de faire deux cents lieues pour retourner confesser ses enfants et les préparer à la fête prochaine. Voilà comment il aimait les âmes !

Ce fut le 24 janvier 1861 qu'il vint prendre place à l'Académie. M. Guizot l'y reçut ; grand spectacle « à la joie et à l'orgueil (2) » duquel il est impossible de se refuser. Je ne dirai rien de leurs discours, sinon qu'ils furent dignes de l'Académie et tels qu'on pouvait les attendre de ces nobles et puissants esprits.

Le lendemain, le P. Lacordaire se hâtait de rentrer à Sorèze et de venir demander à la vieille et chère abbaye l'hospitalité pour sa tombe : *Morienti hospitium*. Depuis un an déjà, ses forces résistaient à sa volonté ; il était épuisé de vie, et la science s'avouait impuissante à guérir le mal. Il avait cependant, par un effort suprême, voulu prêcher le Carême à ses enfants et il leur avait parlé du *Devoir* en homme qui n'a jamais reculé devant lui, en chrétien qui sait que le devoir est la plus grande puissance de ce monde. Après Pâques, les novices de Saint-Maximin avaient reçu ses dernières confidences et ses derniers conseils au pied du tombeau de sainte Madeleine. Vainement ensuite, avait-il demandé quelque force au repos

---

(1) Correspondance inédite. — Lettre du 15 février 1860.
(2) Paroles de M. Guizot dans son discours.

« d'une hospitalité bienveillante et respectueuse (1). » Le mal continuait ses ravages en les aggravant. Il revint à Sorèze où la population l'accueillit avec des pleurs et sous des arcs-de-triomphe ; mais c'en était fait, l'épée brisée tombait des mains défaillantes du soldat frappé par la mort !

L'agonie commença et dura trois mois. Les vieux amis de sa jeunesse et de sa vie, M. Foisset, M. de Montalembert, M. Cartier, accoururent et le quittèrent après la joie douloureuse d'une dernière entrevue et d'un dernier baiser. M. de Montalembert l'avait décidé à écrire ses Mémoires. Le 30 septembre, plus puissant encore que la douleur, il commença de dicter à son secrétaire cette œuvre d'une beauté souveraine, qu'il ne voulut pas achever. Arrivé en 1854, à la fin de son premier provincialat et sous l'empire de tristesses qu'il ne nous appartient pas de révéler, il s'arrêta, scella les pages dictées, se fit lire la *Préparation à la mort* de Bossuet, et recueillant son âme en Dieu, il s'enferma dans un silence qu'il n'interrompit que rarement, pour quelque affectueuse parole à ceux qui le servaient. Il ne pouvait plus prier Jésus-Christ, mais il le regardait. Je n'oserais refaire ici le récit de cette grande et sainte agonie, qu'un fils a écrit avec ses larmes (2). Je ne redirai ni les ardentes prières qui semblaient vouloir forcer le ciel et lui arracher sa conquête, ni ces austérités suppliantes de fils qui offraient à Dieu leur vie en échange de celle de leur père, ni ses dernières luttes contre la mort, ni les bénédictions attristées qu'à plusieurs reprises lui envoya le Souverain-Pontife, ni ses

---

(1) Lettre du P. Lacordaire.
(2) *Les derniers moments du P. Lacordaire*, par un religieux de l'Ordre des Frères-Prêcheurs (le R. P. Chocarne), Paris, 1861, chez veuve Poussielgue.

adieux à l'Ecole et à cet Institut dont il voulut, l'un après l'autre, embrasser et bénir tous les membres (1). « Mon Dieu! mon Dieu! ouvrez-moi! ouvrez-moi! Ce fut sa dernière parole le soir du 20 novembre. Le lendemain, fête de la Présentation de la Sainte Vierge, il rendait à Dieu une âme qui n'avait jamais aimé que lui, et qui avait tout quitté pour son fils et pour son Eglise!

Le regret fut unanime. La France sentait sa perte et ce que ce mort illustre emportait avec lui de bien, de force et d'exemples, et ce qu'elle lui doit en retour de respect, de reconnaissance et de gloire.

Abion un rey l'aben perdu, — disait le jour des funérailles une bonne femme du pays, sur ce cercueil, autour duquel se pressaient vingt mille chrétiens en larmes accourus à Sorèze. Monseigneur de la Bouillerie, un de ces évêques qui sont la couronne et la gloire de l'Eglise de France, ne devait pas faire entendre des paroles plus puissantes que celles que la douleur arrachait à cette pauvre femme.

« ... J'apprends avec beaucoup de tristesse et peu de

---

(1) « L'*Institut* est une division d'honneur ajoutée aux trois grandes divisions de l'Ecole, en faveur des élèves qui, après avoir achevé leurs cours d'études, veulent se préparer de plus près aux épreuves destinées à leur ouvrir la porte des carrières publiques. Nul n'y est admis qu'avec le grade de bachelier ès-lettres ou de bachelier ès-sciences, ou du moins, s'il a échoué dans les tentatives du baccalauréat, qu'après avoir été jugé digne d'y réussir. Le but de cette distinction est moins encore de favoriser l'élan des études finales, que d'achever le cycle de l'éducation en tirant les élèves les plus anciens des cadres étroits de la vie de collège pour les rapprocher de la vie du monde... Ils sont ainsi, par leur ancienneté, leur âge, leurs privilèges et le genre de leurs études, la tête de l'Ecole, dont ils doivent maintenir les traditions par leurs exemples et l'honneur par leurs succès. »

(*Notice sur l'Ecole,* par le P. Lacordaire).

« surprise, — écrivait M. Guizot, — que l'Eglise, l'Acadé-
« mie et ses amis viennent de le perdre. La perte est
« grande pour tous. Il a brillé partout où il a passé, et
« partout il a brillé d'un éclat pur, de l'éclat qui vient
« d'en haut. Je ne l'ai rencontré que tard et en passant ;
« mais son souvenir me restera présent, jusqu'au jour où
« nous nous retrouverons, j'espère, à la source de la lu-
« mière et de la paix (1)... »

Le P. Lacordaire a été enterré dans le chœur de l'é-
glise de l'Ecole, à l'endroit où était sa stalle et d'où il
parlait à ses enfants. C'est là qu'il repose dans la paix de
son dernier sommeil, après les agitations de sa vie ; —
utrique beneficium (2).

Il y a quelques mois, une faveur précieuse m'ouvrit la
porte de ce tombeau. J'y descendis. Je n'ai rien à dire ici
des émotions qui agitaient mon âme : elles sont de celles
qui soulèvent de terre en même temps qu'elles accablent.
J'ai contemplé, dans son calme solennel, cette noble tête
endormie par la mort, mais respectée par elle (3). Seul
dans la nuit à peine éclairée de ce caveau funèbre, j'ai vu
ce front immobile, ces yeux éteints, ces lèvres muettes, et
me rappelant les jours déjà lointains d'une jeunesse éva-
nouie, je me retrouvais à Notre-Dame au milieu des multi-

---

(1) Lettre inédite de M. Guizot en date du Val-Rîchier, 26 nov. 1861.
J'en dois la communication à la bienveillance du P. Mourey, à qui
M. Guizot l'avait répondue. — V. à l'Appendice.

(2)   Viventi sepulchrum
                     Morienti hospitium,
                     Utrique beneficium,
avait dit le P. Lacordaire de Sorèze à son sujet.

(3) 1er mai 1866. « Penchés sur son cercueil, — a dit le religieux qui a
écrit sa mort, — nous l'inondions de nos larmes : c'était le seul parfum
dont il n'avait pu nous défendre de l'embaumer. »

tudes qui se pressaient sous ses voûtes séculaires. Je revoyais, j'écoutais encore dans la vaste chaire, d'où descendait sa parole, ce prophète à la lèvre inspirée, aux yeux pleins de flamme, au front rayonnant, annonçant les seules vérités qui sauvent le monde. Puis je me suis dit qu'un jour viendrait où la vie redescendrait, au souffle de Dieu, sur ce grand homme et le délivrerait de son sommeil, et où, sous nos regards ravis, enveloppé de la blanche robe qui lui sert de linceul, il se lèverait de sa tombe, transfiguré pour l'éternité dans la lumière et dans la gloire de Jésus-Christ, son maître et son ami!

Et mes larmes étaient consolées par cette immortelle espérance!

Janvier 1869.

LETTRES

INÉDITES

DU T.-R. P. LACORDAIRE

I

**Ses débuts d'avocat ; — ses études et ses plaisirs ;
Talma et Mlle Georges.**

A Monsieur Lacordaire (1).

Paris, ce mercredi, 29 janvier 1823.

Mon cher cousin,

Le lendemain du jour où j'ai reçu votre lettre, je me suis empressé de faire les commissions dont vous m'aviez chargé, et c'est avec un véritable plaisir que je me suis acquitté de ces petites courses. Je vous prie de m'employer toutes les fois que je pourrai vous être bon à quelque chose. Je vous aurais répondu depuis longtemps, si je n'étais en quelque sorte accablé d'ouvrage ; je travaille le matin chez un avocat à la cour de cassation, le soir chez un avoué, et j'ai en outre plusieurs affaires qui m'ont été confiées et qui m'occupent beaucoup. J'ai de belles causes pour mon début qui aura lieu dans le courant de cette

---

(1) M. Lacordaire, alors ingénieur des ponts et chaussées à St-Etienne, mort en 1860, inspecteur général de 2ᵐᵉ classe. On le désignait dans la famille sous ce nom : « l'ingénieur. »

année. Avant de vous parler de moi plus au long, il est convenable que je vous rende compte de vos commissions; c'est par là que j'aurais dû commencer.

...Vous m'aviez aussi engagé à vous rappeler au souvenir de M. et de Mme Lacordaire que je vois très-souvent et qui ont toutes sortes de bontés pour moi. Ils ont été très-sensibles à votre souvenir et m'ont chargé de vous transmettre mille choses honnêtes de leur part.

Je reviens à moi; vous me demandez quelques détails sur mes études et mes plaisirs. Je vous ai déjà parlé de mes travaux; quant à mes plaisirs, ils sont en bien petit nombre, ou plutôt je ne jouis d'aucun de ceux que la capitale pourrait me présenter. Le cher cousin de la *Quotidienne* m'a fourni quelques billets pour les théâtres de boulevard, mais je me suis bientôt lassé de perdre cinq grandes heures à entendre de fades plaisanteries ou des déclamations ridicules. Sans doute de temps à autre on joue quelques pièces assez amusantes, mais il faudrait être à l'affût des affiches, et je ne songe pas même à les regarder. Quant au Théâtre français, j'aimerais beaucoup assister à ses représentations. C'est dommage que cela coûte un argent énorme. Lorsqu'on ne veut pas faire queue, et que Talma, Mlle Duchesnois ou Mlle Mars jouent, on ne peut avoir un billet à moins de 4 fr 50 et même 5 f.; je parle d'un billet de parterre. Je n'ai vu qu'une fois Talma dans Régulus ; j'aurais mieux fait de choisir une autre pièce, parce que celle-ci est peu favorable à son talent, quoi qu'elle contienne de belles choses. Je ne suis pas encore entré à l'Odéon ; j'ai une très grande prévention contre ce théâtre, parce que j'ai été très-mécontent de Mlle Georges qui nous a donné quelques représentations en province. Mon seul plaisir est d'aller visiter les monuments et d'aller quelquefois dans des sociétés littéraires. J'attends la belle saison avec impatience, pour jouir des promenades et des environs de Paris; quelques jeunes avocats de ma connaissance doivent venir au printemps et nous nous proposons de faire d'agréables excursions. Du reste, je me porte bien, je suis content et j'espère réussir dans l'état que j'ai embrassé.

Je remercie Léon de la lettre qu'il a jointe à la vôtre; je lui répondrais avec plaisir, si je n'avais pas demain une occasion pour Dijon et une multitude de lettres à faire. Je vous remercie aussi, mon cher cousin, de l'intérêt que vous voulez bien prendre à lui; nous sommes heureux d'avoir de si bons parents qui nous aident à nous tirer d'affaire et nous en conserverons tous une grande reconnaissance.

Je vous prie, mon cher cousin, de présenter mes hommages à ma cousine et d'agréer l'assurance de mon sincère et profond attachement.

Henri LACORDAIRE.

II

Affaires de famille.

Au même.

Paris, ce 5 février 1823.

Mon cher cousin,

Je suis allé avant-hier trouver M. Legrand, qui m'a dit que ses démarches n'avaient encore obtenu aucun résultat. Il a parlé lui-même, il y a environ trois semaines, à M. le directeur-général qui lui a répondu que la chose ne lui paraissait pas possible pour le moment. M. Legrand m'a chargé de vous assurer qu'il ne négligerait rien pour que cette affaire réussisse comme vous le désirez ; mais les efforts qu'il a déjà faits lui laissent entrevoir beaucoup de difficultés à vaincre. Il paraît que vous êtes desservi par des personnes que vous croyez dans votre intérêt. C'est ce que M. Legrand m'a dit d'une manière vague et sur quoi il s'est réservé de s'expliquer avec vous par une lettre qui ne peut se faire attendre longtemps. Du reste, il pense que vous ne devez pas perdre l'espoir d'obtenir ce que vous demandez.

Je passe de suite à mon oncle de Bussières. Il est resté environ une quinzaine. Je l'ai vu tous les jours. M. Thiberge et moi avons fait en sorte de le laisser seul le plus rarement possible, afin que son imagination ne devînt pas trop noire. Il nous a paru assez gai et content de son voyage ; il causait comme à l'ordinaire. MM. Chaussier, Dubois et Larrey l'ont vu ; ce dernier lui a donné l'exemple rassurant d'un homme de cinquante à soixante ans qui était affecté du même mal, dont la plaie était à peu près aussi étendue que la sienne, et qu'il vient de guérir radicalement par un traitement particulier. Il a conseillé ce traitement à mon oncle, et M. Chaussier a été du même avis. Mon oncle est parti assez satisfait, avec quelqu'espoir, sinon de cicatriser la plaie, du moins d'arrêter ses progrès.

Vous me parlez aussi, mon cher cousin, du recrutement pour lequel j'avais éprouvé quelqu'ennui. Le conseil de révision m'a réformé pour faiblesse de complexion, et me voilà hors d'affaire sans qu'il m'en coûte un centime. Je ne dirai pas néanmoins : qu'on se batte maintenant tant qu'on voudra (1).

Je ne sais si vous avez appris que Victor est arrivé à Paris, où il n'a point trouvé M. Collin qui est à Arc depuis environ six semaines. M. Lacordaire a trouvé quelqu'un qui a parlé pour lui à un imprimeur et qui le lui a présenté. Si cet imprimeur est content de son travail, il pourra gagner de quoi se soutenir à Paris, où il est arrivé sans avoir de quoi aller pendant quinze jours. Monsieur et Madame Lacordaire, qui ont déjà Léon à leur charge entière, sans compter Charles qu'il faut aider à l'armée, ne peuvent que faire des efforts pour lui obtenir une place ; d'autant plus que la faillite de M. Camille Moine

---

(1) « Henri a reçu votre lettre ; son numéro est 7 ; il est fort long à répondre, parce qu'il a beaucoup de besogne. Il a du souci, il vient de tomber pour la conscription. Il y a longtemps que je n'ai reçu de ses nouvelles, et je crains bien d'être obligée d'acheter un homme. »

(Lettre de Mme Lacordaire, mère, Dijon, 26 janvier 1823).

leur fait craindre de perdre une grande partie d'un capital dont ils ne touchent déjà plus les intérêts. Ils lui ont néanmoins fourni des choses de première nécessité dont il manquait, quoi qu'on leur eût écrit qu'on ne l'envoyait pas à Paris pour être à leur charge, et qu'eux-mêmes eussent répondu que cela était impossible dans leur situation actuelle. — Je viens de recevoir deux lettres de recommandation que j'avais demandées à M. Collin pour Victor; elles lui serviront, en cas qu'il ne puisse pas travailler utilement chez l'imprimeur où il est présenté.

Je suis bien aise des nouvelles que vous me donnez sur mon frère. Je vous prie de lui faire mes amitiés, et de le féliciter de ma part de ce qu'il entre dans une carrière qui peut lui procurer une existence agréable. Je vous charge, mon cher cousin, de présenter mes hommages respectueux à ma cousine et je vous embrasse de tout mon cœur.

III

Les bains de Louësche.

Paris, ce 6 mai 1824.

Aussitôt que j'eus reçu ta lettre, mon cher Alexandre (1), je me transportai à l'hôtel de M. Roy. M. de Talhouët était à la campagne et je n'ai pu le voir qu'aujourd'hui. Il m'a donné les renseignement les plus complets et les plus satisfaisants.

Le médecin des eaux est M. Gay; il demeure à Sion, dans le Valais. Il faudra que mon oncle lui écrive d'avance pour le prévenir de son arrivée et l'instruise de sa maladie. Il est aussi nécessaire que mon oncle écrive à Mme Rotte, maîtresse d'une auberge aux bains, s'il veut avoir une place dans l'hôtellerie ; c'est une mesure qu'il faut prendre longtemps d'avance, autrement on est presque sûr de ne pas trouver à se loger. L'adresse de Mme Rotte est à Sion ; c'est d'abord à elle que mon oncle écrira ; ensuite dans sa lettre à M. Gay, il le prierait de passer chez Mme Rotte pour savoir si elle a retenu une chambre pour l'époque déterminée. Il n'est pas trop tôt, ni

---

(1) M. Alexandre Lacordaire, son cousin-germain, docteur en médecine à Bussières-les-Belmont.

trop tard pour faire tout cela, si mon oncle veut arriver au commencement de juillet, par exemple le 4 ou le 5. Il serait inutile d'arriver à une époque plus rapprochée.

On peut aller en voiture jusqu'à la *Souste* ou jusqu'à Louësche-la-Ville; depuis là jusqu'aux bains, il y a encore une distance de cinq lieues qu'on ne peut faire qu'à dos de mulet ou en litière. Mon oncle s'arrangerait pour coucher à Sion la veille de son arrivée; le lendemain matin, il partirait pour Louësche-la-Ville et se trouverait le soir aux eaux. La meilleure auberge de Sion est la poste aux chevaux.

M. de Talhouët raconte des choses extraordinaires produites par les bains, et dont M. Figuières, de Langres, domicilié à Paris, rue de Province n° 56, a été témoin. Un jour il se trouva à table devant un homme qui avait une joue toute rongée par un ulcère; huit jours après il se trouva de nouveau à table en face du même homme qui était totalement guéri. Il en a vu (un) qui avait presque toute la figure dépouillée de chair, et sur lequel l'effet des eaux avait tellement opéré, que sa guérison avançait d'une manière sensible. Cependant lorsque le mal n'est pas borné à une seule partie du corps ou du visage, il faut revenir plusieurs années de suite aux bains pour être complétement guéri du mal.

On vous fait tenir aux bains huit à neuf heures de suite, et on n'éprouve aucun malaise pendant tout ce temps; ce n'est qu'à la sortie de l'eau qu'on s'aperçoit des effets qu'elle a produits sur vous.

On n'est ni bien logé ni bien nourri; le froid est assez vif, et il faut se munir de vêtements très-chauds. M. de Talhouët a vu tomber la neige dans les bains. On ne doit compter que sur ce qu'on emporte pour avoir du bon; quelques bouteilles de vin ne sont pas inutiles.

Voilà, mon cher Alexandre, la réponse à tout ce que tu m'avais demandé. M. de Talhouët y a mis beaucoup de complaisance; si mon oncle désirait de nouveaux détails, il se ferait un plaisir de les lui donner.

Je pense que ta santé est bonne et celle de ma cousine aussi; pour moi, je me porte bien. Si tu as encore l'occasion de m'écrire, donne-moi des nouvelles de mon oncle, de ma tante, de ma tante la religieuse, de ma tante Voinchet, de M. et de Mme Duchanois, de Noëmi, enfin de toute la famille. Je te charge de mes respects, de mes hommages, de mes compliments pour tous ceux que j'aime et que je viens de te nommer. Embrasse aussi pour moi les petits cousins, et celui qui viendra après eux, ou celle qui viendra; et reçois l'expression de mes sentiments affectueux.

Ton dévoué cousin.

IV

A M. Lacordaire.

(l'ingénieur)

Paris, 8 mai 1824.

Mon cher cousin,

Je sors de chez M. Legrand, qui m'annonce que vous avez obtenu la place que vous désiriez, de sorte que je vais brûler votre lettre à M. Becquey (1). Je vous fais mes sincères compliments sur ce succès qui vous rapproche de la famille et, entr'autres, de maman. Léon, il est vrai, va être privé de votre appui; mais vous l'avez mis en bon chemin, et je ne doute pas qu'il y restera. Je vous prie de présenter mes hommages à ma cousine, et de faire mille amitiés à mon frère que j'embrasse de tout mon cœur.

J'ai reçu, il y a quelques jours, une lettre d'Alexandre qui m'invitait à prendre des renseignements près de M. de Talhouet, gendre de M. Roy, sur les eaux de Louësche; je

---

(1) Directeur général des ponts et chaussées.M.—Lacordaire venait d'être nommé ingénieur du canal de Bourgogne, en résidence à Pouilly, ce qui le rapprochait de Dijon, que la mère d'Henri Lacordaire habitait. C'est à Pouilly que M. Lacordaire inventa le ciment qui porte son nom et pour l'exploitation duquel il fonda une société dont il sera question dans certaines lettres du P. Lacordaire.

Le lecteur remarquera que dans cette lettre et dans la précédente, écrites toutes deux à des parents qu'il aimait beaucoup, Henri Lacordaire ne leur dit rien de son entrée au séminaire qui avait lieu quatre jours après.

lui en ai transmis de très-satisfaisants. Ces eaux opèrent vraiment des merveilles.

M. Legrand m'a dit que bien qu'il n'ait pas eu le temps de vous écrire, il vous avait servi de tous ses efforts. Il m'a chargé de vous présenter ses compliments et ses félicitations. Il m'a dit en terminant et avec beaucoup d'insistance : priez M. Lacordaire de ne *pas m'envoyer si je ne lui écris pas.* Vous savez probablement ce que cela veut dire.

Adieu mon cher cousin, je vous embrasse et vous renouvelle mes félicitations.

Votre affectionné cousin

Henri LACORDAIRE.

V

Le monde et l'Eglise ; — la vocatiou ; — ce qu'est le Prêtre.

A M. Alexandre de B***.

Paris, 8 novembre 1824.

Oui, mon cher Alexandre, tu es arrivé à une époque décisive dans ta vie ; il s'agit de tout pour toi, dans le temps et dans l'éternité ; il s'agit de choisir entre l'Eglise et le monde, entre un dévouement continuel à Dieu et des devoirs plus faciles à remplir, et c'est l'importance même de ce choix, la grandeur de ses suites, les embarras de l'exécution qui troublent ton esprit dans un moment où tu aurais besoin de toutes ses lumières, et par conséquent de beaucoup de tranquillité. Pourquoi te troubler ainsi ? Tu dois examiner avec calme et maturité ce que Dieu exige de toi, et t'assurer si les dégoûts que tu ressens ne sont pas une épreuve passagère, loin d'être un avertissement de la Providence qui veut t'appeler ailleurs. Ecoute, mon cher ami, tu n'a pas vu le monde, et tu te le représentes peut-être sous des couleurs qui te séduisent ; placé dès ton enfance dans des maisons d'éducation publique, tu l'as quitté à un âge où tu ne pouvais le connaître, et tu n'as pas cru faire un grand sacrifice quand tu as passé du collège au séminaire. Maintenant que ta raison s'est formée, que tu peux apprécier les choses, tu jettes un regard d'inquiétude sur ce monde que tu as laissé et tu crains d'avoir trop perdu. Les charmes de la liberté te tentent; les douceurs de la société t'attirent, et il te semble que tu serais bien à ton aise et bien aimable sous un habit qui n'annoncerait pas la sévérité des mœurs, et qui te permettrait de déployer les grâces et la légèreté de ton esprit; les plaisirs du monde piquent aussi ta curiosité, et tu songes à ces spectacles dont tu as entendu dire des choses merveilleuses; ton imagination embellit tout, parce qu'il est dans la nature de cette enchanteresse d'embellir tout ce qui est éloigné et tout ce qu'on ne connaît pas. Mais, crois-moi, et crois-en l'expérience de tous les hommes, ce n'est pas dans ces choses qu'on trouve le bonheur, et il faut bien peu de temps pour en être dégoûté; il n'y a partout qu'une seule chose pour être estimable et pour être heureux, c'est d'accomplir ses devoirs, et partout il en coûte pour les accomplir. Dans le monde, tu auras trois sortes de devoirs à remplir, ceux de chrétien, de membre du corps social et de père de famille. Comme chrétien tu ne seras pas tenu aux exercices continuels de piété, qui doivent nourrir sans cesse l'âme d'un ecclésiastique, de peur qu'il ne succombe sous le poids du ministère et que l'esprit de Dieu ne se retire de lui; mais tu seras tenu aux devoirs sévères que l'Evangile impose à tous, aux pratiques religieuses que l'Eglise commande, et si tu es moins gêné par l'assiduité, tu le seras davantage par la position; car tu vivras au milieu d'un siècle corrompu, et à la place de cet air pur qui t'environnait, de ces exemples qui entretenaient ton âme dans la foi et l'amour de Dieu, tu ne respireras que la contagion. Ah! mon ami, tu ne sais pas peut-être combien il faut de force d'âme pour être dans le monde un véritable chrétien, un homme digne du nom de fidèle? Tu crois cela facile, tu te dis, en toi-même, que tu jouiras des plaisirs que la religion permet, et que tu arriveras par des sentiers plus doux aux rivages éternels. Vaines idées! Le salut coûte cher partout; et ces innombrables solitudes que la religion s'est faites en tout temps, me sont un témoignage que les combats du désert ont toujours paru moins rudes que ceux du siècle. Dans la retraite, vous n'avez à combattre que vous-même; dans le monde l'univers conspire contre nous. Combien de fois les passions ont triomphé de la foi la plus solide et l'ont déracinée de l'esprit, après l'avoir ébranlée dans le cœur. Ce n'est pas la prière, ce n'est pas la visite des églises, ce n'est pas l'amour de la parole divine, qui coûtent au chrétien, c'est le triomphe de ses passions, et nulle part elles ne livrent de plus terribles assauts que là où tu veux aller chercher la paix. Comme homme civil, tu n'auras pas de moindres peines et de moindres travaux; il te faudra choisir un état honorable, et les études qu'il exigera de toi ne seront pas moins pénibles que celles de la théologie, qui est une des plus belles sciences, puisqu'elle comprend la philosophie, l'histoire, les lettres humaines et divines. Si tu te livres au droit, pour paraître au barreau ou dans la magistrature, tu consumeras trois années à apprendre et à comparer des textes de lois, et tu n'auras acquis que les éléments; la science du jurisconculte demande toute une vie. La médecine t'ouvrira ses amphithéâtres et ses salles d'anatomie, à condition que tu lui consacreras quatre ans de ta jeunesse pour obtenir le titre de médecin, et le reste de tes jours pour le mériter. Les mathématiques, les sciences exactes en général ne présentent pas des difficultés moindres et des attraits plus grands; l'enseignement public t'offre de plus sa monotonie. Viennent ensuite toutes les administrations civiles où on languit dans un travail obscur pendant des années entières avant d'obtenir le plus léger traitement, et où la plus forte pension ne paie jamais assez l'ennui d'un travail matériel qui vous cloue à un bureau depuis neuf ou dix heures du matin jusqu'à quatre ou cinq heures du soir. J'ai vu tout cela, et je l'ai vu de près. Quiconque connaît un peu la marche de la société, sait combien Dieu a accompli avec rigueur cette parole terrible de notre condamnation : *In sudore vultûs tui vesceris pane, donec revertaris in terram de quâ sumptus es.* Tout travaille, tout souffre, tout gémit ici-bas; chacun envie l'état et la fortune de son voisin parce qu'il n'en saisit que les apparences et qu'il a creusé les misères de sa propre situation. Il faut ici-bas que nous achetions des instants de bonheur par des sacrifices continuels; ce qui est trop de suite nous fatigue et nous ennuie, fût-ce même le bonheur. Aussi rien de plus misérable au fond que ces hommes à qui rien ne paraît manquer, et quand la fortune de tes parents te permettrait un loisir absolu, le soin de ta félicité te le défendrait. Enfin tu auras des obligations comme père de famille, et ici j'aborde ce qu'il y a de plus doux dans la vie humaine, quand la compagne que Dieu nous a donnée réunit les qualités nécessaires pour attacher notre cœur, et que nos enfants croissent devant Dieu et devant les hommes. La paix domestique, le charme d'une vie intérieure au milieu des occupations sérieuses que la société nous impose, procurent sans doute de beaux jours; mais cette félicité, souvent courte et toujours fragile, est exposée à de tristes chances, et on ne sait ce que le mariage nous prépare quand on marche à l'autel; on ne le sait que lorsqu'il n'est plus temps. Voilà tous les devoirs qu'il faut remplir quand on veut être bon chrétien et bon citoyen; mais ce n'est pas là ce qui frappe quand on regarde le monde; on n'en voit que l'extérieur, que le bruit, que la fumée, que ce je ne sais quoi dont on jouit un instant pendant la journée et quelques années dans la vie. Car la jeunesse passe vite avec ses illusions et ses espérances, et l'âge mûr arrive avec ses charges et sa triste expérience et ses longs dégoûts; on regarde autour de soi, et on ne voit plus ce qui avait captivé l'âme; après avoir commencé par le plaisir, on finit par l'ambition. Je sais bien que tu croiras peu à mes paroles, tu es sous le charme, le monde t'entraîne. Oh qu'il te paraît beau! que tes chaînes te [pèsent! Tout ce que tu vois, tout ce que tu entends te jette hors de cette *Solitude;* il n'est pas un mot, pas un fait, pas une circonstance qui ne t'enfonce plus avant dans l'idée qui te possède; les choses les plus légères pénètrent jusqu'au fond de ton cœur. La conclusion de toutes les heures, de tous les quarts d'heures, de tous les moments de ta journée, c'est qu'il faut partir. Et voilà, mon cher ami, ce qui pourrait me faire croire que ta résolution n'est pas bien mûrie. Oh! je t'en conjure, ne te laisse pas aveugler par des chimères, et consulte-toi dans le silence et la paix, en priant Dieu de t'éclairer. Sans doute l'état ecclésiastique exige un grand esprit de dévouement, des intentions pures, des vues élevées, la force de protester sans cesse contre le siècle par son exemple et par ses discours. Le prêtre est un homme jeté au milieu des peuples pour servir de barrière à la corruption, c'est Caton se présentant dans le cirque et arrachant le respect et le silence des Romains par sa seule présence; la foi et la charité, voilà les deux aliments de son âme, où doivent vivre tous les sentiments qui honorent la race humaine, et qui la rendent digne d'avoir été faite à l'image de Dieu. Quelle mission sublime que celle d'annoncer l'évangile aux nations! Si tandis que Platon, l'honneur de la Grèce, se promenait avec ses disciples dans les jardins de l'Académie, un homme se fût présenté à lui et eût charmé ses oreilles par la lecture de quelques pages de l'Evangile, Platon fût tombé à ses genoux et l'eût adoré comme un Dieu. O livre de vie! O Eglise de Jésus-Christ! qui avez civilisé le monde, et qui nous avez ouvert les routes de l'éternité, j'ai abandonné le monde pour me réfugier dans votre sein, et voilà que le monde vous enlève un de vos enfants! Pour moi, je ne veux jamais quitter vos sanctuaires adorables, où vous m'avez donné plus que je n'ai laissé. Mon ami, je t'aime de tout mon cœur, et je crois que le meilleur parti que tu aies à prendre est de te fixer un certain terme pendant lequel tu réfléchiras sur ta vocation, en suivant avec exactitude tous les exercices de la maison, en t'appliquant aux études qu'on y fait, car tu as tort de croire que ces études pourront te devenir inutiles, puisque le traité de la religion est important à connaître pour tout chrétien, surtout dans notre siècle où règne la plus profonde ignorance sur ces matières, et que la morale n'est jamais assez connue dans ses principes. Tu tâcherais d'effacer de ton cœur toute impression triste; car, mon cher ami, pourquoi es-tu triste? Tu es certain de ta vocation, eh bien, il faut l'examiner avec courage et sang-froid; dans une semblable affaire, rien ne doit ressembler au caprice et à l'humeur, il faut agir en homme. Quand tu auras sérieusement médité sur toi-même, et prié le Dieu qui dispose de nos destinées, tu déclareras ta volonté et ta volonté souveraine; car en ceci, tu n'as de supérieur que Dieu. Jusque là, tu dois garder le plus profond silence, et ne pas livrer l'acte le plus important de ta vie à des jugements anticipés. Si tu crois que Dieu ne t'appelle point à son service, nous prendrons alors des mesures pour accorder ce que tu dois à ton père et à d'autres personnes respectables avec ce que tu te dois à toi-même. Ne t'occupe pas de cela d'avance: *Sufficit diei malitia sua*. Quant au terme que tu dois prendre pour réfléchir, je le fixerais au premier décembre: ce n'est pas trop pour une pareille résolution. Accorde moi cela, mon cher ami; accorde moi cela, mon cher de B***. Tu me le promets, n'est-ce pas? Adieu, l'heure me presse, adieu, songe bien à tout ce que je te dis, pèse bien mes raisons, interroge ta conscience, et, quoi qu'il puisse arriver, aime-moi toujours toute ta vie aux bords du Rhône comme aux bords de la Seine. Que Dieu soit avec toi. Je t'embrasse comme je t'aime.

Henri LACORDAIRE.

VI

La Religion et le travail; — les bonnes mœurs; — l'homme inutile; — ce qu'est un ami.

Au même.

Avant que nous ne nous disions adieu, mon cher ami, je veux m'entretenir avec toi de ce que tu vas faire et te donner une preuve d'amitié dont nous n'avons besoin ni l'un ni l'autre; mais que j'ai du plaisir à te donner et que tu en auras peut-être à recevoir. Il est vrai que tu es dans un moment plein de charme et de trouble où tu n'entendras guère ce que je te dirai. Qu'importe? Tu me liras peut-être un jour avec plus de calme, quand tu commenceras à te dégoûter un peu du monde. Je suis bien aise que tu ailles faire l'expérience de ses plaisirs, parce que tu as besoin d'en connaître par toi-même les ennuis et les peines. Cependant tu peux te perdre aussi par cet essai, et je ne vois que deux choses qui soient suffisantes pour te préserver de bien des fautes qui empoisonneraient ta carrière: la religion et le travail. Si jamais tu es tenté d'abandonner la foi, songe que tu n'a éprouvé ce désir que depuis le jour où tu auras abandonné la vertu, et que cette pensée te tienne en garde contre des doutes qui te seraient d'autant plus funestes que tu as vu les choses saintes de plus près et que tu n'as pas assez profité de tes études pour connaître toute la profondeur des preuves du christianisme. Rien n'est plus dangereux que la théologie quand on la fait mal ; les demi-connaissances sont nuisibles en toutes choses, mais surtout dans celle-là, où un mot mal compris peut ébranler les croyances les mieux fondées et perdre des empires. Rappelle-toi combien de grands hommes ont souffert pour la défense de la religion, que de sacrifices ont été accomplis pour elle depuis son établissement, quelle puissance elle a obtenu sur les plus grands génies, sur les meilleurs esprits, sur tout ce qu'il y a de cœurs droits dans cette foule de générations qu'elle a éclairées. Ouvre l'histoire, tu verras quelquefois l'histoire contre elle, jamais les bonnes mœurs. C'est une tache commune et ineffaçable que Dieu a voulu imprimer sur le front de tous les ennemis du christianisme, afin que l'accord des gens vicieux pour le combattre ne lui fût pas moins utile que l'accord des gens de bien pour le soutenir. Rappelle-toi aussi que la religion est un fait, et le fait le mieux établi qui soit dans le monde ; aucun peuple ancien ne s'est survécu à lui-même, pour être le dépositaire de ses annales et rendre témoignage à leur vérité. Le peuple juif est seul demeuré debout, sans demeurer une nation, et nous présente son histoire, qui contient tout à la fois son origine, ses généalogies, sa législation religieuse, civile et criminelle, choses sur quoi un peuple ne peut être trompé et ne peut tromper personne. Les Romains sont morts et nul ne doute que le code Justinien ne contienne le recueil de leurs lois ; les Juifs vivent et on doute d'un livre mille fois plus intéressant pour eux que le code Justinien ne l'était pour les Romains. C'est une grande folie de ne croire à rien, et c'est une grande contradiction de croire à quelque chose quand on ne croit pas à la vérité de la Bible. Tu serais bien coupable si tu perdais la foi, car nul n'a eu les moyens d'en avoir une plus ferme que la tienne. Je prierai Dieu tous les jours que ce malheur ne t'arrive pas ; tous les jours je lui dirai : Mon Dieu, souvenez-vous qu'il vous adorait quand je vous blasphémais, et faites qu'il ne vous blasphème pas, maintenant que je vous adore. Ne quitte jamais non plus les pratiques nécessaires pour rester chétien, quelle que soit d'ailleurs la situation de ton âme; ce sont des liens qui vous retiennent encore et qui font que Dieu jette au moins sur vous quelques regards de compassion. Si je cessais de te voir, de te parler, de t'écrire, de songer à toi, tu m'oublierais à ton tour; mais si, après t'avoir fait de grands outrages, je te donnais quelques marques d'amitié, tu plaindrais un homme incapable de te haïr et trop faible pour ne pas manquer à ses devoirs envers toi ; tu me serrerais quelquefois la main, en passant, avec cette ancienne expression que je saurais encore reconnaître. J'ai lu quelque part, qu'à l'instant où Mlle de La Vallière était maîtresse de Louis XIV, elle n'oublia jamais qu'elle faisait mal, et espéra toujours de faire mieux. Sans doute ce fut ce sentiment qui attira sur elle les grâces qui en firent depuis la sœur Louise de la Miséricorde. Eh bien ! mon cher ami, quand le monde t'entraîne trop loin, n'oublie jamais que tu fais mal et espère toujours de faire mieux. Jette-toi à genoux un moment le matin et le soir, assiste à la messe tous les dimanches; observe les jours d'abstinence; confesse-toi quelquefois ; respecte la religion dans tes discours, et n'oublie jamais que quand tu ne le devrais pas à Dieu, tu le devrais à toi-même. Tu serais impie dans le fond du cœur, que le souvenir de ce que tu as été ne te permet pas des plaisanteries, que le monde même trouverait ridicules dans ta bouche. Respecte aussi cette maison où tu as passé plusieurs années, où l'on a eu de l'indulgence pour toi et où nous nous sommes connus. Ah ! mon cher ! un temps viendra que nous regretterons tous deux les moments que nous y avons passés ! Tu ne la quitterais pas aujourd'hui si tu t'y fusses livré au travail ; je suis convaincu que c'est le défaut d'occupations qui t'a mis dans la position où tu te trouves. Le désœuvrement inspire un dégoût profond de toutes choses, et l'âme, habituée à retomber sur elle-même avec l'ennui de n'y rien rencontrer qui l'arrête, s'endort de ce sommeil qui n'est pas sollicité par le besoin et qui cesse d'être un bienfait pour rester seulement un obstacle à toutes les fonctions de la vie. On sent au-dedans de soi un vide et un malaise inexprimables ; on ne trouve plus de charme à rien ; on en veut au temps ; on s'en veut à soi-même ; il n'y a plus de piété dans le cœur, parce que le cœur est affadi et que les sentiments tendres ont besoin d'être interrompus par quelque chose de sérieux qui, en les comprimant, renouvelle sans cesse leur force. Sans travail point de piété ; sans travail point de plaisir. Paris, lui-même, n'est pas capable d'amuser trois semaines un homme qui ne fait rien de positif. Couchez-vous tard, dormez longtemps, ayez une toilette d'une heure, promenez-vous, courez au spectacle, vous laisserez encore une large part à l'ennui, et le moment viendra où il aura toute votre journée, parce que vous aurez épuisé tous les palliatifs, toutes les ruses du désœuvrement, toutes les occupations qui ont l'air d'en être et qui n'en sont pas. Oh ! l'homme malheureux, que celui qui a vendu son âge mûr à sa jeunesse, en ne la consacrant pas à un travail sérieux, en épuisant son corps par des veilles qui n'étaient pas données à son avenir et à la société, mais à la volupté d'une minute ! On ne sait rien, on n'est rien, on ne peut rien ; l'amour-propre froissé de toutes parts n'a plus même pour se consoler ces succès que procurent la jeunesse, les grâces, l'esprit de société et toutes les espérances dont le cœur d'un jeune homme est plein. Ah ! de B***, ne me perds pas mon ami ! ne me donne pas cette incroyable douleur de voir sur ton front, quelque jour, des rides que rien ne rendra honorables, et des chagrins que toute la puissance de l'amitié ne pourra effacer. Ne me perds pas un cœur si noble, un esprit si digne de comprendre les choses élevées, une âme que j'aime avec trop d'idolâtrie pour qu'il n'y ait pas en elle des raisons secrètes d'un attachement si profond. Je frémis à la seule pensée de te voir devenir semblable à ces hommes inutiles, qui concentrent toutes les facultés dans la jouissance des plus frivoles plaisirs et des plus pauvres bagatelles, pour qui un ajustement, une mode sont des affaires importantes, dont tout le mérite est dans leur figure et leur bonne mine, hommes misérables qui plaisent un moment pour déplaire toujours. Tu n'es pas fait pour jouer ce rôle; subis la loi de l'homme, prends le goût du travail que tu as déjà trop éteint en toi, au dépens des facultés heureuses que tu as reçues du ciel. Tu reprendras alors une nouvelle vie; les heures données à l'instruction te rendront plus douces les heures données aux plaisirs légitimes; tu verras ta considération et ton avenir s'accroître devant toi; ton cœur et ton esprit toujours satisfaits l'un de l'autre; ton amour-propre flatté par des choses qui en vaillent la peine, et quand l'âge mûr viendra, tu passeras avec joie de ton cabinet dans la chambre de ta femme, des bras de tes enfants aux soins des intérêts de tes concitoyens. Voilà quel doit être ta vie; mais elle dépend peut-être toute entière de la conduite que tu vas tenir à ton entrée dans le monde. Si tu conserves la même horreur du travail, elle croîtra avec l'âge; c'est en changeant d'étude que tu dois changer d'application à étudier. Fais donc un effort sur toi-même dans un moment si décisif, et ne laisse pas augmenter une aversion qui détruirait enfin tes mœurs, ta religion, ta fortune, ton bonheur. Avec la religion et le travail on est quelquefois dans la peine, mais le fond de la vie est bon. Sois aussi fidèle à l'amitié; conserve la mémoire d'un homme qui t'est sincèrement attaché par goût et par estime et qui ne t'oubliera jamais, dans quelque coin de terre que la Providence te porte. Donne-lui aussi des conseils en échange de ceux qu'il te donne et ne lui cache jamais la vérité, quelque dure qu'elle soit à dire dans bien des circonstances; je t'en estimerai davantage dans le moment et je t'en aimerai mieux un quart d'heure après. L'amitié n'est si divine que parce qu'elle donne le droit de dire la vérité aux hommes qui la disent si peu et qui l'entendent si rarement. Aime-moi bien, mon cher ami, parce que je t'aime bien. Tu ne trouveras jamais d'âme qui te soit plus réellement dévouée que la mienne; qui ait un si grand besoin de franchise et de confiance envers toi; qui t'aime avec plus d'emportement et de sagesse. Tu trouveras des connaissances aimables et des complices frivoles;

> Mais un ami sincère est un bien précieux
> Qu'on ne tient qu'une fois de la bonté des cieux.

Pour moi, je me souviendrai toujours de de B***, j'aimerai toute ma vie à me rappeler ce que nous avons dit et ce que nous avons fait ensemble, tant de riens gracieux qui sont tout pour le cœur. Ah! tu me manqueras souvent; il m'eût été doux de combattre avec toi sur le même champ de bataille, et il n'y en a pas de plus beau que celui sur lequel nous étions placés. Tu quittes la seule chose qui soit grande ici-bas, la seule qui vaille qu'on s'en occupe: *Demas me reliquit amore hujus sæculi*. Quoi qu'il arrive tu seras toujours présent à ma pensée; dans un état obscur ou dans un sort brillant, au temps de la prospérité comme au jour de la persécution, nos deux âmes ne seront jamais étrangères l'une à l'autre. N'est-il pas vrai, de B***, qu'elles ne seront jamais étrangères l'une à l'autre? Ah! tu es mon ami! je pourrai mourir, mais non perdre ce titre. Voici la dernière nuit que tu dois passer au séminaire; je souhaite que tu n'en aies jamais de plus mauvaise, et que tu ne te rappelles jamais avec amertume ce dernier moment que nous avons passé sous le même toit quand nous étions jeunes, pleins de vie et d'amitié, et que nous devions nous dire adieu le lendemain en prenant deux routes différentes dans le monde. Que la tienne soit heureuse! Adieu, mon ami; tu t'en vas donc! Arrêtons-nous encore avant de nous séparer; regarde-moi une dernière fois. Pourquoi sommes-nous nés ensemble? Pourquoi nous sommes-nous rencontrés? Que deviendrons-nous tous deux? Je ne sais rien de ta destinée, tu ne sais rien de la mienne. Hélas! nous la connaîtrons bientôt toute entière; le drame sera bientôt joué; nous ne conserverons pas longtemps sur notre visage cet air de jeunesse qui nous plaît, ce feu qui brille dans nos yeux, ces illusions qui nous enchantent; nos mains voudront encore se serrer qu'elles n'en auront déjà plus la force. Allons, adieu; poursuivons chacun notre route; que Dieu soit avec toi! Donne-moi ta main; heureux est le jour où je l'ai touchée pour la première fois! Adieu, de B***; l'éternité ne sera pas capable de me faire oublier ton nom.

Issy, ce 11 décembre 1825.

VII

**Le parti des temps nouveaux et le parti des temps anciens ;
le respect des croyances.**

A monsieur Antoine Lacordaire.

Paris, décembre 1826.

Je ne sais, mon cher frère, s'il faut t'apprendre mon admission irrévocable dans l'état ecclésiastique ; c'est samedi dernier qu'elle a eu lieu et que j'ai reçu les ordres auxquels sont attachés le vœu de chasteté perpétuelle et celui de réciter tous les jours le bréviaire. Je n'ai accepté cet engagement qu'après plus de deux ans et demi d'épreuves et de réflexions. Dans d'autres siècles, tu m'en aurais félicité, aujourd'hui tu me le pardonneras. Ainsi changent les pensées des hommes ! Ainsi ce qui était entouré du respect de toutes les classes, ce que les plus beaux génies recherchaient pour se rendre leurs talents plus sacrés à eux-mêmes et aux autres, ce qui a fait Bossuet, Fénélon, Vincent-de-Paule, est devenu de peu de valeur dans cette génération-ci. J'ignore ce que son jugement pèsera un jour ; le temps seul est impartial et nous ne serons plus quand la question sera jugée. Heureusement le cœur est à part de l'esprit et la séparation des idées n'emporte pas la séparation des sentiments. L'amitié et l'estime viennent du cœur ; c'est le cœur qui juge les actions, qui apprécie les dévouements, qui sait ce qu'on doit de respect au croyances des hommes, même quand on ne les partage pas. Dans cette division générale qui fait que de l'Europe à l'Amérique deux hommes d'esprit ne s'entendent plus sur deux idées, tu as pris le parti des temps nouveaux, j'ai pris le parti des temps anciens. Je me suis rattaché à ce que j'ai trouvé de plus fort, de plus frappant, de plus extraordinaire en ce monde, *à la seule religion qui soit certaine*, disait, il n'y a pas longtemps, un déiste anglais qui a fait beaucoup de catholiques. L'expérience m'a prouvé de plus en plus que j'avais rencontré juste et la vie chrétienne m'a démontré le dogme chrétien. Après cela, que veux-tu, si on ne peut se donner la main dans le temple, il faut se la donner dans le péristyle et fraterniser entre les deux camps.

Cette année est la dernière que je passe au séminaire ; il y aura trois ans au mois de mai que j'y suis entré et le temps ne m'a pas paru long ; je suis maintenant surchargé de travail et pourtant ma santé va mieux que jamais ; j'ai besoin d'être fortement occupé, d'avoir l'imagination remplie, le repos de la tête me tue.

Si tu vois mon oncle Petot (1), présente lui mes respects. Je n'ai pas eu occasion de le voir depuis que je porte la soutane, mais je me souviens toujours de ses anciennes bontés pour moi et j'espère qu'il ne m'aura pas retiré l'intérêt dont il voulait bien m'honorer. Je ne souhaiterais rien tant que d'être curé de Voulaines. *Dis aliter visum.*

---

(1) M. Petot, maître de forges, député de Châtillon-sur-Seine, sous Louis-Philippe.

VIII

Une déclaration.

A madame L. B***.

Paris, 1828.

Ma chère cousine, j'attendais pour vous écrire un petit envoi que maman vous préparait. Je ne vous dis pas avec quel plaisir je vous ai revue ; plus que jamais je suis pénétré de respect et d'affection pour vous, et j'attends que vous ayez vingt ou trente ans de plus pour vous dire combien je vous aime. Je vous ferai alors ma déclaration. Vous apprendrez peut-être avec satisfaction que je viens d'être nommé deuxième aumônier du collége Henri IV. Je garde en même temps la Visitation, et c'est là que nous continuerons de demeurer et où vous nous trouverez ce printemps ou cet été. Vous devriez venir au mois de mai ou de juin ; maman s'en retournerait avec vous pour Bussières. Je vous prie, ma chère cousine, de présenter mes compliments à mon cousin que j'aime et estime de tout mon cœur. J'embrasse aussi mes deux petites ou grandes cousines. Vous voyez bien que cette place à

Henri IV est la récompense de ma mission en Suisse (1). Les Jésuites sont indestructibles! comme mon amitié pour vous et mon respect, avec cette différence que tout le monde approuverait cette indestructibilité d'affection, si tout le monde avait le bonheur de vous connaître.

---

(1) L'abbé Lacordaire était allé voyager en Suisse pendant les vacances de 1828 et s'y reposer de ses travaux de l'année.... — « Je suis venu dans ce petit village catholique, » écrivait-il de Lungern, le 15 août 1828 à un ami. — « pour y célébrer la fête de l'Assomption : car je demeure habituellement à Untersée, dans un canton protestant, si tant est que je demeure quelque part. Des excursions plus ou moins longues ont rempli mon temps jusqu'ici et m'ont empêché de m'ennuyer ; étant seul, sans affaires, dans un pays étranger, il faut voir et courir. Au reste, je vais avoir bientôt des compagnons : Lorain et Ladey (*) doivent venir bientôt me rejoindre dans le courant de la semaine prochaine. J'aime mieux les avoir à la fin qu'au commencement ; leur privation m'eût été pénible au lieu que l'amitié succédant à la solitude, il n'y aura que changement de plaisirs.... »

Lettre inédite.

(*) Lorain et Ladey, avocats, devenus tous les deux plus tard professeurs la faculté de droit de Dijon. Lorain est celui qui a écrit dans le Correspondant l'excellente notice, à laquelle tous ceux qui ont parlé du P. Lacordaire ont dû faire de nombreux emprunts.

IX

Un élève de La Flèche en vacances.

A madame Voinchet (1).

Paris, 29 septembre 1828.

Ma chère Cousine,

Quoiqu'il y ait près d'un mois écoulé depuis mon passage à Gray, ne croyez pas que j'oublie le bon accueil que vous m'y avez fait et le plaisir que j'ai eu à vous voir. Des mois ne suffisent pas pour cela ; il faut plus que des années. Je suis arrivé ici vers le milieu de septembre et j'ai trouvé Théodore à l'avant-veille de son départ ; il s'embarque demain à Nantes, si rien d'imprévu n'arrête le vaisseau. C'était arriver tout juste. J'ai été moins heureux à Bussières, où j'ai manqué de quelques jours l'Ingénieur et mon frère Léon. Ainsi c'était bien le 2 et non le 20 qui était marqué dans la lettre que vous m'avez montrée. Je ne l'ai pas écrit sur-le-champ à M. Voinchet, parce que j'ai pensé qu'il le saurait avant la fin de l'inspection qui l'empêchait de quitter. J'aimais mieux vous écrire d'ici.

---

(1) Mᵐᵉ Voinchèt, femme du capitaine Voinchet, cousin germain du P. Lacordaire.

Maman a été bien sensible à votre souvenir et à vos compliments; elle me charge de vous remercier. Elle avait déjà pensé que dans votre éloignement de La Flèche il vous serait agréable que mon jeune cousin vînt passer ici ses vacances. Elle craignait seulement qu'il ne fût trop seul et trop libre dans une si grande ville, et c'est pourquoi elle ne vous l'avait pas encore proposé. Mais mon cousin est déjà d'un âge raisonnable, et comme il a le goût de la lecture, de l'étude et des choses sérieuses, il aura le plaisir sans le danger. Maman et moi nous serons donc bien aises de l'avoir quand vous le voudrez; il sera ici comme chez vous.

Nous espérons aussi, ma chère Cousine, vous voir aussi quelquefois, et nous serons toujours avides de ce qui pourra resserrer des liens qui nous sont chers. Veuillez bien, je vous prie, présenter mes compliments à mon cousin et mes remerciements en particulier. Mille amitiés aussi à Télèphe, de ma part et de celle de Théodore.

J'ai l'honneur d'être avec respect, ma chère Cousine, et de tout mon cœur,

        Votre affectionné cousin.

X

Le cœur, c'est la foudre.

A Madame L. B***.

Paris, 31 décembre 1828.

Ma chère cousine.

Je connais peu M. l'abbé Guyon ; mais il faut que ce soit un bien aimable homme, puisqu'il me procure l'honneur de vous entretenir, et ce mérite là en vaut bien un autre. Je l'ai entendu prêcher une fois ou deux, et il m'a à peu près produit le même effet qu'à vous, ce qui me fait bien augurer de mon jugement. Il a une improvisation facile, de la négligence dans le choix de ses mots, une véhémence qui le mène à la déclamation. Il faut que vous sachiez, ma chère cousine, que la véhémence est la qualité qui seule fait le grand orateur, et qui seule couvre les défauts nécessaires d'un discours qui n'a pas été préparé la plume à la main ; mais aussi rien n'égare comme cette chaleur ; elle emporte la tête d'un homme bien loin de ses épaules, et c'est elle qui jette dans tant de contradictions nos orateurs des chambres. Songez ce que c'est qu'un homme qui parle de cœur ; le cœur c'est la foudre ; on ne sait où elle tombe que quand elle est tombée. Excusez donc toujours beaucoup, ma chère cousine, l'homme qui improvise, et qui vous annonce l'Evangile avec l'imperfection de sa nature, le joug de son caractère et de cette forme primitive que chacun apporte en naissant. Heureux ceux qui sont doués d'un goût parfait! ils vous ressemblent, ma cousine, et on n'a rien à désiser en les voyant que de les voir encore. C'est pourquoi je vous souhaite de longues années ; car il serait injuste de vous en souhaiter de belles. Je prie mon cousin d'agréer mes compliments et ma sincère affection. J'embrasse mes deux cousines après vous, et vous aime tous de tout mon cœur d'abbé.

Votre respectueux cousin.

XI

La liberté du prêtre. — Nos maux en France.

A la même.

Paris, 10 septembre 1829.

Ma chère cousine,

M. Née est arrivé à Paris depuis quelques jours et sollicite de toutes ses forces cette place d'inspecteur dont il vous a parlé. Il a quelque espérance de réussir, mais rien de certain, à cause du grand nombre de concurrents. Je n'ai rien fait pour lui qui vaille la peine d'en parler, quoiqu'à regret. Pour avoir des protections utiles aux autres et à soi-même, il faut voir beaucoup de monde, perdre beaucoup de temps, dévorer mille ennuis; ce n'est pas la peine d'être prêtre pour mener cette vie, et j'ai toujours trop aimé ma liberté. Ce qui m'attache le plus à mon état, c'est que nul n'est moins asservi au monde, à ses riens, à ses désirs, à tout ce qu'il imagine pour ennuyer ceux qui l'habitent et leur faire la loi. Dans tout autre état, la solitude est un peu égoïste; dans le nôtre, c'est un devoir et le premier moyen de nous rendre utiles aux autres (1). Toutefois, ma chère cousine, vous eussiez été bien aimable de troubler la mienne ou plutôt celle de ma mère en venant nous voir cette année ; j'y comptais pour ma part bien sincèrement. Vous n'avez pas voulu nous faire ce plaisir et il a fallu que nous souffrions de la grêle qui a cassé nos vitres ; nous n'en avons pas les moins souffert.

Vous avez vu Léon que voilà enfin un peu solidement assis ; il a été bien heureux d'être grondé par vous. Nous n'avons toujours pas de nouvelles de Théodore, ce qui peut tenir à bien des circonstances étrangères au succès de ses entreprises. Le pays est bien désolé ; les états naissants ont de grands maux à souffrir avant d'arriver à la paix et à la stabilité. Nous avons aussi les nôtres en France ; mais nous sommes venus à la fin et nous recueil-

---

(1) J'extrais d'un portefeuille qui n'est qu'entrouvert la lettre suivante qui qui prouve que le moine de 1843 pensait comme le jeune prêtre de 1829 :

..... « Tu parais certain qu'une recommandation de moi à M. le garde des sceaux enlèverait ton affaire ; je ne le crois pas. Mais quoi qu'il en soit de ce point, il y a longtemps que même pour ma famille, j'ai renoncé à rien demander au gouvernement, et moins que jamais dans les circonstances présentes, ma conscience me permettrait de renoncer à ce principe. Tu sais ce que disait Louis XIV de son confesseur le P. Annat : *Je n'ai jamais su s'il avait des parents.* Même en ce siècle là où le clergé était mêlé au monde et aux affaires publiques, on ne croyait pas honorable pour un religieux de solliciter les grâces du pouvoir. Quiconque demande aliène sa liberté, et le religieux a tout quitté pour être libre à l'égard du monde. Ce n'est point là de l'égoïsme. C'en est si peu que tous les jours nous taxons d'égoïsme, au contraire, cet abus qui met entre les mains des députés les emplois de l'Etat. Nous concevons en effet que dans un Etat bien ordonné, tout le monde doit arriver par le résultat même de ses antécédents dans les voies des carrières publiques. Tu me répondras que la chose n'étant pas ainsi, chacun doit se pousser dans ce sauve-qui-peut : oui, pour les gens du monde, si tu veux, non pour nous autres. Je t'explique au long ma pensée, afin que tu n'imputes point à tiédeur mon inactivité. Je voudrais de tout mon cœur pouvoir te servir, mais je ne le puis pas. »

13 novembre 1843.

lerons ce qu'il y a eu de raisonnable en désirs et en efforts depuis quarante ans. Le reste est une petite guerre qui est utile pour avoir de quoi causer à Langres, au coin de son feu, avec ses petites filles et les pauvres chapelains de la Visitation, quand ils ont le bonheur d'y être. Je suis sûr que vous dites tous les jours un *Pater* et un *Ave* pour ces bons Russes; vous avez bien raison et c'est une bonne œuvre que je vous recommande. Mon cousin a sans doute commencé ses chasses, et vous irez aussi faire vos vacances à Bussières; c'est un bien aimable pays où je vous prie de porter avec vous mes respects et tout mon cœur qui ne peut être plus à son aise que dans le vôtre. Je prie Dieu et vous de me pardonner cette phrase; j'ai bien peur d'avoir besoin de ce pardon toute ma vie.

Je vous prie, ma chère cousine, de présenter mes compliments à mon cousin et d'agréer mes hommages respectueux.

P.-S. Maman vous fait mille amitiés.

XII

Soldat et prêtre; — la guerre; — la liberté et la justice.

A M. Voinchet (1).

Paris, 22 octobre 1831.

Mon cher cousin,

J'ai l'honneur de vous envoyer plusieurs brochures où vous aurez diverses choses de ma façon (2). Je voulais depuis longtemps vous donner ce témoignage de mon affection et de ma reconnaissance pour tout ce que vous doit mon frère (3). J'ai mieux aimé attendre un peu afin que l'envoi fût plus complet.

Je viens de voir votre fils aîné qui a passé deux ou trois jours ici (4). J'en ai été très-content. Il m'a paru avoir beaucoup gagné depuis la dernière fois que j'ai eu le plaisir de le voir; c'était l'an dernier. Il m'a appris l'accident

---

(1) Alors capitaine au 7ᵉ de cuirassiers à Nancy, — mort en retraite à Bussières en 1852, chevalier de la Légion d'honneur et de Saint-Louis.

(2) Recueil des articles de l'*Avenir*, et diverses brochures publiées par l'*Agence générale pour la défense de la liberté religieuse*.

(3) M. Télèphe Lacordaire servait dans le même régiment que le capitaine Voinchet.

(4) M. Alexandre Voinchet, mort en 1850, ingénieur des Ponts-et-chaussées.

qui vous est arrivé et qui vous retient encore à demi hors de vos fonctions. J'y ai pris la plus grande part.

J'ai bien cru, mon cher cousin, que vous alliez avoir une nouvelle campagne par dessus toutes celles que vous avez déjà faites (1). Peut-être la chose n'est-elle que retardée. On n'a jamais de repos en ce monde. Il est vrai que la guerre est votre repos à vous, et si j'étais militaire, j'aimerais bien me battre de temps en temps. Nous nous battons aussi nous autres, et je vous assure que c'est aussi un rude métier. Vous verrez par les brochures que je vous envoie tout ce que nous avons fait cette année pour notre liberté et pour celle de tout le monde. Car nous ne sommes d'aucun parti, ni carlistes, ni du juste milieu, ni républicains, ni napoléonistes.

Nous sommes pour la justice qui n'est pas plus carliste que philippiste. Je désire que cette lecture vous soit agréable, et quand elle ne vous le serait pas, que vous n'en croyiez pas moins à mon sincère attachement. Je prie ma cousine d'agréer l'hommage de mon respect et mes remerciements pour toute la peine qu'elle prend aux affaires de mon frère.

Veuillez bien agréer, mon cher cousin, l'assurance des sentiments inaltérables avec lesquels je suis

Votre obéissant et affectionné cousin.

---

(1) Engagé volontaire en 1800, le capitaine Voinchet avait fait toutes les campagnes du Consulat et de l'Empire, en Italie, en Russie, et la campagne d'Espagne sous la Restauration. Il n'avait jamais voulu être que capitaine.

XIII

Les rois et la liberté. — La Guerre.

A M. Télèphe Lacordaire.

Paris, 22 octobre 1831.

Mon cher Télèphe,

Je t'envoie quelques brochures qui pourront t'intéresser en elles-mêmes et à cause de différentes choses qui m'y sont personnelles. Je les envoie aussi à M. Voinchet et à ton colonel, comme un témoignage de ma reconnaissance pour toutes les bontés qu'ils ont pour toi. J'ai vu Alexandre Voinchet avec qui j'ai beaucoup causé de tout ce qui te regarde. Il m'a dit, ce qui m'a fait grand plaisir, qu'on était très-content de toi. Si tu veux avancer dans ta carrière, tu es dans une position bien meilleure que beaucoup d'autres. L'horizon de notre pauvre Europe se brouille furieusement, et il y a mille à parier contre un que nous verrons encore de longues et interminables guerres. La Russie, l'Autriche et la Prusse combattront pour sauver le pouvoir absolu des rois; une partie du midi de l'Europe pour sauver la liberté des peuples. Il est impossible que cela n'arrive pas tôt ou tard. Les rois sentent leur dernière heure venue, et naturellement ils doivent vouloir jouer une dernière partie, d'autant plus que les libéraux de ce pays-ci ne valent pas grand'chose. Ils ont montré un petit et triste esprit depuis la révolution de 1830, ce qui a ôté de sa force à la cause libérale. Nous autres, nous sommes les libéraux de l'avenir, notre temps n'est pas encore venu, mais il viendra. Toi, tu te battras aussi pour la liberté, et peut-être chacun de notre côté ferons-nous, dans deux genres différents, quelque chose pour notre pays. Mais il faut que tu sois raisonnable pour cela. Adieu. Ecris-moi donc quelquefois et crois à mon inaltérable et bien tendre attachement.

Maman va bien. Nous attendons ici Léon et Théodore.

Tout à toi,

Ton frère dévoué.

XIV

Bussières ; — sa vie en 1831.

Paris, 28 octobre 1831.

Ma chère tante (1),

J'ai eu le plaisir de vous envoyer, il y a peu de jours, notre procès de l'Ecole libre, et quelques temps auparavant, les *Mélanges catholiques*. Je ne sais si ces envois vous seront arrivés à bon port. J'ai pensé qu'il vous serait agréable d'avoir ces diverses brochures où il y a différentes choses de moi. J'ai aussi envoyé le procès de l'Ecole libre à ma cousine de Langres, aujourd'hui de Bussières, ce dont je suis fort aise pour vous, et à cause de l'attachement profond que je porte à Bussières. C'est le seul lieu de mon enfance dont le souvenir ne m'apparaît jamais sans délices. Mais je ne sais pourquoi, ma chère tante, je vous parle de choses agréables au moment où notre famille vient de perdre si tristement, d'une manière si douloureuse, ce pauvre Adrien Bouguéret (2). C'était un bien bon et aimable garçon. J'ai éprouvé un vif regret de sa perte. Je ne me doutais pas, quand je le vis il y a un an, qu'on le perdrait sitôt et d'une façon si tragique. Je vous

---

(1) Mme veuve Lacordaire.
(2) Il venait d'être tué dans une partie de chasse.

prie, ma chère tante, de dire à ma cousine Louise, combien j'ai partagé son chagrin. Elle n'est peut-être pas maintenant à Bussières, mais, quand elle y sera revenue, je vous prie bien de lui dire cela.

Vous avez eu plusieurs fois la bonté, ma chère tante, dans vos lettres à maman, de m'inviter à venir passer quelques temps à Bussières. J'aurais bien voulu, mais j'ai eu ce dernier procès sur les bras pendant toutes les vacances, et à peine m'étais-je sauvé à quelque distance de Paris, au mois de septembre, que j'y ai été rappelé de force. J'espère être plus heureux une autre année et voir la nouvelle habitation de ma cousine au château. L'embellissement de ce lieu complétera la beauté du village.

Je ne vous dis rien sur moi, ma chère tante; vous savez ce qu'a été ma pauvre vie pendant toute cette année. J'espère n'en avoir pas une seconde pareille. Je suis très-fatigué. Cet hiver sera plus tranquille, je l'espère.

Maman a reçu une lettre de Théodore qui est toujours à Cayenne ou aux environs. Il ne parle de son retour que comme d'une chose éloignée, quoique ses recherches d'histoire naturelle ne soient pas aussi fructueuses qu'il l'avait espéré. Mais enfin il sait ce qu'il fait là-bas, et il ne voit pas encore quelle route prendre en France. Nous voudrions bien qu'il revînt.

Je présente à mon cousin Alexandre, à ma cousine, à M. Bouguéret et à Louise, mes hommages et mes compliments les plus affectueux. Veuillez bien, ma chère tante, vous charger près d'eux de l'expression de tous mes sentiments.

Je suis, avec le plus tendre respect, ma chère tante,

Votre obéissant neveu.

XV

L'affection désintéressée ; — la solitude et les champs ; Rome.

A madame Louise B***.

Paris, 19 mai 1832.

Ma chère cousine,

J'aurais répondu immédiatement à votre lettre qui m'est arrivée il y a deux jours, si je n'avais su que maman venait de vous écrire. Elle vous aura tiré d'inquiétude sur nous tous, et donné des nouvelles de Léon, qui doit être maintenant à Pouilly, de Télèphe qui se bat à Alger, et de Théodore que nous attendons d'un jour à l'autre.

Vous êtes bien persuadée, ma chère cousine, que ce n'est pas par indifférence que j'ai manqué le plaisir de vous voir à Bussières dans votre nouvelle maison, ainsi que toute ma famille. J'étais attendu à Paris pour nos affaires, et c'est à peine si j'ai pu rester trois jours à Dijon et deux jours à Pouilly. Loin que mon affection pour Bussières s'affaiblisse, elle s'est augmentée beaucoup depuis que vous l'habitez, et j'éprouve d'ailleurs, tous les jours, que les plus solides et les plus douces joies de ce monde sont dans ceux qui nous ont aimés avant que nous pussions comprendre ce que vaut en ce monde un sentiment désintéressé. Le retour de ma tante à la santé m'a causé un grand bonheur, et je vous prie d'être auprès d'elle l'interprète de mon attachement profond et de mon respect. Les querelles dont vous me parlez sont bien tristes. L'ingénieur m'a raconté des choses qui m'ont bien surpris. J'aurais toujours cru qu'après la mort du chef de cette maison, les liens deviendraient beaucoup plus faciles et plus agréables. Ainsi l'on est toujours ou du moins trop souvent cruellement trompé.

On dit que votre maison est charmante. L'ingénieur m'en a fait des peintures très-agréables, et outre les jardins et le site, vous avez d'ailleurs deux grandes filles pour l'embellir. Je les embrasse bien, si elles veulent le permettre. Mon cousin va exterminer le peu de gibier qui restait; c'est une chose que je regrette assez que la chasse, quoique j'y fusse très peu habile. J'aime beaucoup les plaisirs où les champs, la solitude et soi-même font presque tous les frais. Rappelez-moi, je vous prie, au souvenir de mon cousin.

Un jour, ma chère cousine, nous parlerons ensemble de Rome, je l'espère bien. Ce voyage qui m'a fait voir beaucoup d'hommes et de choses, a été pour moi une grande source de plaisirs et d'instruction. Je me sens homme maintenant tout-à-fait. En attendant ces causeries, je mets à vos pieds l'hommage de mon respectueux et éternel attachement.

P.-S. Mille compliments à Alexandre et à sa femme.

XVI

Les prisons de Silvio-Pellico.

A M. Defay (1).

Paris, 21 mai 1833.

Monsieur,

Comme je ne pourrai avoir que dans deux ou trois jours le plaisir de vous voir, je m'empresse de vous indiquer un livre qui me paraît avoir toutes les qualités que vous désirez. Ce sont *les Prisons ou Mémoires de Silvio-Pellico*, traduits de l'italien par M. de la Tour, en un volume in-8º, ouvrage admirable et profondément religieux. Vous le trouverez chez Baudry, libraire, rue du Coq-St-Honoré, tout proche de chez vous. S'il n'avait que l'original italien, il vous indiquerait où vous pourriez vous procurer la traduction en faisant bien attention qu'il y en a deux, et que la meilleure en un volume est de M. de la Tour, l'autre est de M. Dulaure.

Veuillez bien, je vous en prie, présenter mes hommages respectueux à madame Defay, et agréer l'assurance de la considération très distinguée, avec laquelle j'ai l'honneur d'être, monsieur,

Votre très-humble et très-obéissant serviteur.

(1) Ami et allié de sa famille.

XVII

M. de La Mennais; — l'Encyclique; — l'indépendance.

A M. Alexandre de B***.

Paris, 10 juillet 1833.

Mon cher ami,

J'ai lu ce matin, dans le *Journal des Débats,* ta nomination aux fonctions de juge suppléant au tribunal de V..., et je m'empresse de saisir cette occasion de me rappeler à ton souvenir, si tu ne m'as pas tout-à-fait oublié depuis deux ans. J'ai eu plusieurs fois la pensée de t'écrire; l'incertitude sur ta résidence m'a toujours retenu. Beaucoup de choses se sont passées depuis que nous ne nous sommes 'écrit; car les choses vont encore plus vite que le temps; mais aucune ne t'a effacé de ma pensée ni de mon cœur. Je suis allé à Rome avec l'abbé de La Mennais. L'Italie m'a bien plu par ses beautés qui y plaisent à tout le monde, mais Rome par dessus tout; c'est la ville que j'aime par excellence, si toutefois je ne m'abuse pas sur les impressions qu'elle m'a laissées, et si elles ne tiennent pas à une première vue enthousiaste. Je suis allé aussi à Bruxelles, à Munich. Ces deux années 1831 et 1832 ont été très-agitées, et aujourd'hui je me trouve fort paisible et fort peu de chose dans le couvent de la Visitation dont j'étais chapelain au sortir du séminaire. Je ne crois pas que tu m'y aies vu, la mémoire ne m'en est pas restée. C'est tant pis pour moi. J'avais suivi l'abbé de La Mennais en Bretagne, au mois de septembre de l'année dernière, toutes nos affaires ayant été complétement disloquées par une lettre encyclique du Pape; mon parti n'était pas pris définitivement. Jusque là je n'avais pas dévoué ma vie, corps et âme, à l'abbé de La Mennais, dont j'avais seulement partagé les derniers travaux; il s'agissait de savoir si je me livrerais entièrement à lui, à ses idées passées et futures, et bref, je ne l'ai pas voulu. J'ai cru que ce serait donner plus qu'un homme n'a le droit, et qu'en gardant mon indépendance, je pouvais être plus utile à la religion. Je suis donc revenu à Paris où j'ai redemandé les modestes fonctions de chapelain que j'avais déjà remplies; le hasard a fait, ou pour mieux dire la Providence, que le chapelain qui m'avait succédé est mort, et je l'ai remplacé depuis cinq mois. Voilà, en abrégé, mon histoire. Je vois avec plaisir que tu poursuis ta carrière, et j'en aurai un plus grand à apprendre que tu m'as gardé quelque bienveillance.

En attendant, je te prie d'agréer les embrassements d'un ancien ami, qui n'a rien encore trouvé de meilleur dans le monde que les affections de la première jeunesse lorsqu'elles ont vieilli sans être flétries.

Adieu, tout à toi.

XVIII

L'éternité des peines; — ce qu'est l'Enfer; — la bonté de Dieu.

Paris, 29 avril 1835.

Monsieur (1),

Les peines attachées au mal ont essentiellement pour but l'amendement de l'homme pour l'avenir et la réparation du passé, c'est-à-dire la manifestation de la justice et de la miséricorde divines. Le passé doit être puni parce qu'il a été mauvais, l'avenir doit être préparé parce qu'il peut être bon. Vous me paraissez admettre ces principes dans la lettre que vous m'avez fait l'honneur de m'écrire, mais vous ne comprenez pas les peines éternelles qui semblent purement vindicatives du passé sans fruit pour l'avenir. C'est là-dessus que vous désirez quelques explications et je suis heureux que vous ayiez eu la pensée de me les demander.

---

(1) M. Semichon, avocat, le chrétien et savant auteur de *la Paix et la Trêve de Dieu au moyen-âge*. Etudiant en droit à Paris, il avait écrit, le 27 avril 1835, à l'abbé Lacordaire pour lui soumettre les doutes de sa pensée sur l'éternité des peines : « Comment conciliez-vous, lui disait-il, « — l'éternité des châtiments de l'enfer avec la bonté du Dieu éternel, tout-« puissant, et même comment la conciliez-vous, cette éternité si terrible, « avec la fragilité de l'homme, cet être d'un jour ? L'objection n'est pas « neuve... »

Sans doute la fin de toutes les opérations divines est d'amener au bien les créatures douées de liberté, et le bien n'étant autre chose dans sa source et son essence que Dieu lui-même, la fin des opérations divines est de nous amener à Dieu. Or Dieu repousse le mal, c'est-à-dire ce qui est faux et injuste, avec la même nécessité invincible qui fait que chaque être repousse ce qui est contradictoire à sa nature, avec une nécessité beaucoup plus grande, puisque la nature de Dieu étant infinie, sa force de répulsion contre ce qui la blesse est infinie aussi. Supposez un instant que le mal pût s'allier à l'essence divine, que Dieu pût aimer le mal, c'en serait fait du bien lui-même, ce serait la confusion immédiate de l'un et de l'autre. Dieu ne saurait donc amener le mal à lui et le faire jouir de sa propre vie qu'autant que le mal se change en bien, et le mal volontaire ou la volonté corrompue ne se convertit au bien qu'autant qu'il y a consentement libre de sa part. Voilà donc une lutte entre Dieu et la volonté libre, entre Dieu qui repousse nécessairement le mal et la volonté qui a puissance de le commettre toujours. Il s'agit de savoir qui sera victorieux. Le châtiment est un des moyens que Dieu emploie pour faire sentir à la créature raisonnable et libre le malheur du mal, moyen d'autant plus naturel, que le mal étant un désordre, a pour conséquence infaillible de mettre la créature qui s'y abandonne dans de faux rapports avec tous les êtres, c'est-à-dire dans des rapports douloureux. Dieu pour punir le mal n'a donc qu'à le laisser faire.

Maintenant, Monsieur, supposer que la lutte entre Dieu et la volonté libre puisse être éternelle, c'est supposer le mal aussi puissant que le bien, c'est supposer qu'éternellement une simple créature violerait éternellement toutes les lois des êtres. S'il en était ainsi, l'homme serait Dieu, il serait sans maître, Dieu ne serait que son jouet. Il faut donc un terme à la lutte entre ces deux puissances, et il n'y en a que deux possibles : la conversion libre de la volonté au bien ou l'abandon de la volonté au mal. Il faut que la volonté retranche ce qui la sépare invinciblement de la nature divine, ou que Dieu la laisse dans le mal où elle persévère. L'enfer est le résultat de ce délaissement, le lieu où les conséquences logiques du mal s'accomplissent. Le châtiment cesse d'y être miséricordieux, non par la faute de Dieu, mais par la faute de la créature ; il s'est usé sans fruit sur elle, semblable à la verge qui frappe sans fruit l'enfant devenu incorrigible, semblable au remords qui a encore assez de force pour troubler et qui n'en a plus assez pour toucher. Ce n'est pas le père qui a ôté à la douleur son aiguillon salutaire ; ce n'est pas la nature qui a émoussé le remords. Pourquoi le père frappe-t-il encore, direz-vous ? Pourquoi ? Ah ! Monsieur, le père ne frappe plus, mais le mal règne et frappe au dedans, le mal est victorieux, voilà l'enfer. Vous dites que l'homme est si fragile ! Ah ! croyez-le, la fragilité n'est punie qu'avec miséricorde ; c'est l'obstination, la haine, la persévérance farouche et implacable, c'est là ce qui mène à la consommation du mal, au point où Dieu, désespérant de sauver une âme et repoussé invinciblement loin d'elle, la laisse en elle-même.

Du reste, Monsieur, ce ne sont là que des aperçus bien brefs. Si vous me faisiez l'honneur de venir me voir, j'en causerais volontiers avec vous, et je réserve, dans cette espérance, la question que vous m'adressez sur *la foi*. Je suis libre tous les jours de trois à six heures de l'après-midi, excepté le jeudi et le dimanche.

Veuillez agréer, Monsieur, l'expression de mes sentiments très-distingués.

XIX

Mgr de Quélen et les Conférences de Notre-Dame; — la perle qui orne la vie.

A M. Alex. de B***.

Paris, 10 août 1835.

Mon cher ami,

J'ai trouvé ta bonne lettre du 22 juillet, en revenant de Dieppe, où j'étais allé prendre des bains de mer, qui m'ont fait beaucoup de bien. Je te remercie de ton bon souvenir et de la part que tu as prise à ma nomination de chanoine honoraire. Tu sais que je n'ai jamais désiré l'avancement ni les dignités; mais dans les circonstances où j'étais placé, j'ai reçu avec plaisir ce témoignage de la satisfaction de mon évêque. Il s'est conduit avec moi, en tout, d'une manière paternelle autant que généreuse. Je continuerai l'hiver prochain les Conférences de Notre-Dame, dont il a fait pour ainsi dire mon œuvre, et je vais même prochainement quitter la Visitation afin d'avoir plus de loisirs pour travailler et me rendre utile à la jeunesse. Je vois beaucoup de jeunes gens, et je trouve dans un grand nombre des dispositions favorables à la religion, quoique à des degrés très-divers.

M. l'abbé Nicolle (1), dont tu me parles dans ta lettre, est très-malade depuis plusieurs mois, et il ne paraît pas qu'il puisse s'en relever. Je l'ai rencontré plusieurs fois chez une dame russe, et je n'ai eu qu'à me louer de lui. C'est un bien bon vieillard. Il est l'un des vicaires généraux de notre diocèse, et je le regretterai sous tous les rapports. Voilà comme tout s'en va.

Tu ne me parles plus de ton mariage. Il me semble qu'il serait temps pour toi de songer à t'établir et à former une famille qui t'ôterait, j'en suis sûr, une partie des ennuis dont tu te plains. L'homme a besoin de quelque chose qui lui occupe le cœur, et je conçois à merveille que ta fonction ne suffise pas pour remplir le tien. Après cela il n'est pas facile sans doute de trouver une femme bonne, aimable, et qui convienne en tous sens. Cependant il faut chercher et ne pas se décourager. Quand tu auras trouvé cette belle perle pour orner ta vie, ne manque pas de m'en avertir ; car je prends et prendrai toujours une part d'ami à tout ce qui te concerne, et je te prie d'en agréer la sincère et vieille assurance.

Tout à toi de cœur.

---

(1) L'abbé Nicolle, ancien recteur et ancien membre du Conseil royal de l'Instruction publique, est mort le 2 septembre 1835. Sa vie a été écrite par M. l'abbé Frappaz (Paris, 1857. Lecoffre).

XX

Maladie de son frère aîné.

A M. Lacordaire, ingénieur.

Aisey, 16 août 1835.

Mon cher cousin,

M. Voinchet n'est pas encore de retour de son voyage de Chaumont par suite de l'absence du Sous-Intendant militaire, et c'est sa femme, ma cousine, qui a reçu votre lettre des bords de la Saône. Elle me charge de vous en donner avis, et en même temps je m'empresse de vous donner des nouvelles de mon pauvre frère de Recey qui est on ne peut plus mal. Les jambes et les cuisses sont enflées, et le médecin croit que le sang ne circule plus. Comme je n'entends rien à la médecine, je ne puis entrer dans aucun détail scientifique; mais tous les symptômes sont on ne peut plus graves et alarmants. Nous attendons Alexandre, de Bussières, que mon frère désire beaucoup voir.

Mme Voinchet et tout le monde me charge de mille choses pour vous et pour ma cousine Adelaïde, à laquelle je présente mes hommages respectueux. Veuillez, mon cher cousin, agréer l'expression de tous mes sentiments les plus affectueux et les plus dévoués.

XXI

Mort de son frère. — Premières conférences de Notre-Dame.

A M. Télèphe Lacordaire, maréchal-des-logis, au corps des Spahis (Colonel Marey), à Alger.

Aisey-le-Duc, 18 août 1835.

Mon cher Télèphe,

Nous venons de perdre notre pauvre frère de Recey; il est mort hier soir à six heures quelques minutes, après une maladie de trois semaines. Il venait d'achever à Aisey une jolie maison dans laquelle il habitait depuis six semaines et qui avait toujours été l'objet de ses désirs. Dieu l'a enlevé à l'âge de 46 ans. J'étais depuis trois jours à Aisey où j'étais accouru aussitôt que nous avions eu, à Paris, la nouvelle de sa maladie. On avait encore quelque espérance hier matin, lorsque tout-à-coup une grande faiblesse l'a pris et il s'est éteint doucement, sans agonie, sans douleur, conservant jusqu'au bout sa connaissance.

Aujourd'hui les scellés ont été apposés sur ses meubles et ils ne seront levés qu'en présence de nous quatre, ou sur le vu de nos procurations. C'est pourquoi je t'envoie un modèle que tu signeras avec toutes les formalités requises dans la position de militaire en service, hors du territoire français. Ces formalités sont faciles, et tu seras mis, sans peine, au courant par tes officiers supérieurs. C'est probablement Théodore ou Léon qui assistera à la levée des scellés, et qui fera procéder au partage ou à l'exécution du testament. Tu laisseras en blanc le nom du procureur fondé, afin qu'on puisse le remplir suivant la circonstance. Plus tu pourras mettre de célérité dans cette expédition, mieux cela vaudra. Adresse la réponse à Paris, à ma mère, rue Neuve Saint-Etienne du Mont, n° 6 bis.

Nous ne connaissons ni les uns ni les autres la fortune que laisse notre pauvre frère. Elle peut s'élever de trente à quarante mille francs, ou peut-être moins.

Je ne sais si tu auras appris que j'ai prêché des conférences cet hiver à Notre-Dame et que j'ai été nommé chanoine honoraire de l'Eglise de Paris. Cette circonstance est cause que je vais quitter la Visitation pour m'établir simplement en ville avec maman, ayant assez de besogne, sans y ajouter encore ce service assez assujettissant.

Adieu, mon cher ami, donne-nous dans ta réponse des nouvelles de toi assez détaillées, et attachons-nous davantage les uns aux autres puisque la mort vient déjà d'atteindre le sang laissé ici-bas par notre père. Nous t'embrassons bien tous et moi en particulier de tout mon cœur.

XXII

Mort de sa mère; — quelle femme elle était.

A Madame veuve Lacordaire.

Paris, 2 février 1836.

Ma chère tante,

J'ai une bien douloureuse nouvelle à vous communiquer. Ce matin, à neuf heures un quart et quelques minutes, nous avons perdu notre excellente mère. Le mal qui l'avait atteinte depuis six semaines avait redoublé dans les huit derniers jours de janvier. L'affection au cœur avait engendré une pneumonie qui s'est manifestée par une toux violente et continuelle et un embarras extrême de respiration. Les douleurs ont d'abord été très-grandes, puis elles ont diminué graduellement, à mesure que la nature s'affaissait, et enfin la mort a été précédée d'une sorte de sommeil lourd qui a duré environ douze heures.

Nous avons perdu en elle une véritable mère, à qui nous devons, mon père étant mort si jeune, tout ce que nous sommes. Il lui a fallu autant de force d'âme que de prudence et de religion, pour élever quatre enfants si jeunes avec si peu de ressources. Elle venait de recueillir le fruit de ses peines par l'avancement de Télèphe et la promotion de Théodore ; il semblait qu'elle n'avait plus qu'à jouir d'une longue et heureuse vieillesse. Dieu en a disposé autrement. Il a rappelé cette âme forte à lui. Et voilà que nous allons tous être dispersés çà et là dans les chemins du monde.

Soyez assez bonne, ma chère tante, pour faire part de ce triste événement à toute notre famille de Bussières, soit chez vous, soit au château.

J'eusse voulu une plus heureuse occasion de vous embrasser et de vous offrir l'hommage des sentiments avec lesquels je suis, ma chère tante, votre respectueux et affectionné neveu.

XXIII

Mort de sa mère.

A M. Télèphe Lacordaire, lieutenant aux Spahis réguliers d'Afrique.

Paris, 3 février, 1836.

Tu as dû être préparé, mon cher ami, par les lettres que tu as déjà reçues, au grand malheur qui vient de nous frapper. Nous avons perdu hier, à neuf heures dix-sept minutes, notre excellente mère, après une maladie de deux mois qui avait pris depuis huit jours une effrayante gravité. Le mauvais état du cœur avait engendré une pneumonie ou maladie du poumon qui s'est manifestée par une toux violente et continuelle. Les premiers jours ont été très-douloureux. Ensuite la nature s'est affaiblie peu à peu, et la mort a été précédée d'un sommeil lourd de près de douze heures, à peine deux ou trois fois interrompu.

Nous perdons en elle, et de bien bonne heure, une mère à qui nous devons tout, puisque nous avions été laissés, en bas âge, entre ses mains avec infiniment peu de fortune et qu'elle nous a tous vus convenablement placés dans le monde avant de mourir. Elle a beaucoup parlé de toi et eût bien désiré te voir encore une fois; elle a prié

Dieu de te bénir. Léon a pu venir à Paris deux jours avant sa fin. C'est tout à l'heure que nous allons nous séparer d'elle, non pour jamais, mais pour la retrouver dans une vie meilleure et plus longue.

Adieu, écris-moi et envoie nous une procuration semblable à celle que tu as fait parvenir pour notre pauvre frère de la Fonderie. Je t'embrasse et suis bien tout à toi.

XXIV

Bussières; — séparation de la famille.

A Madame L. B***.

Paris, 13 février 1836.

Ma chère cousine,

Votre lettre a été pour mes frères et pour moi un sujet de consolation. Je me suis reporté, en la lisant, vers ce cher Bussières, où j'ai passé si heureusement tant de jours de ma jeunesse, et j'ai senti avec joie que tous les objets de mes premières affections n'avaient pas encore disparu. J'espère retrouver là, toute ma vie, non-seulement des souvenirs, mais une famille. Mes frères et moi nous serons bien séparés par les lieux. Léon nous quitte ce soir pour retourner à Dijon; Théodore part à la fin de mars pour la Belgique; Téléphe est en Afrique et ira longtemps encore de caserne en caserne. Vous voyez que nous ne sommes pas en chemin de nous réunir. Bussières est le seul lieu où nous soyons rassemblés, et où ceux qui sont absents puissent reporter leur pensée, avec assurance d'y rencontrer bien des cœurs amis. C'est aussi là que jusqu'à présent notre nom a ses seuls héritiers ; car, à part Alexandre, nulle de nos branches n'a encore été féconde.

Je vous prie, ma chère cousine, d'agréer tous mes remerciements de votre bonne lettre, et d'offrir mes respects à ma tante et mes compliments à tous. Je suis bien respectueusement votre affectionné cousin.

XXV

Départ pour Rome.

A M. Alexandre Lacordaire.

Paris, 17 février 1836.

Mon cher Alexandre,

Je te remercie bien vivement de la marque de souvenir et d'amitié que tu me donnes dans cette triste circonstance. Ma mère, dans les derniers temps, lorsqu'elle espérait encore surmonter le mal, m'a parlé plusieurs fois du désir qu'elle avait de voir Bussières ce printemps, et d'y remettre sa santé. C'est le seul lieu qu'elle ait revu depuis qu'elle avait quitté Dijon, à la fin de 1827, et elle en parlait toujours avec un vif attachement que nous partageons tous. Je voudrais bien moi-même y passer en allant à Rome, où je compte séjourner plusieurs années. Mais mes Conférences de Notre-Dame ne me permettent pas de partir avant le 25 avril, et comme je prends le bateau à vapeur à Marseille, je suis obligé d'y être au plus tard le 8 mai pour le départ du 10, à moins de m'exposer à n'arriver dans Rome qu'en plein été, ce qui est un mauvais moment pour les étrangers qui n'ont pas l'habitude du climat.

Je ne vous verrai donc qu'au retour, dans trois ou quatre ans.

Adieu, mon cher cousin, présente mes respects à ma tante, mes hommages à ma cousine Delphine, et crois au bien sincère attachement avec lequel je suis de cœur ton tout dévoué.

XXVI

La génération des âmes; — sa vie à Rome.

A M. Alex de B***.

Rome, 20 septembre 1836.

Mon cher ami,

Je regrette beaucoup de ne pas m'être arrêté à V***, en descendant le Rhône. Je suis moins coupable que malheureux. Le temps me pressait; il fallait être à Marseille pour le départ du paquebot, qui avait lieu le 10 mai, au risque d'attendre jusqu'au 20. J'ai passé, non sans désir de te voir, et de réchauffer par cette visite notre ancienne affection. Une autre fois je prendrai mieux mes arrangements. Mais quand viendra cette autre fois? J'apprends tous les jours davantage qu'on n'est jamais sûr du lendemain, et que l'homme ne fait pas sa volonté, même ceux qui ne croient pas faire autre chose, comme toi, par exemple, si toutefois tu es toujours ce que tu étais il y a quelques années. Ta lettre ne me dit pas que tu sois marié, tant pis, tu es en âge de le faire, et il ne faut pas trop tarder. Deux de mes frères sont déjà mariés, et l'aîné a un enfant depuis quelques mois. Il vient un temps où nous ne pouvons plus vivre pour nous-mêmes, où il nous faut quelque autre vie où la nôtre se rattache; la famille comble admirablement ce besoin que nous éprouvons quand toutes les jouissances personnelles sont connues et comme épuisées. De même qu'en Dieu la génération divine éternellement subsistant fait sa félicité, nous avons ici-bas, dans la génération des âmes, un reflet de cet état supérieur.

Voilà, mon cher ami, pour te marier, des raisons métaphysiques qu'on ne t'avait peut-être pas encore données; je souhaite qu'elles réussissent.

Je voudrais de tout mon cœur prêcher un jour à V***, comme tu as la bonté de le désirer. Mais je ne puis guère me le promettre. Si jamais l'occasion s'en présente, à la bonne heure; il n'est pas nécessaire pour cela qu'une ville ait eu trois conciles. Je me rappelle que vos conciles étaient dans l'affaire d'un moine allemand qui soutenait la prédestination dans un mauvais sens, à ce que l'on croit. Je ne sais pas si tu étais encore au séminaire, à cette époque, non pas à l'époque du moine allemand, mais à l'époque où nous parlions de lui en mauvais latin. Ce pauvre séminaire! Il y manquait bien des choses, et pourtant on y était encore heureux!

Je vis ici, selon ma coutume, un peu solitaire. J'ai cependant çà et là quelques distractions agréables. J'ai fait une course à Albano, à Frascati, à Gennazzano près de Palestrine, je compte aller voir bientôt Tivoli et Subiaco. Ma santé, du reste, n'a pas souffert le moins du monde du climat de Rome. Nous avons eu des chaleurs très-fortes pendant les mois de juillet et d'août. Nous avons des pluies maintenant, en attendant le mois d'octobre qui est le plus beau de l'année.

Adieu, mon cher ami, pense quelquefois à moi; deviens sage avec l'âge, et crois-moi toujours avec dévouement ton affectionné ami.

XXVII

Ce qu'est la religion; — mouvement de retour; — l'Italie.

---

*A madame Louise B****** (1).

Rome, 8 octobre 1836.

Ma chère cousine,

J'ai appris avant hier, par une lettre de Théodore, la perte que vous avez, et je puis bien dire que nous avons tous éprouvée. Pour ma part, j'en ai ressenti une affliction profonde, et tous mes souvenirs se sont pressés en foule pour me la rendre plus amère. Je me suis rappelé tant de jours passés dans cette maison de Bussières, où nous trouvions une hospitalité si cordiale, des plaisirs si vrais. De tous nos parents c'étaient mon oncle et ma tante, qui, avec ma mère, avaient tenu le plus de place dans notre vie; ma mère n'en parlait jamais qu'avec une tendre affection, à laquelle nous mêlions sans peine la nôtre. Et maintenant tout est brisé en si peu d'années! Les sentiments religieux qui remplissent mon âme depuis déjà longtemps, m'ont été, dans cette occasion, d'un grand secours. La vie si chrétienne de ma tante et de ma mère, la fin de mon oncle qui, d'ailleurs, avait toujours été un

---

(1) A l'occasion de la mort de sa mère, tante du P. Lacordaire.

si honnête homme, et si près de Dieu par tant de côtés, me donnent l'espérance ou pour mieux dire la certitude de les revoir un jour heureux. C'est une bien grande misère que de borner sa vie au temps présent, et de ne pas voir dans l'instabilité de toutes les choses du monde, un avertissement qu'il existe un ordre supérieur d'où celui-ci dépend, et sur lequel il faut nous régler, si nous voulons un jour mériter d'en faire partie. J'éprouve d'ailleurs depuis douze ans, combien cette autre vie, ajoutée à la nôtre, y ajoute en même temps de paix, de résignation, de rectitude et de véritable bonheur. La religion, quand elle est vraiment connue et pratiquée, n'est pas un frein, mais une sève qui coule en nous, et qui dilate toute notre existence naturelle. Elle a d'ailleurs des degrés si divers et si bien échelonnés, que chacun peut choisir le sien, l'accommoder à sa condition, à sa manière de sentir, comme le même air chanté par une foule de voix, se plie, sans se détruire, à tous les organes qui le modulent. J'ai vu dans ces derniers temps, avec une grande joie, plusieurs de nos parents revenir sérieusement au christianisme, mon oncle Dugied, l'ancien préfet, un cousin du même nom, mon frère Théodore et jusqu'à un certain point Léon, qui vient de se marier et qui probablement s'affermira dans cette voie par l'accomplissement des devoirs si saints du père de famille. Notre siècle, tout agité qu'il est, sort, par les vicissitudes même de son existence, de la boue sotte et impie du siècle précédent; je connais un grand nombre de jeunes gens pleins de mérite qui sont chrétiens, et qui serviront un jour la religion par leurs écrits non moins que par leur vie. La France, sous ce rapport, est plus heureuse que Rome elle-même. Ici le peuple a une foi profonde, mais généralement peu éclairée, et la classe bourgeoise, au contraire, ignorante aussi, mais d'une autre ignorance, se traîne lourdement derrière la France d'il y a cinquante ans.

Je n'ai que peu de choses à vous dire, ma chère cousine, de ma vie romaine. Elle est toute entière d'études, sauf quelques courses que j'ai faites aux environs de Rome, à Albano, Frascati, Palestrine, Tivoli, lieux célèbres, mais moins agréables de beaucoup que nos campagnes de France. L'Italie, sous le rapport de la nature, a un aspect grand, mais les détails sont secs, et bien au-dessous de la variété merveilleuse de nos arbres, de nos plantes et des accidents de notre territoire. C'est surtout l'art qu'il faut chercher en Italie, et encore j'aime mieux notre architecture gothique, que leur architecture de la Renaissance, qui a besoin de marbres, de stuc, d'or et de fresques pour être quelque chose, au lieu que nos églises gothiques toutes nues sont admirables par leur seule beauté. Je vois peu de monde, mais suffisamment pour ne pas m'ennuyer. Nous avons eu une grande peur du choléra, qui a fait de grands ravages à Ancône, et qui, nous laissant de côté, arrive aujourd'hui à Naples. Nous courons de grands risques pour le printemps prochain. A la garde de Dieu!

Adieu, ma chère cousine; je vous embrasse et mets à vos pieds mes respectueux hommages et mon tendre attachement.

XXVIII

A M. le comte de Coëtlosquet (1).

Metz, 17 avril 1838.

Monsieur le comte,

Dans l'impossibilité où je me trouve de remercier directement toutes les personnes qui ont bien voulu m'offrir un témoignage de leurs sentiments, permettez moi de recourir à vous pour être l'organe de leur reconnaissance. « Je ne sais, disait à ses enfants la mère des Machabées, comment vous êtes apparu dans mon sein, car ce n'est pas moi qui vous ai donné l'esprit et l'âme et la vie. » Ainsi, monsieur le comte, je ne sais pas non plus d'où me viennent tant d'amis que j'ignorais : Dieu seul le sait. Lui qui a uni tous les mondes, rassemble sans peine quelques âmes autour d'une autre âme, si faible qu'elle soit. Je rapporte donc à sa puissance et à sa gloire tout ce que je pourrais être tenté de rapporter à moi-même, et je ne me réserve de ces manifestations touchantes que le devoir d'en sentir le prix. Je crois le sentir vivement. Veuillez, monsieur le comte, en agréer l'expression au nom de toutes les personnes qui ont concouru avec vous à me laisser plus que jamais de la ville de Metz un grand et affectueux souvenir (2).

J'ai l'honneur d'être, avec une haute considération, M. le comte,

Votre très-humble et très obéissant serviteur.

---

(1) M. Charles du Coëtlosquet est décédé depuis à Jérusalem, où il s'était rendu en pèlerinage, en véritable chevalier chrétien.

(2) « Vous aurez su peut-être le retour à Paris de M. Lacordaire, quinze jours avant la date fixée. Il est à merveille de santé et de disposition, très content de Metz, d'où il a emporté les témoignages les plus flatteurs. »

Mme Swetchine à la comtesse de Germiny (6 mars 1838).

XXIX

Ce qui manque le moins dans le monde.

A M. l'abbé P***.

La Quercia, 15 août 1839.

Monsieur l'abbé,

Je ne puis vous donner quant à présent, une réponse définitive à l'égard de ce qui fait votre lettre dn 29 juillet dernier. Ce n'est qu'à mon retour en France, au printemps prochain, après avoir terminé mon noviciat, que je pourrai recevoir les personnes qui s'offrent de coopérer à l'œuvre difficile du rétablissement des Frères Prêcheurs en France. Si vous êtes encore à Paris à cette époque, il nous sera facile de nous en entretenir. Jusque là nous devons avoir un peu de patience, Je n'ai aucun droit, monsieur l'abbé, de vous donner le moindre conseil; mais puisque vous vous êtes ouvert à moi sur les peines que vous éprouvez, je vous engage à bien réfléchir avant de prendre une détermination aussi grave que celle de changer d'état. Vous trouverez des chagrins partout; c'est ce qui manque le moins dans le monde. Sans doute la fraternité du cloître ôte beaucoup d'épines, mais elle n'exige pas, d'un autre côté peu de vertu. A votre âge, on ne peut guère essayer, il faut être sûr de ce qu'on fait, sous peine de compromettre à jamais sa carrière.

Je vous remercie, monsieur l'abbé, de la confiance que vous m'avez montrée, et vous prie d'agréer l'assurance de ma considération respectueuse.

XXX

La vie en Dieu ; — l'œuvre qu'il a entreprise.

A Madame Louise B*** (1)

La Quercia, 28 janvier 1840.

Ma chère cousine,

J'avais beaucoup songé à vous écrire au commencement de l'année pour vous demander de vos nouvelles, et vous donner signe de mon constant et respectueux attachement. J'étais loin de prévoir la triste occasion qui devait m'en être offerte. Il était impossible qu'un coup plus rude frappât un cœur de mère aussi tendre et dévoué que le vôtre. La religion seule, à laquelle vous avez le bonheur de croire, peut vous donner quelque consolation dans une extrémité aussi décourageante et si affreuse. Vous avez songé, ma chère cousine, que tout ce temps que nous appelons la vie est bien court et bien mêlé, et que la véritable vie est en Dieu où nous retrouverons tous ceux que nous

---

(1) A l'occasion de la mort de sa fille.

avons aimés sur la terre. Je dis *tous ceux*, parce qu'heureusement les nôtres sont morts chrétiennement. Fanny nous attend là haut. Dès que j'ai su sa fin prématurée, je me suis hâté d'offrir pour elle le saint sacrifice; c'est tout ce que je pouvais de plus. Combien, dans ce cruel événement, c'est une circonstance précieuse que la proximité où vous êtes de votre fille, et la certitude de son bonheur dans l'union qu'elle a contractée! Vous n'auriez jamais cru que la plus faible dût survivre de si longues années; nous nous trompons en tout.

Je ne sais rien de votre santé depuis bien longtemps. J'avais espéré vous voir l'année dernière aux noces de Joseph (1), et vous m'avez manqué plus qu'à personne. Croyez, ma chère cousine, que l'âge et les événements ne diminuent point en moi les sentiments d'une parenté aussi proche que celle qui nous lie, et que tant de souvenirs ont fortifiée. Je suis bien loin de ma jeunesse par l'habit que je porte, mais le cœur, en s'approchant de Dieu, n'a perdu que ce qui était vain et faux.

J'ignore, ma chère cousine, quand je vous reverrai. Rien n'est encore arrêté sur l'époque de mon retour en France, et même alors les chemins de Bussières me seront moins faciles qu'autrefois à trouver. J'ai entrepris une œuvre d'une immense difficulté, qui absorbera mon temps, mes pensées, et qui probablement, ma vie durant, n'arrivera point à un état de maturité telle que je puisse me reposer. L'amour du bien, qui me l'a inspirée, m'y soutiendra, et le repos sera ailleurs. Nous sommes tous ainsi, du reste; car la plus simple carrière est hérissée de difficultés, de peines, de soucis sans nombre. Ma pauvre mère, dont l'anniversaire approche, n'a vu tous ses fils où elle les souhai-

---

(1) Joseph Bougueret, mort depuis conseiller général de la Côte-d'Or pour le canton de Recey-sur-Ource.

tait que la veille de sa mort. Ceux qui s'en vont jeunes, comme Fanny, s'épargnent bien du chemin et des misères.

Je vous charge de tous mes compliments pour Alexandre et sa femme, pour les Voinchet. Faites-leur à tous mes amitiés. Si le vieux curé de Bussières vit encore, rappelez-moi à son souvenir, en lui présentant mes respects.

Adieu, ma chère cousine, je vous renouvelle l'expression de mes regrets douloureux, et suis avec la plus respectueuse affection,

Votre dévoué cousin,

F. Henri-Dominique LACORDAIRE,
des Frères-Prêcheurs.

XXXI

La bourgeoisie française et le christianisme.

*A M. Lacordaire, ingénieur en chef des Ponts
et chaussées, député.*

La Quercia, 1er février 1840.

Mon cher cousin,

C'est le 12 avril prochain que je ferai vœu de pauvreté, et il est nécessaire que je règle les affaires temporelles qui me restent encore. Vous vous rappelez peut-être qu'il y a plus d'un an, je vous avais prié de placer, s'il était possible, mes actions du Ciment romain. Je suis absolument déterminé à m'en défaire, et pensant qu'il pourrait vous être désagréable de voir s'introduire dans votre *Compagnie* des actionnaires étrangers et inconnus, je vous offre ces actions *au prix que vous voudrez*. En cas que vous ne puissiez les accepter ou les placer à votre convenance, j'ai chargé Léon de m'en défaire *aux mêmes conditions,* en lui disant d'attendre jusqu'au 1er mars prochain pour avoir de vos nouvelles, et d'agir à cette époque, s'il restait sans rien recevoir de vous. Les titres de mes actions sont chez M. David.

Maintenant, mon cher cousin, permettez que je vous félicite de votre entrée à la Chambre. La nouvelle que j'en ai eue par les papiers publics m'a causé de la joie, parce que je voyais s'introduire un honnête homme et un homme capable dans les conseils de mon pays. Si tous nos députés étaient au même point que vous de lumières, de tolérance, de modération et de vrai libéralisme, les dangers qui menacent la chose publique auraient probablement une digue plus sûre que nous ne pouvons aujourd'hui nous en flatter. La question est bien profonde, et peu la voient, parce que peu remontent aux causes religieuses sans lesquelles rien ne s'explique ici-bas. Ni la restauration n'avait raison, ni les clubs secrets de l'ultrà-démocratie n'ont raison : placés que vous êtes entre ces deux extrêmes, vous y résistez le plus habilement que vous pouvez. Le sentiment de la conservation donne à votre Chambre un rayon de la sagesse divine, mais vacillant, et incompris de la plupart de ceux qui en sont éclairés. Le salut ne sera certain qu'au jour où l'éducation religieuse de la bourgeoisie française sera faite, et que ce grand corps, le premier du monde, se sera réconcilié avec son père, *qui est le christianisme*. Il faudra bien du temps, bien des secousses, de grandes alternatives entre le despotisme et l'anarchie, et tout l'effort des gens de bien comme vous doit tendre à diminuer ces terribles épreuves. Nous avons déjà beaucoup d'amis ; une partie de la jeunesse, quoique la moins nombreuse, entre dans des voies profondément catholiques, et si l'Université, soutenue de l'Etat, on ne sait pourquoi, ne travaillait pas nuit et jour contre l'Eglise, les choses iraient encore assez vite du côté des générations naissantes.

Vous avez dû recevoir dans le temps, mon cher cousin, un mémoire que j'ai publié sur notre affaire dominicaine. Je travaille à une vie de Saint Dominique qui paraîtra en novembre ou décembre prochain.

Une lettre de Bussières m'a appris tout récemment la perte imprévue de Fanny. C'est un bien grand coup pour Louise. Je lui ai écrit ainsi qu'à son mari.

Adieu, mon cher cousin, veuillez agréer l'expression de mes sentiments les plus affectueux et les plus dévoués. Ils sont aussi anciens que moi, et pour finir en religieux, je souhaite qu'ils reçoivent d'un monde plus stable une éternelle confirmation.

XXXII

Deuil de famille; — ses vœux; — ses projets.

Au même.

La Quercia, 27 mars 1840.

Mon cher cousin,

Je vous remercie de l'obligeance que vous avez mise à vous occuper de mes intérêts, et de la bonne solution que vous avez donnée à l'affaire dont je vous avais prié de vous charger. Voici une lettre à M. David-Bonaut qui l'autorise à remettre aux mains de M. de Talmay les coupons de mes actions. Il y en a deux de *capital* et une *d'industrie;* celle d'industrie ne devant valoir, je présume, que la moitié des autres, c'est en tout 5,000 francs que M. de Talmay aura à verser pour mon compte chez M. David. Je lui serai obligé de le faire le plus tôt possible; car le 20 avril prochain, plusieurs jeunes gens partent de Paris pour venir me rejoindre à Rome, et j'ai besoin que mes fonds soient à Paris pour cette époque.

La mort de Céline (1) que vous m'apprenez, mon cher cousin, me cause une vive peine. Alexandre est plus jeune

---

(1) Fille de M. le docteur Alexandre Lacordaire.

que Bougueret et peut mieux réparer cette perte, si jamais on en peut réparer de semblable. Soyez assez bon pour lui dire un mot de moi dans votre prochaine lettre, et l'assurer de ma sensibilité à son malheur et à celui de ma cousine.

Le 13 avril prochain, après avoir fait mes vœux, je partirai pour Rome. J'y passerai encore trois années à former, sous les yeux de mon ordre, plusieurs ecclésiastiques et laïques qui se consacrent à l'œuvre du rétablissement en France des Frères-Prêcheurs. Ce plan me tient éloigné de mon pays pour quelque temps ; mais il est le plus simple, le plus commode, le plus sage, et au fond nous gagnons du temps loin d'en perdre. Dès mon retour en France, je me ferai une joie de chercher à vous voir ainsi que toute ma famille.

Je remercie ma cousine de son bon souvenir, et la prie d'agréer l'expression et l'hommage de mes sentiments respectueux.

Je laisse ouverte la lettre destinée à M. David, afin que vous puissiez en prendre connaissance. Veuillez l'envoyer aussitôt et presser, autant qu'il dépendra de vous, la conclusion.

Je vous renouvelle, mon cher cousin, mes très sincères remerciements et vous prie d'agréer l'assurance de mon inviolable attachement.

P. S. — Je suppose que les intérêts et dividendes échus ne regardent que l'an 1839 ; mais dans tous les cas, je m'en rapporte à ce que vous avez entendu par là. Je crois me rappeler que les actions de capital et d'industrie ont été postérieurement *assimilées ;* en ce cas, il est entendu que mes trois actions sont vendues au même prix. Je le marque à M. David, toujours en vous laissant maître de tout.

XXXIII

L'habit de moine; — la vieille nature.

A M. Alex. de B***.

Paris, 7 février 1841.

Mon cher ami,

Je vous remercie du bon et aimable souvenir que vous me gardez; je vous garde aussi le mien avec une fidélité très-sincère. En revoyant votre écriture, j'ai ressenti un vrai plaisir; car l'habit de moine en réglant de plus en plus toutes nos affections ne les étouffe point. Nous voilà bien séparés par le lieu et la carrière, un jour viendra où nous serons réunis et où ces différents chemins qu'on prend sur la terre ne nous paraîtront plus que ce qu'ils sont, des voies dont le terme est le même quand le cœur est à Dieu. Je vois avec joie, mon bien cher ami, que vous avez conservé vos principes, et que vous cherchez à faire du bien, selon vos forces et la position que Dieu vous a donnée. Je voudrais de tout mon cœur pouvoir vous aider; mais je quitte Paris le 15 mars prochain pour être à Rome avant Pâques, et accompagné de plusieurs collaborateurs. D'ici là, mon temps est pris minute par minute; le 14 de ce mois, je monte en chaire à Notre-Dame, le 8 mars à

Orléans, pour une bonne et excellente œuvre. Que me reste-t-il pour vous être agréable, que des regrets ?

J'espère que vous me pardonnerez, et que vous apprendrez sans peine que l'an prochain nous comptons rentrer en France et nous y établir. Priez pour moi, mon cher de B***, afin que Dieu me donne la force d'accomplir l'œuvre qu'il semble avoir voulu me confier. Vous m'avez vu bien jeune, j'ai changé depuis, mais la vieille nature n'est pas détruite, et vous savez mieux que personne ce qui lu manquait pour un fardeau comme celui qui est sur mes épaules. Je trouve beaucoup d'encouragements, à cause de ma faiblesse même sans doute ; le gouvernement, la presse, la jeunesse me montrent sympathie ou au moins tolérance bienveillante ; j'ai pu dans les rues, les salons, et en chaire, montrer un habit religieux disparu depuis cinquante ans. Il y a fallu pour cela un grand concours de circonstances.

Adieu, mon bien cher ami, je vous embrasse tendrement et prie Dieu de vous aimer, j'allais dire autant que je vous aime.

XXXIV.

La condition d'un bon sacerdoce.

Nancy, 17 mars 1843.

Monsieur (1),

Je n'ai pas l'intention de quitter Nancy après Pâques, et par conséquent je n'ai pas l'espérance de passer à Langres. Je vous y aurais vu bien volontiers dans le cas où ce voyage eût eu lieu en effet; il suffisait que vous en eussiez le désir, lors même que vous ne m'auriez pas rappelé le souvenir de mon pays natal. J'étais très enfant lorsque j'ai quitté Recey; le nom que vous me citez n'est pas resté dans ma mémoire. Mais si vous êtes le fils d'un camarade de ma première enfance, je prie Dieu de vous bénir particulièrement. Vous êtes à l'entrée d'une carrière aussi difficile qu'élevée; vous serez digne d'elle, si votre intention est pure. C'est la première condition dans un enfant du sanctuaire; il faut qu'il se rende témoignage d'être venu pour Dieu uniquement. J'aime à croire qu'il en est ainsi de vous, et que par suite votre vie sera utile. Veuillez agréer le vœu que j'en forme.

---

(1) Lettre adressée à un jeune abbé, compatriote du P. Lacordaire.

XXXV

Les Conférences de Notre-Dame.

A Monseigneur Affre. (1)

Nancy, 1er mai 1843.

Monseigneur,

Je viens d'apprendre par un de nos amis que vous êtes encore dans les dispositions que vous avez bien voulu me manifester l'année dernière à pareille époque, et auxquelles je n'ai pu me rendre comme je l'aurais voulu, par suite de mes engagements réitérés avec Monseigneur le Coadjuteur de Nancy et de Toul. Aujourd'hui ces engagements sont parvenus à leur terme; aucun autre semblable ne me retient, et je suis libre d'accepter les offres anciennes de Votre Grandeur, non-seulement pour l'Avent prochain, mais pour les Avents consécutifs. Mon plan, si vous l'agréez, serait de donner en cinq années toute la suite de la religion, dans quarante Conférences, ce qui ferait huit Conférences par an, et constituerait à Notre-Dame de

---

(1) — « Après avoir sérieusement pensé, — écrivait le P. Lacordaire à
« Mme Swetchine le même jour, — j'ai fait interroger Mgr l'archevêque sur
« la persistance de ses intentions de l'année dernière ; il s'est montré ravi,
« et je lui écris aujourd'hui pour achever de nous entendre. »

Paris la station de l'Avent sur les vérités fondamentales de la religion, station analogue à celle que Monseigneur de Quélen avait créée pour le Carême, et que le premier j'ai eu l'honneur de remplir à la métropole de Paris. En cette manière, l'enseignement des vérités fondamentales du Christianisme serait complété dans l'Église que Dieu a confiée à votre sollicitude, et vous auriez la gloire d'achever une œuvre dont les fruits sont aujourd'hui visibles et se répandent de là sur toute la France.

Je vous prie, Monseigneur, de me faire savoir vos intentions finales le plus promptement qu'il vous sera possible, afin que je prenne les mesures nécessaires de mon côté, assurant votre Grandeur que désormais je ne dois rencontrer aucun obstacle à l'exécution de ce plan, si Elle persiste.

Je suis heureux de vous renouveler l'assurance du dévouement et du respect avec lesquels je suis constamment,

Monseigneur,

Votre très-humble et très-obéissant serviteur.

Frère Henri-Dominique LACORDAIRE,
des Frères-Prêcheurs.

P. S. — L'état de mes affaires et de l'œuvre à laquelle je me suis consacré me permet désormais de prendre en France un domicile fixe. J'ai choisi Nancy pour ma demeure et j'y habiterai désormais dans les intervalles que me laisseront mes travaux apostoliques. En attendant une maison dont je dispose, je continue de loger à l'évêché.

XXXVI

L'étude; — la règle; — la vie chrétienne.

A un jeune homme.

Lyon, 4 mars 1845.

Mon cher ami,

Je ne suis pas étonné que vos pensées chancellent encore quelquefois et vous reportent vers le monde. Vous êtes bien jeune et peu avancé encore dans la vie spirituelle, et plus l'âme cherche à s'élever vers Dieu, plus ses ennemis naturels font effort pour la détourner et la ramener à terre. Ces alternatives ne doivent donc point vous ébranler, mais vous faire concevoir la nécessité où vous êtes de vous affermir dans vos résolutions, et de demander sans cesse à Dieu son esprit. Vous le devez d'autant plus que votre mère est naturellement très-inquiète de votre dessein, et qu'elle a besoin, pour se résigner, d'être profondément convaincue de votre vocation. Vous la persuaderez par votre persévérance et votre avancement dans la douceur, l'obéissance, l'humilité, la pénitence et la pratique de toutes les vertus chrétiennes. Prenez garde surtout, mon cher ami, d'abandonner l'étude pour la rêverie. Vous avez besoin plus que personne, à cause de votre imagination, d'une étude sérieuse et suivie. Achevez votre droit en conscience; vivifiez ce travail par la lecture de l'histoire, particulièrement l'histoire de l'Eglise et celle de notre pays. Lisez l'Ecriture-Sainte, surtout le Nouveau-Testament. Ayez votre journée réglée depuis la première heure jusqu'à la dernière. La règle fait presque tout pour le travail, la santé et la sainteté. Ayez vos heures pour le lever, le coucher, les repas, les récréations, les visites, et sauf la nécessité, tenez-y fermement, comme si Dieu vous les avait marquées.

Adieu, mon cher ami, je vous reverrai bientôt. Priez pour moi, et croyez à mon dévouement de père pour vous.

XXXVII

La grande cause.

A M. Bonnaire, avocat à Nancy.

N. D. de Chalais, 25 avril 1845.

Monsieur et cher frère en N.-S.,

Mille remerciements du souvenir et de tous les sentiments que vous m'exprimez par votre bonne lettre dont notre ami commun était porteur. Je suis académicien sans doute, (1) mais ce titre pas plus qu'aucun autre ne me fait oublier nos amis de Nancy dont vous n'êtes pas le dernier. Chalais même, malgré ses prairies, ses forêts et ses rochers, et l'affection qui l'entoure, ne m'empêche pas de reporter les yeux là où vous êtes, et où tous les nôtres soutiennent si bien la grande cause qui grandit encore chaque jour, et qui bientôt deviendra le point de rencontre de tous les esprits sérieux, malgré le matérialisme qui voudrait nous transformer en une simple exploitation de charbon de terre. Nous leur brûlerons un peu les doigts

---

(1) Le P. Lacordaire après sa station de carême à la métropole de Lyon, avait été par acclamation nommé membre associé de l'Académie de cette ville, et une médaille commémorative lui avait été offerte par elle.

sur la route. Voilà notre ami Vagner bien près de la cour d'assises, et nos pèlerins vont hâter leur retour pour l'assister.

Je ne vous dis rien pour personne parce que je chargerai MM. de Saint-Beaussant et Gény de tous mes compliments. Cette page n'est que pour vous. Veuillez l'agréer avec l'expression de mes sentiments les plus distingués.

XXXVIII

Les deux forces ; — la grande pénitence extérieure de l'homme ; — *age quod agis.*

A un jeune homme.

Paris, le 16 septembre 1845.

Mon cher ami,

Vous ne devez pas être étonné de la lutte qui existe en vous, puisque vous êtes chrétien ; vous savez que deux forces, l'une bonne, l'autre mauvaise, partagent et constituent notre nature présente, et que jusqu'au dernier jour de notre vie, elles se font une guerre acharnée. Il est vrai que le chrétien fidèle parvient, avec le secours de la grâce et de la persévérance, à diminuer beaucoup l'empire du mal en lui, et obtenir, dit l'Ecriture, *cette paix de Jésus-Christ qui surpassse tout sentiment.* Vous n'en êtes point encore arrivé là, parce que vous êtes très-jeune, que vous avez encore peu combattu, et que votre nature particulière renferme de grands éléments d'orgueil et de sensualité. Mais vous avez aussi du ressort pour le bien. Vous ne devez donc pas désespérer, mais suivre obstinément la voie chrétienne, vous relever quand vous êtes tombé, vous humilier devant Dieu de vos fautes, les réparer autant que vous le pouvez, faire de bonnes lectures et de bonnes œuvres, vous confesser et communier régulièrement. Il vous est bien important aussi de vous livrer à un travail utile et sérieux. C'est un des premiers besoins de l'homme de choisir une fonction qui lui impose des devoirs suivis, et le tire avantageusement de lui-même pour lui et pour les autres. Tant que vous n'aurez pas un travail sérieux, vous sentirez bien davantage le côté mauvais de votre nature. C'est le travail qui est la grande pénitence extérieure de l'homme, et c'est pourquoi les pauvres, quand leur esprit n'est pas corrompu par l'incrédulité, ont une facilité merveilleuse à devenir saints. La fatigue de chaque jour écrase en eux les mauvais penchants, et permet à l'esprit de Dieu de gouverner aisément l'intérieur. Si vous étiez attaché à un travail manuel et pénible, vous seriez beaucoup plus heureux et saint que vous ne l'êtes, livré à tous les caprices de votre imagination. Mais personne au monde ne peut vous suppléer sous ce rapport ; vous êtes affranchi par l'âge de la contrainte des enfants, et c'est à vous de suppléer par l'énergie au commandement qui ne vous soutient plus. Puisque vous étudiez le droit, étudiez-le sérieusement ; *age quod agis*. Dût-il même ne pas faire le fond de votre carrière, on ne se repent jamais d'avoir acquis une science ; le résultat d'un travail consciencieux est toujours un bénéfice tout net.

Je vois, mon cher ami, que vos dispositions sont toujours bonnes. Je ferai tout ce qui dépendra de moi pour vous aider dans votre amélioration intérieure ; c'est mon devoir et mon plaisir. En attendant votre retour, je vous embrasse cordialement, et me recommande à vos prières.

XXXIX

La croix de chaque jour; — le jardin des Olives; — le sang sur les paroles.

A un novice.

Paris, 3 février 1846.

Mon cher enfant,

Votre lettre m'a causé une sensible joie. J'ai appris avec bonheur que votre vocation n'était point ébranlée par les privations du cloître et la monotomie inséparable d'une vie de noviciat. Quelque confiance que j'eusse en vous, je pouvais craindre que vous n'eussiez écouté qu'une exaltation de votre âme jeune et ardente. Il est facile, quand on a la foi dans un cœur chaud, d'embrasser l'idée de l'immolation pour Jésus-Christ; on trouve même à cette pensée une sorte de bonheur sensible. Ce qui est difficile, c'est de porter la croix de chaque jour, *crucem suam quotidiè*, cette croix qui n'est pas sanglante, mais qui meurtrit un peu la peau sans aller jusqu'au sang, et qui se compose de contrariétés, d'ennuis, de langueur, et de mille petites misères ramenées par Dieu sur notre chemin. Ah! s'il ne s'agissait que de monter une fois au Calvaire, de livrer une fois son corps au bourreau, quel plaisir!

Mais non, le supplice est en détail, c'est un petit coup de verges par ci, par là, un petit soufflet, une petite humiliation ; chaque jour ressemble à un autre, et la persévérance est tout dans ce genre de martyre. Vous l'avez supporté jusqu'aujourd'hui, mon bien cher enfant, et j'ai l'espérance que vous le supporterez jusqu'au bout, et que Notre-Seigneur vous admettra parmi ses amis du cœur, ceux qui portent plus visibles les stygmates de sa passion. Oh ! mon cher enfant, que cette vie est courte, et qu'il est heureux de la donner toute entière à Dieu ! Quand vous êtes pris de tristesse, pensez à la tristesse de Notre-Seigneur au Jardin des Olives. Lui aussi a trouvé la vie amère, le temps long et le préparatif du supplice plus dur que le supplice même. Le noviciat est votre Jardin des Olives. Un jour vous paraîtrez devant les hommes ; vous leur porterez témoignage pour Jésus-Christ, et ce témoignage sera d'autant plus fort que vous aurez souffert davantage, pleuré davantage, sacrifié davantage. Entretenez-vous souvent dans la pensée de souffrir et de mourir pour Jésus-Christ. Ce n'est rien de parler, il faut mettre du sang sur les paroles et confirmer ainsi ce qu'on a dit pour Dieu. Représentez-vous qu'un jour, vous et moi, nous serons conduits devant un proconsul, qu'on nous dépouillera devant la foule, qu'on nous attachera à un poteau, qu'on nous fouettera jusqu'au sang, et qu'ensuite on nous coupera en morceaux pour Jésus-Christ. C'est la mort que souhaitait saint Dominique, notre patriarche. Cette pensée vous soutiendra. Regardez votre noviciat comme la prison qui précède le martyre. Oh ! cher enfant, que les martyrs étaient heureux dans la prison, en attendant le jour de l'amphithéâtre ! Votre prison est bien moins dure que la leur ; elle est moins dure que celle de tant de prisonniers bien moins coupables que vous devant Dieu. Songez aux ignominies secrètes de votre vie, que de fois vous avez péché honteusement, comme le dernier des misérables et des polissons. Cependant vous êtes honoré, aimé; vous devriez être au bagne, et vous êtes avec des frères chéris. Supportez leurs défauts, afin qu'ils supportent les vôtres; pardonnez-leur afin qu'ils vous pardonnent aussi.

Adieu, mon cher enfant, je me réjouis de vous revoir à la fin d'avril et de vous presser sur mon cœur comme un enfant et un ami.

XL

La lutte; — la persévérance; — le but.

A un jeune homme.

Notre-Dame-de-Chalais, 23 mai 1846.

Mon cher ami,

Je suis peiné de votre faiblesse, sans cesse renaissante, à l'égard de Dieu, surtout après tant de grâces qu'il vous a faites. Celle de votre guérison dans la maladie récente que vous avez subie, en était une bien signalée, dont il vous faut enfin profiter. Ne désespérez pas, luttez toujours contre vous-même, ne vous lassez point de recourir aux sacrements de Pénitence et d'Eucharistie ; tôt ou tard vous recueillerez le fruit de cette persévérance. Je ne me rappelle pas quel était l'ecclésiastique dont je vous avais parlé avant mon départ ; mais il me semble que vous pourriez vous adresser à M. l'abbé Véron, qui demeure tout près de vous, rue Jean-Bart, n° 2 (1). Il m'a paru qu'il aimait les jeunes gens et qu'il en voyait un certain nombre. Vous le connaissez probablement et vous pouvez voir s'il vous inspire quelque sympathie.

---

(1) M. l'abbé Véron, depuis vicaire-général de Paris, mort curé de Saint-Vincent-de-Paule.

Je vous retrouverai au mois de novembre prochain. Tâchez d'être bon jusque-là, afin que je n'aie point à vous gronder. Je désire bien vivement de vous voir au terme auquel vous aspirez, qui est la tranquille possession de vous-même en Dieu. Priez pour moi qui suis tout vôtre en Notre-Seigneur.

Fr. L.

XLI

A madame L. B***.

Nancy, 6 octobre 1846.

Ma chère cousine,

Votre lettre du 10 septembre où vous m'annonciez le mariage d'Eugénie, est parvenue à Chalais au moment où je venais de quitter cette maison, et elle ne m'a rattrapé que fort tard en route, à cause de diverses stations que j'ai faites en me rendant à Nancy. C'est pourquoi je n'ai pas même pu vous répondre à temps. Il m'eût été bien agréable de disposer les choses pour me trouver à Bussières le 5 octobre et bénir le mariage de ma cousine; mais il eût fallu pour cela que je reçusse votre lettre avant mon départ de Chalais, et que j'eusse le temps d'écrire à Nancy pour contremander la bénédiction de notre chapelle qui a eu lieu précisément le 4 octobre, et dont tous les préparatifs étaient faits pour cette époque. Je regrette bien vivement le hasard qui m'a empêché de correspondre à vos désirs et de m'unir à notre famille dans une circonstance aussi intéressante pour vous et pour nous tous qui vous aimons bien sincèrement. Je prie ma cousine Eugénie de recevoir mes vœux pour son bonheur et mes regrets de n'avoir pu lui donner la bénédiction nuptiale, ou du moins assister à son mariage.

Je suis seulement ici pour le mois d'octobre. Je me

rendrai à Paris sur la fin du mois pour y prêcher comme de coutume pendant décembre et janvier. Je dois donner le Carême à Liège ; ce sera une heureuse occasion de revoir mon frère Théodore.

Je vous prie, ma chère cousine, de présenter mes compliments à votre mari, à Alexandre, à sa femme et à ceux de nos parents qui seraient encore près de vous. J'espère quelque jour avoir une occasion de vous revoir en échange de celle que j'ai si malheureusement manquée. Je vous renouvelle, en attendant, l'hommage de mes sentiments respectueux et bien sincèrement pleins d'affection.

XLII

Dieu regardé dans sa croix; — consolations à un père.

À M. Justin Bonnaire, avocat, à Saint-Mihiel.

Nancy, 17 octobre 1846.

Très-cher Monsieur,

J'ai appris avec peine le grand sacrifice que Dieu vient de vous imposer par la mort d'une enfant que vous aimiez avec tendresse. Dans des occasions si douloureuses, les amis ne peuvent rien pour nous; Dieu seul, regardé dans sa croix, a la force de nous consoler en ramenant nos douleurs à celles qu'il a lui-même souffertes. Vous le savez, très-cher Monsieur, la vie est pleine d'amertumes imprévues, de périls et de chutes, et, sous ce rapport, quand Dieu rappelle à lui des âmes encore toutes vierges, nous avons des raisons de croire qu'il leur épargne bien des misères, et peut-être leur perte éternelle. Regardez donc l'âme qui vous a quitté, le lieu où elle est, la tristesse de celui où vous restez; ce regard vous affermira, comme tout ce que nous faisons par amour, sans considérer notre propre satisfaction. Vous avez perdu beaucoup pour vous; mais votre enfant a trouvé Dieu, et, par lui et en lui, vous la retrouverez un jour avec la certitude de n'en être plus séparé. Ces vues de la foi, dans un cœur aussi pénétré que vous l'êtes des vérités divines, doivent au moins adoucir votre amer chagrin, si vous le lui offrez avec générosité. Du courage donc, très-cher Monsieur; vous avez devant vous encore une longue carrière, bien des services à rendre à Dieu par le témoignage de votre foi. Cette pensée du bien que l'on fait et que l'on fera est à tous notre aliment quotidien; elle dissipe les nuages, nous relève de nos langueurs, nous soutient contre les ébranlements de la vie, et plus que personne vous pouvez compter sur elle pour vous secourir.

Le P. Jandel et tous les nôtres me chargent de vous témoigner la part qu'ils prennent à votre malheur. Veuillez présenter à madame Bonnaire notre affliction commune et tous nos hommages respectueux.

Je vous renouvelle, très-cher Monsieur, l'expression de ma sincère condoléance et de tous mes sentiments de haute estime et de dévouement.

XLIII

La science de Dieu; — les armes de l'apôtre.

A un Religieux dominicain à l'occasion de sa profession.

Paris, 22 novembre 1846,

Enfin, mon cher enfant, votre vœu s'est accompli ; Dieu a reçu vos serments, et vous voilà pour toujours attaché à la famille de saint Dominique. Vous savez avec quelle impatience j'attendais cet heureux moment. Tous vos anciens amis de Paris y ont aussi pris une grande part, et sont venus hier matin entendre la messe et communier à la chapelle des Carmélites, près de laquelle nous demeurons. Ils paraissaient tous édifiés, et heureux de ce dénouement. Vous allez maintenant, mon cher ami, commencer vos études théologiques. Livrez-vous-y de toute votre âme, comme à la science de Dieu, sans laquelle le ministère apostolique n'est qu'une chimère dangereuse. Il faut savoir, avant d'enseigner les autres. Mais, en étudiant avec ardeur, vous n'oublierez ni la prière ni la pénitence, qui sont les armes véritables du chrétien et de l'apôtre. Vous continuerez d'édifier les frères par votre obéissance, votre humilité, votre mortification, par toutes les vertus dont le noviciat a développé la pratique en vous. Vous savez combien je vous aime; vous êtes mon enfant à bien des titres. Votre profession, en unissant pour jamais nos deux vies, ne peut que resserrer nos liens antérieurs et y mettre le sceau. J'ai bien prié pour vous tous ces temps-ci; priez aussi pour moi, et recevez l'embrassement de votre père, de votre frère et de votre ami.

XLIV

Les idées religieuses ; — l'inanité spirituelle ; — les livres à lire.

A monsieur Eugène Lacordaire (1).

Paris, 21 novembre 1846.

Mon cher ami,

Je me proposais de vous rendre par lettre votre bonne visite de la fin d'octobre. Les occupations d'un premier temps de séjour à Paris ont retardé jusqu'à présent l'effet de mon désir. Je voulais vous exprimer combien j'avais été aise de vous revoir, et surtout rempli des bonnes pensées que vous m'avez fait connaître. Il est rare, à votre âge, après une éducation de collége, de reconnaître aussi pleinement l'importance des idées religieuses et le rôle considérable qu'elles doivent jouer dans notre existence. Elles sont, à la lettre, toute la science, toute la prudence, toute la force, tout l'aliment, toute la consolation de la vie. Lorsqu'on les a une fois goûtées et mises en pratique, on ne peut assez admirer et plaindre ceux qui n'en tien-

---

(1) Fils de M. Alexandre Lacordaire mort inspecteur des forêts à Poligny.

nent compte, et qui se laissent mourir d'inanité spirituelle à côté d'un si profond trésor. Vous ne pouvez plus aujourd'hui, mon cher ami, retomber dans cet état misérable; votre nature essentiellement religieuse ne vous permettra jamais de vivre uniquement des affaires et des affections terrestres ; mais vous pouvez ne pas arriver de longtemps à un état stable et complet sous ce rapport, soit par suite de la faiblesse humaine, soit plutôt par suite de l'ignorance où votre éducation vous a laissé des choses chrétiennes. Vous ne les connaissez qu'en gros et très-superficiellement. Or, jamais rien de ce qui est mal connu ne produit sur nous une impression durable. L'intelligence est le fond de notre nature, le piédestal de tout notre être, le principe de nos actes, et c'est pourquoi il importe souverainement d'y asseoir notre foi.

Je vous ai indiqué les *Etudes philosophiques sur le Christianisme*, de M. Nicolas, comme votre première et nécessaire lecture. Ce livre achèvera de vous démontrer la vérité du christianisme, et quelque convaincu que vous en soyez déjà, il n'est pas inutile que vous en approfondissiez les principales preuves. Mais cela fait, ce n'est pas tout. Outre la démonstration du christianisme, il est nécessaire de pénétrer dans son intérieur, d'en connaître les dogmes, la morale, les conseils, les pratiques, l'esprit. Je vous conseillerais donc, à cet effet, quand vous aurez lu M. Nicolas, d'étudier la Bible même, en commençant par le Nouveau-Testament. Il vous faudra bien du temps. Vous ne comprendrez pas tout dès la première lecture; mais en y revenant une seconde fois, puis une troisième, la lumière se fera peu à peu, et vous serez étonné des richesses de cette mine, qui n'est autre que l'*Histoire de la parole de Dieu sur la terre*. Vous pourriez auparavant relire le *Discours sur l'histoire universelle* de Bossuet, parce qu'il renferme les points de vue généraux de l'histoire humaine et divine. Peut-être l'avez-vous lu autrefois;

mais ce qu'on lit à seize ou dix-huit ans est comme si on ne l'avait pas lu. Vous êtes à l'âge de reprendre en sous-œuvre vos anciennes lectures, et elles vous produiront certainement un tout autre effet et un tout autre produit que par le passé.

Enfin, mon cher ami, je serai toujours prêt à m'entretenir avec vous de vive voix et par lettres de l'objet de vos méditations. Je passe tous les ans à Nancy le mois d'octobre; ce sera une occasion naturelle de nous rencontrer. Je vous renouvelle l'expression du plaisir que j'ai eu à vous recevoir, et celle de mon sincère attachement.

XLV

L'absolutisme dans les idées; — le prochain.

A un religieux.

Paris, 7 décembre 1846.

Mon cher enfant,

Je suis bien touché des choses que vous me dites dans votre lettre du 1er de ce mois. Dieu vous a fait de bien grandes grâces pendant votre noviciat, et je suis persuadé qu'il vous les continuera. Prenez garde seulement à n'être point trop absolu dans les idées que vous émettrez; c'est peut-être la cause qui a tenu éloigné de vous, à un certain degré, quelques-uns des frères. Vous devez vous étudier à corriger en vous tout ce qui peut blesser le prochain, et surtout le prochain qui vous a été donné pour frère et sœur dans la sainte religion dominicaine. Lorsque vous remarquez de l'éloignement pour vous, il est très-bon de vous humilier en secret devant celui qui vous repousse, et de lui demander quelque pénitence, mais après vous avoir fait imposer ce devoir par votre directeur, afin que vous n'agissiez pas de vous-même. Les meilleures pratiques ont besoin d'être placées sous la garde de l'obéissance. Que Dieu, mon cher enfant, vous conserve et vous augmente sa grâce. Priez toujours pour votre père, qui vous presse tendrement sur son cœur.

XLVI

Les difficultés du noviciat; — l'esclave du bon Dieu.

A monsieur l'abbé N***.

Liége, 27 février 1847.

Monsieur l'abbé,

Rien n'empêche désormais l'accomplissement de vos pieux desseins. Vous pouvez partir pour Chalais et vous présenter au R. P. Prieur de cette maison comme autorisé par moi à y entrer en qualité de postulant. Cette lettre vous servira d'introduction. En passant à Paris, je vous engage à voir le R. P. Jandel, prieur de la maison de Nancy, et que vous trouverez rue de Vaugirard, n° 67. Vous prendrez ses commissions pour Chalais.

Vous devez vous attendre, monsieur l'abbé, à quelques difficultés dans les premiers temps. Il est impossible, à moins d'une grâce très-élevée, de passer subitement de l'état de liberté à l'état de la dépendance et de l'austérité religieuses sans éprouver au-dedans de soi les résistances de la nature. Le plus sûr moyen de les vaincre est de vous ouvrir entièrement et comme un enfant à votre maître des novices, ne lui cachant rien de ce qui se passera dans votre intérieur; car seuls, et sans la simplicité de la confiance surnaturelle, nous sommes le jouet de tous les mauvais instincts de la nature. Vous trouverez à Chalais un bon maître des novices, très-doux, très-bien élevé, excellent religieux (1), et qui vous facilitera, je l'espère, les commencements de la vie religieuse. Allez à Chalais avec la pensée de vous faire l'esclave du bon Dieu, corps et âme, et de ne plus vous appartenir en rien. C'est la véritable idée de notre vie. Si vous retenez quelque chose de vous, ce point que vous n'aurez pas livré vous entraînera peu à peu vers le monde et vous ôtera toute la consolation de votre crucifiement. Car vous allez pour être crucifié comme Notre-Seigneur. Méditez-donc encore une fois cette divine passion du Fils de Dieu, et voyez si vous avez la force de la supporter même en idée, et si vous pouvez dire comme lui : *Desiderio desideravi hoc pascha manducare vobiscum.*

Je prie Dieu de vous soutenir, de vous transformer en bon Frère-Prêcheur, et je vous renouvelle l'expression de mes sentiments bien dévoués.

---

(1) Le T. R. P. Besson.

XLVII

L'ambition des grandes villes; — les vertus qui font des amis; — le barreau.

A un jeune homme.

Toulon, 15 décembre 1847.

Mon cher ami,

J'ai appris avec plaisir par votre lettre du 23 octobre, qui ne m'est parvenue que très-tard, votre retour et votre établissement définitif à A.... Il me semble que vous avez bien fait de vous arrêter à ce parti. L'ambition d'habiter une grande ville entraîne après soi bien des amertumes et des déceptions, tandis qu'il y a beaucoup de chances d'être heureux dans une ville médiocre où l'on a une famille et des amis.

Vous voulez bien me demander des conseils au sujet de la conduite à tenir pour faire autour de vous le plus de bien possible. Vous ne pourrez manquer d'atteindre ce but en restant solidement chrétien et en en pratiquant les œuvres sans faiblesse comme sans ostentation. Tracez-vous une règle pour l'accomplissement de vos devoirs religieux, soit intimes, soit publics; n'allez point au-delà de ce que l'esprit de Dieu vous inspire au-dedans de vous. Unissez-vous aux jeunes gens religieux comme vous l'êtes;

donnez-leur le bon exemple sans rigidité; soyez bon, simple, aimable; ces vertus vous feront des amis et en feront à Dieu. Ne vous mêlez qu'avec douceur aux affaires de différente nature qui peuvent à tout moment surgir dans une population agglomérée. Consultez le devoir et non la passion dans tout ce que vous ferez. Voilà en peu de mots, mon cher ami, la ligne de conduite qu'il me semble facile à vous de tenir, et qui vous donnerait la consolation de faire du bien. J'y ajoute un travail positif, sérieux, et puisque vous avez choisi le barreau, tâchez d'y prendre à la longue une place honorable. Il vous faudra du temps. Rien ne s'acquiert vite ici-bas. Mais vous en serez bien récompensé dans votre âge mûr.

Je regretterai de ne plus vous trouver à Paris. Ne m'oubliez pas malgré cette séparation, et priez Dieu pour moi quelquefois, et pour le rétablissement de notre Ordre en France.

Je vous renouvelle l'expression de mes sentiments affectueux et dévoués.

XLVIII

La prédiction d'Orval; — les avertissements de la Providence.

A monsieur Eugène Lacordaire.

Paris, 26 juillet 1848.

Mon cher cousin,

Je vous remercie de votre bonne lettre du 7 de ce mois. Je l'ai reçue au retour d'un petit voyage où j'ai visité nos maisons de Chalais et de Nancy. J'ai été un moment très-près de vous.

Vos réflexions sur la vente des bois de l'Etat sont parfaitement justes, et personne ne le sait mieux que l'Etat; mais quand on a besoin d'argent, on oublie tout, sauf de s'en procurer à tout prix.

La *prédiction d'Orval*, dont vous me parlez, me semble d'un style fort suspect, et quoique beaucoup de personnes affirment l'avoir vue bien avant 1830, je ne sais si elle date de plus haut, ou si elle n'aurait pas été accomodée aux circonstances. En 1830, on pouvait prédire sans être prophète la chute de Louis-Philippe et l'avénement de la République. M. de Châteaubriand l'a fait dans une lettre qui porte la date de 1831, et qu'on vient de réimprimer dans plusieurs journaux. La suite montrera ce qui en est.

Du reste, mon cher cousin, l'histoire prouve que les grands événements ont toujours été précédés de quelques prévisions plus ou moins obscures, soit qu'elles émanent directement de Dieu, soit qu'elles aient pour auteurs les esprits bons et mauvais avec lesquels nous sommes perpétuellement en rapport. Il ne faut ni les mépriser ni en prendre trop de souci. Ces sortes de prophéties ne doivent pas nous servir à diriger nos actes, parce qu'elles manquent généralement de clarté et de précision. Elles ne sont que des avertissements donnés par la Providence, et qui doivent nous exciter à veiller sur nous, à prier, à devenir meilleurs, dans l'attente des grands jugements que Dieu exerce sur les nations.

Quand vous écrirez à Bussières, rappelez-moi au souvenir de tout le monde et de vos bons parents en particulier.

Tout à vous, mon cher cousin, bien cordialement.

XLIX

Le bonheur et la vertu.

A monsieur X***.

Chalais, 29 octobre 1848.

Mon cher ami,

J'ai reçu avec un vrai plaisir la nouvelle de votre prochain mariage avec Mlle N..., dont j'ai l'honneur de connaître la famille. Je vous félicite bien de ce choix; j'espère que vous serez heureux, et que votre établissement affermira en vous la bonne direction où je vous ai toujours vu. La paix de votre intérieur rejaillira sur tous vos devoirs; le bonheur véritable est un élément de vertu.

La demande que vous me faites de bénir votre mariage me touche bien véritablement. Dans d'autres circonstances, j'eusse pu sans peine disposer de deux jours; mais le séjour prolongé que j'ai fait à Paris cet été, et des travaux pressants qui sont en retard ne me permettent pas de rien retrancher au temps qui me reste. J'en suis, je vous assure, bien peiné. Pardonnez-moi cette impuissance où je suis de répondre à votre appel, et croyez que je serai bien de cœur avec vous le 21 novembre.

Rappelez-moi, je vous prie, au souvenir de M. et de Mme N..., en leur présentant mes hommages et mes félicitations. Je suis heureux pour eux comme pour vous de ce mariage.

Adieu, mon cher ami, que Dieu soit avec vous et vous rende le père d'une famille chrétienne.

L

Un nom sur une image; — l'Ere nouvelle.

A monsieur Amiez, vicaire à Dôle (Jura) (1).

Dijon, 20 décembre 1848.

Monsieur l'abbé,

Je vous remercie des sentiments que vous m'exprimez dans votre lettre, et je regrette que vous n'ayiez pas pris la confiance de venir me voir un moment pendant que vous étiez à Dijon. Une autre fois n'y manquez pas. Voici la petite image que vous m'avez prié de vous envoyer; j'y ai mis mon nom, puisque vous souhaitiez que j'y misse quelque chose.

Au sujet de l'*Ere nouvelle*, dont vous me parlez, j'en ai quitté la direction qui n'était pas compatible avec l'exercice actif du ministère apostolique; mais je suis resté affectionné à ses rédacteurs. J'aime leur polémique honnête et charitable; et sans pouvoir répondre de toutes

---

(1) Aujourd'hui aumônier du couvent des Filles-de-Marie, à Lons-le-Saulnier.

leurs idées, puisque je ne les dirige pas, je crois le journal fort utile à la religion et à notre pays. Je vois avec plaisir qu'il se soutienne et j'espère que Dieu continuera de le bénir.

Veuillez, monsieur l'abbé, prier pour notre établissement de Flavigny, et agréer l'expression de mes sentiments très-distingués.

LI

Les premiers nés d'Israël; — les Carmes; — les martyrs.

A un jeune père.

Paris, 14 décembre 1849.

Mon cher ami,

Votre lettre du 2 décembre m'a fait grand plaisir. Elle m'a prouvé que vous ne perdiez pas tout souvenir de moi, malgré les changements qui se sont accomplis dans votre vie, et qui ordinairement effacent du cœur bien des choses qui s'y sont passées auparavant. J'ai compris avec encore plus de joie que vous étiez toujours chrétien, et que la foi n'avait rien perdu de tout le terrain qu'elle occupait dans votre âme. Vous en avez eu besoin pour adoucir la perte que vous avez faite ; c'est un sacrifice que Dieu vous a demandé, comme il demandait autrefois aux enfants d'Israël leurs premiers-nés. Cet enfant qui vous est ravi veillera sur ceux que Dieu vous donnera de nouveau.

Vous avez su notre établissement dans l'ancienne maison des Carmes. C'est une bénédiction bien extraordinaire, et à laquelle nous n'aurions jamais osé prétendre. Il a fallu une suite incroyable de circonstances politiques et ecclésiastiques pour qu'elle se réalisât ; l'achat des Carmes par Mgr Affre, sa mort glorieuse et prématurée, l'avénement d'un archevêque qui nous fût tout favorable, le renversement de la dynastie de 1830, et la fondation d'une République, obligée de respecter et de souffrir ce qu'on n'avait ni respecté ni souffert depuis 1790. Nous officions publiquement dans notre église. C'est la première fois depuis soixante ans qu'un corps religieux officie ainsi publiquement dans une église à lui. Priez Dieu, mon cher ami, pour que cette grâce ne tourne pas à notre confusion, et que si les Carmes, par suite des malheurs publics, deviennent une seconde fois la proie des révolutions, nous puissions mêler dignement notre sang à celui des martyrs qui nous ont précédés.

Adieu, mon cher ami, si quelque jour je repasse à X..., j'espère m'arranger pour vous y voir un moment, et vous renouvelle d'ici là l'expression de mes sentiments affectueux.

LII

Saint Thomas; — le désespoir des apologistes; — la théologie positive.

A monsieur l'abbé Drioux.

1850.

Monsieur l'abbé,

J'ai reçu le premier volume de votre traduction française de la *Somme de saint Thomas*, et je m'empresse de vous en remercier. Vous ne pouviez me faire un présent qui me fût plus agréable. La *Somme de saint Thomas* est l'étude de tous les jours de ma vie, et je n'ai qu'un regret, c'est de ne l'avoir pas connu dès l'âge où je commençais de m'initier aux lettres divines. Dieu permit que je fisse de longs détours avant de rencontrer cette pleine source d'où la vérité coule avec tant d'abondance, tant de force, tant de grâce et de limpidité. Une fois que j'y eu posé mes lèvres, je n'ai pu m'en détacher un seul jour, et le reste n'est plus pour moi qu'un appendice ou un affluent où je vais, çà et là, chercher quelque rayon de lumière pour le rattacher à ce centre éclatant de la théologie. Sans doute, monsieur l'abbé, tout n'est pas dans la *Somme de saint Thomas d'Aquin*; l'*Histoire des dogmes et des erreurs*, les Pères de l'Eglise, l'Ecriture-Sainte elle-même, n'y ont qu'une place étroite et incomplète ; mais la foi y est ramenée à la raison et la raison à la foi avec une suite et un empire qui ne sont comparables à rien, et qui resteront à jamais le désespoir des apologistes autant que la source où puisera leur génie. Depuis que les écoles catholiques ont abandonné la *Somme*, au lieu de l'éclaircir et de la compléter, elles ont en vain cherché le tronc d'un vigoureux enseignement. La théologie, méprisant le nom de *scholastique* et s'enorgueillissant du nom de *positive*, est devenue une sorte de compilation de textes où la tradition se trouve pour la mémoire, mais où la liaison manque pour la pensée, et, à tout le moins n'y a pas ce qui fait dans un édifice le ciment, l'étendue et la profondeur.

C'est pourquoi, monsieur l'abbé, je vous félicite et vous remercie de votre traduction, persuadé qu'elle aidera un certain nombre d'esprits à retourner vers saint Thomas. Car ce grand homme fait peur ; tout simple que soit son style, on y rencontre des difficultés qui viennent de certains termes issus d'Aristote ; votre traduction les éclaire du feu de la langue française, et par quelques notes remplies de savoir et de précision, elle sera un guide avec un attrait. C'est, je crois, un vrai service rendu à l'avenir de la théologie dans notre pays. Recevez-en donc, encore une fois, mes actions de grâces, ainsi que mes remerciements pour la marque d'estime que vous m'avez donnée en m'envoyant votre premier volume.

LIII

L'abandon à la Providence; — affaires de l'Ordre; la lumière des révolutions.

A monsieur Eugène Lacordaire.

Paris, 1er mars 1850.

Mon cher cousin,

J'ai reçu de vos nouvelles avec bien de l'intérêt, et désire vivement que les projets dont vous vous occupez pour votre avenir réussissent selon vos vœux. Si j'avais quelque relation au ministère dont vous dépendez, j'y ferais volontiers quelque démarche en votre faveur; mais je n'y connais pas une âme, et suis d'ailleurs si étranger au monde, que ce serait grand hasard que je pusse vous servir. Votre oncle, l'ingénieur, est infiniment mieux placé pour cela; il connaît beaucoup de monde et je ne doute pas qu'il ne vous aide de tout son pouvoir. Dans tous les cas, il vous faudra prendre l'événement comme Dieu l'enverra. C'est le parti le plus sage. J'ai vu souvent par ma propre expérience qu'un mauvais succès était une grande grâce de Dieu, et qu'en ayant l'air de tourner contre nous, il nous rendait un service reconnu plus tard.

Ce n'est point là une superstition. L'homme doit faire tout ce qu'il peut pour arriver au but légitime qu'il se propose, puis s'en rapporter à la Providence qui gouverne toutes choses, et qui voit mieux que nous ce qui convient à notre bonheur présent et futur.

Je suis en train de continuer mes Conférences à Notre-Dame. Les deux premières livraisons du tome troisième ont déjà paru; la troisième paraîtra en novembre prochain. J'avais eu un moment quelques inquiétudes sur ma station de cette année, par suite d'un rhume qui m'était survenu au commencement de janvier; mais je l'ai vaincu, en allant passer quinze jours dans nos montagnes de Bourgogne, à Flavigny, où nous avons une maison depuis la fin de 1848. Après Pâques, le 15 avril, je partirai pour Naples, à l'effet d'assister au chapitre général de notre Ordre, qui doit s'ouvrir dans cette ville le 17 mai prochain. C'est un long voyage, par des pays que j'ai déjà traversés bien des fois, et où je ne trouve plus l'attrait de la curiosité; mais je ne puis m'en dispenser. Les affaires de notre Ordre en France ont besoin de recevoir une dernière régularisation, et le chapitre général étant notre plus haute autorité, c'est à lui que je dois recourir. Il y a six ans qu'il ne s'était rassemblé, et dans l'état où est l'Europe, on ne peut prévoir quand il se réunira de nouveau.

Je vois avec plaisir, mon cher cousin, que vous avez conservé les bonnes dispositions religieuses où je vous ai vu à Nancy, et que même vous êtes arrivé à vivre tout-à-fait chrétiennement. C'est pour moi une grande consolation. La plupart de mes frères, pour ne pas dire tous, sont aujourd'hui à ce terme, le seul qui nous rende raison des maux et des biens de la vie, et qui, en adoucissant notre destinée présente, nous prépare à celle qui est le but final de tout ce que Dieu a fait dans le temps. Nous avons à Paris un grand nombre de jeune gens chrétiens, et il semble que les dernières révolutions sociales commencent à éclairer des esprits qui étaient fort éloignés de nous. La loi sur l'enseignement, quoique mauvaise à mon sens, est une preuve de ce progrès lent, mais certain.

Quand vous écrirez à vos parents, mon cher cousin, veuillez me rappeler à leur souvenir et leur présenter mes hommages.

Si l'affaire de votre mariage aboutit à terme, vous m'obligerez de m'en faire part.

Je vous embrasse bien cordialement.

LIV.

Les peines et les consolations de la vie.

Au même.

Paris, 9 avril 1850.

Mon cher cousin,

J'ai été heureux d'apprendre que l'affaire de votre mariage avait été conclue selon vos désirs, ainsi que le changement de position d'où cette affaire si importante dépendait. Vous voilà à la veille d'un établissement définitif, et malgré tous les embarras et les soucis attachés à la condition de père de famille, je vous en félicite cordialement, puisque telle était votre vocation. Aucune ici-bas n'est exempte de peines, parce que toutes ont été réglées de Dieu pour nous mettre en état de pratiquer la vertu. Aucune non plus n'est exempte de consolations, lorsqu'on s'y conduit selon le devoir. Comme c'est votre disposition bien affermie, je ne doute pas, mon cher cousin, que l'issue de votre mariage ne soit aussi heureuse que vous pouvez le souhaiter.

Je voudrais bien aller vous voir, comme vous voulez bien me le demander; mais il n'y a guère d'apparence que je le puisse. Mon voyage en Italie n'aura pas lieu.

Le Souverain-Pontife a suspendu indéfiniment le chapitre général de notre Ordre, de manière à ce qu'il n'y a plus de motif à cet itinéraire, qui m'aurait pris du temps et de l'argent. J'irai passer l'été à notre couvent de Flavigny, en Bourgogne. Vous savez que Flavigny est un bourg à quinze lieues ouest de Dijon. Nous y avons une maison assez nombreuse, et qui, étant notre noviciat, exige de moi une présence que je lui donne très-volontiers.

Vous allez avoir près de vous une partie de notre famille ; soyez près d'elle, et particulièrement près de votre père et de votre mère, mes bons cousins, l'interprète de mes sentiments les plus affectueux.

Je vous souhaite de nouveau, mon cher cousin, un heureux mariage, et vous renouvelle l'assurance de mon attachement dévoué.

LV

A Monsieur de Valroger.

Paris, 25 mars 1850.

Monsieur le chanoine,

Le défaut de fortune n'est pas un obstacle à la vocation du jeune homme dont vous me parlez dans votre lettre du 20 de ce mois ; mais la question de la conscription peut faire doute. Car, si ce jeune homme n'est pas exempt de droit, et qu'il vienne à tomber au sort avant qu'il soit possible de le présenter pour le sous-diaconat, que ferons-nous ?

Vous m'obligeriez beaucoup de me faire un mot de réponse à cet égard. En attendant, et cette question écartée, je suis très-disposé à recevoir M. L*** d'après votre recommandation.

J'achève la *Femme chrétienne* de M. Edouard Chassay, et j'en suis très-content. Ce sont tout-à-fait mes idées et et elles sont rendues mieux que par moi-même.

Veuillez agréer, monsieur le Chanoine, l'expression de mes sentiments respectueux et bien sincèrement dévoués.

17

LVI

La joie et la responsabilité du prêtre; — le maître de l'éloquence.

A un Religieux.

Flavigny, 30 mai 1850.

Mon cher enfant,

Vous voici prêtre de Notre-Seigneur Jésus-Christ depuis plusieurs jours. J'ai voulu vous laisser quelque temps avec lui avant de vous en féliciter et de m'en féliciter avec vous. Vous êtes arrivé à ce terme bienheureux, où l'on n'a plus rien à souhaiter sur la terre que de vivre digne d'une aussi grande et précieuse grâce. Vous voilà prêtre, représentant de Notre-Seigneur, le Pontife éternel selon l'ordre de Melchisédech, dépositaire de son pouvoir sur les âmes, maître de son corps et de son sang, ouvrant et fermant avec cette clef de David, *qui ouvre et personne ne ferme, qui ferme et personne n'ouvre*, selon la prophétie de l'Apocalypse. Quelle joie et quelle responsabilité ! Je partage votre joie et je ne suis point inquiet de la responsabilité. Dieu vous a fait de trop grandes grâces pour ne pas vous rester fidèle jusqu'au bout, et vous lui avez fait de trop grands sacrifices pour ne pas l'aimer et le servir jusqu'au bout. Priez bien pour moi, mon cher enfant, dans ces jours si heureux où vous êtes. Demandez pour moi l'esprit de force qui m'est bien nécessaire pour soutenir un fardeau qui devient plus pesant tous les jours. Quand on est jeune, on se croit capable de tout soutenir et de tout supporter; mais à mesure que l'on vieillit, on découvre dans les choses des difficultés qui nous font sentir notre faiblesse et le besoin que nous avons du secours de Dieu. Demandez-le donc pour moi, mon cher enfant, et ne vous en lassez jamais.

Le R. P. Jandel est parti pour Paris où il occupera la charge de maître des étudiants. Sa santé va mieux, et comme il ne confessera ni ne prêchera, il espère que le séjour de Paris lui sera encore plus utile que celui de Flavigny.

Le R. P. Monjardet est appelé à Flavigny pour le remplacer et se livrer aux travaux de la prédication. J'espère que vous commencerez à vous y livrer vous-même. Dieu vous aidera, et vous verrez par l'expérience que vous ferez du bien aux âmes. L'amour de Notre-Seigneur vous déliera la langue; c'est le grand maître, et la source de la vraie éloquence chrétienne.

Le R. P. Souaillard va vous revenir prochainement.

Faites mes amitiés au R. P. Besson. Je vous renouvelle les miennes, et vous embrasse bien tendrement en Notre-Seigneur.

LVII

La vocation et la famille.

---

*A M. L***

Flavigny, 6 juillet 1850.

Monsieur,

Mgr l'Evêque de B.... ayant consenti à votre départ, vous pourrez vous préparer à notre noviciat pour le premier octobre. Je ne puis vous assigner un terme plus rapproché, parce que le noviciat n'aura pas de cellule disponible avant cette époque. Vous pouvez, dans cette intervalle de trois mois, tout disposer près de votre famille. Vous savez vos devoirs envers elle, devoirs de respect et d'affection, auxquels néanmoins vous n'êtes point obligé de sacrifier votre vocation, puisque vos parents n'ont pas besoin de vous pour vivre.

LVIII

L'armée pontificale ; — l'avenir et la Providence.

A monsieur Alexandre Lacordaire.

Paris, 25 octobre 1850.

Mon cher cousin,

Ta lettre du 30 novembre, adressée à Rome, vient de m'être renvoyée. J'avais déjà reçu celle de P***, et je lui avais répondu un mot. Depuis, j'ai eu des renseignements positifs sur l'affaire dont il était question. Le Pape, il est vrai, ou ses conseillers, avaient eu l'intention de former à Rome des régiments composés d'étrangers, et le général Gemeau s'était entremis à cet effet en proposant un certain nombre d'officiers français au gouvernement pontifical. Mais sa demande n'a pas été accueillie, et dès lors il n'a plus été question de ce projet. On recrute dans les Etats-Romains des soldats du pays, au milieu desquels des officiers français n'auraient pas naturellement leur place, d'autant plus que selon l'usage ancien, les grades sont réservés aux enfants de la noblesse, Il n'y aurait donc aucune chance de se présenter et d'être admis dans de pareilles conditions.

J'ai appris dans le temps avec un grand plaisir le mariage d'Eugène, dont j'avais fait connaissance à Nancy.

Il m'avait paru très-bon et très-propre à te donner des consolations, comme il est arrivé. P*** est un peu plus en retard pour son avancement; mais il arrivera, avec de la patience, comme mon frère Télèphe, lequel est aujourd'hui mon proche voisin, ainsi que Léon. La femme de celui-ci est toujours bien souffrante et dans un état critique; le repos d'esprit où elle est maintenant par suite de la position nouvelle de son mari, contribuera, je l'espère, à sa guérison.

La mort de ce pauvre Alexandre Voinchet m'a causé une vive affliction. Cette partie de notre famille est bien douloureusement éprouvée. J'ai eu plusieurs fois la pensée d'écrire à M. Voinchet pour lui dire un mot de consolation, mais qu'est-ce que des paroles en pareil cas?

Pour moi, mon cher cousin, je prêche, je voyage, j'imprime un peu, et la vie se passe. Je reviens de Rome, où je faisais mon septième voyage; mais ce n'est plus là qu'un jeu. On va si vite et si commodément, que ce n'est pas presque changer de lieu. J'ai obtenu l'érection canonique de notre province de France, que voici maintenant solidement établie, après douze ans de travaux, sauf les chances que nous courons tous pour l'avenir, mais qui ne me font qu'une peur médiocre, parce que je crois que la Providence gouverne un peu nos affaires et nous sauvera malgré nous.

Sois assez bon pour présenter mes compliments et mes hommages à l'ingénieur et à sa femme, aux Bougueret, aux Voinchet et à *tutti quanti*. Voilà six ans que je n'ai vu Bussières; j'espère ne pas mourir sans le revoir encore et les parents que j'y ai.

Je n'ai pas vu P*** pendant son séjour à Paris; qu'il ne m'oublie plus.

Mille choses affectueuses à ma cousine.

Je suis bien cordialement tout à toi et me recommande à ton bon souvenir.

LIX

Les voyages nécessaires; — la politique à Notre-Dame.

A monsieur Eugène Lacordaire.

Paris, 27 mars 1851.

Mon cher cousin,

J'ai appris avec beaucoup de joie que Dieu vous avait envoyé une fille qui est bien venue et bien portante. C'est une grande bénédiction et qui ajoutera encore au bonheur de famille dont vous jouissez. Je suis certainement désireux de faire la connaissance de ma cousine; mais l'occasion n'est pas facile à trouver, parce que nous ne faisons que les voyages strictement nécessaires, et que Besançon n'est sur la route d'aucun de nos établissements. Il me serait plus facile de vous rencontrer l'un et l'autre à Bussières, vu que je traverse Langres quelquefois en me rendant de Dijon à Nancy, où nous avons un couvent. Mais vous n'êtes à Bussières que par exception, et il me serait difficile de vous prévenir longtemps d'avance de mon passage. Enfin Dieu permettra qu'un jour je voie votre famille et vous revoie vous-même.

Mon frère Léon a reçu la lettre de faire part de votre mariage; mais il était tellement accablé en ce temps-là par des affaires et l'état de souffrance de sa femme, qu'il a remis sans cesse à vous écrire et a fini par se trouver trop en retard pour vous faire son compliment. Il doit vous donner de ses nouvelles prochainement. Sa position présente est très-belle et très-agréable. Il ne faut plus que s'y tenir, et Dieu sait ce qui se tiendra sur ses deux pieds par le temps qui court.

Mes Conférences de Notre-Dame sont toujours très-suivies. Il n'y est pas question de politique, comme vous paraissez le croire. Je traite du gouvernement de la Providence, et ce mot de gouvernement a nécessairement amené çà et là des explications où il est aisé d'imaginer des allusions qui sont loin de ma pensée. Mon opinion est que nous devons rester en dehors de tous les partis et tâcher de servir le pays par la propagation des sentiments et des pensées sans lesquels aucun ordre n'est possible sur la terre.

Veuillez, mon cher cousin, présenter mes hommages affectueux à ma cousine, et agréer l'expression de mon sincère et cordial attachement.

LX

Un chef de bureau au ministère des finances avait écrit au P. Lacordaire pour lui présenter quelques objections sur sa Conférence sur le petit nombre des élus qu'il combat et nie.... Voici sa réponse :

Le petit nombre des élus.

Paris, 25 avril 1851.

Monsieur,

Il y a quelques semaines, je rencontrai un jeune médecin catholique qui me dit : « Avez-vous remarqué que le tiers des enfants meurt avant l'âge de raison, et plus de la moitié avant l'âge de puberté ? » Je le savais à peu près, lui répondis-je ; mais pourquoi me faites-vous cette question ? C'est que la question du nombre des élus est résolue par cela même, puisque voilà déjà un tiers des hommes sauvés par le baptême, avant l'âge de raison ou au moins *par les limbes* s'ils ne sont pas baptisés et que la plus grande partie de ceux qui survivent jusqu'à treize ou quatorze ans est encore dans le même cas : ajoutez-y beaucoup de femmes, de pauvres et ceux des riches qui se tirent de la corruption du monde, et vous aurez évidemment le plus grand nombre du côté de ceux pour qui *la vie est un bienfait éternel,* encore même qu'ils n'arrivent pas tous à la vision de Dieu.

Ce calcul, Monsieur, m'a toujours paru de la dernière évidence, et il explique pourquoi grand nombre de pères et de docteurs de l'Eglise ont parlé dans un sens favorable en cette matière ou du moins ont laissé la question sous un jour problématique. Ces considérations que vous me faites l'honneur de me soumettre ne portent pas beaucoup, pour plusieurs raisons.

Premièrement, vous ne faites rouler vos calculs que sur les hommes qui arrivent au-delà de l'âge de puberté, tandis que le plan de la Providence a été premièrement d'appeler à lui avant cet âge au moins la moitié du genre humain et de l'arracher ainsi aux épreuves périlleuses de la pleine vie, selon cette parole de l'Ecriture : *raptus est ne malitia maturet intellectum ejus.*

En second lieu, vous prenez l'humanité *collectivement* au lieu de la prendre *distributivement*, c'est-à-dire que vous la considérez en masse, dans un moment, au lieu de suivre isolément chaque individu jusqu'à l'heure décisive de sa mort et de compter ceux qui demeurent obstinés dans le mal jusqu'au moment suprême : peu importe qu'il n'y ait qu'un dixième de la population française qui fasse ses pâques ; il s'agit de savoir si c'est le dixième seulement qui meurt en état de grâces avec Dieu ; dans une foule de vies c'est la petite part qui appartient à Dieu, mais cette part suffit *parce qu'elle est la dernière*, et c'est ici le second moyen de la miséricorde providentielle pour sauver les âmes, moyen admirable dont vous prenez le contre-pied.

Troisièmement, vous vous appuyez dans vos calculs sur une époque et un peuple déchus de la foi, mais si vous vous transportez seulement au-delà de 89, malgré Voltaire et ses amis, la plus grande partie de la population des villes et la presque totalité de celle des campagnes vivaient chrétiennement, ou du moins faisaient leurs pâques et tenaient à bien mourir. Aujourd'hui même encore, dans certains pays de France, tels que la Bretagne, les curés vous diront que beaucoup de leurs paroissiens communient tous les mois, presque tous aux cinq bonnes fêtes, et tous à Pâques, sauf une imperceptible exception. C'était l'état général avant 89 ; ce l'est encore en beaucoup de lieux de l'Italie et ailleurs.

Quatrièmement, nous ignorons l'avenir du monde, la durée de l'Eglise, la mesure de sa propagation finale et l'immense quantité d'hommes qui peuvent alors compenser par leur salut la perte des âmes dans des temps moins favorisés. Il se sauve plus de monde aujourd'hui qu'avant Jésus-Christ. Qui nous répond qu'il ne s'en sauvera pas beaucoup plus qu'aujourd'hui, lorsque le christianisme aura achevé la ruine de tous les faux cultes, que l'unité si souvent prédite par les prophètes et l'Evangile sera réalisée, et que le genre humain aura atteint *la plénitude de l'âge du Christ,* selon la parole de saint Paul.

Cinquièmement, vous ne tenez pas compte des esprits célestes dont vous ignorez le nombre et dont la tradition nous apprend que la plus grande partie est demeurée fidèle à Dieu. Cependant ils entrent, pour leur part, dans le *total* du salut des créatures libres mises au monde par une effusion de la bonté divine. Je pourrais même sans hérésie ni témérité, supposer qu'il y a d'autres mondes habitables et habités, plus ou moins semblables au nôtre et où le salut s'opère sur une proportion plus considérable ; mais je n'ai pas besoin de cette ressource hypothétique pour affirmer que le nombre des créatures libres pour qui *la vie est un bienfait éternel* est supérieur à celui des âmes qui sont pleinement perdues.

Vous paraissez craindre que cette doctrine ne fasse croire à une trop grande facilité de salut et n'endorme les pécheurs. Mais remarquez que le fond des calculs porte sur les enfants morts avant l'âge de raison et de puberté, et en supposant même que le plus grand nombre des survivants se sauvât, quelle masse effroyable ne reste-t-il pas encore! N'y eut-il que trente adultes sur cent qui se perdissent, quel sujet de vigilance et de tremblement! Si vous me dites enfin : pourquoi rectifier les opinions habituelles sur un point aussi grave et si rempli d'incertitude? Je vous répondrai qu'il périt beaucoup d'âmes par le désespoir, par la pensée que le salut est impossible, qu'un nombre imperceptible est élu, que Dieu n'a pas voulu sincèrement le bonheur du genre humain. Et on va au-delà, jusqu'à l'incrédulité, par un argument d'autant plus dangereux qu'il sort du cœur : c'est l'argument que Bayle a le plus fait valoir contre le christianisme, redisant souvent : qui croira que la mort d'un Dieu pour le salut des hommes ait eu si peu d'efficacité que la plupart des hommes périssent malgré cette mort? Si le sang de Jésus-Christ est le sang d'un Dieu, d'où vient qu'il a si peu produit ce qu'il voulait? Et c'est pourquoi nos apologistes, bien avant moi, tels que Bergier et M. de Pressy, dans ses *Eclaircissements sur les mystères*, ont montré que le petit nombre des élus est une hypothèse gratuite. Il ne faut pas diminuer la vérité, mais il y a toujours péril à l'exagérer.

Je vous remercie, Monsieur, de vos bonnes observations, et je souhaite que mes éclaircissements vous soient agréables. J'ai eu l'honneur de voir monsieur votre frère à la préfecture de Dijon, et j'en ai gardé un très-bon souvenir. Veuillez, dans l'occasion, me rappeler au sien, et lui transmettre mes sentiments.

J'ai l'honneur d'être, avec une considération très-distinguée,

Monsieur,

Votre très humble et très-obéissant serviteur.

LXI

L'exemple aux religieux; — les moines et leur famille.

A madame Louise B***.

Paris, 8 novembre 1851.

Ma chère cousine,

J'avais déjà reçu une lettre d'A***. Les nouvelles que vous me donnez de votre côté me font espérer qu'il est en voie de devenir meilleur, et si mon intervention pouvait assurer ou aider son retour décisif au bien, je lui écrirais volontiers. Mais il est bien entouré là-bas, on lui a accordé toutes les faveurs possibles, il a un aumônier, une religieuse qui prend intérêt à lui, et une lettre de moi ne serait que de peu d'effet auprès des soins continus dont il jouit. Comme il a toujours abusé du nom de ses parents jusqu'ici, j'ai des raisons de me tenir en garde, jusqu'à ce que je sois certain qu'il est devenu un autre homme que par le passé.

Je n'ai point oublié Bussières, ma chère cousine, ni les bons parents que j'y ai. Ce serait pour moi un véritable bonheur de les revoir. Malheureusement je ne puis guère me permettre des voyages de pur plaisir, étant obligé de donner l'exemple à nos religieux et de ne me rien accorder que ce que je serais disposé à leur accorder à eux-mêmes. Chacun a sa famille. Si je visite la mienne tout exprès, sans aucune raison particulière de le faire, il faudra que je permette aux autres de visiter la leur sans autre motif que la douceur de voir des parents, et ainsi nous serions toujours par monts et par vaux. Cependant, ma chère cousine, je ne désespère pas, en passant quelque jour à Langres pour nos affaires, de pousser jusque vers vous. Théodore m'a du reste donné de vos nouvelles. J'ai vu aussi, il n'y a pas longtemps, le second fils d'Alexandre, dont la caserne est tout proche de notre couvent, au Luxembourg. Il a promis de venir quelquefois. Je ne vous en dis rien, parce que je n'ai pas bien discerné l'état de son esprit. Il est plus fermé qu'il y a quelques années.

Je suis revenu hier d'un voyage en Belgique, où nous avons deux couvents soumis à ma juridiction, bien qu'ils n'appartiennent pas à notre province de France. Ils étaient auparavant sous la juridiction du Nonce Apostolique à Bruxelles, qui a jugé utile de nous en confier la direction. Heureusement les voyages sont courts maintenant, et me voici pour cinq ou six mois d'ailleurs dans mes quartiers d'hiver.

Soyez assez bonne, ma chère cousine, pour présenter mes hommages affectueux à votre mari, et à tous mes autres parents. Je vois, par votre lettre, qu'ils vont assez bien, sauf que nous vieillissons les uns et les autres, ce qui n'est pas un très-grand mal, même pour ce monde. Chaque âge a ses plaisirs et ses ennuis.

Adieu, ma chère cousine, conservez-moi votre bon souvenir et croyez à toute la vieille affection que je n'ai cessé de vous porter, et dont il m'est bien agréable de vous renouveler la cordiale expression.

LXII.

La persévérance; — l'indépendance du barreau; — la semence divine.

A un jeune homme.

Paris, 2 janvier 1852.

Mon cher ami,

Je vois avec plaisir que vous ne m'oubliez pas, et que vous êtes toujours dans la disposition de demeurer un chrétien tel que Dieu vous veut. Cela est difficile, mais cela n'est pas impossible. Vous avez en vous beaucoup de ressources pour le bien, et je crois que Dieu vous fait de très-grandes grâces comme par le passé. C'est la persévérance dans les moyens qui coûte le plus, et c'est faute de cette persévérance que beaucoup demeurent en arrière du point où ils sont appelés. Une vie sérieusement et honorablement occupée est un de ces moyens les plus efficaces. Déjà le barreau vous occupe et je m'en réjouis. Si même il vous occupe, ou peut un jour vous occuper suffisamment, je le préférerais pour vous à toute autre position. Celle-là est plus indépendante au milieu des étranges vicissitudes dont nous sommes témoins, et dont nous sommes encore menacés; elle est capable de nourrir tous les sentiments élevés et tous les goûts de l'esprit. Vous y trouverez de plus l'avantage d'y vivre dans votre ville natale, au milieu de tous vos souvenirs de jeunesse, avec d'anciennes relations de cœur, ce qui est un des biens les plus précieux de la vie. Je ne chercherais donc point autre chose à votre place. Si cependant le barreau ne vous suffit pas, s'il n'est pour vous qu'une occasion de travaux rares et sans importance, peut-être vaudrait-il mieux vous donner à la magistrature, au risque de vous éloigner pour un temps de votre patrie. Vous seul êtes-juge en dernier ressort de la question, puisque vous seul connaissez bien votre fortune, l'emploi de votre temps, les loisirs que l'un et l'autre vous laissent, et ce que vous pouvez espérer de l'avenir dans votre propre pays.

Quant à votre avancement religieux plus direct, vous en savez le moyens : la prière, l'usage régulier des sacrements, les fortes lectures, la pratique de la mortification. Tout cela devient doux par la persévérance, et creuse dans notre âme des sillons ineffacables, où la semence divine mûrit pour l'éternité. Livrez-vous y donc. Faites-vous un règlement que vous observiez avec exactitude, et ne croyez rien de petit et de bas quand il est fait pour Dieu.

Dieu continue à bénir notre Ordre en France. Priez pour lui et pour moi, et soyez sûr que je vous conserve un bon souvenir et une sincère affection.

LXIII

Le couvent de Bosco et Napoléon 1ᵉʳ; — Saint Pie V; le frère Piel.

A Monsieur de Falloux (1).

Paris, 15 janvier 1844.

Mon cher ami,

Vous me demandez ce qu'il reste de ce fameux couvent de Sainte-Croix de Bosco, fondé par notre très-cher et très-saint pape Pie V. Ce qu'il en reste, mon cher ami, c'est justement tout. Le général Bonaparte y ayant logé pendant deux ou trois jours, en 1796, laissa un ordre écrit de sa main pour qu'on le respectât. Dans les guerres postérieures, on y établit une compagnie de vétérans français qui s'y conduisit avec la douceur et la régularité d'un corps de religieux. Ils prirent un soin particulier de

---

(1) Le P. Lacordaire écrivait cette belle lettre à l'auteur de la *Vie de saint Pie V*, le jour même où il consacrait solennellement à l'église Notre-Dame des Victoires le rétablissement en France de l'Ordre et du Tiers-Ordre de St-Dominique Elle n'avait jamais été publiée entièrement, même par le P. Chocarne. J'en publie aujourd'hui pour la première fois le texte intégral, par une faveur dont j'aime à remercier publiquement M. le comte de Falloux. « Je suis très-heureux de vous l'offrir, veut-il bien m'écrire, comme témoignage de sympathie pour votre précieuse publication. »

l'Eglise, toute riche de marbre et de tableaux précieux ; pas un ne fut enlevé. Ils assistaient à la messe, le dimanche, et chaque jour, dans l'ombre et dans la lumière, on voyait plusieurs de ces vieux soldats venir s'y agenouiller. Cependant cette heureuse situation fut un moment troublée. Napoléon avait résolu de faire d'Alexandrie une immense place d'armes ; le génie militaire convoita les briques et tous les matériaux du couvent et envoya un ordre conforme. L'officier qui commandait les vétérans de Bosco était protestant ; il répondit que le couvent était sous sa protection, que, s'il lui arrivait malheur, il aurait la responsabilité de cette ruine, et que l'empereur ayant autrefois laissé un ordre écrit de le respecter, il ne pouvait l'abandonner à la démolition sans en avoir référé directement avec lui. Aussitôt, et à ses propres frais, il expédia un courrier à Paris. Le jour où le courrier revint, il y avait devant la porte de l'église un grand nombre de voitures envoyées d'Alexandrie pour enlever tous les marbres et les objets précieux ; on ouvrit la dépêche ; elle contenait l'ordre impérial de ne pas enlever une pierre du couvent de Bosco. C'est ainsi que Napoléon sauva l'œuvre de saint Pie V. Il y a encore au couvent un vieux frère convers, qui l'a servi pendant son séjour en 1796, et qui aime à raconter qu'un de ces jours-là, lui portant le café le matin il le trouva au coin du feu, le coude appuyé sur une pelle, éveillé, mais si profondément attentif que, pendant plusieurs minutes, il n'aperçut pas le frère qui était devant lui.

Bosco est un édifice grand, épais, renfermant deux cours en forme de cloître, mais sans beauté architecturale. Il semble que le plan en ait été brisé plusieurs fois. Saint Pie V le faisait bâtir de Rome ; il envoyait écus sur écus ; mais il n'eut pas le bonheur de rencontrer un architecte digne de la dépense et de ses desseins. Il l'a du moins sauvé du haut du ciel au moment où succombaient tant d'illustres monuments. C'est dans l'Eglise qu'il avait fait élever son tombeau, en face d'un autel où on le voit à genoux, dans un riche bas-relief, assistant à la scène de la résurrection. Le tombeau est demeuré vide, Rome n'ayant pas voulu se dessaisir des précieuses reliques du dernier de ses pontifes canonisés.

Au mois de septembre 1841, après avoir suivi quelque temps la route qui mène d'Alexandrie à Novi, je me détournai sur la droite, et après trois quarts d'heure de marche je vis devant moi, au sein d'une plaine couronnée d'arbres verdoyants, un édifice imposant par sa masse. Je descendis d'une méchante petite voiture où j'étais seul; j'entrai avec émotion; un religieux que je rencontrai me mena à une petite porte, au-dessus de laquelle étaient écrits ces mots: *Domus probationis*; elle s'ouvrit, je montai un escalier, et je me trouvai dans les bras de cinq ou six Français, vêtus, comme moi, de l'habit de saint Dominique. L'un d'eux, artiste d'un mérite déjà éprouvé, homme de trente ans, sorti du monde par un coup vigoureux de la grâce, était gisant sur son lit, d'où il ne devait plus se relever. Comme nous avions laissé à Sainte-Sabine de Rome le corps chéri d'une âme plus chère encore, nous devions laisser à Bosco, comme un mémorial de notre passage, le bien-aimé frère Piel. Depuis, nous avons été réunis là; nous y avons été rejoints par les frères demeurés à la Quercia de Viterbe, et par d'autres âmes venues du cher pays de France. Après la Quercia, après Sainte-Sabine et Saint-Clément de Rome, Bosco a été le dernier asile de la colonie française dominicaine. Saint Pie V nous l'avait préparé et gardé. Au sein de la plus aimable hospitalité de nos frères d'Italie, nous n'avons eu qu'à lever les yeux pour apercevoir devant nous le sommet brillant des Alpes, frontière de notre patrie. O Bosco! un temps viendra où nous ne reposerons plus sous tes cloîtres, où nous ne nous agenouillerons plus dans ta pieuse église, sauvée par des soldats français, où nous ne verrons plus autour de toi ta brillante et profonde ceinture de saules et de peupliers, où nous ne suivrons plus le cours des innombrables et limpides ruisseaux qui arrosent tes prairies, où nous laisserons sous ta garde nos chers morts; mais, ô Bosco! la patrie elle-même ne nous fera jamais oublier ton hospitalité, ta piété, l'accroissement que nous avons reçu de toi, la joie et l'union que tu nous a données, et, avant de mourir, notre œil te cherchera de loin entre le ciel et la terre!

Et vous, mon cher ami, après avoir si bien écrit de saint Pie V, vous irez voir le lieu qu'il a tant aimé et qui aura tenu tant de place dans votre livre. Vous ajouterez ainsi une page à nos souvenirs qui ne sera pas la moins aimable à notre cœur et surtout au mien.

LXIV

La mort donne la mesure de tout; — les chutes possibles; le repos dans une gloire oubliée.

A Monsieur Henri Villard. (1)

Paris, 15 janvier 1852.

Mon cher ami,

Un voyage de dix jours à Lyon, Chalais et Flavigny, m'a empêché de répondre à votre lettre du 3 de ce mois, dans laquelle vous me demandez l'autorisation de travailler à ma biographie d'une manière plus complète qu'on ne l'a essayé jusqu'à présent. Je ne sais, mon cher ami, si je mériterai qu'on s'occupe de ma vie après ma mort. C'est la mort seule qui donne à la vie son véritable caractère et qui permet de la perpétuer. Jusque là l'homme est peu de chose ; il peut à tout moment tomber dans la disgrâce des hommes et dans celle de Dieu. On le croit digne d'éloges et d'admiration aujourd'hui ; demain on l'oubliera ou on le méprisera. Moi vivant, l'amitié vous aveuglerait ; vous ne me verriez pas tel que je suis véritablement, vous

---

(1) C'est des deux lettres (IV et V) à M. de B***, et de celle-ci, que M. Foisset m'écrivait le 20 avril 1870 : " Ces deux lettres, la première sur-
« tout, sont admirables. Mais celle que le Père vous a écrite est plus belle
« encore et d'un ordre tout-à-fait supérieur.....

Et il ajoutait :
« Il devient de plus en plus difficile, en présence de toutes ces révélation-
« épistolaires de méconnaître et de calomnier cette grande et chère mes
« moire du P. Lacordaire. »

me feriez trop grand ou trop petit, et en m'exposant à des faiblesses d'amour propre, vous m'exposeriez aussi à la haine qu'attire l'orgueil. Hélas! que suis-je devant Dieu? Qu'ai-je fait? Rien de moi subsistera-t-il? Cette œuvre du rétablissement en France de l'Ordre des Frères-Prêcheurs sera-t-elle une lueur éphémère ou une solide fondation? Qui le sait? Ces Conférences de Notre-Dame, dont les pensées et le style semblent toucher nos contemporains, survivront-elles au siècle qui les a vu paraître? Qui pourrait en répondre? Et puis que de chutes possibles! J'ai vu tomber des hommes placés plus haut que moi; leur nombre est grand dans l'histoire, plus grand encore dans notre temps si peu stable.

Que si c'est pour vous un soin pieux de rassembler les matériaux de ma faible vie, rassemblez-les comme on fait de choses intimes, pour vous, pour les heures d'un âge plus mûr, et si je viens à mourir avant vous, comme c'est l'ordre de la nature, vous verrez alors s'il convient à l'édification des âmes de dire quelque chose de moi sur mon tombeau. La mort vous permettra tout parce qu'elle vous donnera la mesure de tout. Vous serez plus vieux, et moi mieux placé sous vos regards.

Voilà, mon cher ami, ce que je sens. Il y a des années peut-être, j'aurais cédé davantage à vos désirs; mais à mesure que j'avance vers la fin, j'aime à me retirer loin du bruit, pour y faire plus sûrement le bien que Dieu me permet. Je me plais à penser que l'heure d'une profonde solitude viendra pour moi, et que Dieu me retirera avant ma mort de l'éclat trop vif où j'ai vécu. C'est un si grand bien que le repos dans une gloire oubliée! Laissez-moi le venir doucement, et donnez-moi de votre amitié, cette preuve, obscure aussi, mais qui aura le mérite de tout ce qui est inconnu.

Je vous renouvelle l'expression de mes sentiments affectueux et dévoués.

LXV

Le droit des auteurs.

A mademoiselle Marie de Saint-Juan (1).

Flavigny, 6 mai 1852.

Mademoiselle,

Vous n'aviez pas besoin de mon autorisation pour citer mes écrits dans le livre de prières que vous préparez (2), c'est là un droit naturel, qu'aucun auteur ne peut contes-

---

(1) A la demande que j'avais adressée à mademoiselle de Saint-Juan, s'il lui conviendrait de laisser publier son nom en tête des lettres qu'elle me communiquait, elle m'a répondu ces quelques lignes que je lui demande la permission de citer ici, en les déposant comme une couronne sur la tombe du P. Lacordaire :

« ... Loin de prier M. Villard de ne pas me nommer, je lui déclarerai
« hautement que je tiens à *grand honneur* pour moi et pour tous les
« miens d'avoir reçu personnellement ces quelques lignes du P. Lacordaire,
« et que même pour une si minime chose je ne céderais pour rien au monde
« la fierté que j'aie ressentie et conservée d'avoir eu mon modeste nom
« tracé par une telle main ! Si c'était un roi de ce monde, je n'aurais pas
« tant d'orgueil, je vous le jure ; mais le Roi de l'éloquence, du courage, de
« la vertu, de la bonté et de la simplicité, de l'austérité et du génie, en
« même temps que de la sainteté, je ne sache pas de grandeur plus majes-
« tueuse et qui honore davantage ce qu'elle a touché en passant... »

(2) *La source des seuls biens véritables*, librairie Goujon et Milon, rue du Bac, 41, à Paris ; Prosper Diard, successeur, 1852.

ter, et qui ne demande de lui que de la reconnaissance, surtout lorsque la mort n'a pas encore mis à ses ouvrages le sceau d'une dernière consécration. Je vous laisse donc, Mademoiselle, pleine liberté de me faire cet honneur, et je souhaite que les citations que vous m'emprunterez n'aient point trop à rougir de la place que vous leur destinez dans votre pieux recueil.

Je suis avec respect,

Mademoiselle

Votre très humble serviteur.

LXVI

La fête de saint Thomas d'Aquin ; — le repos ne vient pas avec l'âge.

A madame L. B***.

Flavigny, 21 juin 1852.

- Ma chère cousine,

... Voici plus de deux mois que je suis à Flavigny, maison qui est le noviciat de notre Ordre en France, et où je ferai mon séjour jusqu'à nouvel ordre, ce qui n'empêche pas des courses pour les besoins de nos affaires. Ainsi je dois partir le 9 juillet pour Toulouse. Vous savez que Toulouse est le berceau de notre ordre ; notre ancienne et magnifique Eglise y est encore debout, avec le couvent attenant. Elle avait passé aux mains du ministère de la guerre depuis 1790, et était devenue une caserne pour l'artillerie ; mais sur les sollicitations de la ville, dont elle est un des plus beaux monuments ; le gouvernement se propose de la rendre au culte. Elle a été offerte déjà à l'archevêque de Toulouse. Ce n'est pas pour cela toutefois que je me rends à Toulouse, mais pour une grande fête que l'on y prépare en l'honneur de saint Thomas-d'Aquin, grand docteur de notre ordre, dont le corps y est exposé, et qui, depuis soixante ans, y avait un peu été mis en oubli. On m'a demandé d'y venir et d'y prêcher à cette occasion.

Vous voyez, ma chère cousine, que le repos ne vient pas avec l'âge; c'est qu'il n'y en a point ici-bas.

On parle d'un chemin de fer qui nous mènera proche de Bussières. Je souhaite bien qu'il se fasse et qu'il me rapproche ainsi davantage d'un lieu qui m'est si cher et où j'ai tant de bons parents. Veuillez leur présenter à tous mes compliments et amitiés, et en particulier à M. B***.

Je saisis cette occasion, ma chère cousine, de me rappeler à votre souvenir et de vous renouveler la cordiale expression de mes sentiments les plus affectionnés.

LXVII

L'étude et le ministère apostolique.

A un religieux.

Flavigny, 2 juin 1852.

Mon cher ami et très cher enfant,

Je vous avais, en effet, destiné, non pas à être maître des novices, mais maître des étudiants à notre monastère de Gand, ce qui vous eût laissé du temps pour travailler, et ce qui n'exigeait pas de vous une connaissance particulière des rubriques et des constitutions. Les novices belges continuent à venir faire en France leur éducation ; ils retournent ensuite à Gand, et c'est là qu'ils ont besoin d'un bon maître pour les maintenir dans l'esprit qu'ils ont puisé parmi nous. J'avais songé à vous pour cette charge, dans la pensée que le R. P. Rebourseaux, récemment arrivé de Rome à Chalais pourrait vous remplacer, à Nancy ; mais il est souffrant d'une manière assez grave, et de plus, ce que je ne croyais pas, il a besoin de suivre encore les cours de théologie. J'envoie donc à Gand le R. P. Bernard, et je vous laisse à Nancy, comme vous le savez déjà par une lettre que j'ai adressée au R. P. Sous-Prieur. J'en suis, au fond, bien aise pour vous et pour notre maison de Nancy.

Ce que vous me mandez des lumières soudaines qui vous ont plusieurs fois été données en chaire ne m'étonne pas. La grâce de Dieu opère des prodiges en ce genre; mais, en outre, vous avez dans l'esprit tout ce qu'il faut pour prêcher un jour avec capacité et fruit. Diverses circonstances de votre vie ont produit dans votre intelligence un certain embrouillement, mais qui n'est que passager, et qui s'éclaircira par la réunion de l'étude et du ministère apostolique. L'étude toute seule vous tiendrait dans une concentration dangereuse; en l'alliant avec le ministère extérieur, vous donnerez des coups à votre nature, et un jour elle se trouvera libre des liens qui l'ont entravée depuis plusieurs années. Déjà vous ressentez cette heureuse délivrance, et je suis convaincu qu'elle se développera de jour en jour. Si le R. P. Hue vous occupait trop au dehors, il faudrait vous ouvrir à lui franchement et lui demander de vous ménager.

Vous opérez d'ailleurs un très-grand bien à Nancy par le ministère de la confession, en particulier près des hommes. Faites tout ce que vous pouvez pour les accueillir et les attirer. C'était avec peine que je vous retirais d'un lieu où vous avez acquis beaucoup de sympathies, et j'ai saisi avec bonheur l'occasion qui s'est offerte de revenir sur ma décision à votre égard.

Je suis bien touché, mon cher enfant, des sentiments que vous m'exprimez dans votre lettre; ils me sont allés au cœur, et vous savez que j'ai toujours eu pour vous une sincère affection.

Bien des choses à tous nos Pères de Nancy. Je vous embrasse tendrement en Notre Seigneur.

LXVIII

Le sommeil des moines.

A un Religieux.

Flavigny, 13 octobre 1852.

Mon cher ami,

Le frère Gonin (1) vous porte ma réponse à vos deux dernières lettres qui m'ont bien consolé. Tout me persuade que vous réussirez dans votre office. Ayez soin seulement de ne pas trop étudier, de vous promener beaucoup ; ce n'est qu'avec le temps et beaucoup de ménagement que vous reprendrez le dessus. Recouchez-vous toutes les nuits, cela est nécessaire, et veillez à ce que vos novices en prennent l'habitude. L'expérience nous a prouvé que six heures ne suffisent pas, surtout à des jeunes gens. Se recoucher, même sans sommeil, est un grand repos ; je l'éprouve tous les jours. Même quand je ne me rendors pas, je suis on ne peut plus soulagé de me remettre au lit après Matines.

Je suis bien heureux des efforts que fait X*** pour redevenir meilleur. Dites-lui de ma part.

---

(1) Le R. P. Gonin, aujourd'hui archevêque de Port-d'Espagne.

Vous aurez dans le frère Gonin un admirable religieux, qui vous sera très-utile.

Le frère Saint-Beaussant ne va pas mieux; il édifie tout ce qui l'entoure par sa patience et sa piété.

Que Dieu, mon cher enfant, soit avec vous et vous conserve.

LXVIX

Les admissions au Tiers-Ordre.

A un Religieux.

Flavigny, 13 novembre 1852.

Mon bien cher Père,

Le R. P. Roussot me demande pour vous le pouvoir d'admettre au Tiers-Ordre. Je vous l'accorde volontiers, en vous recommandant la plus grande prudence, et, en particulier, de ne jamais admettre des personnes du voisinage sans soumettre l'admission au conseil et prendre tous les renseignements possibles, et aussi de ne point cumuler la vestiture et la profession, mais d'y mettre l'intervalle d'une année, selon la règle ordinaire. Ce laps de temps apporte souvent sur les personnes des notions plus complètes, ou bien elles se dégoûtent d'elles mêmes.

Vous allez être nommé sous-prieur de Chalais. Je vous recommande une grande surveillance spirituelle et matérielle pendant l'absence du R. P. Roussot, et prie Dieu d'être avec vous plus que jamais.

Je vous renouvelle, mon bien cher Père, l'expression de mes sentiments affectionnés en Notre-Seigneur.

LXX

A un Religieux.

Flavigny, 20 novembre 1852.

Mon bien cher Père,

Je réponds aux questions de votre lettre du 16 courant.

1º Les leçons de nos cours sont publiques ; par conséquent tout le monde peut y assister, à plus forte raison le maître des novices.

2º Tout le monde peut proclamer les fautes dont il a été témoin, sauf celles des supérieurs hiérarchiques ; par conséquent le maître des novices peut proclamer celles de ses novices, en quelque lieu qu'il les aient commises.

3º Le père maître peut proclamer les fautes des lecteurs, commises n'importe où, mais seulement au chapitre des Pères et devant eux.

Je n'ai point défendu d'écrire au R. P. Y***. On peut le faire, quand il s'y trouve un motif raisonnable.

Vous allez gouverner Chalais pendant l'absence du R. P. Roussot. Je vous recommande la douceur, la prudence et la fermeté. Ecrivez-moi dès qu'il se passera quelque chose de grave.

J'ai bien du plaisir, mon cher enfant, à vous renouveler l'expression de mes sentiments affectionnés en Notre-Seigneur.

LXXI

Le coup d'Etat et le nouvel Empire; — la force du ministère apostolique.

A madame Louise B***.

Bruxelles, 5 décembre 1852.

Ma chère cousine,

Je n'ai reçu que très-tard votre lettre du 16 novembre dernier. Celle de monsieur le Curé de Bussières, qui y était jointe, était datée de dix jours plus tard, ce qui me fait supposer qu'il a gardé la vôtre assez longtemps avant de me l'envoyer.

Quant au fond de la question, je ns suis pas en mesure de rien demander au gouvernement actuel, et en particulier au nouvel empereur. Mon opposition à ce pouvoir, né d'un coup d'état militaire et despotiquement organisé, n'a point été dissimulée, quoiqu'en se tenant dans les bornes convenables, et je ne pourrais, sans me démentir, rien solliciter pour moi ou ma famille. Je doute d'ailleurs qu'il soit utile à ce pauvre malheureux de le ramener si vite dans le monde; sa conversion, quelque sincère qu'elle soit, a besoin du temps pour se confirmer, et ce serait peut-être un bien mauvais service à lui rendre que de le rejeter dans des périls nouveaux, d'autant plus grands qu'il lui serait plus difficile de trouver à s'occuper. Mais, quoi qu'il en soit, je ne puis rien présentement pour lui. Il faudrait arriver à la signature du prince, et je veux rester avec lui dans la plénitude de ma liberté, maintenant et à l'avenir. Cette liberté est une des consolations de ma vie retirée, une force de mon ministère, et je ne saurais l'abdiquer.

Je suis venu ici pour visiter les maisons que nous avons en Belgique, et qui sont placées sous ma juridiction; je serai de retour à Flavigny le 15 au plus tard.

Vous m'obligerez, ma chère cousine, de dire un mot de moi à monsieur le curé de Bussières, que j'ai reçu sa lettre et l'en remercie, et que je n'ai pu rien faire dans la circonstance.

Comme vous ne me dites rien de vos santés, je pense qu'elles sont toutes bonnes. J'ai vu une demi-journée Eugène à Fontainebleau, et fait la connaissance de sa femme que je n'avais pas encore rencontrée. Elle m'a paru fort bien. Quant à lui, c'est un bien digne jeune homme, chrétien très sincère, bon, ouvert, assez gai; ce m'est une grande joie de penser qu'il continuera notre famille à Bussières et qu'il lui fera honneur sous tous les rapports.

Adieu, ma chère cousine, veuillez présenter mes compliments affectueux à votre mari et à tous nos parents auxquels je suis bien attaché. Je vous renouvelle, quant à vous-même, l'expression de mes sentiments de sincère et cordiale affection.

P.-S. Toute réflexion faite, j'écris un mot à monsieur le Curé. Ce sera plus honnête.

LXXII

L'orgueil et la misère de l'homme.

A mademoiselle M. de Saint-Juan.

Gand, 8 décembre 1852.

Mademoiselle,

Je ne sais où vous adresser mes remercîments de votre lettre du 31 octobre et du livre qui l'accompagnait. L'un et l'autre m'ont été très-agréables, et en parcourant le livre, j'ai vu que vous m'aviez mis plus qu'en bonne compagnie. Il y aurait de quoi me donner quelques mouvements d'orgueil, si la misère de l'homme, hélas! ne l'avertissait sans cesse du peu qu'il est. Votre travail sera utile à quelques âmes, et ce résultat est le seul qui touche le cœur, qui connaît et qui aime Dieu.

Veuillez agréer l'expression de ma reconnaissance et du respect avec lequel je suis,

Mademoiselle,

Votre très-humble et très-obéissant serviteur.

P.-S. J'adresse à tout hasard cette lettre à Besançon d'où la vôtre est datée.

LXXIII

Encore le sommeil des moines

A un Religieux.

Flavigny, 15 février 1853.

Mon cher ami,

L'expérience générale, depuis plusieurs années, a prouvé que six heures de sommeil par nuit n'étaient pas suffisantes à nos religieux pour leur santé. Les trappistes eux-mêmes ont sept heures. Ceux qui l'avaient pensé d'abord ont fini par s'apercevoir de leur erreur, et bien que le second sommeil ne soit pas toujours profond, ni même un vrai sommeil, cependant il repose considérablement la poitrine fatiguée de l'office de nuit, et il empêche de commencer la journée trop tôt par deux longues heures d'études ou de méditation. Comme vous le savez, j'aurais mieux aimé un autre ordre qui nous aurait donné une heure de plus le matin ; mais la chose ne s'étant pas effectuée, je ne vois pas le moyen d'échapper à la nécessité de perdre cette heure. Toutefois, mon cher ami, il est possible qu'il y ait à cette nécessité quelque rare exception, et je vous autorise à vous entendre à cet effet avec votre Prieur, qui mieux que moi peut juger des raisons que vous me donnez. S'il vous permet un nouvel essai, ayez soin que l'on ne s'en aperçoive pas, afin que d'autres n'aient pas la tentation de renoncer à une habitude contractée. Il est certain qu'à Flavigny tous les novices se recouchent et s'en trouvent bien. Les santés sont bonnes partout, sauf une ou deux exceptions. Nous n'avons plus heureusement que six semaines de jeûne et d'hiver, et le printemps viendra nous remettre tous à flot.

Mille choses à nos chers enfants.

Je me recommande à vos prières et vous embrasse bien tendrement en Notre-Seigneur.

P.-S. Le P. Rebourseaux va très-bien.

LXXIV

Le dernier degré du bonheur; — la chasteté dans le mariage.

A M. X....

Flavigny, 19 février 1853.

Mon cher ami,

J'ai reçu votre bonne lettre du 14 et les dragées qui l'accompagnaient. Je vous remercie des unes et de l'autre, qui m'ont fait grand plaisir et m'ont rappelé le cordial accueil que vous m'avez fait à X....., dans une occasion récente dont je suis encore tout rempli. Il y a bien longtemps qu'on ne m'avait reçu avec autant d'amitié. Que Dieu bénisse votre seconde petite fille avec le père et la mère.

Je vous engage de nouveau, et de toutes mes forces, à ne point quitter la position où la bonne Providence vous a placé, pour courir après le rang ou la richesse. Lorsque Dieu nous a donné la foi, des affections, une famille, une aisance convenable et un état qui nous occupe utilement, c'est le dernier degré de bonheur où un homme puisse prétendre ici-bas. Tout le reste est chimère et folie. Il n'est permis d'abandonner de si grands biens que pour se dévouer à Dieu tout-à-fait dans les sacrifices surhumains.

Que vous manque-t-il ? L'étude des lettres et de la religion ne suffit-elle pas pour remplir l'âme dans les heures de repos ? Les distractions qui naissent des hommes et des emplois sont-elles comparables à celle-là, qui était recherchée même par les païens les plus illustres, tels que Cicéron ? Vivez où vous êtes ; vieillissez dans des devoirs simples et renouvelés chaque jour, dans votre patrie, au milieu de vos amis, au sein de la paix, des études, de l'honneur et des services rendus. Partout ailleurs, et bientôt, vous ne trouveriez que des regrets. Y a-t-il un spectacle plus triste que celui des fonctions et des affaires publiques ? Pourquoi se jeter dans les pièges d'une mer aussi inconstante et aussi peu honorable ?

Ce que vous me dites du besoin où vous êtes de vous essayer à la chasteté, même dans le mariage, m'a fort réjoui. La chasteté, quoi qu'on fasse, est un devoir de tout chrétien. Le mariage nous dispense de sa pratique absolue, mais non pas de ces retranchements que mille nécessités nous imposent et qui ne sont possibles cependant que dans l'esprit de Dieu, par l'habitude et l'amour de la mortification. La chasteté naît de l'amour de Jésus-Christ, de la contemplation de sa croix, et une fois qu'on l'a goûtée, on y trouve une joie qui surpasse toutes les autres. Les commencements seuls sont difficiles. Que d'époux autrefois se séparaient volontairement, après qu'ils avaient obtenu de Dieu la fécondité ! Ils se reposaient à la fois dans la jouissance de la famille par leurs enfants, et dans la privation par leur bonne volonté. Mais sans aller jusque-là, combien ne peut-on pas faire de sacrifices et sanctifier ainsi cette vie un peu trop molle du mariage ! Puis, les années viennent, les passions s'apaisent, la grâce augmente, et l'on se trouve doucement en harmonie avec les pensées d'un âge qui nous rapproche chaque jour du tombeau. Je vous engage donc, mon cher ami, à travailler en ce sens, et à y travailler avec ardeur.

Je commencerai votre neuvaine le dimanche des Rameaux pour la finir le lundi de Pâques. Ce moment est celui où je serai le plus sûr d'avoir à moi neuf jours de suite.

Adieu, mon cher enfant, mille choses respectueuses à votre mère et à Mme X.... Je vous embrasse cordialement.

LXXV

Le talent et la vocation.

A Monsieur Albert Chauveau.

Flavigny, 3 mars 1853.

Monsieur,

Il n'est pas nécessaire, pour qu'un prêtre soit admis dans notre ordre, qu'il ait déjà prêché avec plus ou moins de succès, mais que ses antécédents prouvent une certaine aptitude, que ses supérieurs, son évêque, en particulier, rendent témoignage de lui, et par dessus tout qu'il ait une sincère vocation à la vie religieuse. Car, eût-il d'incomparables talents, s'il n'a pas le goût de notre genre de vie, elle ne serait pour lui qu'un joug insupportable. Nous ne recevons pas non plus les prêtres qui ont plus de 35 à 36 ans, sauf des raisons très-particulières, parce que l'expérience prouve qu'à un certain âge on ne se plie plus aux règles cénobitiques.

Veuillez, Monsieur, donner ces renseignements à la personne qui vous les a demandés. S'ils lui conviennent, elle se mettra en relation directe avec moi, afin de traiter l'affaire qui l'intéresse.

Quant à la demande de monsieur le curé de Sainte-Magdeleine, je vous prie de vous adresser au R. P. prieur de notre couvent de Paris, le R. P. Aussant, lequel vous dira s'il a quelque prédicateur disponible en ce moment. Ici tous sont en mission.

Veuillez, etc.

LXXVI

La fausse pitié ; — les fêtes de Flavigny.

A madame L. B***.

Flavigny, 25 juillet 1853.

Ma chère cousine,

Monsieur le curé de Bussières m'a remis à Flavigny votre billet du 3 de ce mois. Je suis toujours, par rapport à l'objet dont il est question, dans les mêmes nécessités et dans les mêmes pensées. Aucune démarche ne m'est possible près du gouvernement actuel, et eussé-je quelque moyen d'arriver près de lui avec convenance, je vous l'avoue, ma chère cousine, que je ne sais pas si je voudrais intervertir en faveur de ce pauvre malheureux, non par une mauvaise honte, mais parce que je crois qu'il est bon de le laisser là où il est. Il y a des situations qu'il vaut mieux abandonner au cours ordinaire des choses que de les intervenir en chargeant sa responsabilité. Une fausse pitié amène des maux que l'on regrette trop tard. Mais je n'ai pas à opposer cette raison, puisqu'aucune porte ne m'est ouverte où je puisse faire passer mon crédit.

Nous nous préparons à fêter la Saint-Dominique le 4 août prochain. Messeigneurs de Dijon et d'Autun doivent venir à Flavigny à cette époque, pour la bénédiction d'une chapelle assez considérable que nous avons bâtie, et qui est terminée, non sans faire un grand échec à notre bourse. Nous aurons beaucoup de monde des environs et de nos amis. Quelques jours plus tard, je descendrai à Lyon pour la distribution des prix de notre collége d'Oullins, dont nous allons prendre possession et qui s'est très-bien maintenu cette année dans la main des anciens directeurs, malgré les inconvénients attachés à ces sortes de transformation.

J'ai su tout récemment l'heureuse délivrance de ma belle-sœur Marie. Elle est accouchée d'une seconde fille qui se porte très-bien. Décidément, nous ne sommes pas forts en garçons dans notre branche; Théodore seul a deux fils pour succéder à notre nom. Vous avez été plus heureux de votre côté, quoique pas beaucoup. Télèphe est ravi de se trouver avec Eugène à Fontainebleau; il a des filles qui sont très-bien et font plaisir à voir.

Adieu, ma chère cousine, je vous prie de tous mes compliments affectueux pour mon cousin B*** et pour tous les membres de notre famille qui sont près de vous. Je ne les oublie point et m'informe d'eux toutes les fois que j'en ai l'occasion.

LXXVII

Laissez faire Dieu; — la Saint-Dominique à Flavigny; Oullins.

A un Religieux.

Flavigny, 29 juillet 1853.

Mon bien cher Père,

J'avais reçu du frère X*** une lettre qui m'annonçait ce qui est contenu dans la vôtre à son sujet, et qui ne m'a point étonné. Ce bon frère est la victime d'une impatience fébrile d'agir, augmentée encore par l'antipathie qu'il a pour la méthode de nos écoles catholiques. Il est tout-à-fait inconstant et opiniâtre, inconstant dans ses pensées, opiniâtre dans la volonté d'en suivre une, jusqu'à ce qu'il l'ait épuisée par l'expérience. J'ai cru d'abord, en cédant à quelques-uns de ses désirs, lui rendre plus facile l'accomplissement de ses devoirs ; mais je me suis aperçu que cette condescendance ne menait à rien, et qu'il en revenait toujours à l'idée d'être mis en mesure, par des ordinations précipitées, d'agir dans le sens que son imagination lui présente comme étant sa vraie vocation. Dès lors, j'ai renoncé à la voie que j'ai suivie d'abord, et je l'ai mis tout simplement à Chalais pour y suivre le cours ordinaire des études, sauf à les abréger pour lui, s'il travaillait sérieusement à sa théologie. Maintenant, ne sachant plus où se tourner, il demande de l'activité comme frère convers. Le Révérendissime vicaire-général en décidera. Je l'ai instruit du caractère et de la situation du frère X***.

Pour vous, mon cher Père, ne vous en tourmentez point trop. Priez pour lui et laissez faire à Dieu. Dans tous les cas, ce pauvre frère est un homme sincère et délicat, incapable de retourner au mal, et qui ne fera du tort qu'à lui-même. Il suffit que, devant Dieu, nous ayons fait pour lui tout ce qui était humainement et canoniquement possible. Quand l'homme ne peut plus rien, il faut qu'il s'abandonne en paix à la miséricorde divine.

Tout se prépare pour la bénédiction de notre chapelle et la fête de Saint-Dominique. Les travaux seront achevés ce soir ou demain. Messeigneurs les évêques de Dijon et d'Autun nous viennent très-certainement, d'après ce qu'ils m'ont écrit. On ne recevra au réfectoire que des personnes invitées, ce qui diminue de beaucoup nos soins et nos embarras.

Tout va bien partout. Le R. P. Souaillard vient de prêcher avec succès, à Toulouse, la neuvaine de saint Thomas d'Aquin.

Bien des choses à nos Pères et à vos chers enfants. Dites-moi dans votre prochaine lettre si le frère Minjard continue à souffrir de la tête.

C'est le 15 août, jour de l'Assomption, que nos tertiaires enseignants prononceront leurs vœux dans la chapelle d'Oullins, et le 17, à la distribution des prix, qu'ils prendront possession de l'établissement. Je les recommande à vos prières. Ce sont de bien bons religieux, et à qui leur noviciat a profité. D'autres vont prendre leur place durant les vacances.

Tout à vous, mon bien cher Père, en Notre-Seigneur.

LXXVIII

Le feu et la flamme; — les prix à Oullins; — une retraite.

A monsieur N***.

Oullins, 18 août 1853.

Mon cher ami,

J'ai dit pour vous les deux messes que vous m'avez demandées par votre lettre du 2 août, et j'ai bien prié Dieu de vous donner tout ce dont vous avez besoin pour achever la sanctification de votre âme. Il me semble que vous avez des instincts religieux très-prononcés, mais qu'il vous manque un peu la persévérance dans les exercices réguliers, tels que la prière, la lecture, la méditation, la pénitence et qu'ainsi le feu surnaturel qui est en vous s'évapore aisément ou ne produit pas toute la flamme qu'il pourrait produire. Cela est difficile, je le sais, au milieu du monde, mais cela n'est pas impossible, et c'est se priver d'un grand bonheur, parce que c'est se priver d'un grand amour.

Nous avons eu une très-belle Saint-Dominique à Flavigny. Notre nouvelle chapelle a été bénie par NN. SS. les évêques de Dijon et d'Autun; près de deux cents ecclésiastiques s'étaient joints à eux, et un très-grand nombre de laïques. De là je suis venu à Oullins, où nos quatre premiers tertiaires enseignants ont prononcé leurs vœux le jour de l'Assomption. Hier a eu lieu la distribution solennelle des prix et notre prise de possession définitive de l'établissement. La foule était très-nombreuse et très-sympathique. Selon toute apparence, le Tiers-Ordre enseignant va se développer lentement, mais avec sécurité et succès. Priez bien Dieu pour lui.

Le R. P. Danzas, que vous me nommez, achève en ce moment une saison aux eaux de Plombières. Je vous remercie du bon accueil que vous avez fait au R. P. Monjardet à son dernier passage à X...; il vous garde un très-bon souvenir et vous offre ses compliments.

Quant à moi, mon cher ami, je m'attache de plus en plus à votre âme et voudrais lui faire du bien. Ce serait une bonne chose que, chaque année, vous fissiez à Flavigny une retraite de quelques jours pour vous retremper. Trois suffiraient avec deux pour l'aller et le retour, ce qui ne saurait déranger beaucoup vos occupations ni vos projets de famille. Pensez à cela, et n'ayez pas trop peur de notre régime.

Je vous embrasse et vous renouvelle l'expression de mes sentiments affectueux.

P.-S. Mille respects, je vous prie, à madame N... et à madame votre mère.

LXXIX

Un religieux malade; — la solitude à Toulouse.

Toulouse, 26 novembre 1853.

Mon bien cher Père,

J'ai reçu votre lettre du 2 de ce mois au sujet du frère X.... Après y avoir bien pensé, j'ai écrit au R. P. Cédoz, prieur d'Oullins, de recevoir et de soigner ce pauvre frère, et d'autre part, j'ai mandé au R. P. Roussot qu'il me semblait convenable de ne pas procéder encore à la demande de sécularisation. La maladie du frère X... est singulière; elle sort de l'ordre accoutumé, et il est possible que cette espèce d'intempérance dans la nourriture cesse après quelque temps d'un autre régime, comme les migraines du frère Minjard ont fini par céder à l'action du temps et des remèdes, ainsi qu'il me le mande dans une lettre qui m'est venue en même temps que la vôtre. Il y a dans le frère X... d'excellentes choses que vous y avez remarquées et qui ont déterminé son admission; mais il a des singularités de corps et d'esprit. S'il parvient à recouvrer la santé, j'ai l'espérance qu'il reviendra volontiers au couvent et que le reste de ses bizarreries s'affaiblira progressivement. Tranquille et soigné à Oullins, il n'y a rien à craindre dans un retard. Si le mal persévère, nous agirons avec une connaissance de cause plus entière, et la sécularisation aura une base tellement certaine que la conscience de ce pauvre frère en sera rassurée davantage.

Les bonnes nouvelles que vous me donnez de nos étudiants m'ont ravi. Je suis souvent au milieu d'eux, et, quand il fait beau, je me transporte par la pensée à leur promenade de Bellevue, après le dîner. Chalais est maintenant la maison la plus proche de moi, et quand les chemins de fer du midi auxquels on travaille seront achevés, il ne faudra que treize à quatorze heures pour s'y rendre. Veuillez dire à vos enfants combien je les porte dans mon cœur, et quelle peine j'ai ressentie de me trouver seul, loin d'eux tous et de nos Pères, dans une ville où je n'avais ni amitiés, ni relations. Heureusement le bon frère Cartier est venu me rejoindre et adoucir ainsi les peines de l'attente. C'est le 30 décembre, après l'arrivée de nos Pères, que Mgr l'archevêque bénira notre chapelle et nous installera. La maison sera prête entièrement pour cette époque.

Ci-joint un mot pour le frère Saint-Mard, je veux dire pour le frère Minjard.

Je vous embrasse en Notre-Seigneur, ainsi que tous nos enfants, et vous renouvelle, mon bien cher Père, l'expression de mes sentiments affectueux.

LXXX

Les conférences de Toulouse; — la sève spirituelle.

A monsieur X***.

Toulouse, 4 janvier 1854.

Mon cher ami et cher enfant,

Je voulais vous remercier de la bonne et aimable surprise que vous m'avez faite, il y a deux mois, lorsque j'ai traversé X... Elle m'a bien vivement touché, en me prouvant votre affection filiale pour moi. Je ne sais maintenant quand je vous reverrai, tant nous sommes loin. La maison de Toulouse est fondée. Mgr l'archevêque est venu la bénir le 30 du mois dernier, et les religieux que j'attendais sont avec moi. Cette maison est très-commode et convenable; la chapelle seule est un peu étroite; heureusement nous avons de l'espace pour en bâtir une de trente pieds de large sur soixante de long. C'est tout ce qui nous suffira. On parait bien disposé pour nous.

Mes Conférences vont reprendre leurs cours dimanche prochain, L'auditoire ne sera pas celui de Notre-Dame; mais il sera encore considérable, et composé outre une jeunesse nombreuse, d'un grand nombre d'hommes cultivés, qui plus qu'ailleurs ont conservé le feu sacré des lettres et du goût. Toulouse est la seule grande ville de

France après Paris où le commerce n'a pas étouffé toutes les autres classes de la société.

Vous êtes aussi maintenant, je le pense, dans votre nouvelle maison. Je m'en réjouis, parce qu'il me semble que vous serez un peu plus à l'aise. Ce doit être une occasion pour vous de régler définitivement votre vie sous tous les rapports, pour la prière, les sacrements, la pénitence, les bonnes œuvres. Je crois qu'il y a en vous une grande sève spirituelle, si vous prenez la peine de la cultiver. C'est la persévérance qui manque le plus aux âmes comme la vôtre. Elles ont de l'ardeur et du goût pour le bien; mais elles ne soutiennent pas leur vol, et ainsi leurs aspirations ne les établissent pas dans une région permanente et calme.

Je vous souhaite une heureuse année, heureuse devant votre conscience et devant Dieu, et vous renouvelle l'expression de mes sentiments affectueux et dévoués.

P.-S. Mille choses respectueuses, je vous prie, à madame X... et à madame votre mère.

LXXXI

La pénitence du travail : — une position civile ; — une retraite à Flavigny.

Au même.

Toulouse, 10 février 1854.

Mon cher ami et mon cher enfant,

Votre lettre du 9 janvier dernier m'a causé une très-sensible joie, non-seulement parce qu'elle m'a apporté une preuve de votre tendre et persévérante affection, mais parce que j'y ai vu aussi l'assurance du progrès que vous avez fait dans la vie chrétienne, progrès qui n'est pas à son terme et qui vous donnera un jour de plus vives consolations que celles dont vous avez joui jusqu'à présent. Ce n'est pas sans raison que Dieu a transféré votre maison au pied des tours de Saint-N*** ; c'est une figure de ce qu'il attend de vous.

La question qui vous préoccupe au sujet de l'emploi de votre vie est très-grave. La loi générale de la Providence est que chaque homme sur la terre remplisse une fonction utile, qui le détourne de la paresse, des plaisirs amollissants, et lui fasse accomplir dans son corps et son âme la pénitence du travail qui est la première de toutes. Mais cette fonction n'est pas nécessairement une fonction civile pas plus qu'elle n'est nécessairement un métier; tous ne sont pas appelés à labourer la terre, et pas davantage à plaider ou à juger. Il est possible d'avoir une vie très-occupée en étudiant et en écrivant. Toutefois c'est l'exception, parce que le talent d'écrire est rare, et que, d'un autre côté, l'état de fortune de la plupart des hommes ne leur permet pas de se livrer à une occupation très-peu lucrative, comme celle de publier des livres consciencieusement préparés.

Quant au talent, je suis porté à croire que vous en avez les éléments principaux, de l'imagination, du cœur, du feu, une intelligence prompte et vive, et sous ce rapport, ne devinssiez-vous pas un écrivain de premier ordre, vous pourriez toujours rendre de très- appréciables services. Reste la question de fortune. Autant que j'en puisse juger par ce que vous m'avez dit, il est certain que vous n'êtes pas à la merci d'une cause gagnée ou perdue ; mais votre famille s'accroîtra, vous aurez à pourvoir au sort de vos enfants, et une position civile honorable est toujours dans un père de famille une grande ressource pour l'avenir de sa postérité. Il y a donc lieu à une sérieuse considération sous ce point de vue. Rien n'est d'ailleurs à précipiter. Si nous pouvons nous rencontrer à Flavigny aux vacances prochaines, nous aurons tout le temps de discuter cette question.

L'idée de cette retraite annuelle me plaît beaucoup. Un homme du monde, plus qu'un religieux même, a besoin de se recueillir et de se retremper une fois l'an. Flavigny d'ailleurs n'est pas très sévère, le grand air et la promenade peuvent y donner quelques relâches aux fatigues de la méditation.

Le R. P. N***, qui vous donne le carême à X***, est un bon religieux et un homme de quelque talent. Je vous prie de l'accueillir et de lui communiquer tous les renseignements dont il aura besoin pour se diriger dans le cours de son apostolat. Je lui donnerai un mot pour vous.

Notre maison de Toulouse va bien sous tous les rapports, et il est impossible que saint Dominique et saint Thomas d'Aquin ne la protégent pas. Vous y avez apporté votre petite pierre dont je vous remercie.

Adieu, mon cher enfant. Tous les souvenirs que vous me rappelez dans votre lettre sont les miens, et c'est bien tendrement que je vous aime en Celui qui nous a rapprochés et unis.

LXXXII

Les idées qui effarouchent; — l'esprit du monde et l'amour de Dieu.

Au même.

Flavigny, 3 mai 1854.

Mon cher ami,

Votre lettre du Samedi-Saint m'est parvenue par le R. P. X***, que je n'ai pas vu cependant; nous nous sommes croisés sur la Saône, il y a peu de jours, et je n'ai pu savoir de lui de vive voix ce qui vous concernait. Heureusement votre bonne et longue lettre y a suppléé. C'est avec grand plaisir que j'ai appris votre entrée dans le Tiers-Ordre de saint Dominique. Ce sera un lien de plus entre vous et nous, et pour vous-même un moyen de sanctification, si vous êtes fidèle aux règles et à l'esprit de ce rameau béni de notre saint Ordre. L'on m'a dit que l'on avait été fort effarouché à X..., de votre prise d'habit; il ne faut pas s'en étonner. L'absence des Ordres religieux, pendant cinquante ans, avait complétement fait disparaître toutes les traditions de ce genre, et les idées dont on n'a plus l'habitude et l'exemple effarouchent naturellement lorsqu'elles viennent à se produire. Je suis bien aise que madame N*** vous ait approuvé, et, dans le fait, on ne voit pas ce qu'une femme chrétienne peut perdre à ce que son mari s'attache à Dieu par des liens plus étroits. C'est l'esprit du monde qui affaiblit ou détruit les affections; l'amour de Dieu, en accroissant en nous la pureté, ouvre une porte plus large à tous les sentiments vrais et sérieux, et certainement plus vous serez saint, plus vous aimerez la compagne de votre vie.

Je vais partir pour Paris directement, et après quelques jours donnés à l'amitié et aux affaires, je retournerai à Toulouse en suivant la route de Bordeaux. J'ai eu envie de vous donner avis de mon passage à Dijon; mais outre que j'étais incertain du moment précis, j'aurais craint de vous détourner de vos occupations pour une entrevue très-courte. Au commencement de septembre, nous tiendrons notre chapitre provincial à Flavigny, et alors il me sera possible de vous donner un rendez-vous sérieux.

En attendant, je me recommande à votre souvenir devant Dieu, et vous renouvelle l'expression de ma bien cordiale amitié.

LXXXIII

Les faiblesses d'auteur.

A Mlle M*** de Saint-Juan.

Paris, 9 mai 1854.

Mademoiselle,

M. Raymond de Villeneuve m'a communiqué le *Souvenir* de mon discours de Saint-Michel en 1853 (1). Je n'ai pas voulu le lire, de peur d'être séduit et contraint, malgré moi, de céder à un désir auquel, en toutes circonstances, je me suis toujours refusé. C'est peut-être superstition ou orgueil; mais je me sens une répugnance invincible à reconnaître pour mien ce qui n'est pas directement émané de ma plume, si habile et brillante que soit celle qui veut exprimer ma pensée. Je vous prie donc, mademoiselle, d'être assez bonne pour me pardonner cette faiblesse que j'expierai probablement dans l'autre monde, et d'autant plus que c'est vous qui aurez voulu revêtir mes idées d'un mérite que j'aurais dû saluer avec reconnaissance.

Je suis avec respect,

Mademoiselle,

Votre très-humble et très-obéissant serviteur.

(1) V. le Discours à l'Appendice, ainsi que celui qu'a prononcé le P. Lacordaire à la bénédiction de l'Église de Flavigny. C'est le P. Lacordaire... et ce n'est pas le P. Lacordaire; mais j'ai entendu l'un des deux discours, celui de Saint-Michel, et je l'ai retrouvé dans les Notes de mademoiselle de Saint-Juan. Voilà pourquoi je veux, en le reproduisant, que d'autres en jouissent encore avec moi, toutes réserves faites dans le sens ou plutôt dans le désir de la lettre ci-dessus.

LXXXIV

Nature et virginité.

A M. le docteur Dufieux. (1)

Toulouse, le 31 juillet 1854.

Monsieur,

J'ai lu votre ouvrage *Nature et Virginité*, et je m'empresse de vous en témoigner toute ma satisfaction. Vous avez appuyé d'arguments tirés de la science une thèse moralement évidente, mais que la passion attaquera jusqu'à la fin du monde, et vous l'avez fait avec une clarté, une mesure, une prudence, un talent que j'ai sincèrement admirés. Malgré les détails techniques nécessaires, il ne me semble pas que votre livre puisse blesser un cœur pur. Vous avez dit ce qu'il fallait pour être entendu des savants, et votre science est demeurée assez chaste pour instruire sans péril, il me semble, ceux qui ne sont pas initiés aux mystères du corps humain.

Vous avez donné à ma conviction des preuves qu'elle ne connaissait pas, qui m'étaient personnellement inutiles, mais qui éclaireront des esprits plus sensibles aux démonstrations scientifiques qu'aux raisons tirées de l'expé-

---

(1) A qui nous empruntons cette lettre, ne fût-ce que pour louer son beau travail : *Nature et virginité*.

rience et de l'ordre moral, que, du reste, vous n'avez pas négligées. C'est un service éminent rendu à une vertu qui est la base même de la régénération de l'humanité. L'humanité monte ou descend par le degré même où sa continence s'accroît ou s'abaisse parmi les hommes : elle est le principe de toute foi, de toute force, de toute incorruptibilité, et un peuple qui l'a perdue ne peut échapper à la décadence et à la servitude. Comment serait-elle donc, cette vertu, un crime contre nature? C'est l'incontinence qui est contre nature, la suite et la punition du péché, le plus horrible désordre légué à la race humaine et une marque évidente de sa dégradation.

Il n'est pas même vrai de dire que la continence est difficile à la plus grande partie de notre espèce. Les femmes, vous l'avez remarqué, la supportent généralement avec une facilité bien honorable pour elles, et qui s'explique par la sensibilité même dont elles ont reçu le don. Plus le cœur est aimant, moins il cherche les plaisirs du corps, et, réciproquement, plus le corps est chaste, plus le cœur devient délicat et tendre. Je n'ai pas rencontré un jeune homme aimant parmi ceux qui se livrent aux débauches de l'imagination et des sens.

Les femmes ne sont pas les seules à qui la continence soit facile. J'ai souvent été étonné du peu qu'il faut pour arracher un jeune homme à la dépravation. La fuite des mauvaises compagnies, la cessation des lectures dangereuses, une vie sobre, un travail sérieux, la pratique suivie de la prière, de la confession, de la communion et des œuvres de charité, suffisent pour transformer des cœurs, qui se croyaient incurables, et ceux qui ne se corrigent pas ou que peu, le doivent à une vie désœuvrée et pleine de délices. Il peut y avoir des exceptions qui tiennent à la nature du tempérament, mais je suis convaincu qu'une grande partie des hommes vivrait aisément dans la continence absolue si elle vivait chrétiennement.

Quant aux affirmations de M. le docteur Lallemand sur les effets de la continence dans le sacerdoce, c'est une bien triste aberration. On parle des constitutions maladives, tout prêtre qui n'est pas chaste n'a pas vécu *même chrétiennement;* il n'a eu ni sobriété, ni travail sérieux, ni fuite des occasions, ni habitude de la méditation et de la prière, ni goût de la pénitence; entré sans vocation dans la milice sainte, il y a vécu en profane et succombé en indigne. Que si quelques-uns souffrent, par suite de la continence, de quelques infirmités, c'est une rare exception, et la longévité du prêtre et des religieux témoigne assez que cette vertu, qui est un principe de vie spirituelle, est aussi la plus admirable hygiène pour le corps.

Vous avez dit tout cela, monsieur, beaucoup mieux que moi, et je ne fais qu'ajouter le témoignage de mon expérience à l'autorité de vos déductions scientifiques.

Veuillez agréer tous mes remerciements de votre beau et excellent travail, ainsi que l'hommage des sentiments très-distingués avec lesquels j'ai l'honneur d'être, monsieur, votre très-humble et très-dévoué serviteur.

LXXXV

Les ombrages de Sorèze; — le maître d'école.

*A Monsieur N****

Sorèze, 15 août 1854.

Mon cher ami,

Votre lettre du premier de ce mois est arrivée à temps pour la Saint-Dominique, avec le présent qu'elle contenait et dont je vous remercie. Depuis j'ai quitté notre petite maison de Toulouse, et me voici, habitant cette magnifique école de Sorèze, dans un pays plein d'aspects variés, sous des ombrages que nous donnent de très-grands, très-vieux et très-beaux arbres. Je voudrais vous y recevoir; mais nous sommes maintenant séparés par des espaces que le cœur seul franchit aisément. Il ne me reste plus qu'un seul mois de provincialat et un séjour à Flavigny pour notre chapitre et ma rencontre avec vous. J'y arriverai le 5 septembre et j'en repartirai le 17. Voyez si cet intervalle peut vous convenir. Vous n'avez que six heures de X... à Dijon et deux de Dijon à Flavigny. Ne fussiez-vous que vingt-quatre heures avec nous, je vous y ferai mes adieux pour un temps dont il est impossible de prévoir le terme. Tous mes voyages se borneront désormais à aller de Sorèze à Oullins, et Oullins est trop loin de vous, malgré le chemin de fer, pour espérer que vous viendrez m'y chercher. Profitez-donc de cette dernière occasion. Je ne vais plus être qu'un maître d'école, cloué sur des bancs, obscur et oublié, mais enseignant encore la jeunesse, cette fonction des brillantes années de ma vie où je vous ai connu, et à qui vous êtes demeuré fidéle.

Ce que vous me dites de votre progrès dans la vie spirituelle m'a ravi. Il me semble que vous irez plus loin encore, quoique sans sortir du monde. Dieu vous a pris de loin; il vous a attendu, puis enfin saisi, et j'espère qu'il ne vous lâchera pas jusqu'à ce qu'il ait fait de vous un saint.

Veuillez présenter mes hommages respectueux à madame N***. Je bénis vos petits enfants, et vous embrasse de cœur comme un ami sincère et fidèle.

P.-S. Je vous envoie deux prospectus de Sorèze, en cas que vous ayez occasion de les communiquer utilement.

LXXXVI

Les liens du magistrat; — les feux des passions; — l'épine inévitable.

A Monsieur X***.

Sorèze, 9 janvier 1855.

Mon cher ami,

Je ne suis pas étonné des luttes intérieures que vous éprouvez, soit du côté de l'ambition, soit du côté des sens. Si vous aimiez votre état vous ne regarderiez point ailleurs; mais ne l'aimant pas, et d'une autre part, n'en ayant pas un besoin rigoureux, il est naturel que les premières ouvertures qui se présentent vous agitent l'esprit. Je ne puis, à ce sujet, que vous redire ce que déjà je vous ai exprimé. Pour moi, une profession indépendante et utile est supérieure à tout. Sans doute la magistrature assise est inamovible; mais que de liens enchaînent le magistrat à des circonstances pénibles et humiliantes! Ce sont des serments à prêter à chaque révolution, des adresses à signer, des visites à faire à des gens qu'on n'estime point; tandis qu'un avocat demeure chez lui, entre ses clients et le barreau, sans avoir rien à démêler avec les nécessités variables de la politique. Et puis, en quoi siéger sur un fauteuil pendant des heures entières, est-il plus agréable que de parler debout en faveur d'une cause juste? Je ne le vois pas. Auriez-vous plus de temps à donner à la littérature? Je ne le pense pas davantage. Outre la fatigue de siéger chaque jour, vous auriez des rapports à faire, des assises à présider, des devoirs de toute nature à remplir. Vous avez, au moins, comme avocat, autant de loisirs à consacrer aux lettres que si vous étiez magistrat.

Quant aux feux des passions, vous avez passé de longs jours dans la paix, et vous avez pu voir qu'il n'est pas impossible de prendre un grand et tranquille empire sur soi. Les orages ne sont plus qu'un exercice de la vertu, et lorsqu'on les surmonte une fois, il devient beaucoup plus facile de les surmonter une seconde. C'est le moment de s'armer de la pénitence et de faire une rude guerre à son corps, selon cette parole de l'apôtre saint Pierre, qui m'a toujours beaucoup frappé : *Christo igitur passo in carne, et vos eadem cogitatione armamini, quia qui passus est in carne desiit a peccatis.* Vous remarquez vous-même, que la seule présence de votre ceinture du Tiers-Ordre vous est un secours dans ces moments-là, et la tradition de tous les saints est d'accord avec ce que vous éprouvez.

Je ne vous parle pas de vos peines de ménage. Elles exigent beaucoup de patience pour ne pas les grossir et les multiplier. *Habebunt tribulationem hujusmodi*, disait l'apôtre saint Paul. Vous commencez à le sentir, et où est l'état d'ailleurs qui soit exempt de peines, de soucis, d'inquiétudes, de combats, de craintes; la croix nous atteint quelque part que nous voulions nous abriter. C'est l'épine inévitable, parce qu'elle vient de Dieu, soit qu'il l'envoie, soit qu'il la permette. Portez donc la vôtre, mon cher ami, avec cet avantage que vous savez d'où elle vient et quelle est son utilité.

Je bénis vos petits enfants et vous même, vous souhaitant une année de progrès et de contentement en Dieu.

Mes hommages, je vous prie, à Mme X***.

Je vous embrasse et vous renouvelle l'expression de tous mes sentiments affectueux et dévoués.

LXXXVII

Le Tiers-Ordre enseignant; — Sorèze qui se relève; — le retour à Dieu dans la vieillesse.

———

A M. Eugène Lacordaire.

Sorèze, 7 mai 1855.

Mon cher cousin,

Je vous remercie de ne m'avoir pas oublié et de la bonne nouvelle que vous me donnez de la naissance de votre petite Françoise. Je prie Dieu de la bénir et de vous rendre heureux par elle.

Quant à moi, mon cher cousin, je vous écris d'une maison d'éducation fort célèbre, l'école de Sorèze. J'y suis depuis bientôt une année, et il est probable que j'y resterai longtemps, si toutefois l'on peut répondre de quelque chose ici-bas. Il ne s'agit pas seulement pour moi de la direction d'un collége, mais de la fondation d'une branche de notre Ordre destiné à l'enseignement sous le titre de *Tiers-Ordre enseignant de Saint-Dominique.*

Les bases de cette œuvre ont été posées dès 1852 à Flavigny, et avant d'avoir Sorèze, nous avions déjà un collége près de Lyon, à Oullins. Oullins est un bourg à trois kilomètres de Lyon, sur les hauteurs qui couronnent la rive droite du Rhône. C'est à Sorèze qu'est établi le noviciat et j'y ai déjà dix novices.

C'est une occupation toute nouvelle pour moi, que la conduite d'un collége. Celui de Sorèze était bien tombé.

Il se relève à vue d'œil. Dès la première année, c'est-à-dire à la rentrée dernière, nous avons eu cinquante nouveaux élèves, ce qui a porté leur nombre à cent soixante-quatre, et l'on nous annonce de tous côtés une moisson plus considérable pour l'année prochaine. L'esprit des élèves a beaucoup gagné sous tous les rapports, et l'opinion publique nous est devenue très-favorable. C'est, du reste, une magnifique maison que Sorèze, et dans une situation admirable. Elle a un parc, trois cours plantées d'arbres, une chapelle et des bâtiments qui ont contenu jusqu'à quatre cent trente élèves. Je vous envoie un prospectus qui vous donnera l'idée du reste.

Vous m'avez fait bien plaisir en me disant que votre bon père avait des sentiments religieux. Il faut beaucoup prier pour lui, afin que Dieu lui fasse la grâce de ne pas demeurer dans le vague, mais d'arriver à l'union pratique avec Notre-Seigneur. C'est un pas difficile à franchir à un certain âge, lorsqu'on n'a plus le feu et la simplicité de la jeunesse ; mais Dieu est le maître des cœurs, et pour peu qu'il y trouve de bonne volonté, il y fait son œuvre (1). Il y a dix ans passés que j'ai vu Bussières, et je ne sais quand je le reverrai : mes occupations ici sont multipliées et exigent une résidence continue, c'est pourquoi je n'ai guère l'espérance de vous revoir prochainement, à moins que vos fonctions vous appellent dans le Midi, ce qui n'est pas probable.

Adieu, mon cher cousin ; présentez, je vous prie, mes compliments à ma cousine, et soyez assuré des bons sentiments d'affection que je vous conserve.

---

(1) M. Alexandre Lacordaire, redevenu tout-à-fait chrétien, est mort à Bussières en 1868, deux ans après son fils. Dieu *avait fait son œuvre*, en appelant à toute sa lumière cet homme d'une bonne volonté rare et d'un dévouement que Bussières n'oubliera jamais.

LXXXVIII

Le soupir des âmes; — le poids de la parole.

A monsieur Delpech, professeur à la faculté de droit de Toulouse.

Sorèze, avril 1855.

Monsieur,

Deux cents jeunes gens, à peu près, des facultés de l'Académie de Toulouse, m'ont fait l'honneur de m'inviter à reprendre le cours des conférences que je donnais, il y a un an. Comme aucun d'eux n'a signé d'une manière distincte des autres, j'éprouve quelque peine à leur transmettre ma réponse; mais le souvenir de vos bontés pour moi me persuade que vous ne refuserez pas d'être mon interprète auprès d'eux. La plupart sont vos élèves; ils vous voient presque chaque jour, il vous sera facile de leur transmettre une communication que je suis heureux de vous confier.

Ce n'est pas la première fois que je suis l'objet de démonstration semblable à celle dont vient de m'honorer la jeunesse de Toulouse, mais celle-ci m'est plus sensible parce qu'étant plus vieux, je m'en vais naturellement à l'oubli. Je voudrais donc bien, Monsieur, tenter de nouveau mes forces, et correspondre à l'empressement qui m'est montré. Jamais le soupir des âmes ne m'a trouvé sans émotion et sans le désir du dévouement. Mais, vous le savez, l'homme n'est pas assez vaste pour suffire à plusieurs grands devoirs. La Providence, après m'avoir permis de rétablir en France l'Ordre des Frères-Prêcheurs, m'a conduit, presque malgré moi, à rattacher sur ce vieux tronc une branche destinée à l'enseignement littéraire et scientifique. L'école de Sorèze m'a été offerte ; je l'ai acceptée ; j'y suis, j'y dirige un noviciat en même temps qu'un collége. Jugez s'il me reste un jour et une heure pour les consacrer aux travaux de l'apostolat public. J'ai trop connu pendant vingt ans le poids de la parole pour m'y exposer, déjà flétri, sans être sûr de mes forces et de mon temps.

Veuillez donc, Monsieur, dire à vos élèves que j'ai reçu leurs lettres et que j'en suis touché, mais que la destinée, comme auraient dit les anciens, ne permet plus à mon âme d'ébranler la leur. Dieu m'impose des devoirs obscurs ; il faut que je les aime et que j'oublie le passé. Mais cet oubli n'emporte pas la ruine de mon affection pour la jeunesse, je la retrouve ici et je la vois déjà de loin sur les bancs où elle m'écoutait autrefois, où elle veut bien me regretter, et où Dieu lui suscitera des maîtres plus dignes que moi de lui donner des leçons.

J'ai l'honneur d'être, avec une haute considération, Monsieur, votre très-humble et très-obéissant serviteur.

M. Delpech, l'ancien et vénéré doyen de la faculté de droit de Toulouse, a bien voulu m'autoriser à reproduire ici cette lettre. « J'aime à me rappeler, — m'écrivait-il de sa re-
« traite, — les vives sympathies dont le P. Lacordaire
« fut entouré à Toulouse par la jeunesse, même avant de
« monter dans la chaire de Saint-Etienne. Il venait d'ar-

« river. Accompagné de deux de mes collégues, je l'invi-
« tai à la séance solennelle de rentrée de nos écoles.
« M. Sauvage (1), dans son compte-rendu, eut un compli-
« ment bien senti à son adresse, qui fut accueilli par un
« tonnerre d'applaudissements. Ce fut le prélude de ses
« succès dans notre ville. C'est une bonne pensée de re-
« cueillir les traits épars de ce grand génie. C'est dans sa
« correspondance privée que se révèlent les sentiments
« intimes de ce noble cœur... »

---

(1) M. Sauvage, ancien doyen de la faculté des lettres de Toulouse.

LXXXIX

Les colléges ecclésiastiques; — Dieu qui s'agrandit; — l'apostolat du père de famille.

A monsieur X***.

Sorèze, 11 juin 1855.

Mon cher ami,

On m'avait déjà parlé du collége de Saint-D....., et, comme vous, je trouve la situation très-acceptable; la difficulté vient de notre petit nombre dans une œuvre naissante, et, de plus, d'autres offres qu'on nous a faites antérieurement. Songez que le Tiers-Ordre enseignant n'a que trois ans d'existence, et que déjà il est à la tête de deux maisons de premier ordre. En cet état, ce serait de notre part plus qu'une témérité de nous charger d'une nouvelle œuvre, une troisième très-importante étant déjà en vue et acceptée. Veuillez dire notre impuissance à monsieur L..... et le remercier très-cordialement de ma part de sa bonne pensée pour nous. Ce n'est pas légèrement que je vous écris de la sorte, ni par le désir de faire de la diplomatie, mais par nécessité. Encore même que quatre ou cinq ecclésiastiques du collége de Saint-D..... devinssent des nôtres, cela ne servirait à rien pour le moment, puisqu'il faudrait qu'ils fissent leur noviciat et se rendissent à Sorèze dans cette intention. De tous côtés on nous fait des offres semblables, et par la même raison. Les collèges fondés par des ecclésiastiques ne tiennent qu'à un homme, et encore cet homme manque-t-il presque partout, en sorte que l'anarchie y règne et y empêche toute espérance fondée d'un solide avenir. Notre difficulté n'est donc pas d'avoir des maisons, mais des hommes pour les gouverner. Nous comptons sept novices en ce moment; c'est beaucoup sous un rapport, et bien peu sous un autre.

Vous avez bien fait de ne pas prononcer vos vœux de tertiaire séculier. C'est un engagement considérable, et qui exige des dispositions assurées. Les vôtres sont très-bonnes, il est vrai, mais votre vertu n'a pas encore assez l'épreuve du temps et du progrès. Elle croîtra peu à peu, n'en doutez pas, comme tout ce qui vient sous l'œil de Dieu et l'action de la grâce. Le monde diminuera de plus en plus dans votre affection; Dieu et Notre-Seigneur s'y agrandiront; et un jour viendra où le dévouement des promesses religieuses ne sera plus pour vous qu'une force et une consolation.

En attendant, je remercie Dieu des bénédictions qu'il vous envoie dans votre famille, et je le prie de donner sa grâce à l'enfant qui vous est annoncé comme à ceux que vous avez déjà. Si votre apostolat ne s'étend par sur le monde, il a néanmoins un cercle bien doux où s'exercer. Vous aurez le bonheur d'avoir des enfants pieux, servant Dieu avec vous, à qui vous léguerez le trésor de vos mérites comme un patrimoine plus précieux que celui de la terre.

Veuillez présenter mes hommages à madame X***. Vous savez combien je vous suis attaché, et je n'ai pas besoin de vous renouveler l'expression de tous mes affectueux sentiments.

XC

Souvenirs de jeunesse; — le Tiers-Ordre.

A Mademoiselle H. M...

Sorèze, 27 septembre 1855.

Mademoiselle,

J'ai été peiné, en recevant votre lettre, de n'avoir pas été prévenu du désir que vous aviez de me voir pendant mon séjour à Bourges. Si je l'avais connu, je me serais empressé de me rendre près de vous, car je n'ai point oublié, si anciens qu'ils soient, les rapports qui ont existé entre votre famille et la mienne. Ma mère m'a souvent parlé de la vôtre qu'elle voyait à Recey, mon pays natal, et que j'ai vue moi-même à Dijon un peu plus tard. Vous aviez un frère qui suivait en même temps que moi les cours du collège de Dijon et qui s'appelait Achille, si je ne me trompe. Tout cela est bien éloigné, mais il m'est demeuré présent. C'est pourquoi j'ai été peiné de n'avoir pas su le désir où vous étiez de me voir.

Quant à ce qui fait l'objet de votre lettre, c'est-à-dire à l'intention où vous êtes d'entrer dans le Tiers-Ordre de Saint-Dominique, si vos infirmités vous le permettent, il n'y a à cela aucune difficulté. Votre confesseur pourrait vous dispenser de toutes les pratiques qui sont au-dessus de vos forces, telles que l'abstinence et le jeûne. Il n'est pas nécessaire que la ceinture se porte de manière à affecter le corps, et si de quelque manière que ce soit, elle vous gênait, vous pourriez aussi en être dispensée : il en est de même de l'office : la règle suppose qu'on le remplace par un certain nombre de *Pater* et *d'Ave Maria,* et par conséquent la femme de chambre, dont vous me parlez, ne rencontrerait aucun obstacle à sa réception dans cette circonstance qu'elle ne sait pas lire.

Permettez-moi de me recommander à vos prières comme tertiaire, comme souffrant et enfin comme unie de cœur à notre saint Ordre. Vous m'obligerez beaucoup de me rappeler au souvenir de Madame votre mère et en lui présentant mes hommages respectueux. Elle a su peut-être que j'ai perdu la mienne, il y a dix-neuf ans, le 2 février 1836.

Veuillez agréer les sentiments respectueux avec lesquels je suis votre très humble et très obéissant serviteur.

XCI

Encore le Tiers-Ordre.

À la même.

Sorèze, 6 octobre 1855.

Mademoiselle,

Je m'empresse de vous répondre que la règle du Tiers-Ordre de Saint-Dominique n'engage à aucun vœu de pauvreté, de chasteté, d'obéissance par elle-même; pour que la profession eût ce résultat, il faudrait y ajouter ces vœux expressément.

Quant au nombre de *Pater* et d'*Ave*, qui doivent remplacer l'office pour les personnes qui ne savent pas lire, il est marqué au chapitre six de la règle, et il n'y a qu'à s'y conformer à moins que le confesseur ne veuille, par dispense, diminuer ce nombre à cause des obligations de la personne.

Je vous remercie des détails que vous me donnez sur votre famille. Veuillez, je vous prie, présenter de nouveau mes hommages à votre vénérable mère et agréez les sentiments respectueux avec lesquels etc...

XCII

Encore le Tiers-Ordre.

A la même.

Sorèze, 31 octobre 1855.

Le général de l'Ordre, ou le provincial de France, peuvent seuls autoriser l'érection d'une fraternité du Tiers-Ordre à Bourges et en confier la direction à un religieux ou à un prêtre de leur choix, sous l'approbation de son Eminence le Cardinal-Archevêque sans le consentement du quel aucune association spirituelle ne peut se fonder canoniquement dans le diocèse qu'il dirige. Il faut donc, à cet effet, vous adresser au R. P. Danzas, provincial de France, en lui écrivant à notre couvent de Paris, rue de Vaugirard, 70.

Quant aux questions que vous me posez, voici la réponse :

1º L'office de la sainte Vierge peut être dit selon le rit romain ou le rit dominicain.

2º Cet office peut-être dit en français, si on le dit en particulier; mais si on le récite en commun, l'usage de l'Eglise est qu'il doit être dit en latin.

3º On ne peut porter ni or ni pierreries sans une

dispense de son confesseur, ou du directeur du Tiers-Ordre s'il y en a un.

4° Rien n'empêche que madame votre mère soit affiliée au Tiers-Ordre en la dispensant de toutes les obligations qu'il lui est impossible de remplir à cause de son âge et de ses infirmités; peut-être n'a-ce été de sa part qu'un premier mouvement, et vaut-il mieux ne lui en point reparler, à moins qu'elle ne vous remette sur la voie.

Veuillez agréer de nouveau etc...

XCIII

Le goût de ses fonctions; — la croix; — la vie à Sorèze et l'avenir.

A un homme du monde.

Sorèze, 6 janvier 1856,

Mon cher ami,

J'ai reçu vos bonnes étrennes de 1856 et votre bien bonne lettre du 29 décembre. Ce que vous m'y dites de vos résolutions et de votre état présent m'a fait plaisir. C'est beaucoup que vous preniez goût à votre état. Il n'y a peut-être rien de plus heureux au monde, de plus propre à nous fortifier et à nous consoler, que d'aimer les fonctions que nous tenons de la Providence, quelles qu'elles soient. Les vôtres, je le sais, vous déplaisaient. C'est, à mes yeux, un progrès sensible que de commencer à vous y plaire. Votre projet de vous sevrer du mariage est aussi très-opportun, par les raisons que vous me donnez : mais c'est un projet difficile. Une vie profondément pieuse peut seule vous en donner la force. Vous en avez les éléments en vous, je n'en doute pas. Vous connaissez et vous aimez Jésus-Christ; vous savez que son Evangile, et par lui la résurrection morale du monde, porte sur la croix. Vous aimez à la regarder et à la toucher : mais hélas ! qu'il est ardu de la prendre vraiment sur ses épaules! Puissiez-vous, mon cher ami, en venir à bout! Je le demande à Dieu pour votre paix et votre perfectionnement. Lui est seul capable de vous soutenir et de vous dédommager.

Ma vie s'écoule à Sorèze au milieu des petits événements de la vie scolaire, qui sont de très-grands événements pour nous. C'est à peine si j'ai le temps de lire quelques pages çà et là. Jugez s'il me reste celui d'écrire. Mes amis me font la guerre à ce sujet. Mais que voulez-vous? Je n'ai jamais pu faire deux choses à la fois. Si Dieu a dessein que j'écrive encore, il m'en donnera un jour les loisirs. Il me tirera d'ici contre ma volonté, par la force des événements, ou il me fera une position de loisir, qui serait compatible avec mes devoirs. Mais je ne cherche rien et ne prévois rien, étant, d'une part, content de mon sort, et de l'autre croyant qu'il est dans la volonté de Dieu.

Je vous remercie de tous vos vœux, et vous prie d'agréer les miens. Je vous embrasse comme mon petit enfant, *ex corde et ore.*

XCIV

A M. V***, employé au chemin de fer de l'Est.

Sorèze, 14 février 1856.

Mon neveu,

J'ai reçu votre lettre du 4 de ce mois, qui m'a appris que vous étiez rentré dans le monde. Cette nouvelle m'a fait plaisir, et j'en ai eu encore davantage de voir que vous persévériez dans les sentiments chrétiens qui vous ont été inspirés par le malheur. Mais il y a de bien grands obstacles à ce que vous entriez dans un ordre religieux *militant*, selon l'expression dont vous vous servez. Le malheur que vous avez eu est un obstacle au sacerdoce; il l'est aussi à l'entrée dans un ordre religieux, sauf dans ceux qui sont tout-à-fait séparés du monde, comme la Trappe et les Chartreux.

Il me semble donc que vous feriez mieux d'accepter une situation civile, et de vous y pousser par une bonne conduite persévérante. Vous pourriez plus tard vous marier. Si le mariage ne vous sourit pas, vous vous retireriez dans votre vieillesse près de quelqu'un de votre famille, et vous y finiriez en paix vos jours.

Tel est, je crois, ce qu'il y a de plus raisonnable. Vous y réfléchirez. Je me borne à ce peu de mots et à vous assurer de tous les vœux que je forme pour votre bonheur.

XCV

Les confréries et la vie chrétienne.

A monsieur le docteur B***

Sorèze, 24 septembre 1856.

Monsieur,

J'ai lu la notice sur la Confrérie de *Notre-Dame de la Miséricorde* que vous avez bien voulu m'envoyer. Cette œuvre me paraît excellente et très-simple. La seule difficulté me paraît dans le port de l'habit de pénitent, port qui est cependant indispensable, comme vous le démontrez très-bien. Mais que faut-il pour surmonter cet obstacle ? Trois ou quatre chrétiens de bonne volonté dans une ville quelconque du nord de la France. Une fois l'exemple donné, il sera suivi dans cette ville, puis dans une ville voisine et ainsi de suite. Tout commence et tout se poursuit comme cela.

Il doit y avoir à X*** des hommes capables de briser la glace, comme l'on dit, et il me semble que j'en connais plusieurs. Voyez, cherchez et vous trouverez. Le christianisme a été tout entier d'abord dans Jésus-Christ, puis dans les apôtres, puis dans un certain nombre de pauvres et d'ouvriers de diverses villes, puis partout, et enfin il est devenu l'Univers catholique.

Les corps religieux, les Tiers-Ordres, les pieuses confréries me paraissent les seuls moyens de réintroduire la vie chrétienne dans ses œuvres et dans son esprit. Je le vois de plus en plus, j'en ai une certitude surabondante, et tout ce qui se fera dans ce sens se fera dans le sens de Dieu.

Je vous remercie, monsieur, d'avoir pensé à moi pour cette communication, et vous réitère l'expression du souvenir et des sentiments très-distingués que je vous conserve.

XCVI

Souvenirs de jeunesse.

A mademoiselle Henriette M***.

Sorèze, 29 septembre 1856.

Mademoiselle,

C'était à moi de vous remercier de l'aimable attention que vous avez eue pour moi au moment de mon départ, comme je vous remercie de vos bonnes dispositions pour nos tertiaires du petit-séminaire de Bourges. Je le mets, après Dieu, sous votre protection spéciale, persuadé que vous serez pour eux, par vos prières et vos bons offices, comme une mère pieuse et dévouée.

C'est avec un bien pieux intérêt, mademoiselle, que j'ai revu après tant d'années, votre respectable mère ; sa vue m'a rappelé la mienne et m'a reporté au temps, si loin déjà, de ma première enfance. Veuillez, je vous prie, lui présenter mes hommages respectueux et l'assurer de nouveau de la satisfaction que j'ai eue à la revoir.

Veuillez aussi agréer tous les sentiments de respect avec lesquels etc.

XCVII

A la même.

Sorèze, 9 novembre 1856.

Mademoiselle,

Je suis on ne peut plus touché du cadeau que veut bien me faire madame votre mère. Dites-lui, je vous prie, que j'accepte cette paire de bas qu'elle a travaillée exprès pour moi, malgré sa vieillesse. Je serai très-heureux de les porter, et ils me rappelleront les souvenirs de mon enfance qui est si loin.

Le R. P. L*** a reçu communication des remarques dont vous avez bien voulu me faire part. Je suis sûr qu'il en aura profité. C'est un homme de tact qui n'aura pas manqué d'apprécier votre intérêt et les indications que vous me donniez; j'espère que tout ira bien; là comme ailleurs et comme partout il y a des obstacles; mais, avec l'aide de Dieu, on peut les surmonter. Priez pour cette œuvre qui est proche de vous et aussi pour l'école de Sorèze et son directeur.

Veuillez présenter mes remerciements et mes hommages à Madame votre mère et agréez les sentiments respectueux avec lesquels je suis etc.

XCVIII

Le Tiers-Ordre enseignant.

A la même.

Sorèze, 7 janvier 1857.

Mademoiselle,

Je réponds bien tard aux vœux que vous m'exprimiez le jour même de Noël. Les occupations de ce temps seront mon excuse près de vous. Nous voici enfin jusqu'au cou dans l'année 1857, et je suis un peu plus libre pour vous remercier de tous vos bons sentiments pour moi et pour le Tiers-Ordre enseignant de Saint-Dominique, dont vous avez sous les yeux un bien faible échantillon. Mais tout commence petitement dans les œuvres de la nature et du bon Dieu. Il faut donc espérer que ce grain de sénevé croîtra en grâces devant Dieu et devant les hommes, et je vois que vous y contribuerez un peu. Je vous remercie d'avoir présenté le R. P. L*** à Monsieur de B***, et de lui avoir assuré la bienveillance d'une personne aussi capable de lui être utile. Quant à M. Lef... de N... dont vous me parlez aussi, je ne m'oppose pas à ce que le R. P. L***, lorsqu'il sera besoin et qu'il le pourra sans inconvénient, aille passer quelques jours à sa campagne. Ce lui sera un repos et une distraction très-convenables. Vous verrez donc, après Pâques, à arranger ce petit voyage.

C'est bien cordialement que je remercie Mme votre mère de sa paire de bas. Je l'essayerai et la porterai dès qu'elle me sera parvenue, à moins que vous n'aimiez mieux attendre mon prochain voyage à Bourges qui aura lieu sans doute vers le mois de mai. Peut-être serait-il plus simple que vous missiez tout simplement le paquet au chemin de fer et sans l'affranchir.

Je prie Dieu de vous bénir ainsi que votre très-digne mère dans le cours de cette année et vous renouvelle l'hommage des sentiments respectueux avec lesquels etc.

XCIX

A Madame M•••.

Sorèze, 21 janvier 1857,

J'ai reçu ce matin la chère paire de bas que vous avez bien voulu me tricoter vous-même malgré votre grand âge. J'ai admiré qu'un travail aussi délicat pût encore sortir de vos mains. Mais le cœur ne connaît pas les effets du temps et les souvenirs que vous avez bien voulu garder à ma mère et à moi-même que vous avez vu tout enfant, vous ont donné la puissance de nouer ces mailles si fines et si pressées. Je vous en remercie, madame, et vous assure que je suis profondément touché de cette marque de bonté maternelle.

Mademoiselle votre fille m'a écrit une lettre sous la date du 12 de ce mois. Veuillez lui dire, je vous prie, que je profiterai de ses renseignements et ferai tout mon possible pour alléger la situation de nos religieux et des professeurs du Petit-Séminaire de Bourges.

Agréez l'hommage des sentiments de gratitude et de respect avec lesquels, etc.

C

La modération dans la polémique.

A monsieur l'abbé Gorini (1).

Sorèze, 30 novembre 1856.

Monsieur le curé,

Je vous remercie de la dissertation que vous m'avez envoyée, et que j'ai lue d'un bout à l'autre avec grand plaisir, soit à cause de l'importance du sujet en lui-même, soit à cause de la manière dont vous l'avez traité. La justesse de vos preuves est rehaussée par la correction élégante du style, et surtout par ce ton de modération et d'urbanité si rare aujourd'hui dans la polémique que l'on intitule *catholique*. La vôtre, monsieur le curé, est instructive, honnête, ferme et modeste à la fois, chrétienne enfin ; c'est beaucoup dire, en ce temps-ci surtout, mais pas plus que vous ne méritez.

Veuillez agréer tous mes remerciements de votre envoi, de vos travaux pour l'église, et aussi l'expression des sentiments avec lesquels je suis,

Monsieur le curé,

Votre très-humble et très-obéissant serviteur.

---

(1) Je dois la communication de cette lettre et de la suivante à la bienveillance de la famille Gorini, de Bourg-en-Bresse. M. l'abbé Martin en avait déjà publié une partie dans sa *Vie de M. Gorini* (Tolra et Haton, Paris, 1863), mais il en avait changé quelques mots. Je les rétablis dans leur exacte intégrité.

CI

L'invention en histoire.

Au même.

Sorèze, 28 janvier 1858.

Monsieur l'abbé,

J'ai reçu et lu votre excellente dissertation sur un point d'histoire ecclésiastique du quatrième et cinquième siècle. Elle m'a fait grand plaisir pour l'honnêteté du style, la justesse des points de vue et le ton pur de polémique qui y règne d'un bout à l'autre. L'*invention* en histoire est une des plaies de notre époque. On ne l'étudie pas, on la crée par une sorte de divination qui tient aux passions et aux préjugés de l'auteur. L'Eglise a pour elle le vrai sens historique, comme le vrai sens rationel, moral et politique, et votre dissertation en est un témoignage.

Veuillez agréer mes remerciements et l'expression des sentiments respectueux avec lesquels je suis,

Monsieur l'abbé,

Votre très-humble et très-obéissant serviteur.

CII

La Providence conduit tout ; — le point fixe.

A M. Démians, ancien représentant du Gard à l'Assemblée constituante.

Sorèze, 8 mars 1857.

Monsieur,

Je m'empresse de vous envoyer un mot pour notre Général à Rome, et je suis heureux de cette circonstance qui me met à même d'obliger un ancien collègue à l'Assemblée constituante et un collègue dans une autre assemblée plus durable qui est l'Eglise. Vos remarques sur mon inaction présente m'auraient touché, si réellement j'étais inactif ; mais je ne puis résister à la persuasion que je fais davantage pour la cause de Dieu, en me dévouant à la fondation dont je suis occupé, que si je fusse resté quelques années de plus en présence du public. C'est d'ailleurs la Providence qui a tout conduit ; elle avait marqué l'heure de ma parole, elle a marqué l'heure de mon silence.

En l'un et l'autre cas, je crois avoir obéi et non commandé. Néanmoins je suis sensible à vos regrets, et je vous en remercie. Vous me rappelez des temps déjà loin, un monde a passé dessus ; mais l'éternité n'a pas changé de place, et ce point fixe suffit à l'âme qui s'y appuie.

Veuillez agréer les sentiments très distingués avec lesquels j'ai l'honneur d'être,

Monsieur,

Votre très-humble et très-obéissant serviteur.

CIII

A Mademoiselle H. N***.

Sorèze, 16 mars 1857.

Mademoiselle,

Je crois que vos raisons de conserver votre montre sont légitimes, et que vous pouvez suivre à cet égard l'avis que vous avez reçu du R. P. Provincial. N'en parlez donc plus à personne et allez en confiance. Dans ces choses là les pensées diffèrent naturellement, et il ne faut pas espérer avoir tout le monde pour soi : il suffit de s'appuyer sur une autorité grave et désintéresée.

Ce que vous me dites de madame votre mère me touche bien, et je suis aussi très-reconnaissant du sentiment que vous voulez bien m'exprimer. Je me recommande instamment à vos prières et aux siennes, et je prie Dieu, de mon côté, de vous soutenir l'une et l'autre sur la croix de ce monde.

Veuillez agréer les sentiments respectueux etc.

CIV

La confiance en Dieu; — le Petit-Séminaire de Bourges.

A la même.

Sorèze, 24 juin 1857.

Mademoiselle,

J'ai appris avec bien de la peine, par votre lettre du 7 de ce mois, les inquiétudes que vous donnait la santé de Madame votre mère. J'espère qu'elles sont dissipées ou diminuées, quoiqu'à l'âge où elle est parvenue il soit bien difficile de se reposer sur l'avenir. Vous vous êtes consacrée à sa vieillesse, et je comprends ce que sa perte vous laisserait de vide irréparable. Mais il faut vous confier à Dieu. Nous autres chrétiens, c'est là toujours qu'est notre port et notre consolation. Les gens du monde seuls perdent tout en perdant ce qu'ils aimaient : les chrétiens, tout en sentant ces douloureuses séparations ont une espérance qui les console, et ils ont aussi dans l'amour efficace de Dieu et de Notre-Seigneur un aliment qui ne leur permet pas de se croire abandonnés.

Combien je suis touché de ce que cette excellente dame pense encore à moi, au milieu de ses souffrances! Veuillez le lui dire de ma part, en lui témoignant ma tendre gratitude.

Le R. P. L*** va bientôt achever sa première année, c'est toujours la plus pénible. L'an prochain, outre l'expérience acquise, je dois lui donner trois nouveaux religieux, dont un professeur de rhétorique et un autre de seconde. Je lui ai récemment envoyé quelqu'un pour la classe de philosophie. C'est un grand renfort. Ils seront sept ou huit religieux, ce qui les mettra à même de remplir toutes les charges principales de la maison et de n'avoir besoin que de coopérateurs peu nombreux et secondaires. Aussi ai-je bonne espérance pour le succès final.

Il n'est pas nécessaire que les tertiaires portent leur ceinture la nuit, et pour peu que la vôtre vous gêne, vous pouvez la quitter pendant le sommeil.

Veuillez agréer les sentiments respectueux etc.

CV

A la même.

Sorèze, 29 juin 1857.

Mademoiselle,

Je ne puis permettre à nos religieux de Saint-Célestin de quitter le petit-séminaire avant les vacances, et même ils ne peuvent jamais le quitter tous ensemble. Ayez donc de la patience jusque là.

Vous avez reçu ma réponse à votre avant dernière lettre. J'ai tardé un peu à répondre non par indifférence, mais par suite de mes occupations qui deviennent très-pressantes à la fin de l'année. Veuillez le dire à Madame votre mère pour la consoler et l'assurer de ma reconnaissance et de mon respectueux attachement.

Veuillez agréer le même hommage avec lequel je suis etc...

CVI

La mort d'un enfant; — le règne de Jésus-Christ; l'amour des Saints.

A madame la baronne de C*** (1).

Sorèze, 2 septembre 1857.

Madame,

Vous avez bien fait de suivre l'impulsion qui vous portait à m'écrire. Dieu vous a frappée d'un coup bien cruel, en vous enlevant cette enfant que vous aimiez de préférence. C'est une victime qu'il a choisie dans votre sein pour coopérer au salut du monde, et aussi pour être un instrument de grâce en faveur du reste de votre famille. Vous-même en ressentez déjà les effets. Quoique détrompée du monde, même avant ce coup terrible, vous en comprenez davantage le néant, vous êtes plus proche de Dieu, de Notre-Seigneur. Suivez ce mouvement, attachez-vous à lui tout-à-fait. Tracez-vous une règle de vie, lisez assidûment l'évangile pour vous en pénétrer. Occupez-vous des pauvres dans la mesure de vos forces.

Peu à peu le règne de Jésus-Christ s'établira dans votre

---

(1) A l'occasion de la mort de sa fille.

âme et vous y puiserez des consolations infinies, jusqu'à vouloir souffrir et mourir pour lui, comme il a souffert et est mort pour nous.

Ce qui rend la religion pesante, c'est de la porter comme un frein, au lieu d'en jouir comme d'un amour. Les saints ont aimé, voilà tout leur secret. Ils ont aimé Dieu par Jésus-Christ son fils, et lui ayant donné toute leur âme, ils ont puisé en lui la paix, la joie, la plénitude. Tous, plus ou moins, nous pouvons suivre leurs traces. Il ne s'agit que de commencer.

Je prie Dieu, madame, qu'il vous inspire de l'aimer et de lui donner votre enfant mort comme le premier présent de votre amour. Je me recommande, de mon côté, à vos prières, celles des malheureux sont très-efficaces sur le cœur de Dieu. Demandez-lui pour moi les grâces dont j'ai besoin pour conduire les œuvres qu'il m'a confiées.

Je suis avec respect, madame,

votre très-humble et très-obéissant serviteur.

CVII

Le mouvement du monde; — la vraie lumière.

A la même

Sorèze, 9 octobre 1857.

Madame,

Il n'y a aucun mal à développer son intelligence et à suivre le mouvement du monde, pourvu qu'on le suive de haut, c'est-à-dire du haut de Jésus-Christ et de son Evangile. Nos pères et nos docteurs savaient et étudiaient toutes choses, pour tout rapporter à Dieu, qui est la source de tout. Les hommes du monde peuvent se laisser séduire par les découvertes des sciences et des arts; mais quand on a la vraie lumière, c'est Dieu qui grandit toujours et non l'homme. On ne s'éblouit de rien, parce qu'on voit Dieu, qui est l'infini, caché derrière toutes nos inventions et tous nos progrès, si réels soient-ils. Il ne s'agit donc que de connaître et d'aimer Dieu. Cela fait, on met chaque chose à sa place et l'on dort tranquille. La tranquillité, qui est la paix de l'esprit, vient d'une lumière supérieure, où toutes nos facultés se reposent, si actives qu'elles soient.

Voilà, en peu de mots, madame, ma réponse au doute que vous m'exprimez. Veuillez l'agréer, ainsi que l'hommage du respect avec lequel je suis, Madame,

Votre très-humble et très-obéissant serviteur.

CVIII

Les consolations de la mort.

A la même (1).

Sorèze, 17 décembre 1859.

Madame,

Une lettre de faire part m'a appris le coup douloureux qui vient de vous frapper, et je m'empresse d'autant plus de vous témoigner la part que j'y prends, qu'il ne m'avait point été possible de répondre à la lettre où vous m'annonciez votre retour en France, et qui était datée d'Avignon. Comme votre adresse n'y était pas, force me fut de ne pas vous en accuser réception.

La perte que vous venez de faire est bien grande, elle serait irréparable si vous n'aviez pas Dieu pour retrouver ceux que vous aimez et y vivre avec eux dès maintenant. La mort n'est une séparation que pour ceux qui n'ont pas la foi; pour les autres, on est plus proche en Dieu qu'à vingt lieues de distance. Sans doute, ces sentiments auront diminué votre amertume et consolé votre cœur de mère.

Veuillez agréer mes compliments de condoléance et l'hommage des sentiments respectueux avec lesquels je suis, Madame,

    Votre très-humble et très-obéissant serviteur.

(1) A l'occasion de la mort de son fils.

CIX

Savonarole; — l'excès.

Au R. P. C. B***.

Sorèze, 21 novembre 1857.

Mon Révérend Père,

J'ai reçu en son temps la lettre où vous me parlez de Savonarole. Je n'ai pas le temps d'écrire sa vie, et c'est d'ailleurs un sujet plein de très-grandes difficultés. On l'a pris a plusieurs points de vue. Peut-être le véritable est-il encore à trouver, mais il ne me semble pas que la divine Providence m'impose ce travail, qui exigerait beaucoup de recherches et d'application, et par conséquent de loisir. On m'a dit que vous professiez à Chalais. C'est un beau ministère très-digne d'un dominicain. Travaillez beaucoup, mais sans excès. L'excès ne sert à rien qu'à perdre les hommes et les choses.

Je me recommande à vos prières et vous renouvelle, mon très-révérend père, l'expression de mes sentiments les plus affectionnés.

CX

La théorie et la pratique; — Sorèze.

A M. l'abbé A··· directeur du Petit-Séminaire de V···.

Sorèze, 1ᵉʳ décembre 1857.

Monsieur le directeur,

Il me serait difficile de vous donner des conseils sur la manière de rappeler dans votre maison l'esprit religieux. Vous êtes dans la situation la plus défavorable du monde, puisque vous ne donnez pas l'enseignement et que vos élèves le puisent ailleurs, sous des auspices qui ne doivent pas les rapprocher de Dieu, encore que leurs maîtres soient convenables sous ce rapport. Cette division en deux parts de la vie de vos élèves est évidemment un obstacle. Quant aux moyens, en général, d'élever des enfants et des jeunes gens vers la source de tout ce qui est beau et bien, ils sont dans l'exemple, dans l'influence des maîtres, dans la force de l'enseignement religieux, toutes choses qui sont bien simples en elles mêmes, mais qui dépendent du mérite des personnes. Là comme ailleurs, la théorie est courte et facile; c'est la pratique qui est le secret. Nous avons réussi à Sorèze par le concours de bons religieux, par leur exactitude, leur dévouement, leur art de faire, la confiance qu'ils ont gagnée, le talent de parole de quelques-uns, et ce sont toutes ces circonstances réunies qui ont transformé cette école au point qu'elle n'a plus rien à envier aux meilleurs établissements.

Dieu vous inspirera, Monsieur l'abbé, il vous soutiendra dans la carrière où vous venez d'entrer. L'expérience vous révèlera une foule de choses, et en cherchant des collégues dévoués, vous trouverez en eux le secours indispensable à tout chef de collége.

Veuillez agréer les sentiments respectueux avec lesquels je suis,

Monsieur le directeur,

Votre très-humble et très-obéissant serviteur.

CXI

Le Tiers-Ordre séculier.

A mademoiselle Henriette M***.

Sorèze, 5 janvier 1858.

Mademoiselle,

Les bonnes nouvelles que vous me donnez de notre maison de Bourges m'ont grandement consolé. Je n'attendais pas une victoire aussi prompte et aussi complète. La gloire en revient, après Dieu, au R. P. Lecuyer, et aussi à l'excellent Cardinal qui l'a soutenue de toute son autorité aux moments les plus difficiles. J'espère que maintenant il ne se présentera plus aucune difficulté sérieuse et que dans tous les cas elles seraient surmontées avec la même sagesse et la même protection de la divine Providence.

Je voudrais bien qu'il en fût de même de notre Tiers-Ordre séculier. J'ignore pourquoi la direction n'en est pas confiée au R. P. D***, ou pourquoi celui-ci ne veut pas y entrer et s'en décharge sur un prêtre séculier. Peut-être pense-t-il que son ignorance de la ville ne le rend pas propre à discerner la question des admissions et qu'il vaut mieux s'en rapporter à un prêtre du pays.

S'il y avait une fraternité établie, on ne pourrait recevoir personne sans le consentement des membres de la fraternité, mais quand il s'agit d'admissions individuelles, on peut ne consulter régulièrement personne, et il n'y a guère qu'un prêtre ayant connaissance de la localité qui puisse agir avec quelque prudence et esprit de discernement. Je ne puis, du reste, intervenir efficacement, puisque les pouvoirs ne viennent pas de moi.

J'ai été ravi d'apprendre que la santé de votre mère se soutenait. Veuillez, je vous prie, lui présenter mes hommages et mes vœux de bonne année. Que Dieu vous la conserve longtemps encore et aussi pour moi qui suis plein de gratitude pour ses bienfaits.

Je me recommande à vos prières et vous renouvelle l'assurance des sentiments respectueux etc.

CXII

Un bonheur et un mérite ; — le Petit-Séminaire de Bourges.

A mademoiselle H. M***.

Sorèze, 15 mars 1858.

Mademoiselle,

Je ne m'attendais pas aux épreuves que le bon Dieu vous envoie. Je vous savais dans une position très médiocre, mais suffisante et tranquille. Il est vrai qu'avec une personne âgée et accoutumée à toutes les aises de la vie, il est difficile de s'arrêter à une limite qui est très-bornée. Aussi avez vous pris un parti honorable et courageux en cherchant à tirer parti des connaissances acquises par votre éducation. Si votre santé le permet, je n'y vois qu'un bien à opérer, un ministère à remplir. Tout ce qui occupe utilement et sérieusement quand on le peut, est un bonheur dans la vie et un mérite près de Dieu. Ayez donc confiance et courage. Le bon maître ne vous abandonnera pas. Soyez à lui dans vos fatigues, il vous soutiendra et vous récompensera.

C'est bien volontiers que je recevrai à la profession de tiers-ordre la personne dont vous me parlez, si je fais à Bourges un séjour qui me le permette. Ce ne sera pas, dans tous les cas, avant la Pentecôte, car je ne puis bouger de Sorèze d'ici là.

Ce que vous me dites du R. P. Lécuyer m'a ravi. Je n'osais pas espérer qu'il viendrait sitôt à bout d'une position aussi difficile. Dieu y a mis la main évidemment, et j'espère que cette œuvre se consolidera de plus en plus dans l'estime du diocèse et des gens de bien.

Veuillez, je vous prie, présenter mes hommages respectueux à votre bonne et vénérable mère. Dites-lui que je bénis sa viellesse, et demandez-lui ses prières pour moi.

Je vous renouvelle l'expression du dévouement avec lequel je suis, etc.

CXIII

Le chemin des cœurs égarés; — les joies de la lumière.

A M. N***, avocat, docteur en droit.

Sorèze, 26 mars 1858.

Monsieur,

J'ai été sensiblement touché de la lettre où vous m'avez appris la part que la divine Providence m'a faite dans le retour de votre âme vers Lui (*sic*). Les détails que vous me donnez sur cette heureuse transformation sont pleins d'intérêt. J'ai été aussi bien sincèrement ému de la reconnaissance que vous voulez bien me conserver, et des prières où vous me nommez chaque jour à Celui qui est devenu notre commun Maître. Ce que peut un homme pour éclairer un autre homme est toujours peu de chose; la grâce seule trouve le chemin des cœurs égarés. C'est elle qui vous a ouvert la voie, et votre bonne volonté lui ayant répondu, elle a achevé l'œuvre qu'elle avait commencée.

Vous appartenez maintenant à la lumière, à la communion de tous ceux qui la possèdent, et je sais par expérience que c'est une source inépuisable de pures jouissances dès ici-bas. Sans doute, l'infirmité nous reste en partage, et bien des épreuves viennent traverser notre vie; mais quelle différence de les supporter avec Jésus-Christ, dans l'union de ses immenses douleurs, ou de les souffrir sans savoir pourquoi et sans savoir non plus comment profiter de ses peines.

Je vous félicite, Monsieur, de l'heureux état où vous êtes parvenu. Je me félicite moi-même d'y avoir contribué. C'est de cœur que prie je Dieu de vous bénir, vous, votre famille et vos œuvres.

Veuillez agréer mes vœux et l'expression des sentiments très-distingués avec lesquels j'ai l'honneur d'être,

Monsieur,

Votre très-humble et très-obéissant serviteur.

CXIV

A mademoiselle Henriette M***.

Sorèze, 22 juin 1858.

Mademoiselle,

J'ai reçu successivement vos deux lettres du 15 et du 19 de ce mois. Les choses que vous me dites de monsieur votre frère et de monsieur votre neveu m'ont causé un sensible plaisir. Je suis heureuse d'avoir laissé dans leur cœur de bonnes impressions pour Dieu.

Quant au tiers-ordre séculier, vous devez comprendre ma position. Toutes les fraternités de ce Tiers-Ordre relèvent du provincial de notre province du grand Ordre. Je n'y ai aucune autorité; je n'y puis rien régler, sous aucun rapport, et, par conséquent, ce serait une imprudence à moi d'y agir, puisque je ne sais pas même si mes démarches y seraient approuvées, soit par le provincial actuel, soit par celui qui sera nommé en septembre. Quelque désir que je puisse donc avoir de vous satisfaire, il est de mon devoir de rester en dehors. C'est aussi, jusqu'à présent, la situation du R. P. Lécuyer.

Je n'ai rien reçu des journaux de Bourges. Le R. P. Lécuyer m'a seulement dit qu'une polémique s'était élevée au sujet de mon discours.

J'ai été bien peiné du terrible accident qui a enlevé au

petit séminaire un de ses professeurs. C'est une catastrophe trop commune, mais qui n'en émeut pas moins.

Veuillez présenter mes hommages respectueux à madame votre mère et lui dire combien j'ai regretté de n'avoir que de si courts moments à lui donner. Une autre fois, je serai plus heureux.

Je suis bien respectueusement, Mademoiselle, etc....

CXV

Bussières et la maison paternelle.

A Monsieur Eugène Lacordaire.

Sorèze, 25 juin 1858.

Mon cher cousin,

Je pense que vous êtes arrivé à la nouvelle destination que vous m'annonciez dans votre lettre du 5 de ce mois. Je vous remercie de m'en avoir fait part et de ne pas m'oublier, ainsi qu'il serait fort naturel à votre âge, et séparé de moi par une si grande distance.

J'ai ici, près de moi, depuis quelques jours, le fils aîné de mon frère Théodore, de Liége (1). Il est venu à Sorèze pour voir son *fils*, qui y est élevé depuis trois ans, je veux dire son *frère*, et il va repartir pour rejoindre son régiment en Algérie. Il est engagé depuis trois ans, et n'est que caporal. Comme il a vu Bussières et nos parents en diverses rencontres, il m'a donné des nouvelles de tout le monde. J'ai appris avec peine que votre oncle, l'ancien ingénieur, mettait en vente la maison paternelle, et que personne des nôtres ne se proposait pour l'acheter. Cette

---

(1) Stanislas Lacordaire, mort depuis.

maison est dans la famille depuis longtemps, et nous pouvons la regarder comme notre berceau à tous. Je la verrai donc avec bien de la peine passer dans des mains étrangères. Il est vrai qu'aujourd'hui on n'aime guère la campagne; mais les choses peuvent bien changer, et, dans tous les cas, cette maison, par les terres qui y sont jointes, a une valeur indépendante du logement.

L'ingénieur devant mourir sans enfants, c'est vous et votre père qui représentez la branche aînée de la famille, et je regrette que votre père qui doit être fort à l'aise, ne saisisse pas cette occasion de rentrer dans le manoir primitif de ses ancêtres et des nôtres.

Adieu, mon cher cousin, je vous prie de présenter mes hommages affectueux à ma cousine, et d'embrasser vos enfants pour moi.

Tout à vous bien cordialement.

CXVI

La route de la vérité.

A madame X***.

Sorèze, 28 juin 1858.

Madame,

Je suis on ne peut plus touché de la lettre que vous m'avez fait l'honneur de m'écrire sous la date du 22 de ce mois. Elle contient des sentiments exprimés avec tant de grâce et de sincérité pieuse que j'en ai été bien vivement consolé. C'est un regret pour moi que votre désir de me voir ait été frustré. Je n'étais à Paris que pour trois jours et si j'avais été prévenu de votre pensée, je vous eusse bien volontiers donné une heure où vous eussiez été certaine de me rencontrer.

Je regrette aussi de n'avoir pas vu monsieur votre fils, mais je lui donne de loin, autant qu'il est en moi, une bénédiction paternelle. Je prie Dieu de le maintenir dans la foi, qui est la seule route de la vérité, et par elle, la route de toutes les vertus ici-bas, et de toutes les félicités dans l'autre vie.

Veuillez agréer mes regrets, mes remerciments et l'hommage des sentiments respectueux avec lesquels je suis, etc.....

CXVII

A Mademoiselle H. M***.

Sorèze, 31 juillet 1858.

Mademoiselle,

J'irai volontiers vous demander à déjeûner lors de mon prochain séjour à Bourges. Il me semble préférable qu'il ne se trouve pas d'autres personnes que celles que vous me nommez.

Veuillez présenter mes hommages respectueux à votre vénérable mère et lui dire que je suis ravi de cette marque d'attachement qu'elle veut bien me donner.

Je vous renouvelle aussi, mademoiselle, l'expression de mes sentiments de respect et d'attachement, etc....

CXVIII

Un fardeau; — cinquante ans en arrière.

A la même.

Sorèze, 19 octobre 1858.

Mademoiselle,

Je suis très-sensible aux félicitations que vous voulez bien m'adresser sur mon élection au provincialat. C'est un grand fardeau joint à ceux que j'avais déjà. Priez Dieu que ce ne soit pas pour ma perte et celle des autres.

Je viens d'envoyer au R. P. Lécuyer tous les pouvoirs nécessaires pour le Tiers-Ordre. Il décidera, dans sa sagesse, ce qu'il convient de faire pour Bourges.

Vous m'avez écrit dans le temps, Mademoiselle, pour me remercier du dîner que j'avais accepté chez vous. C'est moi qui aurais dû vous témoigner tout le plaisir que j'y avais pris. Cette réunion chez madame votre mère me reportait à cinquante ans en arrrière, près des jours de ma première enfance. Dites-lui bien, je vous prie, combien j'ai été touché de cette marque de sa tendresse maternelle et de toutes celles qu'elle m'a données depuis deux ans.

Voici le R. P. Lécuyer commençant une troisième année

et n'ayant personne avec lui que des religieux. Il ne faut pas s'effrayer des obstacles. Aucune bonne œuvre ne peut s'accomplir sans porter la croix de Jésus-Christ. D'année en année, Saint-Célestin gagnera. Ce n'est qu'une affaire de patience et de persévérance.

Veuillez agréer l'hommage du dévouement respectueux avec lequel je suis, etc....

CXIX

A la même.

Sorèze, 11 décembre 1858.

Mademoiselle,

Je ne fais aucun doute que vous ne pouviez et ne deviez écrire de nouveau au chef de l'Etat. Vous êtes la fille d'un ancien serviteur de l'empire dans de hautes fonctions, vous portez un nom célèbre de ces temps-là. Votre première lettre n'est pas parvenue, il faut en écrire une seconde. La question est de savoir par qui la faire parvenir pour qu'elle arrive sûrement. Je ne puis vous donner aucune indication, étant tout-à-fait étranger au gouvernement actuel, et n'y possédant aucun ami. Mais il me semble que, parmi vos anciennes relations, il ne vous est pas impossible de découvrir quelqu'un qui soit en mesure de remettre une lettre directement.

Ce que vous me dites de votre petite fraternité du Tiers-Ordre ne me surprend pas. Tous les commencements sont faibles et pauvres. Il faut prier Dieu et prendre patience. Il en est de même pour Saint-Célestin. Il y a déjà bien des pas de faits. Le temps achèvera.

Veuillez présenter mes tendres hommages à votre chère octogénaire et agréer les sentiments respectueux, etc.....

CXX

Le Cardinal de Bourges.

A la même.

Sorèze, 4 juin 1859.

Mademoiselle,

Nous avons fait ensemble une bien grande perte. Dieu n'a pas permis que ce bon Cardinal nous fût laissé encore quelques années et qu'il eût lui-même la consolation d'achever Saint-Célestin. Il a laissé la chapelle imparfaite, quoiqu'il tînt beaucoup à couronner son œuvre par l'érection et la consécration de ce monument. C'est un sacrifice qui, devant Dieu, aura été très-méritoire pour lui. J'ai été bien touché de l'accueil qu'il m'a fait sur son lit de mort. Il avait voulu, une dernière fois, me recommander Saint Célestin et je lui ai promis de ne pas l'abandonner. Nous nous retirerions si son successeur ne voulait pas nous conserver, mais nous ne le ferons pas volontairement. C'est la Providence qui en décidera, et, sans doute le pieux Cardinal aura quelqu'influence sur ses décisions, car Dieu est reconnaissant des œuvres que l'on fait pour lui, et il a égard aux prières de ses saints.

Il est bien rare aujourd'hui de voir un prince, un évêque élever avec ses seules ressources un monument aussi considérable que Saint-Célestin. C'est à force d'économie et de simplicité dans sa manière de vivre que le cardinal a pu suffire aux dépenses d'un si vaste établissement. Il était impossible d'avoir un train plus modeste, et on a presque pensé qu'il n'était pas suffisant pour sa dignité. Il avait, du reste, dans toute sa personne, le même caractère. J'ai beaucoup regretté, mademoiselle, de ne pouvoir vous donner un instant. Mais l'heure du chemin de fer pressait, et j'étais obligé de revenir à Sorèze pour la confession du samedi (1). Une autrefois je serai plus heureux.

Veuillez présenter mes hommages respectueux à madame votre mère et agréez avec mes compliments de condoléance pour elle et pour vous l'expression de mon humble dévouement.

---

(1) Conf. Le P. Lacordaire par M. de Montalembert.

CXXI

A la même.

Sorèze, 21 juin 1860.

Mademoiselle,

J'ai appris avec bien de la peine l'état de souffrance où est madame votre mère. Malgré son grand âge, j'espère encore que Dieu vous la conservera. Quant à ce qui est contenu dans votre dernière lettre du 15 de ce mois, je voudrais de tout mon cœur faire la démarche que vous souhaitez; mais outre que je suis convaincu qu'elle serait inutile, je suis à l'égard de Mgr l'archevêque de Bourges dans une position délicate qui ne me permet pas de lui rien demander.

J'ai cherché dans mon esprit si, à Paris, j'aurais quelqu'un qui pût arriver jusqu'au chef du gouvernement; moi personnellement je ne le puis pas, à cause de la séparation où je suis du régime sous lequel nous vivons et tous mes amis qui ont pris la même position que moi sont, par conséquent, dans la même impuissance. Je n'ai pu intervenir pour mon propre frère qui vient de perdre ses fonctions d'administrateur des Gobelins, après dix ans de bons service, et sans que, jusqu'à présent, on lui ait donné en compensation la moindre charge. Que ferais-je pour vous, quand pour mon propre frère je n'ai pu trouver aucun point d'appui? C'est là une grande impuissance et c'est celle de tous les hommes qui se laissent éloigner du gouvernement par principe de conscience et d'honneur.

Je suis bien peiné, Mademoiselle, de vous transmettre cette réponse. J'ai la confiance que Dieu vous conservera la santé, et que le fruit de votre travail pourra continuer à vous suffir pour les besoins qui vous entourent. Ce travail même, un jour, sera pour vous une consolation, non seulement parce qu'il vous rappellera votre piété filiale, mais parce qu'il vous donnera une certaine activité pour soutenir votre solitude; même en vieillissant on a besoin de s'occuper utilement. Je l'éprouve moi-même tous les jours.

Ma santé à laquelle vous avez la bonté de vous intéresser va beaucoup mieux. Les bains que je vais prendre par ordre du médecin achèveront, je l'espère, de la remettre dans son assiette naturelle.

Veuillez présenter mes hommages respectueux à madame votre mère et en agréer, pour vous-même, la sincère expression.

CXXII

Le démon du midi; — la seconde jeunesse.

A monsieur X***.

Sorèze, 12 juillet 1859.

Mon cher ami,

Votre long silence m'avait étonné; je ne savais à quoi l'attribuer. Votre lettre des 10 et 26 juin m'en a donné l'explication. Vous êtes tombé dans une sorte de découragement spirituel, par suite des fautes que vous avez pu commettre, et vous n'aviez plus la même liberté avec moi. Le découragement est en toute chose ce qu'il y a de pire. C'est la mort de la virilité. Vous aviez cru peut-être que la jeunesse était l'âge le plus dangereux de la vie, et l'ayant heureusement traversée, vous pensiez que rien ne troublerait plus le bonheur où vous étiez d'aimer et de servir Dieu. C'était une illusion. David dit quelque part: *Non timebis a dæmonio meridiano*. Le démon du midi est le démon de la maturité, une seconde jeunesse qui nous vient vers le milieu de la vie, plus dangereuse que la première et où succombent souvent des vertus éprouvées.

Ce qu'il vous faut faire maintenant, c'est de sortir de cette abime par un élan généreux, par une nouvelle conversion.

Je dois visiter notre province du 15 août au 20 ou 30 septembre, et j'aurai à me rendre de X*** à Y***. N*** est sur mon passage, et encore que je ne visitasse pas B*** où je n'ai pas mis les pieds depuis quinze ans, il me sera facile de m'arrêter à votre porte.

En attendant, priez Dieu, demandez-lui la force de sortir de l'abîme. Je suis sûr qu'il vous exaucera.

Je fais votre neuvaine. Commencée le 8, elle s'achèvera le 16.

Adieu, mon cher ami, je me recommande à vos prières et vous renouvelle l'expression de mes sentiments bien sincèrement affectionnés.

CXXIII

Sorèze; — la question italienne.

A M. Villard.

Sorèze, 27 octobre 1859.

Mon cher ami,

Je n'ai pu encore vous remercier de l'aimable et cordial accueil que vous m'avez fait lors de mon passage à Langres pendant les vacances. Depuis lors je n'ai cessé d'être en course, et depuis une dizaine de jours que je suis rentré à Sorèze, les embarras d'une nouvelle année scolaire ne m'ont pas encore permis de respirer librement. Nous avons quatre-vingt-dix élèves nouveaux, ce qui porte le chiffre de l'école à deux cent soixante, dont deux cent quarante-cinq pensionnaires. C'est une augmentation de soixante élèves sur l'année dernière, et tout nous présage que le progrès n'est pas encore à son terme. Il nous faut construire des dortoirs, créer une quatrième cour, nous jeter enfin dans les agréables mais coûteux ennuis d'un accroissement.

Vos articles sur la question italienne me sont parvenus, et je vous en remercie. Tout cela est bien obscur et complexe. Quoi qu'il arrive, la situation de l'Italie est changée, et le Souverain-Pontife, tout en conservant la souveraineté temporelle, sera probablement obligé de modifier son gouvernement, comme tous les princes italiens. Il faut prier Dieu et le laisser faire. C'est lui qui gouverne les événements, et il sait mieux que nous ce qui convient aux hommes et aux choses de notre temps.

Je crois bien que vous m'avez promis de venir me voir à Sorèze. Ne l'oubliez pas. Vous verrez une belle maison, de beaux sites, et quelqu'un qui vous y recevra avec bien de la joie.

Veuillez, je vous prie, présenter mes remerciements et mes hommages à madame Villard, mes compliments à monsieur votre père et au bon monsieur Lorain (1). J'ai été bien heureux de revoir Bussières, ma famille, mes plus vieux souvenirs, et tout cela en votre bonne et douce compagnie.

Je vous en remercie bien, et vous renouvelle l'expression cordiale de mes sentiments bien affectionnés.

---

(1) M. l'abbé Lorain, chanoine de la cathédrale de Langres, dont le nom restera gravé dans la mémoire reconnaissante de tous ceux qui l'ont connu comme un synonyme de vertu, de dévouement, de sainteté.

CXXIV

La tombe de son père.

A madame Louise B***.

Sorèze, 30 octobre 1859.

Ma chère cousine,

Dans la trop courte visite que j'ai eu le plaisir de vous faire pendant ces vacances, je vous ai prié de faire relever la pierre tumulaire qui recouvre les restes de mon père. C'est une opération très-simple, très-peu coûteuse, et dont néanmoins je vous serai très-reconnaissant. Il ne semble pas nécessaire que la tombe porte sur quatre dés de pierre. En travaillant et nivelant le sol qui s'est enfoncé, on pourra, je le pense, l'asseoir solidement. Je serais bien aise aussi qu'on repassât l'inscription à l'encre, et un peu au ciseau, si cela est nécessaire.

J'ai eu bien du plaisir à vous revoir tous, et j'aurais voulu qu'il durât plus longtemps. Nous avons tous vieilli dans l'absence ; mais les années n'effacent pas les souvenirs et n'éteignent pas les affections.

Soyez assez bonne, ma chère cousine, pour offrir mes compliments affectueux à monsieur B***, à monsieur C*** et à sa femme, ainsi qu'à l'Ingénieur et Alexandre, et veuillez agréer pour vous-même l'expression de mon bien sincère et bien cordial attachement.

CXXV

Les choses de Dieu ; — Monseigneur Menjaud.

A mademoiselle H. M***.

Sorèze, 9 janvier 1860.

Mademoiselle,

Vous êtes bien bonne d'avoir pensé à moi la première pour le jour de l'an. Je vous remercie de vos vœux de bonne année et vous prie d'agréer les miens pour vous, pour votre digne et vénérable mère, pour le soulagement de vos peines de corps et d'âme, enfin pour que vous portiez dignement jusqu'au bout votre part des tribulations de ce monde. Quel bonheur pour nous d'en connaître un autre, de l'aimer et de le servir ! C'est en vieillissant qu'on sent tout le prix de la foi et de l'amour de Dieu. L'approche de la mort, l'expérience, la force acquise de la raison nous donnent des choses de Dieu un sentiment et une vision qui surpassent tout et nous mettent au-dessus des plus cruelles épreuves.

Ce que vous me dites du succès de votre nouvel archevêque me réjouit sans m'étonner. Je ne sais pourquoi à Nancy il avait tant d'ennemis. C'est la Providence qui lui a ménagé un lieu plus doux pour mourir. Il s'est tout-à-fait prononcé pour nous à l'égard de Saint-Célestin, et je pense que nous voilà bien assis, grâce à ce bon Archevêque et à l'intercession de notre saint Cardinal.

Adieu, mademoiselle. Je pars à l'instant pour Paris, où je passerai six à dix jours seulement. Je vous prie de présenter mes vœux et mes hommages à votre vénérable mère et d'agréer pour vous-même l'expression de mon respectueux dévouement.

CXXVI

L'Académie; — un dîner d'amis.

A la même.

20 février 1860.

Mademoiselle,

J'ai reçu avec un vrai plaisir les félicitations que vous avez bien voulu m'adresser au sujet de mon élection à l'Académie française. Il m'a semblé qu'il y avait là un acte de la Providence, un hommage rendu dans ma personne à la religion, et c'est pourquoi je m'en suis réjoui.

Madame votre bien bonne mère désire que j'aille lui demander à dîner, lors de mon prochain voyage à Bourges. Je le ferai bien volontiers, mais à la condition qu'elle n'aura que le P. Lécuyer et moi. Nous dînerons bien tranquillement ensemble et ce sera mieux et bien plus agréable que d'avoir grande compagnie.

Veuillez présenter mes tendres et respectueux hommages à cette bonne chère mère, et agréez, mademoiselle, mes très-humbles et dévoués sentiments.

CXXVII

Caractère de son élection à l'Académie.

A Monsieur Alex. de B***.

Sorèze, 14 février 1860.

Mon cher ami,

J'ai reçu votre bonne lettre du 25 janvier, et je voudrais bien apporter ma petite pierre à votre église paroissiale, en plaçant ici des numéros de votre loterie. Mais nos élèves ont deux loteries par an pour la société de Saint-Vincent-de-Paule ; ils y mettent à peu près 600 francs chaque fois, et nous ne pouvons ouvrir leur bourse pour des œuvres étrangères et étriquées, auxquelles il leur serait difficile de s'intéresser. Je prendrai seulement pour moi personnellement dix billets, dont je vous enverrai le montant à la première occasion. Vous désignerez vous-même les numéros et les garderez près de vous. Si je gagne, ce qui n'est pas probable, vous me le ferez savoir.

Vous avez appris mon élection à l'Académie française. Il est curieux de voir, au dix-neuvième siècle, un dominicain admis dans ce corps littéraire, le premier de l'Europe. C'est, il me semble, un hommage rendu à la religion dans ma personne, et c'est là surtout ce qui m'y a fait attacher du prix. Ma réception n'aura lieu qu'en janvier 1861.

Il faudra cependant nous revoir avant de mourir. Je ferai une tournée provinciale en septembre prochain. Si vous demeurez chez vous, j'espère vous y faire une visite en me rendant à Lyon. Il me sera bien agréable de vous revoir, et de causer ensemble de nos jeunes années déjà si loin de nous.

Veuillez présenter mes hommages à madame de B***, et agréez, mon cher ami, l'expression de mes sentiments affectionnés.

CXXVIII

L'Académie française; — la question romaine.

A madame Eugénie Calaret.

Sorèze, 15 février 1860.

Ma chère cousine,

Je ne doutais pas qu'à Bussières on ne fût heureux de mon élection à l'Académie française; mais j'ai été bien aise de l'apprendre par vous, et de recevoir en même temps des nouvelles de toute notre famille. Je n'ai point cherché cet honneur, qui m'a été fait par les esprits les plus éminents de notre pays, et j'avais même résolu de ne pas faire les visites préalables qui sont en usage lorsqu'on est porté pour un fauteuil; mais j'ai reçu des instances qui m'ont déterminé, en me faisant voir dans mon succès un hommage rendu à la religion qui en a tant besoin.

La question romaine, dont vous me dites un mot, est bien grave. Il est à craindre que l'Italie et le Saint-Siége ne soient victimes d'une terrible catastrophe, que les puissances, par leurs divisions et leurs incertitudes, n'auront pas su prévenir. Mais la religion sortira triomphante de cette épreuve, comme elle est sortie de toutes celles dont nous avons été témoins depuis soixante-dix ans.

J'ai reçu des lettres d'Eugène et de Philibert il y a peu

de jours. Tous les deux me paraissent contents. Eloigné de tous mes frères, je ne puis rien vous en dire. Frédéric, mon neveu de Liége, que nous avons ici, va bien. Son caractère se forme et ses études marchent d'une manière satisfaisante.

L'autre fils de mon frère aîné, Stanislas, m'a écrit de Constantine. Il a fait la guerre d'Italie, et y a heureusement survécu sans blessures quoique mêlé à plusieurs combats.

J'ai été heureux, ma chère cousine, de vous revoir tous un moment pendant ces vacances. Je ne sais quand j'aurai de nouveau ce plaisir, tant mes occupations sont nombreuses et complexes; mais je n'en négligerai jamais l'occasion. J'ai toujours du bonheur à revoir Bussières, où j'ai passé certainement les plus heureux jours de ma jeunesse.

Veuillez, je vous prie, présenter mes hommages affectueux à monsieur et madame Bouguéret, à l'Ingénieur, à Alexandre et à sa femme, à monsieur Calaret, et agréez pour vous-même, ma chère cousine, l'expression de mes sentiments bien affectionnés.

CXXIX

L'Académie; — Saint-Claude; — Sorèze.

A Eugène Lacordaire.

Sorèze, 18 février 1860.

Mon cher cousin,

Je vous remercie d'avoir pensé à moi à propos de mon élection à l'Académie française. Il est assez singulier qu'un religieux, le premier de nous, ait été appelé à l'Académie en plein dix-neuvième siècle. Mais, en France, tout est possible aujourd'hui en bien et en mal.

Je connais le pays que vous habitez. En 1822, au mois d'août, en me rendant en Suisse, j'ai dîné et couché à Saint-Claude. Il m'en est resté l'idée d'une ville fort pittoresquement située. Vous êtes là tout à fait bien pour votre goût forestier. Mais il n'est pas probable que je puisse vous y voir. Saint-Claude, depuis le chemin de fer de Lyon à Genève, est une voie tout à fait perdue pour se rendre en Suisse.

Mon frère Télèphe a pris sa retraite et demeure aux portes de Vendôme, dans une maison de campagne qu'il a achetée. La retraite est de 2,500 francs. Léon continue d'administrer les Gobelins. Théodore a été nommé une seconde fois recteur de l'Université de Liége. Son fils aîné, Stanislas, a fait la campagne d'Italie, et est aujourd'hui à Constantine, le second achève ses études à Sorèze. Leurs enfants à tous vont bien.

Notre école de Sorèze est prospère. Elle compte aujourd'hui plus de 250 élèves, et en aura certainement 300, qui est le chiffre extrême où nous pouvons et voulons atteindre. Je n'ai pas l'intention de la quitter pour rentrer à Paris. C'est pour moi un asile que je préfère à tous les autres.

Adieu, mon cher cousin. Veuillez présenter mes hommages à ma cousine, et agréez l'expression de mes sentiments bien sincèrement affectionnés.

CXXX

L'Eglise et la liberté.

A M. l'abbé B...

Sorèze, 12 mars 1860.

Monsieur l'abbé,

Je vous remercie des félicitations que vous avez bien voulu m'offrir au sujet de ma dernière brochure (1), veuillez aussi présenter mes très-humbles remerciments aux personnes dont vous avez été l'interprète.

Les sentiments que vous m'avez témoignés m'ont causé un vif plaisir, et j'espère qu'ils feront du bien à la cause de l'Italie et de l'Eglise. Que je voudrais voir le clergé dans ces mêmes sentiments! notre salut serait proche. Aimez toujours, comme vous le faites maintenant, l'Eglise et la liberté.

Veuillez agréer, monsieur l'abbé, l'assurance de mes sentiments distingués.

---

(1) *De la liberté, de l'Italie et de l'Eglise.*

CXXXI

Un deuil de famille; — l'espoir d'une mort chrétienne.

A M. Bouguéret père, à Voulaines (1).

Sorèze, 19 mars 1860.

Mon cher cousin,

Une lettre de Bussières m'annonce le cruel malheur qui vient de vous frapper d'une manière aussi inopinée. J'en suis tout saisi, et quoique les consolations soient bien peu de choses dans de telles circonstances, je m'empresse, mon cher cousin, de vous dire la part que je prends à votre malheur. J'avais vu madame Louise à Bussières pendant ces vacances, et j'étais loin de prévoir le coup qui allait la frapper dans ses affections les plus chères. Du moins elle pourra se dire que son mari est mort en paix avec Dieu, et cette pensée, en lui donnant la juste espérance de le revoir dans un monde meilleur, sera pour elle le seul adoucissement qui lui soit permis.

Veuillez me pardonner, mon cher cousin, de vous avoir entretenu un moment dans de si douloureuses conjonctures, et agréez, je vous prie, avec l'expression de mes sentiments de condoléance, celle de mon sincère et ancien attachement.

(1) A l'occasion de la mort de son fils.

CXXXII

Les leçons de la mort.

A madame Eugénie Calarel.

Sorèze, 22 mars 1860.

Ma chère cousine,

Je vous suis bien reconnaissant de m'avoir appris sans délai la mort imprévue de mon cousin Joseph Bouguéret. J'ai écrit immédiatement à son père et à M. Pétot. Depuis, j'ai reçu une lettre d'Alexandre (1) et je lui ai répondu. C'est un coup bien terrible pour cette maison, où il y avait tout lieu de croire que le bonheur était fixé pour longtemps. L'affection réciproque, la fortune, les avantages personnels, tout se trouvait réuni; mais la mort ne respecte rien, et Dieu veut de temps à autre nous donner de ces grandes leçons. Ce m'a été du moins une consolation sensible d'apprendre que Joseph était mort en bon chrétien. Il est probable qu'il ne pratiquait pas la religion, et il a été bien heureux de la retrouver à son lit de mort. Mais, hélas! combien se hasardent à périr faute d'un peu de réflexion et en ne s'y prenant pas à temps.

---

(1) M. Alexandre Bouguéret.

Je songe souvent à N***, et je crains que son âge et sa santé ne lui aient encore inspiré aucune idée sérieuse à ce sujet.

J'ai été bien heureux d'apprendre que M. Calaret était rétabli. Veuillez lui en faire mes compliments et lui dire toute la part que j'ai prise à sa prompte convalescence.

Veuillez aussi, ma chère cousine, présenter mes compliments affectueux à votre mère, à M. Bouguéret, à l'Ingénieur, à Alexandre Lacordaire, et enfin à tout ce qui vous entoure. Je vous renouvelle pour vous-même, ma chère cousine, l'expression respectueuse de mes sentiments bien affectionnés.

CXXXIII

La préparation à la mort; — le retour à Dieu.

A madame Eugénie Calaret.

Rennes-les-Bains, 6 juin 1860.

Ma chère cousine,

J'ai appris avec bien de la peine la mort de N***, et surtout qu'il ait été enlevé tout à coup, sans avoir le temps de se reconnaitre et de se réconcilier avec Dieu. Je l'avais plusieurs fois entendu protester lui-même de ses sentiments religieux, et ces discours m'étaient demeurés dans la mémoire comme une espérance pour ses derniers jours. Mais, hélas! que d'hommes, qui ne sont pas incrédules, disparaissent ainsi, parce que les années ne les ont point avertis de se préparer à la mort! Et cependant combien cela est facile lorsqu'on a dépassé de bien loin l'âge des passions, et qu'il ne reste plus qu'à se repentir des fautes passées! Je comprends les incrédules dont le cœur est fermé à toute lumière, mais non pas ceux qui ont la foi, comme N***, et qui retardent de jour en jour de revenir à Dieu. Ce sont là des contradictions inexplicables et bien malheureuses.

Je suis venu passer ici quelques jours pour prendre des

bains d'eau ferrugineuse assez célèbres dans ce pays-ci, et qui semblent devoir achever de me rendre toutes mes forces. Je vais beaucoup mieux depuis un mois. Mon mal était un appauvrissement de sang compliqué d'une forte irritation nerveuse et d'un mouvement rhumatismal. Toutes ces causes m'avaient fort affaibli. Le régime qui m'a été tracé me ramène peu à peu à mon état ordinaire.

Je vous remercie, ma chère cousine, des nouvelles que vous me donnez de nos parents. Veuillez leur présenter à tous mon souvenir, mes compliments et mes hommages, et agréez pour vous-même l'expression de mon sincère et cordial attachement.

CXXXIV

A monsieur Villard.

Sorèze, 24 juillet 1860.

Mon cher ami,

J'ai appris avec bien de la peine, par votre lettre du 11 juillet, que vous aviez été sérieusement malade et obligé d'aller prendre les eaux pour achever de vous rétablir. Cette nouvelle m'a été très-sensible. Je l'ai été aussi à toutes les assurances de votre affection que vous me donnez à l'occasion de ma fête, à laquelle vous avez contribué par cette bonne lettre.

Ma santé, grâce à Dieu, se rétablit. Mais, comme il s'agit du sang dont la masse s'est affaiblie, il faudra du temps pour la rétablir dans son état normal. Ces sortes d'affections, prises à temps, ne sont pas dangereuses, elles exigent seulement du repos, un bon régime et de la patience.

Ma réception à l'Académie est remise au mois de janvier prochain. Ce délai a été bien heureux pour moi; car je ne sais comment j'aurais fait pour être prêt plus tôt.

J'espère que tous les vôtres vont bien, madame votre mère, monsieur Defay et madame Villard. Présentez-leur bien à tous, je vous prie, mes souvenirs et mes hommages, et tout à vous cordialement.

CXXXV

Saint-Célestin; — l'œuvre du Cardinal Dupont.

A Mademoiselle H. M***.

Sorèze, 17 septembre 1860.

Mademoiselle,

Je suis bien en retard avec vous. Vos bonnes lettres m'ont été une consolation au milieu de nos affaires de Bourges. Nous étions entrés à Saint-Célestin sur les instances réitérées du Cardinal, et, après trois années d'efforts, nous étions parvenus à organiser convenablement cette maison. Les élèves nous étaient attachés et les maîtres les aimaient. Mais cette position était incertaine en elle-même, et puisque tôt ou tard il nous eût fallu quitter, j'ai mieux aimé que ce fût le plus tôt possible. Nos deux maisons de Sorèze et d'Oullins, si florissantes déjà, se trouvent bien de cet héritage, et le sentiment douloureux qui me reste est pour ce pauvre Cardinal, si trompé dans toutes ses pensées et qui, après avoir fait à lui seul une œuvre admirable, la voit détruite un an après sa mort. Heureusement il ne le voit que du haut du ciel, et là toutes ces misères s'évanouissent dans la vue de Dieu.

Ma santé s'améliore progressivement. Ce n'était qu'un appauvrissement général causé par de longues fatigues, et avec des soins et du repos, j'espère me remettre à flot complètement.

Il n'est pas probable que je vous revoie prochainement, du moins à Bourges ; mais peut-être la Providence me donnera-t-elle une occasion de vous rencontrer ailleurs.

Veuillez présenter mes hommages tendres et respectueux à madame votre digne et excellente mère, et agréez pour vous-même, mademoiselle, avec tous mes remerciments, l'expression de mes très-humbles et très-dévoués sentiments.

CXXXVI

Nomination d'un vicaire provincial; — le P. Chocarne.

Sorèze, 28 septembre 1860.

Mon très-révérend Père (1),

La Congrégation intermédiaire de la Province réunie à Flavigny le 1er septembre de cette année a bien voulu prendre en considération l'état de faiblesse où je suis tombé depuis plus de six mois, et qui, de l'aveu unanime des médecins, exige un grand repos d'esprit, un travail très-restreint et des soins prolongés. Elle m'a, en conséquence, autorisé à désigner un vicaire provincial auquel je confierai l'administration de la Province, jusqu'à ce qu'il plaise à Dieu de me rendre les forces et la santé. Je n'aurais pas cru, sans cette autorisation préalable, pouvoir imposer à la Province, pendant un temps indéterminé, le gouvernement d'un supérieur non élu par elle; mais la sanction unanime des Pères de la Congrégation ne m'a laissé aucun doute sur la légitimité et l'opportunité de cette mesure. J'ai donc, mon très-révérend

---

(1) Lettre circulaire aux prieurs. Le père Chocarne ne l'a reproduite qu'en partie. Je n'ai pas les mêmes raisons que lui de taire ce que le père Lacordaire pensait de lui, et ce m'est une joie de le louer avec les paroles mêmes de son père et de son ami.

Père, songé mûrement devant Dieu au choix que je devais faire, et par un acte, en date de ce jour, je viens de communiquer au R.-P. Chocarne la plénitude des droits qui, d'après nos Constitutions, peuvent être transmis à un vicaire provincial...

..... Je suis persuadé que vous accueillerez le choix que j'ai fait d'un religieux connu par son ancienneté, sa prudence, son esprit de conciliation et de fermeté, ses services et son attachement inviolable aux traditions, aux coutumes et à l'esprit de notre chère Province.

Vous reporterez sur lui, vous et tous vos religieux, la confiance que vous m'avez montrée, et le spectacle de votre soumission filiale sera à la fois la récompense de plus de vingt ans de travaux et la consolation de l'impuissance où je suis de continuer à vous servir d'une manière aussi active que par le passé.

Il est bien entendu que je n'interdis pas aux religieux de la Province de recourir directement à moi quand ils le jugeront à propos. J'écouterai toujours leurs plaintes et leurs observations comme celles de mes frères et de mes enfants. Mais je les prie seulement de m'épargner les affaires courantes...

CXXXVII

La prudence dans les prédications; — la ligne inattaquable.

Sorèze, 9 décembre 1860.

Mon très-révérend Père (1),

Dans les circonstances publiques où nous nous trouvons, il est d'une extrême importance que nos religieux se distinguent par la prudence de leurs paroles, particulièrement dans le ministère de la prédication apostolique, afin de ne donner aucune prise aux interprétations qui pourraient susciter à notre Ordre et à tous les Ordres religieux des embarras plus ou moins graves. Tous, nous sommes pénétrés pour le Saint-Siége d'une tendresse filiale et prenons part à ses épreuves, mais l'affection la plus dévouée n'exclut pas la réserve et cette convenance qui ne nous permet pas d'aborder en chaire les questions périlleuses du moment. Tout notre but dans l'apostolat que nous remplissons est la conversion des âmes et leur perfectionnement, et rien n'y est moins propre que tout ce qui peut produire la défiance et l'irritation.

Je vous prie donc, mon très-révérend Père, d'inculquer ces principes aux religieux de votre Communauté, et de les engager à se tenir dans la ligne inattaquable qui nous est tracée par les grands modèles de la chaire chrétienne...

(1) Lettre circulaire aux prieurs de la province.

CXXXVIII

La patience de Dieu ; — Saint-Célestin.

A Mademoiselle H. M***.

Sorèze, 2 janvier 1861.

Mademoiselle,

Je vous remercie des vœux que vous adressez à Dieu pour moi, au commencement de cette année, et je le prie de mon côté de vous soutenir dans la vie difficile et dans les épreuves où vous êtes engagée. Vous ne devez pas trop vous laisser assombrir par les impatiences de votre bonne mère : c'est l'effet de l'âge, et nous-même, si nous parvenons à cette longue vieillesse, nous serons exposés à faire souffrir un peu ceux qui seront autour de nous, tout en les aimant bien. Il faut offrir à Dieu ces peines et les unir à la croix. Quant à monsieur votre frère, sa conversion peut s'opérer le jour où vous l'attendrez le moins. Dieu est patient, mais il n'oublie pas.

Je ne comprends rien à l'esprit qui a dirigé la nouvelle administration diocésaine de Bourges, et ne sais pas plus que vous, mademoiselle, à qui l'imputer. Quant au Petit Séminaire, c'était en soi une position fausse, et puisque la Providence nous l'a ôtée, je n'en éprouve aucun regret. A chaque changement d'évêque, c'eût été une lutte nouvelle, des hostilités sourdes, des périls cachés, et quelle qu'ait pu être la cause déterminante dans ce qui s'est passé, je suis bien aise d'en être quitte. N'y pensez donc plus, pas plus que je n'y pense moi-même. Le R. P. L*** me paraît content de sa nouvelle position. Il professe la théologie et la philosophie à nos religieux et il prendra de l'âge dans cette occupation en attendant ce que Dieu fera de lui plus tard.

Adieu, mademoiselle ; veuillez présenter mes hommages et mes vœux à madame votre mère, et agréez l'expression de mes sentiments respectueux et dévoués.

CXXXIX

Aux notables habitants de Recey-sur-Ource (1).

Sorèze, 15 février 1861.

Messieurs et chers compatriotes,

J'ai reçu la lettre de félicitation que vous m'avez fait l'honneur de m'adresser au sujet de ma réception à l'Académie française, et je puis vous dire avec sincérité que de tous les témoignages de souvenir, d'estime et d'affection que j'ai recueillis dans cette occasion si solennelle pour moi, aucun ne m'a plus touché que le vôtre. C'est en 1802 que je suis né au milieu de vous; c'est en 1806 que mon père a été enlevé par une mort prématurée, et que je dus suivre ma mère à Dijon, pays de sa famille. Depuis lors, c'est à peine si j'ai revu notre colline de Recey, sa vallée et les magnifiques forêts qui lui servent de perspective. Et cependant, messieurs, vous ne m'avez point oublié; vous m'avez suivi des yeux et du cœur dans les vicissitudes d'une carrière agitée, et aujourd'hui que ma réception à l'Académie française en a couronné les travaux, vous avez bien voulu m'adresser, du pied de mon berceau, une marque de sympathie qui me ramène du sommet de l'âge aux premiers jours de mon enfance. Je vous en remercie

(1) V. l'Adresse des habitants de Recey, à l'Appendice.

cordialement, messieurs et chers compatriotes, et ne désire rien tant que d'avoir une occasion de vous revoir de près. Mon nom ne sera jamais placé par l'histoire à côté des deux noms illustres qui planent sur l'Eglise de France, et que la Bourgogne lui a donnés au douzième et au dix-septième siècle ; en les rappelant, pour en rapprocher le mien, vous ne m'avez pas inspiré d'orgueil, mais fait sentir la grandeur de votre bienveillance pour moi.

Veuillez agréer l'expression de ma reconnaissance et l'hommage des sentiments dévoués avec lesquels je demeure à jamais,

Messieurs et chers compatriotes,

Votre trés-dévoué serviteur.

CXL

Un succès; — une crise.

A Mademoiselle H. M***.

Sorèze, 5 mars 1861.

Mademoiselle,

Votre lettre du 1er février m'a fait connaître la part que vous aviez prise à mon succès académique. Je dis succès, bien qu'il ait été aussi attaqué que possible ; mais dans les temps de lutte où nous vivons, c'est le sort de tout ce qui émeut l'opinion, et je ne dois pas m'en plaindre. Maintenant tout cela est déjà bien loin. Nous avançons, ce semble, vers une crise suprême, où les destinées de la France, de l'Italie, de l'Europe et de la Papauté temporelle se décideront peut-être. Dieu n'abandonnera pas son Eglise, pas plus que les peuples opprimés, et il rendra à chacun ce qui lui est dû.

Je suis toujours assez faible ; mais le beau temps, je l'espère, achèvera de me remettre. Le R. P. Lécuyer n'est pas non plus très-fort. Il se plaît à Sorèze et y fait du bien.

Veuillez remercier Madame votre mère de son bon souvenir pour moi, et lui offrir l'hommage de mes sentiments respectueux dont je lui renouvelle ainsi qu'à vous-même, Mademoiselle, l'expression affectionnée.

CXLI

A Monsieur François Beslay (1).

Sorèze, 10 mai 1861.

Monsieur,

Quelqu'un de mes amis, peut-être est-ce vous-même, m'a envoyé le travail que vous avez publié sur moi dans la *Revue contemporaine* du 30 avril dernier. Je viens de le lire. Quoiqu'il soit difficile de louer quelqu'un qui nous a loué nous-même, je vous avouerai n'avoir encore rien lu sur ma vie et mes œuvres qui m'ait paru plus vrai, plus sincère, plus impartial et plus capable de me faire connaître à moi-même. Jusqu'à vous, j'avais eu affaire à des amis ou à des ennemis : vous êtes le premier, je le crois, qui m'ayez jugé sans parti pris de me condamner ou de m'absoudre. Vous avez vu les côtés faibles sans les exagérer, les côtés dignes d'éloges sans les obscurcir. Parvenu au terme de ma carrière, j'ai eu un grand plaisir à retrouver dans vos pages la trace de mes pensées, du but que j'ai poursuivi, de mes succès et de mes rêves. Permettez-moi de vous en remercier. Je n'ai remarqué qu'une

---

(1) En 1861, M. Fr. Beslay publia dans la *Revue contemporaine*, une étude sur le P. Lacordaire à l'occasion de la quelle celui-ci lui adressa cette lettre qui suffit à l'éloge de son travail. M. Beslay a bien voulu m'autoriser à la reproduire.

erreur dans votre récit : vous me faites aumônier du collége Stanislas. Je ne l'ai jamais été. Les chefs de cette maison m'avaient prié, dans l'hiver de 1834, de donner des conférences à leurs élèves. C'est à ce titre passager que j'y ai paru. Cette erreur ne fait rien au fond des choses ; mais je la relève par honneur pour votre exactitude même.

Veuillez agréer tous mes remerciements et l'expression des sentiments très-distingués avec lesquels je demeure,

Monsieur,

Votre très-humble et très-obligé serviteur.

CXLII

Sa maladie; — la maison paternelle.

A M. Eugène Lacordaire.

Becquigny (Somme), 24 mai 1861.

Mon cher cousin,

Je vous remercie de l'intérêt que vous prenez à ma santé. Depuis treize à quatorze mois, je suis dans un état de langueur, causé primitivement par une inflammation de quelque gros vaisseau du cœur, dont les suites ont troublé et affaibli la circulation du sang. La cause et les effets principaux ont disparu; mais il m'en est resté une affection gastro-intestinale qu'il faut guérir maintenant et pour laquelle les médecins m'ont ordonné de changer d'air et de régime. On m'a envoyé ici, en Picardie, et déjà, depuis trois semaines, je commence à me trouver mieux. La digestion s'accomplit plus facilement, la douleur s'affaiblit, et tout me présage, à la fin de l'été, une heureuse solution. Je retournerai à Sorèze, ma résidence ordinaire, à la fin de juin, et quitterai Becquigny à la fin de ce même mois, afin de m'en retourner à petites journées.

J'ai été bien aise d'apprendre votre transport à Poligny, puisqu'il vous a été agréable. Il n'en est pas de même de la maison de Bussières, à laquelle tant de souvenirs de ma jeunesse sont attachés. Mais enfin, Dieu l'a voulu ainsi, il faut s'y résigner. Si elle était échue à Alexandre, il l'eût conservée, et nous aurions ainsi dans la famille, l'ancien château et la maison paternelle.

Je ne vous dirai rien de nouveau de la famille. Mon frère Théodore est toujours recteur de l'Université de Liège; Téléphe est retiré aux portes de Vendôme; Léon est à Paris, dans une situation toujours pénible et incertaine.

Adieu, mon cher cousin, veuillez présenter mes hommages à ma cousine, et agréez l'expression de mes sentiments bien affectionnés.

CXLIII

Les religieux et leur famille.

Au Père Gamon (1).

Becquigny, 29 mai 1861.

Très-cher fils en N. S.

Le plus mauvais moment pour revoir la famille, est *après la profession*. Nous en avons vu des résultats qui ne me permettent plus d'y consentir, à moins d'une nécessité absolue. Cette nécessité ne me semble pas exister pour vous. Monsieur votre père a près de lui votre jeune frère, pour le soutenir et le consoler, et ce ne sont pas deux ou trois jours que vous passeriez près de lui qui apporteraient à son cœur un soulagement bien profond. Revoir les êtres aimés, pour les perdre un instant après, c'est bien plus souvent aigrir la blessure que la cicatriser.

Je ne veux pas dire que jamais vous ne reverrez monsieur votre père. Mais le moment n'en est pas venu. Priez pour lui, et demandez à Dieu pour vous-même la grâce de vous détacher de plus en plus des souvenirs trop vifs.

(1) Mort à Mossoul en 1871.

Je prie Dieu, très-cher fils, de vous soutenir dans les dernières luttes contre la nature et de vous faire la grâce d'une sainte profession.

Le père du religieux insista auprès du Père Lacordaire pour voir son fils quelques heures et trouver dans sa visite une consolation, au moins momentanée, à de cruelles douleurs... Le P. Lacordaire céda et répondit la lettre suivante :

Sorèze, 21 juin 1861.

Monsieur,

Je vous prie de m'excuser si je n'ai pas répondu plus tôt à votre lettre. Le temps m'a tout-à-fait manqué et les occupations de ces derniers jours, jointes aux fatigues d'un long voyage, m'ont empêché de le faire aussitôt que je l'aurais désiré. Du reste, j'ai vu votre fils à Flavigny et je l'ai autorisé à passer 48 heures avec vous.

J'espère que sa présence vous aura consolé et je me réjouis d'avoir pu vous procurer cette légitime satisfaction.

Veuillez, etc.....

CXLIV

A Mademoiselle H. M***.

Becquigny (Somme), 2 juin 1861.

Mademoiselle,

Votre lettre du 12 mai m'annonçait que votre mère était gravement malade. Depuis, je n'ai rien su d'elle, ce qui me fait présumer que cette fois encore, malgré son grand âge, Dieu vous l'a conservée. J'en serais bien heureux, mais si vous pouviez m'en donner l'assurance par un mot, je vous en serais on ne peut plus reconnaissant.

Je suis venu ici passer quelques semaines pour ma santé. Elle va mieux et je serai de retour à Sorèze vers la fin de ce mois.

Veuillez agréer l'hommage des sentiments respectueux avec lesquels je suis, Mademoiselle,

Votre très-humble et très-obéissant serviteur.

CXLV

A la même.

Sorèze, 25 juin 1861.

Mademoiselle,

Votre lettre du 5 juin, contenant la douloureuse nouvelle de la mort de Madame votre mère, m'est parvenue tardivement, parce que j'avais quitté Becquigny lorsqu'elle y a été transmise.

J'ai pris une vive part, vous n'en doutez pas, à ce chagrin si grand et si profond, qui est venu s'ajouter à vos autres peines. Madame votre mère se rattachait dans mon esprit aux premiers souvenirs de mon enfance, et c'est un des noms qui remontent le plus haut dans ma mémoire. En la retrouvant à Bourges, après tant d'années de séparation, j'avais été heureux de voir le sentiment qu'elle avait conservé de ma mère et de moi en particulier. Son grand âge ne lui avait rien ôté de la vivacité de ses sentiments, et tout en ne vous permettant pas l'espérance de la garder longtemps encore sur la terre, vous pouviez cependant vous faire une douce illusion.

Il vous reste, Mademoiselle, bien des embarras à surmonter, bien des obstacles à vaincre, mais la foi qui vous anime ne doit pas vous laisser douter de la protection de Dieu sur vous.

Je le prie instamment de vous éclairer et de vous soutenir. Quant à ma santé, elle va d'une manière satisfaisante. Je la recommande néanmoins à vos prières.

Veuillez agréer, etc.....

CXLVI

Le vrai catholique libéral; — les hommes et les principes.

A M. Sabatier, avocat à Paris.

Sorèze, 4 juillet 1861.

Monsieur et cher ancien élève,

J'ai reçu avec plaisir votre lettre du 24 juin, et j'ai été bien content des sentiments que vous m'y exprimez. Il ne faut pas vous étonner si la jeunesse catholique et libérale est débandée. Elle n'a ni centre, ni organisation, ni chef; les événements des dernières années ont rompu le faisceau et il ne se reformera qu'à la longue, dans quelqu'occasion favorable. Cependant, dès aujourd'hui, si vous rencontriez quelques jeunes gens qui vous parussent sincèrement animés du double sentiment de la foi et des libertés publiques, vous pourriez aisément vous entendre et vous rapprocher. Le tout est de bien discerner ce genre d'esprit. Le vrai catholique libéral n'est ni bourbonnien, ni orléaniste, ni napoléonien; il est avant tout ami de la liberté civile, politique et religieuse; il la veut pour elle-même et fortement assise sur les données du christianisme. Quant aux partis politiques proprement dits, c'est-à-dire dynastiques, il ne les met qu'au troisième rang, selon qu'ils peuvent plus ou moins servir la cause de la religion et de la liberté. Ce qui nuit si fort dans notre pays à un établissement social permanent, c'est précisément que les questions de personnes l'emportent sur les questions de principes. Les personnes ne sont quelque chose que par leur relation avec les principes, tandis que les principes subsistent en eux-mêmes, dans l'éternelle vérité de Dieu. Les hommes meurent, les dynasties s'éteignent, les empires se renouvellent, mais les principes demeurent immuables, de même que le granit qui porte tous les phénomènes changeants dont la nature nous donne le spectacle à la surface de la terre.

Il ne s'agit pas d'être très-nombreux, mais d'être sincères et de bien s'entendre. Une fois quelques jeunes gens réunis, ils se soutiendront par des conversations, des lectures, des discussions, plus tard par des œuvres : c'est ainsi que tout commence et que tout mûrit.

Nous touchons ici à la fin de l'année : notre distribution des prix aura lieu le mardi 6 août. Si vous pouvez y venir, j'aurai grand plaisir à vous revoir.

Adieu, monsieur et cher ancien élève, je vous renouvelle l'expression de mes sentiments affectionnés. (1)

---

(1) Je dois la communication de cette lettre à la bienveilllance de M. Sabbatier.

CXLVII

L'hospitalité de la famille; — la maison paternelle.

A madame Eugénie Calaret.

Sorèze, 16 août 1861.

Ma chère cousine,

J'ai été bien touché de l'invitation que vous me faites de venir passer quelque temps à Bussières pour achever de remettre ma santé. Il me serait infiniment doux d'accepter cette hospitalité de famille, dans un lieu qui m'est si cher et près de parents avec lesquels je suis toujours resté si uni de cœur. Mais outre que nos règles ne nous permettent qu'un très-court séjour dans la famille, le besoin des affaires me retient ici où j'ai d'ailleurs tous les soins, tous les secours et tous les agréments que je puis désirer. Il en serait de même près de vous sans doute avec une consolation de plus et je regrette vivement les obstacles qui m'en privent. Ma santé, du reste, s'améliore, et quand les grandes chaleurs seront passées, je crois que la convalescence marchera plus vite encore.

Mais il faudra du temps, car à mon âge on ne se remet pas aisément de l'affaiblissement général où je suis tombé par suite de ce que les médecins appellent une anémie, c'est-à-dire un appauvrissement du sang.

J'ai appris avec peine la mort de la seconde femme de M. Thiberge. Cette famille semble poursuivie par le malheur, et le billet de faire part que j'ai reçu m'a fait comprendre qu'il ne restait pas d'enfants de ce second mariage, non plus que du premier. Une chose m'a surpris, c'est de voir mademoiselle Lucette portée sous le nom de L. P. Je croyais qu'elle était la seconde fille de madame de Belloir, et qu'elle ne s'était pas mariée.

J'ai regretté vivement, ma chère cousine, que nous ayons perdu la maison paternelle de Bussières; mais j'ai bien compris que vous ne puissiez conserver deux habitations à la fois, et puisque vous n'avez pu vendre le château, il a fallu vous résigner à vendre l'autre maison. Peut-être plus tard des circonstances heureuses permettront de la racheter et je le souhaite bien vivement. Malheureusement Alexandre a bâti, et si ses enfants reviennent un jour à Bussières, il est probable qu'ils habiteront après lui la maison de leur père.

Adieu, ma chère cousine, veuillez présenter mes compliments affectionnés à tous les nôtres, à monsieur et à madame Bouguéret, à Alexandre et à sa femme, à madame Voinchet, et agréez pour vous-même, ainsi que pour M. Calaret, l'expression de mon sincère attachement.

CXLVIII

A Mademoiselle H. M***.

Sorèze, 1ᵉʳ septembre 1861.

Mademoiselle,

J'ai été bien heureux de recevoir de vos nouvelles par le R. P. Lécuyer. Le souvenir qu'il m'a remis de votre part m'a été très-sensible et je le conserverai en souvenir de votre excellente mère.

Je prie Dieu de vous donner la force de supporter cette séparation et de vous faire trouver dans les pratiques de la vie chrétienne la seule consolation qui soit véritable ici-bas.

Veuillez agréer, etc...

CXLIX

A Monsieur Villard.

Sorèze, 15 septembre 1861.

Mon cher ami,

J'ai reçu vos deux bonnes lettres et vous suis bien reconnaissant de l'affection que vous me témoignez. Je suis atteint depuis plusieurs mois d'une anémie ou appauvrissement du sang qui me réduit à un grand état de faiblesse et d'impuissance. J'ai suivi pendant les mois de juillet et d'août un traitement qui m'avait été indiqué par M. le docteur Rayer; mais les grandes chaleurs ont empêché le bon effet de ce traitement et aujourd'hui encore je suis très-faible et éprouve de grands embarras dans l'estomac et les intestins.

Je vous remercie bien, mon cher ami, de l'invitation que vous me faites d'aller à Langres, j'aurais un grand plaisir à vous voir et à causer avec vous, mais dans l'état où je me trouve, je ne pourrais supporter la fatigue d'un si long voyage.

Adieu, mon cher ami, je vous renouvelle l'expression de mes sentiments affectionnés.

Fr. Henri-Dominique Lacordaire,
des Frères-Prêcheurs.

CL

A Monsieur Guizot.

Sorèze, 2 novembre 1861.

Monsieur et cher confrère,

Je venais d'achever la lecture de votre ouvrage sur *l'Eglise et la Société chrétienne en* 1861, lorsque j'ai reçu un second exemplaire, qui m'était adressé par vos ordres, et en même temps votre billet du 29 octobre. Ces marques de votre souvenir m'ont été d'autant plus agréables, que j'étais encore sous le coup du plaisir que m'a causé votre livre. C'est une grande lumière dans une grande autorité.

Il est bien entendu que je ne puis être d'accord avec vous sur la question théologique du protestantisme. Je ferais aussi une réserve sur la question d'Italie jusqu'au moment où le Piémont a envahi à main armée les Etats de Naples et une portion des Etats du Saint-Siége qui avait été maintenue sous l'obéissance régulière du Pape. C'est à cette limite, ce me semble, que la justification a cessé d'être possible, et que la révolution italienne a pris un caractère de violence, de conquête et d'usurpation.

Quant aux grandes perspectives de votre ouvrage, aux erreurs et aux mérites de notre temps, à ce qui nous a manqué dans les succès et dans les revers, à la nécessité de la liberté religieuse sincèrement pratiquée pour le bien de l'Etat et celui de toutes les communautés chrétiennes, à la distinction de l'esprit libéral et de l'esprit révolutionnaire, aux craintes et aux espérances de l'avenir, je m'associe à vos pensées comme à celles qui peuvent seules sauver le monde et l'Eglise.

Vous avez dû, monsieur et cher confrère, subir bien des attaques ; mais vous y êtes accoutumé dès longtemps, et on ne peut servir les hommes qu'en s'exposant à leur ingrtitude.

Ma santé, dont vous voulez bien me dire un mot, est toujours très-chancelante, et me fait envier votre belle vieillesse, à qui de si longs et si considérables travaux n'ont rien enlevé...

Je ne saurais mieux terminer cette partie de mon livre que par la lettre que M. Guizot m'adressait le 8 juillet 1870, du Val-Richer, pour m'autoriser à publier celle du P. Lacordaire qui précède.

A M. Henri Villard, avocat, à Langres.

Val-Richer, par Lisieux, (Calvados).
8 juillet 1870.

J'ai reçu, Monsieur, et lu avec une vive satisfaction, le volume de lettres inédites du P. Lacordaire que vous avez bien voulu m'envoyer. Il y a plaisir à trouver dans une si belle harmonie toutes les traces de sa vie et de sa pensée. Je regrette de ne pouvoir vous envoyer actuellement en échange une copie de la lettre qu'il m'a écrite peu de jours avant sa mort. Je ne l'ai pas ici ; elle est restée à Paris, chez moi, avec d'autres papiers. Je la rechercherai l'hiver prochain et je vous autoriserai très-volontiers à la publier.

Recevez, Monsieur, avec mes remerciements, l'assusurance de mes sentiments les plus distingués.

GUIZOT.

EXTRAITS

DE

LETTRES INÉDITES DE ANNE DUGIED

MÈRE DU P. LACORDAIRE

1828 A 1836

I

A M. Lacordaire, ingénieur à Pouilly.

28 septembre 1824.

.... Je vous remercie de la lettre de V*** que vous m'envoyez ; je lui écrirai pour le remercier. J'ai vu avec plaisir qu'il s'y trouve des jeunes gens ayant reçu de l'éducation ; il n'y a rien de pire que d'être sans cesse avec des gens qui n'en ont point eu ; le moral et le physique se dégradent ; c'est ce que je redoutais plus que la fatigue qu'il est en état de supporter....

II

Ce 20 février 1825, Bussières.

.... Henri est toujours si satisfait de son nouvel état que M. Lacordaire, de Paris, m'a écrit qu'il cessait de le combattre. Je désirerais que de deux motifs qui ont pu le lui faire embrasser, vous lui accordassiez le plus honorable, et non celui qui le rendrait indigne d'estime. Henri a une candeur rare, et que plus d'une personne lui reconnaît ; son âme entière m'est dévoilée ; si vous la connaissiez comme moi, vous verriez qu'il mérite les éloges qu'on lui donne sous tous les rapports....

.... On est bien heureux, mon cher ami, lorsqu'on a une femme raisonnable et encore plus lorsqu'elle réunit tout comme la vôtre. Rendez-en grâce à Dieu, car il n'y a que lui, dit l'Ecriture, qui donne une femme sage. X*** est bien malheureux, d'autant plus que sa confiance était plus grande. Bon père, bon époux, il a d'excellentes qualités ; épousez des femmes élevées dans les plaisirs, voilà ce qu'elles deviennent !....

III

Ce 6 mai 1826, Dijon.

.... Henri m'écrit qu'il a eu le plus grand plaisir à vous voir, il est fâché de ne pas vous avoir vu plus souvent, ce qui est fort difficile, quand l'un est enfermé et l'autre court toujours....

IV

Ce 14 mai 1826.

.... Mon cher ami, la reconnaissance n'est pas un fardeau pour moi, au contraire, ce sentiment m'est doux ; on est bien heureux d'en avoir des sujets, et je n'ai pas voulu le secouer, soyez en sûr.

V

Ce 8 octobre 1827.

.... Henri est hors du séminaire, placé dans une paroisse, m'a loué un appartement rue Cassette, n° 22. *Souvenez-vous en*; il est ensuite parti pour la campagne, d'où il revient les derniers jours d'octobre. Je vais faire mes dispositions pour arriver à Paris à la même époque, je ne veux pas attendre le froid et le mauvais temps....

.... Je vois avec peine à X*** un désir immodéré et trop prématuré de faire fortune; il dérive d'un autre que je combats de tout mon pouvoir, parce qu'il le rend malheureux, sans en venir à bout : c'est d'être indépendant et de ne pouvoir sentir au-dessus de lui, soit par leur fortune, soit par leurs avantages sociaux ceux qui deviennent ses chefs par la place et le traitement qu'il en reçoit, quoique dû à son travail: une parole, un coup d'œil à qui il donne des motifs qui n'existent peut-être que dans son imagination lui sont des coups de poignards ; il se croit avili par les égards en usage dans la société, parce qu'on peut les prendre pour de la flatterie, s'ils ont pour objet les chefs de l'établissement, qui cependant en ont pour lui à l'infini. Voilà la maladie qui le dévore. Le mot n'est pas trop fort. Voilà comment on se rend malheureux soi-même, lorsqu'on ne l'est pas réellement. Cela m'afflige beaucoup.

VI

Paris, ce 26 décembre 1827.

.... Henri se réunit à moi pour vous offrir ainsi qu'à madame Adelaïde nos vœux de bonne année et vous rendre vos embrassements de bien bon cœur. Le sacerdoce serait bien malheureux s'il ne pouvait embrasser ses parents ; mais il n'est pas réduit à cette austère ririgueur.

VII

*A madame L. B***.*

Paris, 1828.

Ma chère amie,

Je t'envoie un petit ouvrage que j'ai fait à ton intention, une ceinture en tapisserie ; c'est bien peu de chose pour l'envoyer de si loin, mais son mérite est dans la nouveauté, et ce qui peut te faire plaisir est toujours dans ma pensée. Ce qui m'en fera un très-grand, c'est si tu réalises l'espérance que tu as donnée à Henri de venir l'année prochaine avec Eugénie. Il est presque sûr que je m'en irai avec toi, ce qui me serait très-agréable. Viens passer le mois de mai avec nous ; c'est le temps le plus agréable pour faire des courses et pour la fraîcheur de toutes choses. Dis à ton mari que je le prie en grâce de me faire le sacrifice de se passer de toi pendant un mois ; je lui en aurai la plus grande obligation ; fais-lui, en même temps, mes amitiés.... Henri a trouvé Céline (1) charmante. Elle a des yeux si fins et si tendres que j'ai peur qu'elle ne renouvelle la guerre de Troie. Gare pour Delphine ! La garder sera bien une autre besogne que de raccommoder des bas et des culottes. Théodore est embarqué du 3 de ce mois. Je désire avec ardeur le voir revenu de ce voyage, qu'il m'assure ne devoir être que de neuf mois ; c'est trop loin. Il ira ensuite au Brésil ; c'est une promenade auprès du Chili ; il faut quatre mois pour faire la traversée, et il ne faut rien qui arrête. Il traversera les Cordillières pour revenir à Buenos-Ayres. Si malheureusement la guerre ne se termine pas dans l'intervalle, il ne pourra pas encore terminer là ses affaires, ce qui serait fort désagréable. Il en a eu des nouvelles avant son départ : le blocus continue, et de part et d'autre on ne bouge pas ; cela ruine le commerce, par conséquent le pays, mais c'est égal aux passions des hommes.

.... Tu es la ressource de tout le monde. X*** n'a pas besoin, à ce qu'il paraît, de se gêner. J'avoue que je serais comme sa mère, je gémirais amèrement d'une indulgence qui peut avoir des suites fâcheuses, dont il est possible cependant que l'éducation qu'il a reçue le préserve. Une première éducation, lorsqu'elle a été solide, ne s'efface pas. Je crois qu'il faut fermer les yeux lorsqu'on ne peut faire autrement, mais ne jamais favoriser les penchants. Au surplus, chacun fait à sa manière, et, ce qu'il y a de

---

(1) Petite nièce de Mme Lacordaire, morte depuis à 16 ans.

certain, c'est que les parents ont toujours de bonnes intentions, même en se trompant.

.... Henri se joint à moi pour te faire, ainsi qu'à ton mari, mille amitiés.

VIII

Paris, ce 30 novembre 1828.

.... Je voudrais bien que tu me dises, si tu le sais, ce que fait X***, s'il est enfoncé dans quelque trou; nous n'en avons plus de nouvelles. Je lui ai écrit avec Théodore avant son départ; je lui ai reproché son silence; il me tient toujours rigueur, et j'ignore pourquoi. S'il est fâché, les dieux en sont la cause, car je n'en ai eu nullement l'intention.

J'ai ce soir à dîner N*** et sa femme; je ne l'ai encore vue que deux fois; nous sommes si loin; ils logent chez les L*** tant qu'ils ne sont pas de retour; il est probable qu'elle n'osera pas montrer sa philosophie chez nous, si toutefois elle en a; je ne provoquerai rien; je n'aime pas heurter; nous verrons s'il y a un petit bout d'oreille.

.... Je ne m'attends guère à recevoir des nouvelles de Théodore avant un an, le plus tôt dix mois. Charles nous a dit l'autre jour que la guerre d'Amérique était terminée par un traité; c'est tout ce qui peut être le plus avantageux pour Théodore; son associé règlera toutes les affaires pendant son séjour au Chili. Son projet est de traverser les Cordillières pour revenir à Buenos-Ayres; si son humeur voyageuse pouvait être satisfaite de cette petite tournée, je lui rendrais de grandes actions de grâces. J'en suis réduite à trouver un voyage au Brésil comme une promenade à Blanche-Fontaine (1). Je ne suis pas étonnée qu'on fasse des hommes tout ce qu'on veut.

Il est donc bien décidé, ma chère amie, que nous te verrons ce printemps. Bonne mine et mauvais gîte, voilà ce que je te promets de tout mon cœur ; car tu peux être sûre qu'on ne peut pas faire un plus grand plaisir que celui que tu nous procureras. Théodore aurait bien désiré se trouver ici pendant ton séjour ; il aurait été un chevalier au moins propre à quelque chose, au lieu qu'Henri ne peut plus que te donner des bénédictions ; mais chaque chose a son mérite, et quelques bénédictions ne te seront peut-être pas de trop. Adieu, nous vous embrassons tous.

IX

Ce 31 décembre 1828.

.... M. Louis se porte fort bien ; sa mère le presse pour se marier ; mais c'est l'irrésolu ; il faudrait qu'il lui descendît une femme par la cheminée.

M. l'abbé Guyon a de la réputation, et, d'après ce que tu m'as dit, il la mérite ; je ne l'ai pas entendu ; je ne sais si Henri le connaît davantage ; il va te le dire lui-même. On prêche beaucoup à Paris ; je ne vais nulle part presque, parce que c'est trop loin, que ce n'est pas ma manière ;

---

(1) Fort belle promenade de Langres.

cependant un prédicateur célèbre, je désire l'entendre. Ma chère amie, une tante qui dit tout uniment à sa nièce : Je te souhaite une bonne année, c'est bien sec, et c'est pourtant ce que je fais. Je t'assure que si j'étais riche, tu serais obligée d'en mettre le déplaisir de côté, car tu es une dame un peu fière ; je revendiquerais mes droits de tante, et je chercherais tout ce qu'il y a de plus joli pour te l'envoyer, et cela me ferait beaucoup plus de plaisir qu'à toi. Au lieu de cela, je te dirai ce que tu dois savoir depuis longtemps, que je t'aime de tout mon cœur.

X

Ce 24 janvier 1829.

.... La raison vient vite chez les femmes, surtout lorsqu'il y a de l'étoffe. Je n'irai pas en chercher d'exemple plus loin que le tien. Mariée, on peut dire encore enfant, tu t'es parfaitement conduite dans une position difficile. Sois tranquille, tes enfants feront ton bonheur, et tu le mérites. Je ne suis pas complimenteuse, et je dis peut-être trop franchement ce que je pense. Tu sais que je t'aime comme ma fille, si tu l'étais réellement, je m'en glorifierais. J'ai reçu une lettre de ta maman aujourd'hui, qui me dit que tu as bien fait ta Mission et que tu as essuyé bien des railleries au-dessus desquelles tu t'es mise, seule manière de les faire cesser. Singulière question que je vais te faire ! avec toi, je ne me gêne pas : tu as un grand fond de principes, jusqu'à présent à moitié enterrés. Viendra le moment où ils prendront le dessus ; la jeunesse a son temps, et lorsqu'on a toujours rempli ses devoirs, celui de Dieu vient après. Hé bien! quelle impression t'a faite la Mission? Voilà ma question. Ce n'est pas avec moi que tu te gêneras. Toutes leurs cérémonies m'ont déplu, lorsqu'ils ont été à Dijon; mais cette suite continuelle de discours religieux, même des mauvais qui étaient plus nombreux que les bons, m'avait fait une profonde impression, qui s'est tôt passée, car le bien passe plus vite que le mal, et je croirai même que cette impression est plus tôt passée chez les personnes qui, comme nous, n'ont point abandonné la religion; mais chez celles qui ne la pratiquaient pas du tout, je ne suis pas étonnée qu'elle en ramène plusieurs sincèrement. L'exaltation, qui est un de leurs défauts, a un but, à mon sens. Ils ne font que passer; ils parlent à toutes les classes; ils veulent ébranler l'imagination. C'est un grand moyen pour le peuple, et il est de fait que les plus mauvais pour nous font sur cette classe le plus d'effet. Ils ont fait un très-grand bien à Dijon; des faits certains, la plupart cachés, parce qu'on n'aime pas se produire au grand jour, mais j'en ai su plusieurs.

.... Est-ce que le sang des habitants de Langres n'est pas figé? Votre pays est si froid, qu'on doit n'y plus vivre. Pour moi le froid m'a transpercée. Je suis à plaindre par ce temps-là. Je ne peux rien faire; je travaille un quart d'heure, je me chauffe un autre; le froid est pour moi un vrai purgatoire.... Adieu, Henri a été malade huit jours, il est redevenu maigre; il va pourtant bien à présent. Il se joint à moi pour te faire, et à ton mari, mille amitiés.

―――――

Il est curieux de rapprocher l'opinion de madame Lacordaire de celle qu'exprimait son fils sur le même sujet, dans l'*Eloge funèbre de Monseigneur de Forbin-Janson,* quinze années plus tard; les deux faces de la question y sont envisagées:

« .... Tout-à-coup une nuée de missionnnaires s'était précipitée du nord au midi dans les grandes villes du royaume, appelant le peuple à des cérémonies étranges, inconnues de la tradition catholique, à des chants qui n'exprimaient pas seulement les espérances de l'éternité, mais encore celles de la politique profane, à des prédications où l'excès du sentiment suppléait à la faiblesse de la doctrine, où l'on s'attaquait moins au cœur qu'à l'imagination, au risque de ne produire qu'un ébranlement passager à la place d'une solide conversion. Etait-ce la une œuvre sainte, une œuvre digne....

« .... Il est vrai que la prédication des missionnaires était généralement moins savante que populaire; mais était-ce donc un sujet de plainte dans un temps de démocratie? Ne pouvait-on au dix-neuvième siècle travailler pour le peuple! Si le langage des missionnaires déplaisait aux hommes de savoir et de goût, qui les contraignait de venir l'écouter! ou plutôt, sous ces plaintes du goût blessé, ne se cachait-il pas la peur que le christianisme ne reprît de l'ascendant sur la partie pauvre et laborieuse de la population?.... »

XI

Ce 7 juin 1829.

Ma chère amie,

Ton frère m'avait dit que tu étais maigre et souffrante, ce qui m'a fait peine; mais je ne croyais pas que tu le fusses depuis si longtemps; tu n'a pas été entièrement guérie de ta fièvre d'automne, sans doute, ce qui l'a fait revenir ce printemps et t'a laissé ce malaise si difficile à supporter, parce qu'il influe sur toute la machine, beaucoup sur le moral. Tâche de faire ce qu'il faut pour sortir de là, je t'en prie. Il faut beaucoup de courage pour se soigner ; mais tu n'en manques pas. Plus tu resteras dans cet état, plus il faudra de temps pour en sortir ; on ne gagne rien à traîner. X*** a pensé sans doute que le fondement qu'il donne à ta maladie ne ferait pas fortune chez nous ; il n'en a rien dit. Ce n'est pas moi, je t'assure, qui crois à ces choses-là. Il n'y a que des têtes bien près d'être fêlées, à qui la dévotion bouleverse le corps et l'âme. Je crois le chagrin beaucoup plus capable d'opérer de pareils désordres, et, grâce à Dieu ! tu n'en as point. Du reste, tu es dans le bon chemin ; sois tranquille. Une femme qui remplit bien ses devoirs d'épouse et de mère fait ce qu'elle doit. Aller à la messe tous les jours lorsqu'elle a affaire chez elle, ou que cela déplairait à son mari, serait une dévotion bien mal entendue.

.... Pour ton voyage manqué, quelque déplaisir que j'en aie eu, je suis forcé de t'approuver ; j'aurais fait de même. J'en suis cependant d'autant plus fâchée que je suis persuadée qu'il t'aurait fait du bien. J'espère que tu ne seras pas grêlée tous les ans, et que la partie est remise à l'année prochaine ; mais je suis piquée de ta prudence qui t'a empêchée de me le promettre, comme je te le demandais....

.... L'orgueil du petit N*** est incroyable. Où l'a-t-il été pêcher ? Ce ne sera pour lui qu'une source de chagrins et peut-être de malheurs ; en attendant il est très-fâcheux pour ses parents qu'il soit un obstacle au soulagement qu'il aurait pu leur procurer. Ce sont les meilleurs gens du monde ; mais une tendresse trop aveugle pour leurs enfants les gâte : ils les louent trop, surtout devant eux, ce qu'il y a de pis. Le père est dans une perpétuelle admiration de son petit N***. Je te demande! un enfant susceptible comme tu me le dis, si ce n'est pas le plus funeste des défauts et qui vous rend malheureux toute votre vie!

.... Léon est ici. Ton frère se porte trop bien, si toutefois il peut y avoir de l'excès. Il prend des leçons d'anglais, afin de pouvoir demander à boire et à manger; et, malgré ses leçons, peut-être ne l'entendra-t-on pas; on dit que cela arrive ordinairement. Sa promotion est certaine; le voilà dans un bel endroit de l'échelle. Henri va assez bien à ce qu'il dit. Je suis comme les nourrices qui bourrent leurs nourrissons; je crois que quand on ne mange guère, on ne peut pas être fort. Il prétend le contraire; je l'en crois. Il prêche de temps en temps au collége; il y fait le catéchisme. Je ne vois rien de tout cela. Dernièrement, il a fait (bien malgré lui, car il se trouve trop jeune) un petit discours dans une assemblée pour une œuvre de charité, au grand scandale de ceux qui l'ont appris, car il n'en a rien dit. J'y étais. Tu penses bien que j'ai été contente. Ce qui m'a charmée surtout, c'était son extrême modestie. Avec cette auxiliaire, tout passe.

Ma santé est aussi très-bonne. Je n'ai point de partie organisée; c'est presque impossible. Il faudrait connaître plus de personnes que je n'en connais, et se trouver dans le même quartier; mais je n'y pense plus et ne m'ennuie pas.

.... Ma sœur ne peut se déterminer à quitter Plombières, ce dont je suis fâchée, parce qu'il n'y a pas une âme à voir dans le pays, ce qui est bien triste; mais son petit jardin est tout pour elle. Adieu, ma chère amie; ta correspondance m'est fort agréable. Tes cousins et moi t'embrassons, ainsi que ton mari et tes enfants.

XII

Ce 29 octobre 1829, Paris.

Ma chère amie,

Tes lettres me font un grand plaisir ; je les trouve, en effet, bien rares. Je sais que tu es bien occupée ; souvent je pense à toi, et j'avais appris avec satisfaction que ta tâche diminuerait. Je ne suis pas étonnée que tu sois fatiguée, et plus que fatiguée. Je le disais, il y a peu, à Henri : « Louise a bien du courage, je n'en aurais pas autant. » Je sais ce que c'est que les grands garçons, tant bien soient-ils, les filles et toute cette boutique, et puis t'assurer que je suis trop âgée pour pouvoir élever mes petits-fils à naître ; mais je le pourrais, je ne m'en chargerais pas et leur dirais : « Mes enfants ! j'ai fait ma besogne, faites la vôtre ; chacun son tour. »

Tes enfants seront bien ; elles ont des moyens ; tu as eu de la peine, le temps de la récompense viendra, dont tu ne jouiras guère, parce qu'il faudra ensuite les marier. Voilà la vie ! les jouissances sont en perspective, jamais en réalité.

Théodore est à Buenos-Ayres. J'ai reçu une lettre du Havre qui me l'assure. Du Chili, il a passé par les terres ; il y a onze cents lieues. Il était, le 1er août, arrivé à Buenos, même auparavant, à ce qu'il paraît. Ce pays est toujours dans l'anarchie ; l'amiral Roussin, qui y a été en mission, a dit qu'on pourrait être tranquille sur les Français, qu'ils étaient protégés. Il doit arriver un navire sur la fin de novembre; j'espère avoir des nouvelles directes.

..... M. X*** a amené ici sa fille en pension; il est en adoration devant cette enfant; elle lui fera un grand vide; elle est forte pour son âge, a de l'intelligence, elle a passé la journée de dimanche avec nous. Elle est toute entière à élever; c'est une enfant qui, jusqu'à ce moment, n'a fait que sa volonté. Sa maîtresse m'a dit qu'elle avait du caractère; elle est un peu loin de moi; l'hiver c'est désagréable... Il me semble que ton frère, pour dépendre du gouvernement, n'est pas trop malheureux, et qu'on pourrait se résigner à ce prix. Je donnerais bien quelque chose pour que Léon en dépendît ainsi, car si les gouvernements ont des injustices et des caprices, je crois que les particuliers n'en ont guère moins.

.... Henri te fait mille amitiés, ainsi qu'à ton mari; fais-lui les miennes; je t'embrasse de tout mon cœur.

XIII

A M. Lacordaire.

Ce 22 novembre 1809, Paris.

.... Je vous écris du collége Henri IV où nous sommes installés depuis 7 jours. Henri était très-fatigué de ses deux emplois; obligé d'opter, il a gardé le collége, le traitement de la communauté étant bien loin de pouvoir nous suffire, car du reste nous y étions très bien. Nous sommes nourris ici, éclairés et en grande partie chauffés. Détachez-vous de l'entendre prêcher, car de sitôt il n'aura la force de le faire... Recevez tous deux, je vous prie, mes amitiés avec l'assurance de tout mon attachement. Henri offre ses hommages à sa cousine, et à vous ses compliments amicaux.

XIV

Ce 17 janvier 1830, Paris.

.... Votre maman soutient le froid aussi bien que possible, ce qui me fait grand plaisir. Je ne sais comment vous vous en tirez, dans vos montagnes, vous faites des feux d'enfer, et moi, comme si j'étais dans les bois, je ne quitte pas le coin de ma cheminée. Henri est comme les chats, le froid l'engraisse. Depuis qu'il est au collége, qu'il n'a plus autant à parler, il se porte très-bien, à ma grande satisfaction. Il vous fait mille compliments et présente ses hommages respectueux à sa cousine....

XV

A Madame L. B***.

Ce 24 janvier 1830.

Ma chère amie,

Il y a longtemps que nous ne nous sommes dit un petit mot; c'est pourtant une correspondance qui me plait fort.

F*** part, l'occasion est trop belle pour ne pas te dire ou plutôt te répéter que tu es ma fille chérie. J'ai pensé et souvent parlé avec Henri de ce que vous pouviez faire dans votre pays glacial par ce froid extrême. Vous avez eu beau faire du feu à rôtir un mouton ; vous deviez geler jusqu'à la moëlle des os. Pour moi, je faisais du feu à rôtir un dindon, et si ma chambre n'était pas si chaude, je ne sais ce que je serais devenue. Nous en voilà quittes.

... Viens passer avec nous le mois de mai, ainsi que tu devais le faire l'année dernière, et ne t'avise pas de me faire une objection, car je croirais que tu es fâchée contre moi, et cette pensée m'affligerait trop pour que tu veuilles la faire naître. Ta visite me fera passer un temps bien agréable.

.... Tu as dû recevoir une lettre de Théodore ; dans peu il ira dans vos pays ; ne le retenez guère, car je ne le verrai pas assez ; ce bon Théodore ! Je suis heureuse, mais ce bonheur sera trop court ! F*** me presse ; tes cousins te font mille amitiés, à ton mari et à tes enfants ; j'en fais autant ; bonsoir.

XVI

Ce 31 mars 1830, Paris.

Ta lettre me fait un extrême plaisir, ma chère amie. Mets tous les inconvénients de côté, car il s'en trouve sons cesse, et si on ne prenait son parti, on ne ferait jamais rien. Ecris-moi le jour de ton arrivée, à peu près l'heure et l'adresse ou la diligence arrête, et Théodore se trouvera à ton arrivée pour t'amener ici. S'il n'était pas à

Paris, ce qui n'est pas probable, je m'y trouverais. Je conçois que tu craignes d'être seule avec ta fille. Il est bien rare d'y éprouver des choses désagréables; cela m'est arrivé une fois. Au dîner, je vis un monsieur et une dame qui étaient très-honnêtes, que je n'avais pas vus; ils étaient dans le cabriolet. Je les priai s'ils voulaient entrer dans l'intérieur, que j'avais souffert d'être en si mauvaise compagnie; c'étaient des hommes du commun et des cuisinières qu'ils pinçaient. Ils ne me répondirent pas, mais parlèrent au conducteur qui enfila tout derrière, dessous, dessus, je ne sais où, mais il n'en reparut plus vestige. Le monsieur et la dame entrèrent dedans; je les remerciai bien. Un homme honnête suffit pour en imposer. Cela ne m'est arrivé que cette fois-là. Il est possible que je m'en retourne avec toi.

Je n'ai vu ton frère qu'un instant, il est dans le tourbillon. Je lui écris qu'il vienne dîner demain avec nous; Je ne sais si je l'aurai..... Quant à une crise, je l'ai crainte comme toi; mais je vois tout le monde dire qu'il n'y a rien à craindre, qu'on est las de troubles. Rien n'est plus calme que Paris. Le peuple ne s'occupe nullement de politique. On ne viendrait pas à bout de le soulever aujourd'hui. Tout se réduit à la guerre des journaux et à parler. J'ai reçu ta dernière lettre, mon adresse est simplement : au collége d'Henri IV.... M. N*** est mort, j'en suis fâchée. C'était un brave homme dont je n'ai jamais eu qu'à me louer. Il est mort sans penser à rien! cela m'afflige....

P.-S. Les cousins te présentent leurs hommages, je dirais même te baisent les mains, s'il n'y en avait un qui ne baise rien.

XVII

Ce 19 juin 1830, Paris.

.... Henri est près de moi lisant la gazette. Je te présente ses compliments respectueux, il ôte le respect pour Eugénie. Tu lui diras que je l'aime bien. Pour toi, tu sais ce qu'il en est. Fais mes compliments à ton mari. Théodore vous fait les siennes à tous, avec toutes les convenances nécessaires. Adieu.

XVIII

Ce 2 août 1830, Dijon.

.... Je te remercie de tes inquiétudes pour mes enfants ; les miennes sont bien grandes. J'ai reçu une lettre d'Henri datée du 26 ; il devait partir le 29 pour Châtillon et puis une tournée de famille ; j'en ai eu une de Théodore le 27, qui est partie avant le tumulte, ni l'un ni l'autre ne m'ont écrit depuis ; cependant ils doivent bien penser aux craintes que je puis avoir. Je sais bien qu'ils n'ont pas été chercher le bruit, mais on peut s'y trouver par le hasard et être forcé d'y prendre part. Je ne pense pas qu'Henri puisse partir. Enfin je suis dans une anxiété cruelle. J'ai écrit ce matin à Théodore et à ma cousine. Ils se sont trouvés là dans un terrible moment, et près du tumulte, ce qui est si effrayant. Je te donnerai des nouvelles lorsque j'en aurai reçu.

XIX

Ce 4 août 1830, Dijon.

Ma chère amie, j'ai reçu hier une lettre de Théodore, qui m'a tirée de l'effroi où j'étais depuis dimanche. Lui et Henri n'ont couru aucun danger personnel; Henri est parti pour la Bourgogne en habit bourgeois, je n'ai pas encore de ses nouvelles.

XX

Plombières (près Dijon), ce 26 août 1830.

.... Quant à Henri, il ne faut pas chercher à le dissuader de son voyage (1), ce serait temps perdu, et en vérité, aujourd'hui, je crois qu'il fait bien. Je désire fort que la tranquillité s'établisse; mais bien hardi qui en répondrait....

---

(1) Il s'agit du départ de l'abbé Lacordaire pour l'Amérique.

XXI

Paris, ce 23 mars 1831,
rue Saint-Jacques n° 193.

Me voici, ma chère amie, fixée et arrangée, mais pas avec Henri. Il y a un obstacle qu'il ne prévoyait pas ; l'appartement que je devais prendre, les personnes qui devaient le quitter le conservent ; pas d'autre qui pût nous convenir, et Henri obligé de rester près des bureaux (1). Je suis donc revenue à mes premiers projets. Je suis en pension dans une communauté où il y a beaucoup de dames ; j'ai un charmant appartement au premier au-dessus de l'entre-sol ; j'ai pu y loger tous mes meubles. On est ébahi du peu que je mange. Il est certain que si toutes les pensionnaires ne faisaient pas plus de dépenses, la maison ferait bien ses affaires....

.... J'ai trouvé Henri très-maigre ; son procès ne l'a pas engraissé. Il te l'a envoyé. Il a improvisé son plaidoyer (2) ; ce qu'il a fait imprimer n'est guère que la moitié. Il vous fait mille amitiés....

---

(1) Les bureaux de *l'Avenir*.
(2) Le procès de *l'Avenir*

XXII

Paris, ce 9 mai 1831.

Peux-tu penser, ma chère amie, que je serais fâchée contre toi! Je pourrais l'être en effet, mais ce serait des cérémonies que tu m'as faites pendant mon séjour chez toi, et tu serais dans le cas de l'être toi-même, car je ne t'ai pas seulement remerciée de l'amitié avec laquelle tu m'as reçue, ainsi que ton mari. J'ai été longtemps à t'écrire, ayant eu plusieurs arrangements à faire pendant peu de temps....

.... J'ai eu des nouvelles de Théodore, depuis mon retour, par un jeune homme parti avec lui, qui n'a pu s'acclimater. Lui-même a été malade un mois. Il allait bien mais c'est un terrain tellement fangeux dans l'intérieur, sur les bords des rivières, précisément où il faut qu'il habite pour faire sa récolte, que cela doit être bien dangereux, surtout lorsque les pluies viennent encore y ajouter, avec un soleil brûlant, leur maligne influence. Ce que ce jeune homme m'a dit par exemple, d'un peu rassurant, c'est que les naturels sont très hospitaliers, et que Théodore serait soigné en cas de maladie. Néanmoins je ne serai en repos que lorsqu'il en sera revenu. Il a fait un envoi depuis que je suis ici, c'est ce jeune homme qui l'a rapporté. J'en attends un second très-prochainement. Dans toutes ses lettres il me charge d'amitiés, de respect pour sa famille : tu n'es pas oubliée.

Le conseil des avocats n'a pas admis la demande d'Henri, comme incompatible avec son état, mais il ne se tient pas pour battu et a l'intention de la renouveler dans un autre moment. Il est probable qu'il va avoir un autre procès personnel ainsi qu'à deux autres membres de l'Agence. Ils veulent absolument faire tomber l'Université, et ils ont ouvert aujourd'hui une école gratuite sans autorisation, qu'ils ont annoncée, affichée avec fracas, et comme ils sont polis, ils en ont, par une lettre, prévenu M. le Préfet de police. Henri a fait le discours d'ouverture. J'y suis allée; malheureusement il était fini. Comme il ne s'agit que de fermer ou d'ouvrir, ce procès-ci ne me trouble pas, il m'amuse même. M. de Montalembert est maître d'école, avec M. de Coux que j'ai vu, un homme d'environ cinquante ans. Tu conviendras que ce n'est pas une école du coin. Tous les maîtres de pension, les professeurs sont dans l'enchantement; dans le quartier, on nous l'indiquait avec complaisance. Le procureur du Roi a déjà reçu une demande de la faire fermer; si elle ne l'est pas déjà, elle le sera demain. Je me trouve très-bien dans ma nouvelle position, un appartement charmant et très-bonne compagnie dans la maison; de plus, vis-à-vis, une dame très-aimable que je connais particulièrement. Henri me vient voir presque tous les deux jours. Il te fait mille amitiés, ainsi qu'à ton mari, que je prie, ainsi que toi, de recevoir l'assurance de tous mes sentiments. J'embrasse tes enfants. Je t'embrasse encore.

XXIII

Ce 29 mai 1831, Paris.

.... Ce pauvre Lacordaire (1) est dans un état cruel; il a craché le sang; — de la fièvre il s'est cru perdu; il a de-

---

(1) Antoine Lacordaire, son beau-fils.

mandé ton frère ; il n'ira pas aux eaux. On lui a ordonné un régime très sévère. Je le crois, d'après tout ce qu'il me dit, en bien mauvais état. Le pauvre malheureux ! c'est affligeant. Il est un peu rassuré, mais il me dit que c'est au mois d'août qu'on doit commencer sa maison, que son état sera décidé à cette époque. S'il va mieux il la commencera, sinon, il me fera ses adieux. Cela me fait beaucoup de peine ! J'attends tous les jours des nouvelles de Théodore, tremblant de n'en pas recevoir. Ma chère amie, où est le repos !

L'entreprise d'Henri et de ses collaborateurs a un assentiment général. Tout le monde réclame l'affranchissement de l'enseignement. La griffe de l'Université et son monopole sont réprouvés depuis sa fondation, excepté par les gros bonnets qui roulent carrosse avec ses fonds. Ces messieurs veulent forcer le gouvernement à faire une loi, qui laisse les pères de famille libres d'élever leurs enfants comme ils le veulent. Je ne suis pas enthousiaste, et c'est parce que tous mes enfants ont été au collège que je déplore sans cesse de n'avoir pu les mettre ailleurs, et si j'avais à déposer, j'aurais des choses monstrueuses à dire sur les colléges. Ces messieurs seront condamnés parce qu'ils seront jugés par les tribunaux. Il ne peut y avoir de prison, par conséquent je ne m'en inquiète pas. Mais si leurs efforts sont couronnés de succès, on leur devra une reconnaissance éternelle. Leur projet n'est pas de s'en tenir à ce premier essai. Tous les journaux, trois exceptés, sont pour eux ; tous les instituteurs, les professenrs et les parents. Le gouvernement tient à l'argent, c'est la pierre d'achoppement.

.... Adieu, je t'embrasse de tout mon cœur, ton mari et tes enfants.

XXIV

Ce 12 juin 1831, Paris.

J'ai bien réfléchi à ce que tu m'as appris des désastres qu'a éprouvés M. N***. J'en ai même parlé à Henri qui a été de mon avis; c'est une perte de revenus. Je sais bien qu'il faut la remplacer par un emprunt; mais quelle fortune territoriale est à l'abri de l'orage? Le fonds reste. Si la jeune personne plaît à X***, ce n'est pas une raison pour y renoncer. Son amour de l'ordre, du travail, de l'économie, sont des qualités qui valent mieux qu'un peu plus d'argent. J'en ai des preuves dans les deux opposés : Madame A*** pour l'un et madame B*** pour l'autre. Le caractère est un point plus essentiel. Je pense que tu le connais assez pour en pouvoir parler. Une femme entière et dominante rendrait X*** malheureux, et c'est ce qu'il craint, parce que, naturellement doux, il serait asservi, le sentirait et ne pourrait s'en défendre. Il faut qu'une femme sache céder, et lorsqu'elle veut ramener à son avis, lorsqu'il est bon, que ce soit par la raison et avec douceur; mais une femme qui veut emporter d'assaut ne lui conviendrait pas du tout, et un pareil caractère serait un véritable obstacle plutôt qu'une perte passagère...

.... Je viens de voir sur les nouvelles, que M. N*** avait donné sa démission et que vous aviez un autre sous-préfet. Je présume qu'on en est bien aise dans votre ville. Il faut bien que les départements fêtent le Roi; il n'est pas gâté ici, on ne prend pas plus garde à lui; lorsqu'il passe, qu'à moi. Triste condition, que celle d'être roi aujourd'hui! et Louis-Philippe peut bien se dire : « Que suis-je venu faire dans cette maudite galère? » J'en suis très-fâchée, car je voudrais que le gouvernement se consolidât. Son voyage a sûrement pour but les élections, tâcher de ranimer en sa faveur. Petits et grands vous disent que cela ne peut se soutenir comme cela est maintenant, qu'il y aura un changement. Quel sera-t-il? C'est Dieu qui le sait. Le mois de Juillet est marqué pour cette secousse; le mois de mai était déjà menacé, nous l'avons passé; il faut espérer que juillet passera de même. C'est l'objet de tous mes vœux.

XXV

Ce 24 octobre 1831, Paris.

.... J'ai vu Henri hier; il m'a dit qu'il avait envoyé à Bussières différentes choses. J'étais à la Chambre des Pairs lors de son procès; il a écrasé le ministère public. Le procureur-général a mis dans sa réplique une fureur incroyable. Henri lui a répondu, il n'a pas dû s'en applaudir.

XXVI

Ce 20 janvier 1832.

..... J'ai reçu cette semaine des lettres des deux aînés. Tous me chargent de leur respect pour ma sœur et d'amitiés pour toute la famille...

...... Henri a fait un très-bon voyage ; il n'y avait que cinq jours qu'ils étaient arrivés. Il avait encore peu vu de choses, excepté le Pape, à un *Te Deum* qui se chante le dernier jour de l'année, spectacle très-beau, me dit-il, et nouveau pour lui. Ils étaient déjà logés et arrangés pour leur nourriture pour la durée de leur séjour, et pas chèrement ; la vie est très bon marché à Rome.

XXVII

Ce 2 octobre 1832.

.... Tu as raison ; je suis heureuse d'avoir Théodore ; il ranime ma vie ; c'est une passion que d'avoir mes enfants auprès de moi ; je ne me fais pas illusion ; je ne me flatte pas de l'avoir pour bien longtemps, mais je jouis en attendant, et peut-être qu'il en reviendra un autre.

XXVIII

A madame Louise B***.

Ce 11 mai 1834, Paris.

.... Ma chère amie, j'ai eu terriblement ma part des tourments de la vie ; aussi je ne suis pas insensible à ceux des autres... Je n'aurai pas le bonheur de voir tous mes enfants dans une position passable, du pain pour leur vie, avant de mourir, c'est mon chagrin habituel. Henri est le seul qui ne me donne aucun souci... Il a fait des conférences dans un collége avec un tel succès que deux heures d'avance il n'y avait plus de place; elles lui ont fait beaucoup de réputation. Lui et Théodore te disent mille choses aimables ainsi qu'à ta famille...

XXIX

A Madame veuve Lacordaire.

Ce 14 décembre 1834.

Ma bonne sœur,

Vous voilà dans votre lit avec des vesicatoires et craignant un accès. J'espère qu'avec ces précautions et les soins de tous vos enfants, vous l'éviterez. Soignez-vous tant que vous pourrez, pour vous, pour eux et pour moi. Combien vous m'occupez! Je pense à vous sans cesse; je voudrais avoir des ailes; que de visites je vous ferais auprès de ce pauvre lit, auprès duquel je me suis assise tant de fois! que de chóses à vous dire, à vous conter, qu'on garde dans son jabot! Et quand vous verrai-je? J'en désespère! Je suis devenue bien vieille; en un an j'en ai pris dix, je n'exagère pas... Je ne suis plus propre à rien qu'à me reposer; heureusement je n'ai plus que cela à faire. Qu'est-ce qu'on devient, ma bonne sœur, il est pourtant bien dur de renoncer à vous voir, vous, la meilleure amie de mon cœur; il faut pourtant se résigner, puisque la Providence le veut! C'est bien heureux qu'Alexandre ait évité cette terrible maladie qui a affligé votre pays; si on trouvait de la reconnaissance, on lui en devrait pour les soins qu'il a prodigués aux malades; mais il faut croire que la Providence l'en a récompensé en le préservant (1).

Je ne suis pas étonnée, ma chère sœur, que vous ne sachiez pas où me trouver. Pendant leur voyage (2), je leur ai trouvé dans la même rue qu'Henri un appartement beau, pas cher, mais un peu court, avec un petit pour moi, 580 francs les deux; la cour les sépare. Ils ont trouvé le leur trop petit; ils ne pouvaient pas loger tous leurs effets; c'étaient des gémissements! Lorsque j'ai vu cela, je leur ait dit : Gardez tout. Je demeurerai avec Henri, chez lequel j'avais passé mes vacances, qui ne demandait pas mieux. J'y suis donc, j'espère, pour jusqu'à la fin de ma vie. J'y suis bien.... (3).

---

(1) Il s'agit du choléra qui ravageait Bussières. M. Alexandre Lacordaire était médecin.

(2) De M. Théodore Lacordaire et de sa femme nouvellement mariés.

(3) « Mon frère est parti avec sa femme pour faire une tournée dans notre famille, et ma mère est venue habiter avec moi pendant leur absence, qui durera jusqu'à la fin d'octobre... »

« Ma mère, qui habitait provisoirement avec moi depuis deux mois et qui devait rejoindre mon frère et ma belle sœur, a préféré définitivement demeurer avec moi. M. Chéruel, mon ami, qui était mon commensal depuis un an, a été obligé de me quitter pour loger dans une maison à laquelle il est associé dans une œuvre d'enseignement. Me voici donc seul avec ma mère comme il y a quatre ans; il semble que la Providence ait voulu me replacer dans la situation où j'étais avant 1830. » (*Lettres à madame Swetchine des 12 septembre et 8 décembre* 1834).

XXX

A madame L. B***.

Ce 31 mai 1835, Paris.

Ta lettre m'a fait grand plaisir, ma chère amie; j'en ai toujours beaucoup à les recevoir, tu le sais; j'aimerais à l'éprouver plus souvent, mais je ne t'en fais pas un reproche, je sais qu'à la campagne on est toujours occupé, et je sais encore que tu m'aimes et que tu penses à moi quelquefois.

Je regrette bien, je t'assure, de ne pas aller à Bussières; je serais si heureuse de voir ta maman, ainsi que toi, mais ma santé est si faible maintenant, que je ne pense pas m'exposer à me mettre à voyager pour ne pouvoir pas faire un pas. Je marche encore, mais avec une peine extrême; je me suis traînée à Notre-Dame. Théodore, qui m'a donné le bras quelquefois, avait assez de peine à me soutenir. Je te remercie de la part que tu as prise au succès d'Henri; il est vrai que cela a été une grande jouissance pour moi. Tu ne te fais pas une idée de sa réputation à Paris; on ne parlait que de lui dans tous les salons. Tout est de mode, c'était un engouement. Il a des discours où il a été d'une éloquence et d'un brillant extraordinaires, quelquefois jusqu'au sublime. Certainement il doit acquérir encore; il n'est pas à l'âge où l'on atteint tout le talent possible, et je ne doute pas que la Providence qui le lui a donné ne le fasse servir à un grand but. C'est à Paris qu'il faut voir la tendance de la jeunesse à revenir à la religion; rien n'est plus remarquable. Tu ne te figures pas la multitude de celle qui se pressait à Notre-Dame. J'en sais qui sont déjà revenus tout à fait. Le cabinet d'Henri ne désemplit pas quelquefois de la journée, c'est-à-dire un à un; ces matières ne se traitent pas devant témoins. Pour toi, ma chère amie, tu n'as pas besoin de devenir dévote. Veux-tu que je te dise mon opinion à cet égard! Je ne fais pas consister la dévotion à dire beaucoup de prières et à communier tous les huit jours, mais à remplir les devoirs que la religion impose et à remplir ceux de son état; et nombre de dévots négligent ces derniers et se croient parfaits parce qu'ils s'adonnent à des exercices qui ne sont pas d'obligation, fausse dévotion, qui n'est pas le chemin du ciel. Tu as toujours bien rempli tes devoirs; ceux de la religion tu les remplis aussi; tu es donc en bon chemin...

XXXI

A madame Lacordaire.

Paris, ce 29 juin 1835.

Ma bonne sœur,

J'ai été heureuse hier. J'ai vu M. F*** qui m'a apporté votre lettre, et qui venait de vous voir. Je l'ai questionné sur vous en tous sens. D'après ce qu'il m'a dit je vois que vous vous portez aussi bien que possible, que vous êtes toujours la même, et quand vous dites, ma bonne sœur, que vous baissez, c'est là où, avec votre permission, vous radotez. Dieu me donne une tête comme la vôtre! J'ai déjà lu trois fois cette bonne lettre, si pleine de votre affection; la mienne n'a pas diminué non plus, je vous assure; sans cesse vous êtes l'objet de mes pensées et de mes discours. Combien j'aurais à vous dire! Je n'ai pas eu le projet d'aller vous voir cette année; ma santé y était un obstacle absolu, sans parler de plusieurs autres, que je ne prévoyais pas, pour jamais voyager. Cependant, depuis huit jours, sans avoir rien fait, je me porte très-bien : je n'éprouve d'oppression que lorsque je monte. Si cela continue, l'année prochaine j'irai vous voir, vous embrasser, ma bonne sœur, comme je vous aime, cela me réjouit l'âme d'y penser....

.... Je n'ose pas dire comme vous, ma bonne sœur. C'est mon fils! Un jour, on m'a demandé s'il était mon parent; vous pensez que je ne le renie pas. Il est bien sensible à vos bontés pour lui; il va bientôt partir pour prendre des bains de mer avec un jeune homme qu'on lui confie; il vous présente ses respects, ainsi que Théodore et sa femme.

XXXII

A la même.

Ce 26 juillet 1835.

Ma bonne sœur,

Je ne veux pas laisser partir une si belle occasion sans en profiter. Voilà votre cher neveu (1) qui se réjouit, ainsi que sa femme, de vivre près de vous. Si je pouvais vous

(1) Le capitaine Voinchet.

rendre ma visite avec eux, j'y volerais ; mais ma bonne santé a disparu: pas souffler, pas marcher, telle est ma triste personne ; vous savez ce qu'il en est. M. Voinchet a quitté son régiment avec regret, et il a reçu les témoignages les plus flatteurs d'attachement de tous les officiers, même des soldats, ce qui prouve qu'il n'y a pas de révolution qui prescrive contre la probité, l'honneur et la bonté. Toutes ces vertus auront toujours droit à la vénération des hommes. Je vous envie leur séjour près de vous ; je serais heureuse s'ils eussent pu se fixer à Paris. Henri est à Dieppe, qui prend des bains de mer, ils lui font beaucoup de bien ; il sera de retour du 8 au 10 (août). Ma belle-fille est dans sa famille, elle se porte très-bien. Théodore est bien fatigué, il a bien besoin de repos. On l'attend à Dijon, c'est-à-dire à la porte de Dijon. Je ne sais s'il parviendra à trouver le moment de s'échapper : il a plus de peine que jamais. C'est un lourd fardeau qu'un ménage ! Cela m'attriste ; jamais je n'aurai de calme dans l'âme ; il faut bien achever sa triste vie, la passer toute entière dans les soucis. J'ai reçu ces jours-ci une lettre de Télèphe ; il est à l'hôpital, mais en convalescence : il est malade tous les ans à cette époque. Un officier, arrivé de ce pays, a dit à mon neveu qu'il se conduisait parfaitement : quand en recevra-t-il la récompense ?

.... Vous allez faire une bonne récolte de toutes choses ; j'en suis bien aise. Dieu vous comble de ses bénédictions ! elles sont bien placées. Aimez-moi toujours comme vous faites, sans cesse je parle de vous ; je dirai jusqu'à mon dernier soupir que j'ai trouvé en vous de meilleurs amis que de meilleurs parents, si c'est possible. Adieu, ma bonne et excellente sœur ; j'embrasse vos enfants.

9 août.

P.-S. M. et Mme Voinchet partent demain ; ils vous rendront un compte détaillé des événements qui ont dû vous donner beaucoup d'inquiétudes (1). Nous l'avons échappé belle ! Qu'en serait-il résulté, si le Roi avait été tué ? Cela fait frémir. Personne. de notre connaissance n'a eu une égratignure, ni été suspecté, heureusement ! car, combien de personnes étrangères à la chose ont été arrêtées !

Henri est arrivé hier. Les eaux lui ont fait grand bien. Je vous présente ses respects. Adieu, ma bonne sœur, je vous embrasse comme je vous aime.

XXXIII

A la même.

Ce 23 août 1835.

Ma bonne sœur,

Voilà donc la triste existence de ce pauvre malheureux terminée (2) ! Vous qui l'aimiez comme une mère, je sens combien vous devez être affligée. Il était pour moi un cin-

---

(1) L'attentat Fieschi.

(2) Antoine Lacordaire, son beau-fils. (V. lettre du P. Lacordaire à Mme Swetchine, du 20 août 1835). Si Mme Lacordaire l'aimait comme un fils, il l'aimait, lui, comme une mère dont il avait éprouvé le dévouement. J'en ai souvent trouvé la preuve dans ses lettres. « J'apprends avec plaisir
« la promotion de Télèphe, — écrivait-il en 1827, — et j'en jouis surtout
« par le plaisir qu'en va éprouver maman… Elle est partie le 29 octobre
« de Dijon. C'est un regret réel pour moi de la voir si loin de nous ; je n'ai
« jamais eu qu'à me louer de tous ses procédés. Si Henri, en prenant l'état
« de prêtre, l'a fait un peu pour offrir à maman un asile plus assuré,
« ce motif me rendrait presque louable sa résolution. » — Et l'on sait s'il avait vu avec désespoir l'entrée de son frère au séminaire !

quième enfant, et je le regrette de toute mon âme ; mais je ne puis vous dire combien cela me soulage de ce qu'il était à Aisey, où il a eu tant de soins tendres et affectionnés. J'ai la certitude qu'aucun secours ne lui a manqué. S'il était mort à la *Fonderie* (1) j'aurais le crainte qu'il n'eût pas été traité assez tôt, au lieu que je me dis : c'est une vie entière de souffrances qui l'a usé, il n'y avait pas de remèdes. Henri est parti aussitôt que nous avons appris sa maladie ; je suis bien aise qu'il ait vu un de ses frères, il les aimait tant ? Théodore n'a pas pu quitter, sans quoi il y serait allé ; Léon est arrivé malheureusement trop tard !... Cette perte fera un grand vide à M. et à Mme Lacordaire ; il aurait été si heureux d'être près d'eux ! Je désirais vivement cette réunion pour lui ; je pensais qu'il aurait dorénavant une existence agréable : la Providence en a décidé autrement !.... Henri sera de retour, je pense, samedi ; j'aurai de vos nouvelles par lui....

XXXIV

A madame L. B***.

Ce 31 août 1835.

Je suis bien triste, ma chère amie, de la mort de ton malheureux cousin. Comme tu dis : nous étions accoutumés à le voir vivre et souffrir, et nous ne pensions pas que la mèche pût s'user plutôt qu'une autre. Heureusement il a

---

(1) Propriété aux environs de Châtillon-sur-Seine.

été entouré des soins les plus affectionnés ; ils ont été pour lui une grande consolation, et pour moi qui ai la certitude que rien ne lui a manqué. C'était un excellent homme qui méritait l'attachement qu'on lui portait. Il est bien douloureux pour M. et Mme Lacordaire de le perdre au moment où il se réunissait à eux. Voilà la vie ! Ce que nous avons le plus désiré nous échappe au moment où nous croyons le saisir ; c'est nécessaire sans doute pour nous en détacher, nous y tenons si fort ! Henri a été près de lui, ce qui lui a sùrement fait plaisir, il aimait beaucoup ses frères. Les visites de toute sa famille ont sùrement adouci ses derniers moments.

XXXV

A Monsieur Lacordaire.

Paris, ce 6 septembre 1835.

Mon cher ami,

Je vous remercie de tout mon cœur de votre bonne lettre, et de la bonne nouvelle que vous me transmettez. Je passe d'inquiétudes en alarmes, pour ce pauvre Télèphe. Un maréchal-des-logis de son corps tué dans une affaire qui a eu lieu le 10 m'avait bouleversée ; on m'a dit qu'on avait de fortes raisons pour croire que c'était un indigène. Voici le choléra qui ne laisse pas de repos. Enfin ! si Dieu lui prête la vie, voilà donc ce pas tant désiré franchi.

J'ai une bonne corde au ministère, et Henri m'écrit qu'il fera des démarches qui pourront lui être utiles. Ainsi il faut espérer que nous en viendrons à bout. Le pauvre garçon aura bien gagné ses épaulettes. J'ai vu il y a quelques jours un jeune homme qui avait quitté Alger le 3 août. Télèphe à cette époque se portait très-bien ; il il m'en a fait l'éloge, m'a dit qu'il était très-aimé de ses chefs et de ses camarades.

Votre pauvre cousin, mon cher ami, méritait bien tous les regrets qu'on lui donne. Les miens sont bien sincères. Je l'avais toujours mis au nombre de mes enfants ; il en avait pour moi les sentiments. Je puis bien dire n'avoir jamais eu qu'à m'en louer. Sa misérable vie, si souffrante, était usée. Il est bien cruel pour chez M. Lacordaire de le perdre au moment où il venait de se réunir à eux. Il leur fera un grand vide. Heureusement, depuis ce triste événement, ils ont toujours eu du monde.

C'est donc véritable que vous viendrez cet hiver. Vous êtes comme Malborough, de Pâques à la Trinité. Heureusement je vois que votre voyage est nécessaire ; pour lors j'y crois. Madame Adélaïde sera bien aimable de venir avec vous ; dites-lui de ma part que je prends la promesse qu'elle vous a faite pour mon compte, et que je la somme de la tenir.

J'ai reçu une lettre d'Henri aujourd'hui. Il me dit qu'il a eu le plaisir de vous voir à Bussières, qu'on est heureux de voir sa tante, tant elle est bien. Cette bonne sœur ! Que je serai heureuse de la voir à mon tour ! C'est un désir qui me tourmente et, si ma santé n'est pas plus mauvaise, je prendrai mon parti pour me faire voiturer un peu partout, et quoique, Monsieur, vous ne soyez pas trop poli de ne pas m'inviter à aller dans votre grande maison, eh bien ! je ne suis pas fière et j'irai. Seulement je n'y resterai guère, car, poussive et sans jambes, je ne laisserais pas que de vous embarasser. La gloire de la famille est un véritable juif-errant; il va par tout le monde, à Colmar (1), Nancy, peut-être Cologne. Bref, j'ai peur qu'il ne marche toute sa vie. Pendant ce temps j'expie mes péchés dans la solitude. En attendant votre venue, nous allons changer d'habitation. Je présume qu'Henri vous l'a dit. Au milieu d'octobre, nous allons demeurer rue des Fossés-Saint-Victor, n° 16; c'est près d'ici, ce qui me fait plaisir parce que nous ne nous éloignons pas de Théodore.

Recevez, mon cher ami, avec madame Adelaïde, l'assurance de ma bien sincère affection.

XXXVI

A madame L. B***.

Ce 3 janvier 1836.

Ma chère amie,

Je te remercie de ta bonne lettre et de tous les sentiments affectueux qu'elle renferme; tu sais que les miens y répondent, et certainement vivre près de toi et recevoir

---

(1) V. lettres de l'abbé Lacordaire à Mme Swetchine écrites au cours de ce voyage à l'occasion duquel l'*Univers* du 4 novembre 1835 (p. 1393-94) disait :

..... « M. l'abbé Lacordaire, dont la renommée s'est tant accrue par les conférences quadragésimales, a passé 15 jours dans nos contrées. Après avoir été visiter sa famille. La candeur, la modestie, l'amabilité et la simplicité de manières qui le distinguent ont fait dans ce pays une sensation profonde ; il était difficile de reconnaître, à travers les voiles de son humilité, le prédicateur éloquent du collège Stanilas et de N.-D. »

les soins dont ta tendresse m'entourerait serait une vie bien douce à mon cœur, et j'attache beaucoup de prix à l'offre que tu m'en fais. Mes mes enfants sont un besoin pour moi ; le rêve de ma vie a été d'en passer le reste avec eux ; la Providence l'a réalisé et je ne saurais m'en détacher. Je n'ai jamais espéré les réunir tous, c'eût été folie ! Je regretterai beaucoup Théodore (1) ; mais son éloignement lui sera si avantageux que je le désire au lieu de m'en affliger, et je le verrai à Paris quatre fois plus souvent qu'à Bussières. Henri y est fixé. Je suis parfaitement heureuse avec lui ; il est rempli de soins et d'attentions ; il est pour moi une source de jouissances ; c'est te dire que je ne le quitterai jamais.... Je finirai mes jours à Paris....

Henri reçoit à l'instant la nomination de Théodore ; j'en suis enchantée ; le voilà enfin dans une position avantageuse. Dis-le à ta maman et à toute la famille. Mes amitiés à ton mari et à tes filles. Je t'embrasse de tout mon cœur.

D. Lacordaire.

---

(1) M. Théodore Lacorhaire venait d'être nommé professeur à l'Université de Liège.

APPENDICE

I

Origines de la famille du P. Lacordaire.

Le premier ancêtre connu, *Barthélemy* Lacordaire, exerçait en 1649 la profession de marchand à Bussières-les-Belmont. En 1686, *Nicolas*, son fils, marchand comme lui, épousa *Magdeleine*, fille d'Antoine Richard, notaire au même lieu, et de ce mariage naquit la même année un fils qui jeta le premier lustre sur un nom destiné à un éclat immortel. *Jean-Baptiste* Lacordaire fut en effet un médecin habile que sa réputation, franchissant les bornes de son village, fit plus d'une fois appeler dans des villes fort éloignées pour le temps, comme Besançon, Dijon, Châtillon, Troyes, et qui devint l'ami de plusieurs savants distingués de l'époque, entre autres du célèbre botaniste Jussieu. Il avait, comme tous ses descendants, la passion des jardins; lorsque Louis XV allait au siége de Metz, le médecin-horticulteur eut l'honneur de lui offrir des ananas mûris dans ses serres.

Par son mariage avec *Geneviève Clerget*, de Langres, Jean-Baptiste Lacordaire s'allia aux meilleures familles nobles du pays langrois (1). Neuf enfants naquirent de cette union. Un fut prêtre; une fille resta célibataire; quatre fils et trois filles se marièrent et firent souche à

---

(1) V. plus loin le certificat de noblesse délivré à *François Germain Clerget*, frère de *Geneviève*.

leur tour. On ne redoutait point alors les familles nombreuses ; on n'avait pas encore appris à avoir peur de la vie ; on y croyait au contraire comme au plus magnifique don que Dieu puisse faire à l'homme, et les bénédictions promises aux patriarches ne faisaient point sourire, assuré que l'on était, en dépit des épreuves nécessaires de l'existence, de les obtenir pour soi-même et pour sa postérité. Si la nature et l'étendue de cette note me le permettaient, j'aurais plaisir à montrer que le P. Lacordaire n'a pas été la seule bénédiction accordée à la confiance de son viril ancêtre, s'il en a été la plus glorieuse, et l'on constaterait une fois de plus la vérité de ces paroles de l'une des dernières Conférences de Notre-Dame : « Nul de nous ne peut
« dire qu'il s'est formé tout seul, et nos vertus, si nous en
« avons, ne sont qu'un écho prolongé de l'âme de nos
« pères. Nous redisons leur vie dans la nôtre, et en y
« ajoutant nos propres mérites, nous ne faisons qu'élever
« leur gloire et couronner leur œuvre » (67ᵉ conf., 1851).

François Lacordaire, l'un des fils de Jean-Baptiste, eut lui-même plusieurs enfants, dont deux fils : *Jean-François-Alexandre*, né le 16 avril 1757, et *Nicolas*, né le 6 novembre 1760, qui furent tous les deux chirurgiens de marine. Ardents à la science, comme leur aïeul, ils profitèrent de leur position pour entreprendre de lointains voyages, et près d'un demi-siècle plus tard, *Théodore* Lacordaire put retrouver en Amérique les traces de son père et de son oncle (1). Rentrés à Bussières, ces deux frères, non moins unis par le cœur que par le sang, résolurent de séparer leur existence pour éviter les difficultés involontaires qui auraient pu naître de l'exercice, au même lieu, d'une profession commune et les diviser peut-être. Alexandre, l'aîné, resta à Bussières, au berceau de sa famille, et Nicolas, le plus jeune, alla se fixer à Recey-sur-Ource,

---

(1) La *Revue des Deux-Mondes*, en 1832 et 1833, a publié, de M. Théodore Lacordaire, des Récits de ses voyages en Amérique.

petit village de la Bourgogne, qui fait aujourd'hui partie de l'arrondissement de Châtillon-sur-Seine.

Nicolas Lacordaire était un homme d'une grande distinction à qui sa science et la parfaite urbanité de ses manières eurent bien vite acquis une grande considération. Les idées nouvelles ne trouvèrent pas en lui un partisan, mais un adversaire, et ce n'est que par suite de renseignements inexacts que le R. P. Chocarne a pu lui attribuer des *opinions libérales* (1). Les traditions de sa jeunesse, les relations de sa vie, ses affections, tout l'avait rattaché au régime qui s'écroulait en 1789. En premières noces, il épousa Mlle Pétot, de Voulaines, dont il eut un fils, *Antoine,* qui naquit le 6 mai 1789 et mourut en 1835 à Aisey-le-Duc. C'est celui dont l'abbé Lacordaire écrivait à Mme Swetchine : « Son esprit était cultivé, et il avait un
« goût si parfait pour les choses d'art, que nous l'appe-
« lions communément dans notre famille *l'artiste.* L'hor-
« ticulture était devenue son étude favorite ; nul jardin
« ne produisait des légumes et des fruits aussi remar-
« quables, et n'avait une ordonnance et une propreté
« aussi exquise que le sien. C'était une tradition de mon
« père... (2) »

Son état maladif (il avait un asthme dont il souffrit toute sa vie) empêcha Antoine Lacordaire de suivre son goût et de se faire médecin comme son père ; mais son infirmité ne lui avait ôté ni la résolution ni le courage, et il le prouva bien lors de l'invasion de 1814. A la tête de quelques bûcherons et de quelques hommes de Voulaines qu'il avait réunis, il s'empara sur l'ennemi d'un convoi de deux cents bœufs qu'il fit parquer au milieu d'une vaste

---

(1) « Il est bon que vous sachiez que pendant la période révolutionnaire, il s'est montré opposé aux idées nouvelles et très partisan de celles de l'ancienne noblesse, peut-être à cause des bonnes relations qu'il avait avec celle-ci... »

(*Lettre de M. le Dr A. Lacordaire.*)

(2) Lettre de l'abbé Lacordaire à Mme Swetchine, du 20 août 1835.

forêt. Puis traversant habilement les avant-postes de l'armée alliée, il se rendit à Essoyes où le maréchal duc de Tarente était campé, et où il arriva à minuit. Celui-ci le reçut aussitôt, le félicita de sa belle action et de son dévouement, et le nomma capitaine de corps francs avec pleins pouvoirs de lever des hommes et de se faire livrer tout ce qui serait nécessaire à leur entretien. L'année suivante, en 1815, il partit comme capitaine de la garde nationale, fut dirigé sur Besançon et ne quitta cette ville qu'à la fin de la campagne. « C'était, m'écrivait un de ses cousins, un cœur chaud, un excellent parent et un ami sûr. » Ce que j'ai pu citer de la correspondance de famille en témoigne.

Devenu veuf, Nicolas Lacordaire épousa en secondes noces *Anne Dugied,* fille d'un avocat au Parlement de Bourgogne. Le P. Lacordaire nous a raconté lui-même ce qu'était son grand-père, et quelle était la vie de cette bourgeoisie d'alors, dont il ne nous reste guère qu'un souvenir émerveillé, un jour que dans la chaire des Carmes, et un peu au rebours de l'économie politique contemporaine, il causait du pain et de l'eau « qui sont la « vie et l'honneur du monde. »

« Ma mère était la fille d'un avocat au Parlement de
« Bourgogne. Elle a connu, par conséquent, la vie de la
« bourgeoisie d'avant 1789, et cette vie était celle de son
« père, de mon grand-père. Voulez-vous savoir quelle
« était, sous le rapport dont nous parlons, la vie d'un
« avocat au Parlement de Bourgogne ? Je vais vous la
« dire.

« Un avocat au Parlement se levait à quatre heures du
« matin. A sept heures, il allait au Palais, après avoir
« pris une croûte de pain ; il en revenait vers les onze
« heures ou midi. A une heure, il se mettait à table avec
« sa famille ; on prenait la soupe et le bœuf, rien de plus,
« rien de moins. On retournait au Palais à trois heures ;
« c'est ce qu'on appelait l'audience de relevée ; on y res-
« tait jusque vers cinq heures, un peu plus, un peu moins.
« A cinq heures, on était libre ; on voyait ses amis, on

« jouait une partie avec eux. A neuf heures, on soupait
« avec un morceau de rôti, une salade et un peu de des-
« sert, et on se couchait à dix heures.

« Voilà quelle était la vie bourgeoise, non pas du temps
« de saint Louis ou de Louis XIV, mais du temps de vos
« grands-pères. Et c'était comme cela que l'honneur des
« familles, que la dot des filles, que la continuité de la
« santé et du lustre du visage, de la vraie beauté de
« l'homme, se perpétuaient (1). »

Du mariage de Nicolas Lacordaire avec Anne Dugied naquirent successivement quatre fils. L'aîné, Théodore, professeur à l'Université de Liége, dont il a été deux fois doyen, est un des savants les plus remarquables de notre temps ; le second, Jean-Baptiste-Henri, a été le P. Lacordaire ; le troisième, Léon, architecte, a bâti la place Saint-Bernard, à Dijon, et depuis a été directeur des Gobelins ; le quatrième, Télèphe, né après la mort de son père, s'engagea dans la cavalerie ; il vit aujourd'hui aux environs de Vendôme, où il a pris sa retraite comme officier supérieur. En Afrique, où il servit plusieurs années, il fut mis trois fois à l'ordre du jour de l'armée.

En 1806, atteint d'une maladie qu'il jugeait mortelle, Nicolas Lacordaire voulut revenir à Bussières pour y mourir chez son frère, dans la maison paternelle. Il y est enterré derrière le chœur de l'église, dans l'ancien cimetière de la paroisse (2).

Alexandre Lacordaire, son frère, ne peut mieux être jugé que par une lettre que je retrouve dans des papiers de famille et qu'il écrivait, le 6 novembre 1807, à son fils aîné, élève à l'Ecole polytechnique, celui qui est mort inspecteur-général des ponts et chaussées et à qui sont

---

(1) V. *Tribune sacrée*, année 1850, p. 137.

(2) Le R. P. Chocarne (2ᵐᵉ éd. p. 7) fait une confusion entre Recey-sur-Ource où Nicolas Lacordaire habitait et Bussières où il est mort et enterré. Autre est la visite que le P. Lacordaire a faite à la maison de son père à Recey « dans un de ses derniers voyages ; » autre celle qu'il fit à sa tombe, au mois d'août 1859 et où j'avais l'honneur de l'accompagner.

adressées une partie des lettres de la mère du P. Lacordaire rapportées plus haut :

« Je ne crois pas inutile de te répéter ici les points
« fondamentaux de ta conduite ; ils doivent être im-
« muables : rendre à Dieu ce que nous lui devons tous à
« si juste titre ; soumission et respect envers tes supérieurs,
« quels qu'ils soient ; honnêteté envers tout le monde,
« mais ne te lier d'amitié qu'avec des gens qui aient les
« mœurs douces et pures. En examinant bien ces choses,
« tu peux être certain que tu travailleras à ton bonheur
« présent et futur. Je ne te parle pas de ton travail, je te
« crois assez de raison pour n'avoir pas besoin de recom-
« mandation à cet égard. Le résultat de ton application
« te laissera à votre école le droit de choisir ta partie :
« persiste dans celle des ponts et chaussées ; c'est bien
« certainement celle qui te convient le mieux ; je t'en ai
« déjà dit la raison... »

Un des oncles du P. Lacordaire, frère de sa mère, a été longtemps secrétaire-général de la préfecture de Strasbourg, puis préfet du Gard. Il est mort en 1868, à Château-Thierry, âgé de plus de quatre-vingt-dix ans.

II

Extrait du registre de l'état-civil de la commune de Recey-sur-Ource.

Du vingt-deuxième jour du mois de floréal, l'an dix de la République française, acte de naissance de Jean-Baptiste-Henri Lacordaire, né à Recey, le vingt-deuxième jour du mois de floréal, l'an dix, à sept heures du matin, fils de Nicolas Lacordaire, officier de santé demeurant à Recey, et d'Anne-Marie Dugiez, mariés à Recey au mois de ventôse an huit. Le sexe de l'enfant a été reconnu être masculin. Premier témoin : Nicolas Morisot, demeurant à Recey, département de la Côte-d'Or, profession de boulanger, âgé de quarante-un an ; second témoin : Claude Bailly, demeurant à Recey, département de la Côte-d'Or, sans profession, âgé de cinquante-cinq ans, sur la réquisition à nous faite par le citoyen Lacordaire, j'ai rédigé le présent acte.

Et ont signé : Bailly, Morisot, Lacordaire,

Constaté suivant la loi, par moi Luc-Jean-Baptiste Rouhier, maire de la commune de Recey soussigné, faisant les fonctions d'officier public de l'Etat civil.

Signé : ROUHIER.

III

Extrait des registres des actes religieux de la paroisse de Lucey, pour l'année 1802.

L'an mil huit cent deux, le treizième jour de mai, par nous soussigné desservant de la commune de Lucey et dépendances, canton de Recey, arrondissement de Châtillon-sur-Seine, département de la Côte-d'Or, a été baptisé Henri, lequel a eu pour parrain Jean-Baptiste Bouguéret, représenté par Jean Tridon, et pour marraine Henriette Dugied, représentée par Jeanne Degand, femme Tridon ; fait à Lucey les jours, mois et an sus dits.

Lequel Henri, appelé Jean-Baptiste-Henri, est fils de Nicolas Lacordaire, médecin à Recey, et d'Anne-Marie Dugied, son épouse.

Signé au registre : Le Blond, desservant de Lucey.

Pour copie conforme :

Signé : PARIS,

Curé de Lucey.

IV

Certificat de noblesse délivré à F.-G. Clerget.

Nous Sébastien-Marc Plivard, Conseiller du Roy et lieutenant particulier au Bailliage et Siége Présidial de Langres, pour l'absence et parenté du sieur Lieutenant-général audit Siége, et sur la réquisition qui nous a été faite par le sieur François-Germain Clerget, escuyer, etc..., veuf de Marie-Anne Tarney, sa cousine germaine, certifions à tous qu'il appartiendra

Que ledit sieur Clerget a eu pour père noble André Clerget, intendant des salines de Sa Majesté, au comté de Bourgogne, où il est décédé, revêtu de cette commission en l'année 1718, après en avoir exercé les fonctions pendant l'espace de vingt-deux années. Qu'il a eu pour mère dame Magdelaine Charlot, dont la famille sera cy-après désignée, elle descend en ligne directe des Talettes, famille connue pour l'une des plus anciennes et des plus distinguées de la ville de Langres, Que ledit sieur Clerget a eu pour frère noble Louis Clerget, doyen de Fouvent, curé de Gilley, Farincourt et Valleroy,

Que ledit sieur Clerget a pour oncles Messire Louis Charlot, protonotaire apostolique, ancien chanoine de la Primatie de Nancy, ancien doyen de Fouvent,

Messire Pierre Charlot, abbé régulier de l'abbaye de Clairlieu, ordre de Citeaux, près Nancy, Noble Charlot de Rimaucourt, ancien trésorier de l'Extraordinaire des guerres, Seigneur à Varennes et Champigny,

Que ledit sieur Clerget a pour Cousins-gemains Jean-Pierre Varney, Escuyer, receveur des consignations des requêtes du Palais à Paris, Mathieu Varney, de Bévois, Escuyer, ancien Trésorier des guerres, Nicolas Charlot de Rimaucourt, Escuyer, ancien Bailly de la Duché et Pairie de Langres, et gentilhomme ordinaire de son Altesse Royale de Lorraine, seigneur d'Aisey et autres Lieux,

Que ledit sieur Clerget a pour cousins issus de germains : noble Nicolas Philpin, conseiller au Bailliage et Siége Présidial de Langres, Président des Traittes foraines, Noble François Philpin, Docteur en théologie, Chanoine de l'Eglise Cathédrale de Langres, Jean-Baptiste-Auguste Bichet, conseiller procureur du Roy au Bailliage et Siége Présidial de Langres, seigneur d'Isôme...Varney, Escuyer, Mousquetaire du Roy,

Nous certifions, en outre, que la famille dudit sieur Clerget est alliée à celle du sieur de Changey, Escuyer, Président au Présidial de Langres, A celle du sieur Andrieu, Escuyer, ancien Président au Présidial de Langres, Seigneur de Chatenay, Tournay et autres lieux, A celle du sieur de Verseilles, Escuyer, Lieutenant général au Bailliage et Siége Présidial de Langres, seigneur de Rangecourt, Rosoy et autres lieux, A celle du sieur Abbé de Rivière, curé de la paroisse Saint-Pierre dudit Langres, A celle des sieurs Petit, Escuyers, etc... A celle des sieurs d'Elcey et de Récourt, Escuyers, Et à plusieurs autres familles d'une noblesse ancienne et distinguée.

Nous certifions de plus que nous connaissons ledit sieur Clerget pour un homme doué d'une grande vertu et de beaucoup d'honneur, et pour que le présent certificat puisse luy servir et valoir, nous déclarons qu'il contient vérité et que nous n'y avons rien inséré dont nous n'ayons une parfaite et pleine connaissance, en foi de quoi nous l'avons signé de notre main, et y avons apposé le cachet de nos armes. Dont acte fait à Langres, le vingt-sixième Juin mil sept cent vingt-cinq.

Signé : PLIVARD.

V

Les premières années du P. Lacordaire.

J'extrais d'une lettre que m'écrivait en 1852 M. le docteur A. Lacordaire ces détails qui me paraissent de nature à intéresser le lecteur :

« ..... En 1808, sa mère quitta Recey pour venir demeurer ici (à Bussières) chez mon père, son beau-frère, pendant dix mois. C'est alors que son fils allait chaque jour à Belmont (1) pour apprendre les éléments de la langue française et de la langue latine près de M. Liébeaux, ancien curé de Bussières, qui s'était marié au commencement de la Révolution, et devint plus tard juge de paix à Arc-en-Barrois... Dès le début de ses études, Henri a fait preuve d'aptitude et d'assiduité au travail; son premier maître en rendait les meilleurs témoignages, et dès

---

(1) Village à trois kilomètres de Bussières. Il y avait autrefois une abbaye fameuse.

l'année de son entrée au lycée, il s'est trouvé à la tête de sa classe. Le prix d'honneur lui fut donné en rhétorique, et chaque année il revenait chargé de livres et de couronnes. Ces succès extraordinaires ne le rendaient ni vain ni orgueilleux, et jamais il n'a fait remarquer qu'il se sentait supérieur à ses condisciples. Pendant les vacances qu'il passait toujours à Bussières chez mes père et mère, il traduisait chaque jour une page d'un auteur latin que je lui indiquais, puis il s'enfermait dans ma bibliothèque pour lire ; mais quand il s'agissait d'aller à la pêche ou à la chasse, au moyen de quelques engins, quelques filets, il faisait tous les préparatifs avec une activité, un empressement extrêmes. Il est impossible de rencontrer un enfant doué d'un caractère aussi heureux, aussi aimable : à une chose que je lui disais de faire, devoir ou autre, jamais il n'a répondu non. Mais une fois il n'en a pas été de même à l'égard de ma mère. Il avait alors onze ans. Au moment où l'on allait se mettre à table, ma mère lui dit de faire une commission ; il s'y refusa et se mit à bouder, la tête appuyée contre un mur. Il resta dans cette position pendant plus de trois heures. Sa tante, qui était une femme d'une grande sensibilité, d'une grande bonté, mais douée en même temps d'une âme forte et d'un jugement sain, en eut pitié ; mais elle reconnut qu'il ne fallait pas céder à un premier caprice ; elle appela un domestique et lui dit de porter un morceau de pain et un verre d'eau à Henri : « Dites-lui, ajouta-t-elle, que tant qu'il n'aura pas demandé pardon à sa tante de lui avoir désobéi, il n'aura pas d'autre nourriture.. » Une heure encore passa dans la même position ; puis il vint, en pleurant, faire des excuses et déclarer qu'il ne ferait plus de semblables sottises à ses parents. En effet, cette promesse a été fidèlement remplie.

« Il est une particularité de l'enfance d'Henri qu'il peut être utile de relater. C'est que pendant l'intervalle de temps qu'il a séjourné à Bussières, après son départ de Recey, sa plus grande récréation était de dire la messe. Il dressait un petit autel dans le vestibule de la maison paternelle; il recrutait des enfants de chœur, officiait avec un grand sérieux, comme l'aurait fait un prêtre. M. Frionnet a nombre de fois *servi sa messe* à cette époque..... »

VI

Henri Lacordaire à la Faculté de droit de Dijon.

(Extrait des registres de la Faculté)

1er examen, 31 juillet 1820.
        Admis à l'unanimité.
2e examen, 6 août 1821.
        Admis à l'unanimité avec éloge.
1er examen de licence, 20 mars 1822.
        Admis à l'unanimité.
2e examen de licence, 13 juillet 1822.
        Admis à l'unanimité avec éloge.
Thèse de licence, 6 août 1822.
        Admis à l'unanimité avec éloge.

VII

Conversion du P. Lacordaire.

« Aucun homme ni aucun livre ne fut l'instrument de sa conversion. Un *coup subit et secret de la grâce* lui ouvrit les yeux sur le néant de l'irréligion. *En un seul jour il devint chrétien* (1). »

Les souvenirs de M. de Montalembert l'ont évidemment trompé, et il suffit de lire les lettres d'Henri Lacordaire reproduites dans l'excellente biographie de M. P. Lorain ou dans le beau livre du P. Chocarne, pour ne plus pouvoir partager la manière de voir de l'illustre orateur qui, d'ailleurs, ne connut qu'après 1830 son glorieux ami. Dieu n'a pas renversé celui-ci sous l'éclair de sa foudre, comme saint Paul sur le chemin de Damas; il l'a amené petit à petit et comme pas à pas à la vérité. Je n'en veux pour témoin que le P. Lacordaire lui-même :

« J'ai l'âme extrêmement religieuse et l'esprit très-incrédule, — écrivait-il le 10 novembre 1823 à M. A. Fontaine alors jeune avocat comme lui, — et comme il est de la nature de l'âme de soumettre l'esprit, *il est probable qu'un jour je serai chrétien* (2). »

« — Tu as tout vu, tout examiné, — lui disait un de ses parents pendant les vacances de 1823, qui ont précédé son entrée au séminaire, — quelle est la philosophie que tu préfères?

« — La philosophie de l'enfance, la philosophie du catéchisme; c'est à celle-là qu'il faut s'arrêter (3). »

Au commencement de 1824, il écrivait à un ami : « Croiras-tu que je deviens chrétien tous les jours? C'est une chose singulière que *le changement progressif* qui s'est fait dans mes opinions; j'en suis à croire, et je n'ai jamais été plus philosophe. Un peu de philosophie éloigne de la religion; beaucoup de philosophie y ramène : grande vérité! »

Autre lettre de février 1824 : « Je travaille, je prends patience, j'ai de l'avenir devant moi. Ils me prédisent tous un bel avenir, et cependant je suis quelquefois fatigué de

---

(1) V. *le P. Lacordaire*, par M. de Montalembert, l'un des Quarante.
(2) V. *le P. Lacordaire*, par M. Guillemin.
(3) Souvenirs de la famille.

la vie. Je ne peux plus jouir de rien ; la société a peu de charmes pour moi ; les spectacles m'ennuient ; je deviens négatif dans l'ordre matériel. Je n'ai plus que des jouissances d'amour-propre ; je vis de cela et encore je commence à m'en dégoûter. J'éprouve chaque jour que tout est en vain. Je ne peux pas laisser mon cœur dans ce tas de boue..... Oui, je crois. D'où vient que mes amis ne me comprennent pas ? D'où vient qu'ils doutent et se moquent de ma conversion religieuse ? Serais-je donc le seul de bonne foi, puisque personne ne me comprend ? »

Enfin le 11 mai 1824, en annonçant à un ami qu'il entrait le lendemain au séminaire, il écrivait : « Quand j'examine le travail de ma pensée depuis cinq ans, le point d'où je suis parti, les degrés que mon intelligence a parcourus, le résultat définitif de cette marche lente et hérissée d'obstacles, je suis étonné moi-même, et j'éprouve un mouvement d'adoration vers Dieu. Mon ami, cela n'est bien sensible que pour celui qui a passé de l'erreur à la vérité, qui a la conscience de toutes ses idées antérieures, qui en saisit la filiation, les alliances bizarres, l'enchaînement graduel, et qui les compare aux différentes époques de sa conviction. Un moment sublime, c'est celui où le dernier trait de lumière pénètre dans l'âme, et rattache à un centre commun les vérités qui y sont éparses. Il y a toujours une telle distance entre le moment qui suit et le moment qui précède celui-là, entre ce qu'on était auparavant et ce qu'on est après, qu'on a inventé le mot de *grâce* pour exprimer ce coup magique, cet éclair d'en haut. Il me semble voir un homme qui s'avance au hasard le bandeau sur les yeux ; on le desserre peu à peu, il entrevoit le jour, et à l'instant où le mouchoir tombe, il se trouve en face du soleil (1). »

Certes ce témoignage est décisif et juge la question. Les amis d'Henri Lacordaire et sa famille le confirmeraient, au besoin. J'ai déjà cité, à la page 10 de ce volume, la char-

---

(1) V. Lorain, p. 16 et s.

mante lettre qu'écrivait Hippolyte Regnier à son père : et j'ai plaisir à copier, dans le livre de M. Guillemin, les lignes suivantes, ne fût-ce que pour donner au lecteur envie d'y recourir pour se donner la joie de lire le récit tout entier, que contait si bien le vénérable vieillard.

« ..... Nos travaux continuaient ainsi, lorsque le matin de l'un des premiers jours du mois de mai 1824, mon jeune collaborateur entre dans mon cabinet et me dit d'un ton ému : « Je vais vous quitter. — Et pourquoi donc ? nous sommes si bien ensemble ! — Aussi je ne vais pas ailleurs dans le barreau ; mais il faut que je vous l'avoue : *il y a six mois que je lutte ;* je crois maintenant, et je crois avec une telle conviction qu'il n'y a pas de milieu pour moi ; il faut que je me donne tout entier à Dieu ; *il faut que je sois prêtre* (1). »

Je puis enfin citer le témoignage de sa famille. Interrogée par le T. R. P. Chocarne et par moi sur cette époque de la vie de son cousin, Mme L*** B***, la correspondante aimable qui a enrichi ce recueil de tant de lettres précieuses, nous a répondu à l'un et à l'autre :

« ... Vous me demandez des détails sur son incrédulité, — écrivait-elle au P. Chocarne il y a quelques années ; — j'ai fort bien remarqué cette phase de sa vie, qui a eu lieu à la fin de ses études ; depuis, ces idées ne paraissaient pas modifiées, mais faisaient moins souvent le sujet de la conversation ; toujours charmant jeune homme, extrêmement agréable en société et très-recherché de tout le monde ; malgré tout cela, d'une grande pureté de mœurs, dont je pourrais citer des exemples, bien qu'à cette époque rien ne pût faire présager le rôle que la Providence lui destinait. Son entrée au séminaire a été un coup de foudre pour sa famille. Personne n'a été prévenu (j'en excepte sa mère, dont il fallait le consentement), pas même mon père. Quand je lui en ai fait reproche plus tard, il m'a répondu : « J'étais sûr d'être blâmé ; il m'était

---

(1) V. *le P. Lacordaire*, par M. Guillemin, p. 82.

« moins pénible de demander un avis que de passer
« outre. »

« La crainte de tous les siens était qu'il n'eût été circonvenu par quelque membre influent du clergé, qui lui aurait montré dans l'Eglise une brillante carrière et que l'ambition ne l'eût déterminé... (1) »

Je continue par un extrait de la lettre que m'écrivait ma digne et spirituelle amie le 29 novembre dernier, parce qu'elle entre avec moi dans plus de détails sur ce qui suit :

« ... Je crois vous avoir raconté que le premier voyage qu'Henri fit à Bussières après son entrée au séminaire (2), il me demanda ce que j'avais pensé de sa vocation. Je lui répondis que Dieu sondait les cœurs, que franchement j'avais eu plus d'un doute sur les motifs qui l'avaient déterminé à prendre ce parti. Il me dit alors que l'opinion du public à cet égard lui était fort indifférente, qu'il espé-

---

(1) Disons le mot : la famille d'Henri Lacordaire avait peur des Jésuites, et même après qu'il fût devenu prêtre, cette crainte ne l'a pas tout de suite abandonnée :

..... « Henri venait d'écrire à M. Lacordaire (d'Aisey) et lui annonçait
« qu'il ne serait point employé comme il l'avait cru d'abord au service d'une
« paroisse; il est attaché à la surveillance d'études dont il ne dit pas
« le nom. Tout fait craindre qu'il se soit laissé suborner par les Jésuites.
« Pendant son séjour en 1825, à Dijon, M. le duc de Rohan l'a adressé avec
« une lettre au P. Richardot à Dôle. J'ignorais cette visite. Mme Lacordaire
« dit qu'à son retour à Paris il prit le parti des bons Pères auxquels
« il paraissait opposé avant son voyage... » (*Lettre d'Antoine Lacordaire, du 3 février* 1828).

..... « Henri m'a répondu qu'il n'était pas jésuite et ne songeait pas
« à entrer dans cet Ordre que du reste il loue à outrance. » (*Lettre du même du 4 mars* 1828.)

Cette visite à Dôle se rapporte sans doute au désir qu'eut un instant l'abbé Lacordaire de quitter le séminaire Saint-Sulpice où il rencontrait des obstacles à sa vocation et d'entrer chez les Jésuites.

(2) « Henri part demain pour Langres, Bussières où il passera deux jours, et de là repartira pour Paris ; il serait bien aise de vous revoir, mais n'espère pas vous rencontrer là, ce qui lui ferait un grand plaisir... »
Mme v^e Lacordaire à son neveu l'ingénieur,
21 octobre 1825.

rait que le temps le ferait juger plus sainement, mais qu'il tenait avec moi à s'expliquer davantage. Il me fit alors longuement l'historique de ses hésitations, de ses doutes ; qu'il s'était dit enfin qu'on devait compte à Dieu des dons qu'on avait reçus de lui ; qu'il ne se sentait aucun goût pour le mariage et pour la famille, qu'en somme la vertu qu'on croyait la plus difficile à pratiquer ne le serait point pour lui. J'avais du reste des précédents pour croire à ses paroles : sa mère avait une bonne qu'elle croyait une vertu, qui a voulu le corrompre, mais vainement ; puis dans le temps qu'il était un charmant jeune homme aimant le monde et y faisant si bonne figure, il m'a exprimé souvent le dégoût que lui inspiraient les femmes qui se découvraient.

« A sa première visite à Bussières, six mois après son entrée au séminaire, il me semblait qu'au milieu de nous il serait un peu embarrassé de sa soutane, au début. Il n'en fut rien. Il la portait avec autant d'aisance que son habit mondain. Nous nous promenions au jardin, il aperçut au haut de la cabane une fleur qui n'était pas de saison (je crois du chèvrefeuille) : « Ah ! ma cousine, que
« je serais tenté de grimper-là, de cueillir cette feuille et
« de vous l'offrir ! » Puis, jetant un coup d'œil sur lui-même : « Oh ! avec cet habit ! ce serait un contre-sens !... »

VIII

L'EXEAT de l'évêque de Dijon.

Lorsqu'Henri Lacordaire vint trouver M. Guillemin, son patron, dans les premiers jours du mois de mai 1824, pour lui annoncer qu'il le quittait et qu'il voulait *se donner tout entier à Dieu,* en se faisant prêtre, il lui témoigna son désir d'obtenir une demi-bourse au séminaire Saint-Sulpice, afin de ne pas ajouter aux sacrifices que sa famille avait déjà faits pour lui. M. Guillemin le conduisit à l'archevêché, vers M. Borderies, alors vicaire-général du diocèse de Paris, mort depuis évêque de Versailles. Après quelques minutes d'entretien intime avec celui que lui envoyait la Providence, M. Borderies, séduit comme tous ceux qui le voyaient et l'écoutaient, accueillit sa demande ; mais il fallait obtenir l'*exeat* de l'évêque de Dijon, dont Henri Lacordaire était diocésain. « Ecrivez tout simplement à votre évêque la lettre que je vais vous dicter, » lui dit M. Borderies. Je laisse ici parler M. Guillemin :

A Sa Grandeur Monseigneur l'Evêque de Dijon.

Monseigneur,

(Comment vous nommez-vous? dit M. Borderies, et le futur orateur de Notre-Dame répond et écrit) :

Henri Lacordaire (votre âge et votre pays?) né à Recey-sur-Ource, département de la Côte-d'Or, le 12 mai 1802 (M. Borderies reprend la dictée), supplie Votre Grandeur de lui accorder et de lui faire adresser par le retour du courrier son acte d'excorporation, parce qu'il obtient des bontés de Mgr l'archevêque de Paris une demi-bourse au séminaire de Saint-Sulpice.

J'ai l'honneur d'être, etc.

HENRI LACORDAIRE (1).

L'*exeat* fut accordé par l'évêque, qui était Mgr de Boisville. On lui en fit plus tard des reproches, et il n'en était pas à son premier regret : « *Que voulez-vous,* disait-il, *il m'avait écrit une lettre si simple, à laquelle il ne manquait que des fautes d'orthographe. Je l'avais pris pour le plus grand nigaud de mon diocèse* (2). »

---

(1) *Le P. Lacordaire,* par M. A. Guillemin.
(2) *Biographie du P. Lacordaire,* par P. Lorain.

IX

L'abbé Lacordaire avocat.

Malgré l'ordonnance, aujourd'hui rapportée, de 1822, qui défendait la plaidoierie aux avocats stagiaires, Henri Lacordaire avait plaidé avec un succès qui avait fait oublier son âge. Aussi lorsque M. Guillemin, son patron, quitta le barreau de Paris pour devenir avocat à la Cour de cassation et aux Conseils, il n'hésita pas à lui confier des causes fort importantes à soutenir devant la Cour Royale. J'ai entre les mains un mémoire de soixante-quatre pages (imprimé chez Egron, rue des Noyers, 37), rédigé par Me Lacordaire dans une affaire *Convents* et qui révèle un dialecticien de premier ordre. Rien n'est sacrifié à la phrase, comme on eût pu le craindre d'un si jeune homme ; tout concourt avec une précision pour ainsi dire mathématique à mettre en saillie l'intérêt du client assez heureux pour avoir l'appui d'un talent déjà consommé. En même temps qu'il écrivait et plaidait pour son compte devant la Cour Royale (1), Henri Lacordaire rédigeait pour M. Guillemin et la Cour de cassation des mémoires où l'éloquence du rédacteur était au niveau des hautes questions juridiques qui occupaient sa plume. Dans sa *Doléance amicale* de 1841, M. Guillemin a donné quelques extraits de ces mémoires dont il est l'heureux possesseur, et il faut regretter qu'il ne les ait pas reproduits

---

(1) « Henri a cinq cents francs de son avocat, outre ce qu'il pourra faire pour son compte. C'est le plus avancé de tous. »
Lettre de Mme v^e Lacordaire du 11 janvier 1824.

dans son dernier travail sur le P. Lacordaire. J'en dérobe quelques lignes que je me reprocherais de laisser dans l'oubli ; car elles témoignent de l'honnêteté de raison du jeune stagiaire et du travail religieux qui se faisait dans son âme.

Il s'agissait d'une question à laquelle avait donné lieu l'art. Ier d'une loi du 25 germinal an XI, dont voici le texte :
« Toutes adoptions faites par actes authentiques depuis le 18 janvier 1792 jusqu'à la publication des dispositions du Code civil relatives à l'adoption, seront valables quand même elles n'auraient été accompagnées d'aucune des conditions depuis imposées pour adopter et être adopté. »

Cette disposition de la loi permettrait-elle de ratifier les adoptions auxquelles s'opposait un empêchement radical, notamment l'adoption des enfants adultérins ?

Lacordaire soutenait la négative ; voici le début de son mémoire :

« A une époque, qui restera dans la mémoire des hommes pour servir de témoignage éternel contre la folie de leur raison lorsqu'ils la séparent de toute croyance religieuse et de toute foi dans le passé ; à une époque où l'on voulait recréer l'ordre social en brisant les liens qui le constituent, et où des récompenses publiques furent données aux femmes qui devenaient mères sans avoir vécu à l'ombre du mariage, afin que la société fût ainsi viciée dans son principe le plus fécond et le plus pur ; dans ces temps déplorables, il y eut comme un reste de honte qui empêcha les usurpateurs du pouvoir législatif de placer sur le même rang les fruits de l'adultère et ceux d'une union légitime. Ils croyaient que l'indépendance et la paternité étant naturelles à l'homme, il pouvait, aux yeux de la loi, être père sans être époux ; mais ils n'avaient pas poussé ce système jusque dans ses dernières conséquences ; et la nullité du mariage, comme contraire à l'indépendance humaine, ne fut point réclamée par eux. Ainsi les enfants adultérins restèrent frappés de réprobation, même sous un régime ennemi par principe des lois morales les plus sacrées, même en 1793. »

..... « Qu'importe, disait-il encore, que la succession et l'adoption reposent sur des bases différentes, appartiennent à deux ordres d'idées distincts et que l'exclusion de l'une n'emporte pas l'exclusion de l'autre? L'enfant adultérin n'est pas incapable d'être adopté parce qu'il est incapable de succéder, mais il est inhabile à succéder et à être adopté, parce qu'il est enfant adultérin ; parce que lui assurer des droits réservés aux enfants légitimes, parce que l'élever aux honneurs de la légitimité, c'est attaquer le mariage dans ses priviléges les plus inviolables et lui ravir tout ce qui le recommande au respect des hommes et à la foi des nations. Voilà ce qu'avaient entrevu les législateurs de 1793 et ce qui les avait forcés de signer, en frémissant, une loi qui interrompait la chaîne de leurs principes et qui était un hommage à cette nécessité des choses qui se joue de l'indépendance des hommes. »

Après 1830, *les procès catholiques* menaçaient de se multiplier. Dieu semblait proscrit de la société nouvelle; l'Eglise était en proie à tous les dénis de justice, les chrétiens à toutes les insultes. L'abbé Lacordaire pensa que son sacerdoce ne pouvait l'empêcher de dévouer sa parole à la défense *du clergé, de l'Eglise et des pauvres* et de plaider, comme avocat, leur cause à la barre de la justice humaine ; les traditions de l'Eglise de France et du barreau l'autorisaient à croire qu'il ne rencontrerait pas d'obstacle à son désir (1).

Il écrivit, en conséquence, au bâtonnier de l'Ordre des avocats près la Cour de Paris, la lettre suivante :

Paris, 24 décembre 1830.

« Monsieur le Bâtonnier,

« Il y a huit ans, je commençai mon stage au barreau de Paris. Je l'interrompis au bout de dix-huit mois pour me consacrer à des études religieuses qui me permirent plus tard d'entrer dans la hiérarchie catholique, et je suis

---

(1) V. *Mémoires du Clergé de France*, t. VII, p. 263 et 264.

prêtre aujourd'hui. Les devoirs que ce nom m'impose m'ont d'abord éloigné du barreau. Mais des événements immenses ont changé la position de l'Eglise dans le monde ; elle a besoin de rompre tous les liens qui l'enchaînent à l'Etat et d'en contracter avec les peuples. C'est pourquoi, dévoué plus que jamais à son service, à ses lois, à son culte, je crois utile de me rapprocher de mes concitoyens en poursuivant ma carrière dans le barreau. J'ai l'honneur de vous en prévenir, Monsieur le Bâtonnier, quoique je ne puisse prévoir aucun obstacle de la part des règlements de l'Ordre. S'il en existait, j'userais de toutes les voies légitimes pour les aplanir.

« Je suis avec respect, etc.

« H. LACORDAIRE. »

L'*Avenir*, en reproduisant cette lettre dans son n° 72 des 26 et 27 décembre 1830, la faisait suivre des observations suivantes :

« En prenant cette détermination, M. l'abbé Lacordaire a suivi à la fois les inspirations de son dévouement et les conseils les plus respectables. Cette démarche, qui aurait pu paraître extraordinaire en d'autres temps, est aujourd'hui commandée par la situation même de l'Eglise, et a pour objet de répondre à un de ses pressants besoins. Nous avons eu, nous avons et nous aurons encore, grâces à Dieu, des procès catholiques. Laissons aux laïcs le soin de protéger nos intérêts civils ; mais pour nos intérêts religieux, cherchons des prêtres qui sachent les défendre partout où ils sont attaqués. De grands talents, sans doute, ont déjà soutenu, à diverses reprises, la liberté du catholicisme dans le sanctuaire des lois ; mais il en manquait un qui réunît au langage du barreau la parole incommunicable du prêtre, et nous l'avons trouvé. La religion, traînée devant les tribunaux, sait y paraître avec toute sa dignité. Elle aura désormais dans M. l'abbé Lacordaire un avocat qui lui fera parler, dans ces circonstances solennelles, son propre langage, comme elle a déjà en lui, dans notre journal, son défenseur de tous les jours. Mais ici nous devons nous arrêter. M. Lacordaire est notre collaborateur : ce titre ne nous permet pas d'exprimer ici tout ce que nous attendons de sa démarche généreuse. »

La démarche de l'abbé Lacordaire donna lieu à des interprétations de diverse nature. Après avoir cité, pour les détruire, l'opinion de Mornac, rapportée dans les Mémoires du clergé de France sur le droit des clercs à faire fonctions d'avocat dans certaines causes, l'*Avenir* ajoutait :

« Ainsi, M. l'abbé Lacordaire est dans la limite des usages constants et célèbres du clergé de France. Bien plus, en déclarant qu'il ne se chargerait que de *procès catholiques*, il est dans la limite des décrets du Saint-Siége qui permettent aux clercs de plaider *pour eux, pour leur église ou pour les pauvres*. Ces décrets restrictifs, au surplus, ne sont pas même en vigueur à Rome, où des prêtres nombreux exercent les fonctions d'avocats, non-seulement devant *la Rote*, mais devant les autres tribunaux.

« Nous croyons donc notre collaboraeur à l'abri de tout reproche du côté des lois de l'Eglise. Quant à ses intentions, il n'a donné à personne le droit de s'y méprendre ; les motifs de sa démarche ont été exposés trop clairement pour que l'erreur ait une excuse et le doute une apparence de piété. Il a déclaré qu'*il était dévoué plus que jamais au service de l'Eglise, à ses lois*, A SON CULTE, et nous sommes autorisés par lui à le déclarer de nouveau en termes si formels, que le soupçon contraire prendra dès aujourd'hui une couleur qui nous permettra de le mépriser profondément. En un mot, il est prêtre, il reste prêtre, il en remplit les fonctions ; chaque goutte de son sang et chaque minute de sa vie sont consacrées au service des autels. » (N° 75, 30 décembre 1830.)

Le Conseil de l'Ordre des avocats du barreau de Paris mit trois mois à répondre. Un premier prétexte à ses hésitations fut que l'abbé Lacordaire étant traduit, pour délit de presse, devant la Cour d'assises, il fallait surseoir parce qu'une condamnation pouvait appeler sur l'avocat des peines disciplinaires, qu'en d'autres temps on avai appliquées à M. Comte. Le jury ayant acquitté l'abbé Lacordaire, il fallut enfin statuer sur sa demande. La discussion fut orageuse et longue : elle dura quatre heures. M⁰ Marie, qui était rapporteur, concluait à l'admission. Il disait, avec raison, que les supérieurs ecclésiastiques de l'abbé Lacordaire étaient les seuls juges de la convenance et de l'opportunité de sa demande, mais que le droit de l'avocat, muni de ses titres, demeurait intact dans le prêtre. Malgré les conclusions du rapporteur, énergiquement soutenues par lui; malgré l'appui que M. Mauguin prêta à la demande de son jeune compatriote, celle-ci fut rejetée par les *anciens,* à la majorité de douze voix contre cinq. Cette décision était sans appel et ne laissait à l'avocat évincé d'autre ressource que de renouveler sa demande l'année suivante, quand des élections nouvelles auraient peut-être changé la majorité du conseil et substitué le sens du droit et de la justice aux préjugés de la passion anti-religieuse.

La *Gazette des Tribunaux* publia, au mois de juin 1831, un excellent article à l'occasion de cette décision arbitraire. A ses yeux, le conseil de discipline avait excédé ses pouvoirs, en prononçant une incompatibilité qui n'existait pas dans la loi : « Les vieilles répugnances du dix-huitième siècle, ajoutait-elle, l'ont emporté sur des considérations plus libérales et plus élevées. Nous aurions compris la résistance à la prétention de M. Lacordaire, partant du haut clergé ; mais qu'elle vienne, après juillet 1830, du conseil de l'Ordre des avocats, voilà ce qui nous paraît inexplicable. »

En reproduisant l'article entier de la *Gazette des Tribunaux,* dans son numéro 248 du 21 juin 1831, l'*Avenir* ajoutait ces lignes, dont il ne me paraît pas difficile de deviner l'auteur, le même à mes yeux que celui des deux autres extraits que j'ai cités plus haut :

« Notre collaborateur est plein de reconnaissance pour la justice qui est ici rendue à ses intentions. Mais il doit la rendre aussi à ses supérieurs ecclésiastiques. Le *haut clergé* ne s'est opposé, dans aucun temps, à ce que le prêtre défendit devant les tribunaux les intérêts des pauvres et de la religion. Les exemples en étaient nombreux avant nos troubles civils, et s'ils n'avaient pas été renouvelés depuis, c'est que le malheur qui détruit tant de choses en peu de temps ne permet pas toujours de renouer dès le lendemain le fil de toutes les traditions. La mémoire en subsiste jusqu'à ce qu'une heureuse occasion se présente de les faire revivre, et c'est ce qui est arrivé par la démarche de notre collaborateur. Loin que l'épiscopat s'y soit opposé, il n'a pas reçu de son évêque la plus légère marque d'improbation, et la moindre aurait suffi, nous le savons, pour obtenir le sacrifice de son dessein, tout légitime qu'il fût. L'obéissance est un devoir sacré pour le prêtre dans tous les temps; mais elle le devient davantage, lorsque le malheur semble affaiblir l'autorité. Le malheur, qui tue le pouvoir humain dans la conscience des peuples, ranime et réchauffe le pouvoir apostolique dans l'âme des chrétiens. C'est l'un des secrets de notre immortalité. »

L'année suivante, les événements avaient changé ; l'abbé Lacordaire ne renouvela pas sa demande.

X

L'abbé Lacordaire et l'Encyclique.

Récemment, à l'époque d'une défection douloureuse, le nom du P. Lacordaire ayant été prononcé, le journal le *Monde* eut la bonne fortune de pouvoir publier dans son numéro du 10 octobre 1869 la lettre suivante, adressée, en 1833, par l'abbé Lacordaire, à un jeune prêtre qui lui avait exprimé la crainte que le bruit public eût raison, et qu'il ne se fût pas soumis *corde et ore* à l'Encyclique :

Paris, le 12 août 1833.

« Monsieur,

« Le souvenir que vous avez bien voulu me garder et la lettre que vous m'avez écrite, m'ont causé un grand plaisir. J'ai appris avec joie que vous étiez rentré dans une maison ecclésiastique où vous êtes content de vous-même et des autres ; soyez assuré que Dieu vous manifestera sa volonté, si vous la cherchez, comme je n'en doute pas, avec cette belle simplicité de cœur que je vous connais. Quant aux questions que vous m'adressez relativement à l'encyclique du Souverain Pontife et à mes relations actuelles avec l'abbé de La Mennais, l'histoire en serait trop longue. Si j'avais l'avantage de vous voir, j'en causerais avec vous dans le plus grand détail ; mais, de loin, je suis obligé d'être très-précis. Il est faux que, dans un sermon ou dans aucune autre action publique, j'aie déclaré me séparer de l'abbé de La Mennais. J'ai repris dans mon diocèse une position indépendante qui a toujours été conforme à mes goûts, et en aucun temps je n'avais eu la pensée de m'unir corps et âme, pour le passé et l'avenir, à M. de La Mennais. Il est vrai que des dissentiments existent entre nous sur la manière d'entendre l'encyclique du Saint-Père, sur la conduite à tenir à cet égard et sur plusieurs autres points ; je n'ai voulu, une fois notre entreprise dissoute, rester solidaire des actions et des pensées de personne. Dans des matières si graves, dans des temps si difficiles, où toutes ces questions se compliquent, il est sage de n'être lié qu'à l'Eglise, de n'appartenir à aucune école, d'être soi-même le plus que l'on peut. Quel que soit le sens dogmatique et précis de l'encyclique, il est vrai que le Souverain-Pontife et les évêques de France ont désapprouvé, au moins d'une manière spéciale, la marche qui a été suivie par l'*Avenir*. Cela suffit. Les questions subsidiaires à celles-là peuvent être plus ou moins embarrassantes quant à présent ; l'Eglise et le temps les éclairciront. Du reste, mon cher ami, ne vous troublez pas pour ces choses-là. Confiez-vous à l'Eglise ;

laissez-la vous gouverner ; soit qu'elle vous parle ou qu'elle se taise, soit qu'elle ordonne ou qu'elle insinue, prenez-la toujours pour votre boussole. C'est ma règle de conduite la plus sacrée, et celle de tout catholique.

« Veuillez, je vous prie, agréer l'expression de mes sentiments affectueux et bien distingués, et les vœux que je forme pour votre bonheur.

« Tout à vous, en Notre-Seigneur. »

Cette lettre n'apprend rien à ceux qui ont lu l'ouvrage de M. de Montalembert. Elle n'a pas surpris ceux qui ont connu le P. Lacordaire et qui savaient avec quelle candeur généreuse il s'était soumis : « Tandis que le maître indigné se soumettait en frémissant, d'une soumission impatiente, et qui ne devait pas durer, M. Lacordaire se résignait simplement et sincèrement, décidé jusqu'au bout à obéir. » Voilà ce qu'écrivait en 1849 (1) Sainte-Beuve lié en 1830 avec l'abbé Lacordaire d'une amitié dont son âme ne s'est pas, hélas! souvenue à la veille de la tombe.

C'est Sainte-Beuve qui écrivait encore en 1863 (2) :

« ..... Je me rappelle que lorsqu'il revint de Rome avec l'abbé de La Mennais, étant allé leur faire visite dans la maison de la rue de Vaugirard où ils étaient logés, je vis d'abord, dans une chambre du rez-de-chaussée, M. de La Mennais, qui s'exprimait sur ce qui s'était passé à Rome et sur le pape avec un laisser-aller qui m'étonna, puisqu'il venait de se soumettre ostensiblement; il parlait du pape comme d'un de ces hommes qui sont destinés à amener les grands remèdes désespérés. Au contraire, lorsque j'allai voir l'abbé Lacordaire qui était dans une chambre au premier étage, je fus frappé du contraste; celui-ci ne parlait qu'avec une extrême réserve et soumission des mécomptes qu'ils avaient éprouvés, et il employa notam-

---

(1) *Causeries du lundi*, t. I, page 213, 1re éd.
(2) *Nouveaux lundis*, t. IV, p. 451, lettre au T. R. P. Chocarne.

ment cette comparaison du grain « qui, même en le suppo-
« sant de bonne nature, a besoin d'être retardé dans sa
« germination, et de dormir tout un hiver sous terre. »
C'est ainsi qu'il expliquait et justifiait, même en admet-
tant une part de vérité dans les doctrines de l'*Avenir*, la
sévérité et la résistance du Saint-Siége. J'en conclus qu'il
n'y avait pas grand accord entre le rez-de-chaussée et le
premier étage, et je fus moins surpris lorsque, quelque
temps après, je sus le divorce qui s'était opéré à La
Chesnaie. »

S'il était besoin du reste d'une parole autorisée entre
toutes pour juger la soumission de l'abbé Lacordaire à
l'Encyclique, nous la trouverions dans la lettre que lui
écrivait Mgr de Quélen le 13 décembre 1833. Voici cette
lettre :

« Plus d'une fois déjà, mon cher Lacordaire, je m'étais
fait votre caution. Plein de confiance en votre parole, je
n'ai jamais balancé à répondre, dans les occasions qui se
sont présentées, de votre foi, de votre soumission et de
votre amour filial envers l'Eglise, le Saint-Siége apostolique et l'auguste Pontife qui l'occupe aujourd'hui si
dignement. La lettre que vous venez de m'adresser, par
laquelle vous voulez renouveler d'une manière plus authentique encore votre adhésion parfaite à l'Encyclique
du 15 août 1832, et selon les termes du Bref du 5 octobre
dernier à Mgr l'Evêque de Rouen, n'est qu'un témoignage
de plus de tous ces sentiments si nobles et si catholiques
dont j'avais été si souvent le dépositaire. Votre lettre
m'a profondément touché : en la lisant, j'ai retrouvé les
larmes de consolation que me fait souvent répandre
devant Dieu l'union et l'admirable conduite du clergé de
Paris. Actuellement elles couleront encore plus douces,
car j'ai le bonheur de vous annoncer, pour le tenir encore
un moment secret entre nous, que vos amis et celui-là
même auquel vous avez été si généreusement fidèle, tout
en le prévenant dans votre obéissance, vient de se rendre
aussi au désir du Souverain-Pontife et aux vœux de tout.

ce qu'il y a de vrais chrétiens. Son adhésion pure et simple à l'Encyclique, dans les termes du Bref à Monseigneur l'Evêque de Rennes, part aujourd'hui pour Rome, ainsi que celle de M. l'abbé Gerbet. J'y joins votre lettre avec un bonheur inexprimable, parce que je crois qu'elle ne fera qu'ajouter à la joie de notre commun Père. Ce que vous me dites de personnel, mon cher ami, me va droit au cœur; je vous assure que je le méritais par la tendre amitié que vous m'avez toujours inspirée, et dont il m'est si doux de vous renouveler l'assurance.

« HYACINTHE, archev. de Paris.

« Paris, le 13 décembre 1833. »

Enfin, comme dernier et suprême témoignage qui permet de juger l'âme d'Henri Lacordaire, dans cette crise de sa vie, voici la lettre qu'il écrivait de Metz le 18 juin 1834 à M. le baron d'Eckstein, qui s'était fait l'improbateur violent et passionné de ses « *Considérations sur le système philosophique de M. de La Mennais.* » J'extrais cette lettre de l'*Univers* du 22 juin 1834 :

« *A M. le baron d'Eckstein.*

« Metz, 18 juin 1834.

« Monsieur,

« Si l'article que vous avez inséré, à mon sujet, dans la *France catholique,* renfermait une simple critique du livre que j'ai récemment publié, je ne vois pas ce que j'aurais à faire que de garder le silence. Mais à propos de ce livre, que vous avez déclaré ne pas vouloir juger au fond, il vous a plu de diffamer ma personne et le point de vue général sous lequel vous supposez que j'ai écrit. Je suis donc obligé de vous répondre, et je m'adresse directement à vous, parce que vous avez fait une question de personne d'une question dont j'avais voulu éloigner l'ombre même de la personalité. Néanmoins, malgré cette forme de polémique plus directe, je me souviendrai toujours de votre ancienne bienveillance à mon égard, je respecterai en vous ce que vous n'avez pas respecté en moi, et ceux qui nous liront l'un et l'autre discerneront peut-être, à cette seule marque, où fut la passion et où fut le devoir.

« Vous me reprochez, avant tout, *de battre ma nourrice, de me donner la discipline sur le dos de mon maître.* Ce style ajoute à votre pensée un mérite que je comprends. Mais quand on dit de ces choses qui sont une calomnie si elles ne sont une vérité, il faut être sûr de son fait. Or, permettez-moi de vous le dire, Monsieur, vous ignorez complètement la nature de mes rapports avec M. de La Mennais. M. de La Mennais ne fut, en réalité, ni mon père, ni mon maître. Sur les dix années qui viennent de s'écouler, il y en eut six pendant lesquelles je repoussai les sollicitations multipliées qu'on me fit en son nom de m'attacher à lui ; il y en eut une pendant laquelle je le servis avec dévouement ; il y en eut une autre où je luttai douloureusement contre la nécessité de me séparer de lui ; et le reste s'est achevé dans cette séparation. Sur les quatre phases qu'a présentées son école : la phase philosophique, la phase monarchique, la phase libérale, et la dernière à laquelle je ne veux pas donner de nom, il n'y en eut qu'une seule où je pris part, la phase libérale, non pas même en ce sens que j'allai à M. de La Mennais, mais en ce sens qu'il arriva lui-même où j'étais depuis longtemps. En deçà et au delà nous ne nous entendîmes jamais ; j'en ai les preuves écrites. Quand je commençai à le servir ou plutôt à servir sa pensée et la mienne qui s'étaient une fois rencontrées, j'espérais il est vrai qu'il serait tout pour moi ; je l'appelai des noms de père et de maître, mais ma nature résista bien vite, même au milieu des travaux de l'*Avenir*, à cette abdication de ma liberté, et j'en ai encore des preuves écrites.

« Voilà, Monsieur, mon histoire tout entière, puisque vous me forcez de la dire. *Ma nourrice,* dans l'ordre spirituel, ce fut l'Eglise ; *mon père,* ce fut Jésus-Christ. Je les ai préférés à un homme, parce qu'un chrétien ne s'engage jamais que sauf la fidélité qu'il leur doit. J'avais promis solennellement, quand nous partîmes pour Rome, d'écouter avec la docilité d'un enfant la moindre parole du vicaire de Jésus-Christ. Cette parole s'est fait entendre : je n'ai pas hésité un seul moment ; je me suis incliné devant elle ; conséquent à moi-même, fidèle à ce respect pour le Siége-Apostolique tant vanté dans l'école que j'avais embrassée, donnant enfin un exemple d'autant plus salutaire que vous le traitiez avec plus de légèreté. Votre badinage sur l'*illumination* que j'aurais eu à Rome justifie la simplicité de ma conduite, en montrant que le Saint-Siége avait besoin d'être honoré non-seulement aux yeux des hommes sans foi, mais aussi devant plusieurs de ceux qui font profession d'être catholiques.

« J'ai donc quitté une école qui se quittait elle-même, qui manquait à des promesses sacrées, qui abdiquait la soumission sans réserve à une autorité d'où elle avait tiré, pendant douze ans, son principal lustre. Ces motifs sont plus dignes de respect que ceux qui poussèrent à de pareilles séparations les hommes que vous me citez pour exemple, Aristote à l'égard de Platon, Fichte à l'égard de Kant. Ces philosophes abandonnèrent leurs maîtres parce qu'ils crurent avoir autant d'esprit qu'eux, autant de droits qu'eux à l'établissement d'un système philosophique : moi, j'ai abandonné M. de La Mennais, parce que j'ai cru que l'Eglise avait plus d'esprit que lui, plus de droits que lui à la soumission des intelligences. Je n'ai pas voulu élever une école à la place de la sienne, mais rentrer dans l'école universelle. On n'est jamais trop jeune pour cela, Monsieur ; on n'a pas besoin pour cela d'être un savant, un philosophe, il suffit de connaître sa faiblesse et d'avoir un cœur d'enfant sans lequel on n'entre point dans le royaume des cieux. On peut demander compte au philosophe qui fait acte d'indépendance privée du *duvet* dont sa doctrine est encore couverte, selon votre expression ; quant à celui qui fait acte d'indépendance aux pieds de l'Eglise, si on l'accuse du duvet qu'il porte, il peut en être fier, c'est le duvet antique et immortel de la vérité.

« Mais ce livre, dites-vous, a pour résultat evident de « blesser M. de La Mennais, de le frapper dans un moment « où tout le monde lui jette la pierre, où de petites haines « croient l'occasion favorable pour décharger leur colère « contre un grand homme. »

« Non, Monsieur, tel n'est pas le résultat évident de ce livre. Jamais la vérité dite sans fiel, sans acception de personnes, n'a pour résultat de frapper et de blesser. Mon livre est une supplication et non une injure; quand les rois sont malheureux, on peut leur dire la vérité à genoux. Et mon livre fût-il une aggression, ce ne serait pas encore l'aggression du fort contre le faible, mais la défense du faible contre le fort. Vous êtes trop clairvoyant, Monsieur, pour ne pas juger la situation telle qu'elle est. Jamais M. de La Mennais ne fut plus puissant qu'aujourd'hui; c'est Achille sous sa tente, arbitre souverain de ses destinées, entre le monde qui l'appelle et l'Eglise qui lui tend toujours les bras, entre le siècle et l'éternité, objet d'un combat sublime, chacun attend avec anxiété le dernier cri de son âme, et depuis longtemps le sort d'un simple mortel ne fut plus glorieux. M. de La. Mennais règne encore; il n'est pas même à Fontainebleau. Moi, soldat obscur de l'Eglise, enfant perdu de la conscience dans ce grand hasard où je suis mêlé, je n'ai pas même l'espérance qu'on me trouve du courage. Un nouveau parti se forme autour de M. de La Mennais; des hommes distingués s'unissent pour le soutenir; plusieurs feuilles religieuses vont se constituer plus ou moins ouvertement ses champions, et l'on m'accusera néanmoins de jeter la pierre à un homme abattu. Non, Monsieur, non, le courage fut toujours à défendre le faible, l'opprimé, les victimes : or, le faible ici, c'est la vérité; l'opprimé, c'est l'Eglise à laquelle nul ne songe, et à qui l'on veut imposer les pensées d'un homme sous peine d'être ingrate et persécutrice; les victimes, ce sont tous ces jeunes gens compromis par une solidarité dont la mesure était impossible à prévoir, qui portent le poids d'un dévouement digne d'être mieux récompensé, et dont l'intelligence troublée pleure devant Dieu l'intelligence obscurcie qui les délaisse.

« Je ne m'arrêterai pas, Monsieur, à ce que vous dites de mon esprit, *léger, pétulant, irréfléchi, mobile, sans compréhension philosophique*. Il eût été plus noble à vous d'engager une discussion sérieuse avec moi, et de laisser le public décider de mon incapacité. Mais enfin, puisque vous vous êtes constitué mon juge, j'ai la ressource d'en appeler de vous-même à vous-même, et nous verrons tout à l'heure si vous avez toujours dressé d'une manière si magistralement dédaigneuse le bilan de mon intelligence.

« En attendant, voici, selon vous, la pensée fondamentale de mon livre : « Une abnégation complète de la raison « humaine. » Partant de là, sans autre preuve que votre assertion et que le courage avec lequel vous la répétez dans cinq colonnes immenses, vous voulez bien par pitié m'apprendre une foule de choses, telles que celles-ci, par exemple : « Que la religion est l'aliment des cœurs et des
« esprits; que la raison veut aussi communier et parti-
« ciper de la table sainte; que Jésus-Christ est la consola-
« tion dans les secrètes infortunes; que ce qui est suffisant
« pour former un ministre protestant, honnête homme et
« voilà tout, cela ne suffit pas au prêtre catholique; que la
« théologie n'est plus le privilège d'une seule classe
« d'hommes; que tous les esprits forts, profonds, sérieux,
« veulent s'en abreuver, et que moi je voudrais faire de la
« théologie la science exclusive des séminaires; que la
« robe noire ne donne pas l'inspiration, mais que c'est le
« génie chrétien qui bat sous la robe noire; que, sur tout
« ce qui concerne cette grande question, je suis complète-
« ment en deçà des besoins du temps; qu'il n'y a qu'une
« seule vérité, qu'il n'y en a pas deux, qu'il n'y a pas
« raison suffisante pour avilir la raison humaine et pour
« en faire une humble vassale; qu'envers Dieu et Jésus-
« Christ la raison n'est jamais assez confondue, que devant

« la sacristie elle l'est beaucoup trop ; que venir dire
« aujourd'hui aux hommes : croyez et ne voyez pas,
« croyez parce que nous vous le disons, croyez comme
« l'enfant à la mamelle, croyez comme la paysanne sur
« son banc, voilà ce qu'il vous faut, pas autre chose, cela
« est-il raisonnable ? que toute ma polémique contre
« M. de La Mennais est un pugilat que je fais entamer à la
« religion contre la science ; que le genre humain a
« aujourd'hui des dents, qu'il veut mâcher, qu'il le peut,
« qu'il ne lui suffit plus de la langue pour avaler la nour-
« riture spirituelle, etc. »

« A ce luxe d'avertissements, à cette prodigieuse multiplication de la même idée, j'ai une réponse bien simple à
faire, c'est que la pensée fondamentale de mon livre n'est
pas l'abnégation complète de la raison humaine, mais
absolument tout le contraire, et je me donnerai la peine
de vous le démontrer quand vous aurez pris vous-même la
peine d'établir votre assertion. Sérieusement, m'avez-vous
lu, ou avez-vous eu le dessein d'en imposer au public, et
de m'affubler devant lui d'une auréole grotesque de votre
invention? Non, vous n'en imposez pas et vous m'avez lu ;
mais vous m'avez lu avec un génie tout particulier, qui
fait que je regrette beaucoup moins le peu d'esprit que le
vôtre accorde au mien, et les formes méprisantes dont
vous usez à mon égard. Vous m'appelez, à diverses
reprises, *cet ecclésiastique*. Or, voici comment *ce laïque*
écrivait à *cet ecclésiastique,* en 1831 :

« Monsieur l'abbé, j'ai eu l'honneur de vous adresser le
« dimanche soir un article qui, je l'espère, vous sera par-
« venu. Je vous en adresse aujourd'hui un sur la discus-
« sion de l'adresse par rapport aux affaires étrangères.
« Dans tout ce que *l'Avenir* dit, je n'ai qu'une seule
« pierre *d'achoppement, le suffrage universel.* Ce mot me
« semble toujours trop vague, présenter à bien des imagi-
« nations la démagogie pure, et exiger bien des évolu-
« tions internes dans l'ordre social avant qu'on puisse
« l'appliquer. Mais ceci n'est que purement *accidentel.*

« Veuillez agréer, monsieur l'abbé, l'expression de mon
« dévouement le plus sincère *et de ma vive admiration.*

« Ce 12 août.

« Baron d'Eckstein. »

« Ainsi, Monsieur, au mois d'août 1831, rien ne vous était une pierre d'achoppement dans l'*Avenir* que le suffrage universel, sur lequel je n'ai jamais rien écrit; ainsi, au mois d'août 1831, vous aviez pour moi *une vive admiration.* Sans doute vous n'aperceviez pas alors dans mon style cette *complète inexpérience des hommes et des choses* que vous y découvrez aujourd'hui. Quand on veut outrager un homme, Monsieur, il faudrait être sûr de ne l'avoir pas loué, à propos des mêmes choses, avec exagération. Il faudrait être sûr aussi de n'être pas son obligé. Vous êtes le mien, Monsieur, sans que vous le sachiez.

« Je vous ai vu, dans les derniers temps de l'*Avenir*, solliciter vainement la faveur d'y insérer des articles. Vous n'aviez pas une seule voix favorable dans le conseil; on s'y souvenait de certaines pages du *Catholique* sur le même système de philosophie que vous ne voulez pas juger aujourd'hui, on ne vous pardonnait pas. Je fus le premier à vous servir d'appui, dès que j'eus assez de crédit pour le faire, et nos colonnes vous furent enfin ouvertes. Etait-ce par suite de cette *inexpérience des hommes et des choses* dont vous parlez? Je ne le crois pas : je n'étais que juste à votre égard. Vous m'en avez payé par l'injustice; vous vous êtes rendu l'organe d'un parti naissant qui croit avoir intérêt à m'écraser. Mais Dieu me soutiendra contre eux et contre vous, Dieu qui sonde les reins et les cœurs, qui sait dans quelle intention j'ai fait ce que j'ai fait, qui sait si c'est être mobile que de garder des promesses solennellement jurées, qui sait si j'ai eu tort de voir des intérêts du premier ordre là où vous n'avez vu qu'une *querelle de sacristie.* Et à ce propos de sacristie, je veux repousser un éloge qu'il vous plaît de m'adresser comme une concession. Vous croyez que je suis du *sacerdoce* et non de la *sacristie*. Vous vous trompez, Monsieur, je suis de la sacristie; je tiens à tous les noms que la malice et la légèreté créent successivement contre l'Eglise, parce qu'il y a quelque chose que je défendrai toute ma vie contre tous, l'Eglise; parce qu'un de mes devoirs est de partager ses opprobres, puisque je veux un jour partager sa gloire. Du reste, le temps pèsera dans sa balance votre conduite et la mienne; il décidera lequel de nous, dans cette affaire, fut homme *léger* et *irréfléchi*.

« J'ai l'honneur d'être, etc.

« L'abbé Henri LACORDAIRE. »

Quelques jours après, le 7 juillet, l'abbé Lacordaire écrivait de Mayence à M. Edouard Dumont, dont l'amitié ne lui avait pas fait défaut en cette circonstance, la lettre suivante que celui-ci a publiée dans le *Monde* du 24 août 1863 (1) :

« Monsieur et cher ami,

« J'ai su par M. Chéruel la part que vous avez prise à l'attaque dont j'ai été l'objet de la part de M. d'Eckstein. J'aurais bien voulu pouvoir vous consulter sur ma réponse ; vos conseils et votre amitié m'ont manqué. Néanmoins, la vivacité que j'y ai mise, je ne la regrette pas; il est bon que j'aie dit une fois franchement et hardiment ma position à l'égard de M. de La Mennais, position qui est connue de très-peu de personnes. On m'a écrit que M. d'Eckstein avait publié un second article fort long et fort injurieux : cette fois, je ne répondrai pas. Ce que je voulais dire est dit, et je ne crois pas être obligé de me défendre contre toutes les injures. Du reste, je serai bientôt de retour à

---

(1) V. en outre dans *La correspondance avec Mme Swetchine*, lettres du 26 juin et du 7 juillet 1834.

Paris, et je pourrai causer de tout cela avec vous et avec M. Gaillardin. J'arriverai du 18 au 22 juillet. Je ne puis mieux préciser l'époque, parce que M. de Montalembert m'a quitté un moment pour aller à Strasbourg, et que je ne saurai que demain le moment où nous nous rejoindrons. Je l'ai rencontré à Marbourg...

« J'ai reçu une lettre de Rome, dont je désire ne confier le contenu qu'à vous et à M. Gaillardin. Le Souverain-Pontife a été content de la lettre qui accompagnait l'envoi de mon livre; il a dit qu'il lirait celui-ci avec plaisir, et a répété deux fois qu'il m'écrirait. Enfin il a chargé la personne qui le lui présentait de me dire qu'il me donnait sa bénédiction. Cela m'a causé une grande joie. Le plus grand bonheur d'un chrétien sur la terre est, sans doute, de verser quelque consolation dans le cœur du Vicaire de Jésus-Christ. Quand même le Pape ne m'écrirait pas, cette marque de sa satisfaction me suffit et me récompense au-delà de ce que je mérite. Ce n'est pas que je ne sois menacé d'une violente tribulation. Je vois se former un parti nouveau, qui épargnera moins que jamais ses adversaires; mais je m'y suis attendu, j'y suis résigné, et il n'y a rien de bon qui n'ait passé par ces épreuves. Votre amitié sera une de mes consolations; j'espère que vous ne me la retirerez pas, mais qu'elle ne fera que s'accroître comme la mienne, dont je vous prie d'agréer la sincère et reconnaissante expression. Veuillez présenter mes hommages respectueux à..... et mes compliments bien affectueux à M. Gaillardin. »

XI

Les conférences de Notre-Dame en 1835 et 1836.

J'extrais, à titre de documents historiques, de l'*Univers* de 1835 et de 1836 les notes suivantes; elles ont d'ailleurs, presque toutes, un mérite de style qui les recommande à l'attention aussi bien qu'à la curiosité du lecteur. Il est permis de soupçonner la plume de M. l'abbé Gerbet, qui prenait, à cette époque, une grande part à la rédaction du nouveau journal catholique :

« Nous ne dirons aujourd'hui qu'un mot sur M. Lacordaire ; nous nous réservons pour le jour très-prochain où nous rendrons compte de sa première conférence. Qu'il nous suffise, pour la consolation de nos lecteurs, de leur apprendre qu'on ne saurait débuter sous de plus heureux auspices. Cinq mille auditeurs, parmi lesquels on distinguait MM. Berryer, de Lamartine, Janvier, etc., s'étaient donné rendez-vous aux pieds du vénérable archevêque de Paris et de son éloquent envoyé.

(*Univers* du 10 mars 1835, p. 1295.)

Puis, après le compte-rendu de la première conférence, dans les numéros du 13 et du 14 mars, l'*Univers* disait encore :

« Tels sont les traits qu'a laissés dans notre *mémoire* la première conférence de M. Lacordaire. Mais plus vive et plus durable est l'impression qui est restée dans notre cœur. C'était pour nous, catholiques, un spectacle de triomphe et d'ineffable consolation. Cette immense cathédrale, élevée pendant cinq cents ans par la piété de nos pères, et depuis près de cinquante accoutumée à une triste solitude, qu'interrompaient de loin en loin les solennités officielles de l'Empire et de la Restauration, cette immense cathédrale semblait sortir de son veuvage. Aujourd'hui, comme en des temps meilleurs, des flots de peuple venaient battre ses murailles, noyer le piédestal de ses colonnes, se suspendre à ses galeries.

« Près de cinq mille hommes emplissaient la nef, accourus là de toutes parts, des plus hauts rangs de la société et de la science, de toutes les écoles et de toutes les provinces, accourus spontanément et non par ordre, pour entendre et non pour voir. Il était beau de contempler toutes ces têtes nues, courbées sous la parole de Dieu.

Deux personnages dominaient cette assemblée. L'un, jeune encore, mais déjà savant de la science de Dieu et de la science de la vie, ayant déjà l'expérience de toutes les douleurs, et sachant se faire un langage à la hauteur de sa pensée : fils du siècle qui en a abjuré les erreurs, et qui veut annoncer à ses frères, à ceux de son âge, la vérité que ses yeux ont reconnue. L'autre, pontife vénérable, aussi grand par ses vertus que par ses souffrances, couronné de toutes les auréoles que peuvent placer sur un front humain la religion, le talent, le malheur et la calomnie des méchants : pasteur qui vient lui-même conduire ses brebis au pâturage, et qui se réjouit de leur pieuse avidité.

« Et lorsqu'à la fin du discours l'auditoire, qu'avait subjugué la voix du jeune prêtre, tomba aux pieds du pontife pour recevoir sa bénédiction, lorsque les cloches de Notre-Dame s'ébranlèrent en même temps, et que les portes s'ouvrirent pour répandre dans la capitale cette foule riche de l'aumône de la vérité, il nous semblait assister non pas à la résurrection du catholicisme, car le catholicisme ne meurt point, mais à la résurrection religieuse de la société actuelle. »

(*Univers*, p. 1340-1341.)

« C'était la deuxième fois que M. Lacordaire devait monter dans la chaire de Notre-Dame. Une foule plus considérable encore que la première fois était accourue à ce rendez-vous donné par l'éloquence et surtout par la religion. Beaucoup de voitures stationnaient sur le parvis, annonçant que les heureux du monde étaient venus là pour recevoir cette vérité dont ils sont pauvres, pour avoir part à ces jouissances de l'âme qui ne s'achètent point avec de l'or, à ces largesses intellectuelles que le christianisme distribue en ses jours de pieuses solennités. De nombreux groupes de jeunes gens descendaient du quartier Latin et venaient aussi chercher sous les voûtes du temple et autour du prêtre de Jésus-Christ cette science qui ne s'acquiert point dans des veilles solitaires, qui ne s'éclaire pas de la lampe des philosophes, qui ne s'enseigne pas dans les salles retentissantes des académies. L'enceinte réservée avait été agrandie, et cependant de bonne heure elle était pleine. Tout autour plusieurs rangs de personnes debout formaient comme une barrière vivante, comme un amphithéâtre animé. Et ce n'est pas sans raison que nous nous servons de ce terme. Car de même qu'au temps des martyrs la foi descendait dans l'arène pour combattre les bêtes féroces, au milieu d'une multitude de spectateurs, dont toujours quelque-uns sortaient chrétiens de ces scènes sanglantes ; ainsi, au sein de cette assemblée agitée de tant de passions et d'opinions diverses, la foi allait descendre pour livrer un combat non sanglant au doute, au vice, ces deux monstres de l'intelligence, et plusieurs peut-être, après avoir assisté à cette lutte glorieuse, se retiraient en louant Dieu.

« Des hommes célèbres par leurs talents et par leur position sociale étaient confondus dans l'auditoire. M. de Châteaubriand s'y trouvait, mêlé à cette jeunesse dont il avait, l'un des premiers, réveillé les tendances religieuses, heureux d'assister aux nouveaux triomphes de ce christianisme dont il avait confessé en des jours moins heureux le génie éternel. Enfin, deux prélats, Mgr l'archevêque de Paris et Mgr l'évêque de Nancy, présidaient encore à cette imposante réunion. »

(*Univers du 20 mars* 1335, n° 424)

« Voici l'analyse de la troisième conférence de M. Lacordaire. Cette fois nous mettons un terme à tous nos éloges ; nous sentons qu'ils seraient trop au dessous de la grandeur des choses. D'autre part, l'auditoire s'est augmenté de manière à faire craindre que beaucoup désormais soient privés de ce pain de la parole, faute de trouver accès. D'un autre côté, l'orateur a grandi en force et en puissance. Son style admirable a revêtu des idées plus hautes et plus lumineuses que jamais, il s'est habitué à ces flots de peuple qui s'agitent sous sa chaire, à ces voûtes immenses au milieu desquelles plane sa voix ; les premières hésitations de la timidité ont été vaincues, une sainte liberté, une aisance merveilleuse préside à tous ses mouvements ! Pénétré de la mission qu'il a reçue, ce n'est point un philosophe qui parle avec tremblement devant des philosophes comme lui, c'est le prêtre de Dieu qui enseigne, *tamquam potestatem habens*.

« On a remarqué encore dans l'assemblée plusieurs célébrités philosophiques et littéraires, entr'autres M. Saint-Marc Girardin, M. Ballanche et M. Athanase Coquerel, pasteur protestant connu par de nombreux ouvrages. »

(*Univers* du 28 mars et du 1er avril, nos 431 et 434)

On lit dans plusieurs journaux :

« Les conférences de M. Lacordaire ont eu tant de vogue et tant d'éclat qu'aux promenades de Lonchamp on a donné à une couleur le nom de *Vert-Lacordaire*. »

(*Univers* du 23 avril, n° 453.)

« Deux ans se sont écoulés depuis que Mgr l'archevêque de Paris institua les conférences spéciales pour ceux d'entre les hommes de notre siècle qui ne veulent se rendre qu'à un enseignement élevé et surtout pour cette jeunesse si nombreuse qui doit être le soutien ou la ruine de l'avenir. Cette œuvre belle et illustre se continue avec persévérance. Aux éloquents prédicateurs qui d'abord appelèrent aux pieds de la chaire chrétienne une assemblée inconnue depuis longtemps à la vieille basilique, avait succédé, l'an dernier, un jeune orateur, dans la période ascendante de son talent, et qui seul, soutint le fardeau avec la grâce de Dieu et la bénédiction de son évêque.

« On pouvait croire cependant que le succès qu'il obtint était dû en grande partie à ce désir d'émotions nouvelles qui précipite les oisifs de ce siècle vers tout ce qui promet de remuer en eux quelque fibre encore vierge. Aussi beaucoup de personnes attendaient pour juger de la vérité de l'impression produite par M. l'abbé Lacordaire, que le public ne fût plus sous le coup de sa parole incisive et de sa puissance entraînante d'affirmation. Elles attendaient qu'une année et un hiver passant sur les esprits eussent refroidi le premier enthousiasme pour juger, par l'accueil que l'on ferait au prédicateur remontant dans sa chaire, si le grain semé par lui avait germé dans les cœurs et porté vraiment quelques fruits.

« Or l'épreuve s'est faite et elle a été toute à la gloire de la religion. A dix mois de distance, tout s'est retrouvé à sa place, comme si huit jours seulement s'étaient écoulés entre la prédication d'une année et celle de l'autre : le même archevêque, le même prédicateur, la même affluence d'auditeurs jeunes et vieux. La joie de Monseigneur a dû être grande, en voyant s'incliner, devant la majesté du Dieu qu'il représente, ces milliers de fronts d'hommes si hautains d'ordinaire ; car il a pu reconnaître à ce signe qu'il n'avait point appelé en vain autour de lui les enfants confiés à sa paternelle sollicitude. »

(*Univers* du 26 février 1836, n° 714.)

XII

Discours de Mgr de Quélen après la dernière Conférence de 1836.

Messieurs,

« Nous terminerons cette station quadragésimale, cette année encore, en répétant au milieu de vous, ce cantique si court que l'Eglise redit si souvent pendant ce temps pascal; ce cantique que chantent les habitants de la céleste Jérusalem et que nous répétons ici, en attendant que nous le répétions avec eux : ce cantique, dit Bossuet, que nous disons sur un ton et un air mélancolique, mais qui a aussi ses charmes, en attendant que nous le répétions avec ceux qui le chantent au milieu des effusions de l'amour divin dont ils jouissent, comme nous nous essayons à le chanter ici dans le pressentiment des joies de l'amour divin que nous espérons : *Non contavit amor esuriens, tunc cantabit amor fruens : cantemus Domino : Alleluia!*

« Oui! *Alleluia!* louez Dieu! Et comment ne le louerions nous pas, comment ne le loueriez-vous pas vous-mêmes de ce qu'il a daigné susciter pour vous tout exprès, un prophète nouveau, un prédicateur dont la voix plus amie encore qu'éloquente, s'est mise en rapport avec vos intelligences, et a remué au fond de votre âme cette fibre chrétienne qui n'a été, qui n'est encore peut-être, qui ne sera jamais qu'émoussée, et qui, remontée par la foi, pourra rendre encore des sons harmonieux, et faire une confession constante de la vérité, honorable pour la patrie et pour le christianisme!

« Comment ne le louerions nous pas ce Dieu de miséricorde, qui nous a donné tant de consolations par vous, Messieurs, et si grandes qu'elles surpassent les plus profondes et les plus cruelles douleurs? Oui, nous pouvons le dire avec le prophète : *Convertisti planctum meum in gaudium, circumdedisti me lætitia, Domine.*

Mais nous disions, Messieurs, qu'ici-bas nous ne chantions que sur un ton mélancolique. Hélas! cette mélancolie augmente encore à la fin de ces conférences. Car, vous l'avez entendu, ce ministre docile nous sera enlevé pour quelques temps. Malgré les résistances de notre cœur, il ira porter au loin ses méditations. Il ira dans la ville éternelle, au pied du tombeau des saints Apôtres, au pied du Père commun des fidèles, pour lui rendre compte de ce qu'il a vu et de ce qu'il a fait. Ainsi Jésus-Christ appelait ses apôtres dans la retraite après qu'il les avait envoyés prêcher aux peuples; et ces Apôtres venaient lui dire ce qu'ils avaient fait et comment ils avaient enseigné : *Quæcumque fecerant et docuerant.*

« Il emporte avec lui toutes nos bénédictions, tout notre souvenir, tout nôtre intérêt. Il nous reviendra bientôt chargé des bénédictions que possède le noble vieillard qui préside à toute l'Eglise. Il reviendra avec un zèle nouveau, retrempé au tombeau des Apôtres qui, les premiers, apportèrent la foi et la scellèrent de leur sang.

« Cependant, Messieurs, nous espérons que, malgré son absence, cette chaire de Notre-Dame ne restera pas muette. Dieu nous suscitera de nouvelles ressources, nous nous empresserons de les recueillir et de vous les faire connaître.

« Dans le sein de la retraite, notre cher et éloquent prédicateur méditera la science divine. Nous savons que c'est dans le sein de la retraite que se sont formés les grands hommes et les grands saints. Et, ainsi que le disait un éloquent évêque, c'est dans le sein de la retraite, que saint Jean Chrysostôme forgea les foudres qu'il devait faire retentir si glorieusement du haut de la chaire patriarchale de Constantinople.

« Terminons par le salut fraternel, qui est aussi le salut de l'évêque, le salut que Jésus-Christ ressuscité adressait à ses Apôtres, en ce jour dont nous célébrons la mémoire : « La paix soit avec vous, *Pax vobis!* » Notre cœur est plein de bénédictions encore plus que nos mains, répétons ce salut comme le Sauveur le répéta lui-même : « *Et dixit eis iterum, Pax vobis!* » Que cette double paix soit le terme de nos prédications. C'est afin de faire entrer la paix dans vos consciences que le Seigneur envoie les prédicateurs de sa doctrine. *Pax vobis!* la paix soit avec vous ! la paix de l'esprit qui empêche de flotter au milieu des doutes, la paix du cœur qui fait se reposer des agitations du monde dans l'amour de Dieu, *Pax vobis!* Cherchez par la prière, ainsi qu'on vient de vous le dire, à acquérir cette paix si vous ne l'avez pas, à la conserver si vous l'avez. C'est un grand bonheur, et beaucoup l'ont compris, d'avoir trouvé Dieu, d'avoir mis le calme dans son âme, d'avoir trouvé la vérité et la paix en cette vie où tout est vanité et affliction d'esprit. C'est un si grand bonheur de posséder Dieu, que vainement nous posséderions tous les sceptres et toutes les couronnes de l'univers, sans avoir Dieu dans notre cœur, nous n'aurions pas la paix, et que si, étendus comme Job sur le fumier, Dieu était avec nous, avec nous serait la paix de la vie présente et l'espérance de la vie future. Ainsi nous élèverons nos mains vers le ciel, afin que vous la portiez avec vous dans vos familles, dans la société, dans le diocèse, dans tout le royaume; afin que cette paix de Dieu que ni le monde ni les passions ne connaissent, garde votre intelligence et votre cœur jusqu'au jour où il nous faudra tous paraître devant Jésus-Christ pour y rendre compte de nos œuvres, et y jouir, si nous l'avons mérité, de la paix éternelle. *Et pax Dei quæ exsuperat omnem sensum custodiat corda vestra et intelligentias vestras in Christo Jesu!* »

XIII

Mgr Affre; — l'abbé Lacordaire et ses ennemis.

J'ai parlé à plusieurs reprises, dans l'étude biographique que j'ai consacrée au P. Lacordaire au commencement de ce volume, des difficultés que cherchaient à lui susciter ses ennemis ou ses rivaux. Bien que leur nom soit dans la mémoire de plus d'un de nos contemporains, et qu'ils soient justiciables des sévérités de l'histoire à raison de cette hostilité jalouse qu'ils n'osaient avouer que dans les ténèbres de l'anonyme et de l'intrigue, je crois qu'il convient de laisser à l'avenir le soin de soulever, du droit de la vérité et de la justice, le voile transparent qui les recouvre encore ; mais je dois justifier mes allégations.

On lit dans l'*Univers* du 2 mars 1836, n° 718.

« Il est une voix puissante entre toutes celles de ce temps. Seule, en nos jours, elle a su, sans flatter les passions, entraîner le monde après elle ; seule, à une époque lasse de la parole, elle a gardé sa puissance. Chaque fois qu'elle doit se faire entendre, Paris s'émeut. La foule, des plus lointaines extrémités, s'amasse dans la cité ; le vieux quartier perd, pour quelques heures, sa solitude ; la vieille métropole s'emplit comme aux beaux jours du treizième siècle et voit dans ses nefs, dans ses travées, autour de ses piliers, les têtes s'échelonner comme aux fêtes où les rois y venaient à cheval en sortant du champ de bataille. Cette voix, la foi la revendique, l'Eglise s'en enorgueillit, l'Episcopat applaudit et encourage.

« Tandis que chaque semaine nous la ramène, il y a quelque part, dans un journal, une autre voix qui vient périodiquement aussi jeter à la première l'outrage brutal, l'injure sans sel, le sarcasme sans esprit. Rien ne lui impose, ni l'auditoire d'élite, ni le clergé, ni la crosse épiscopale, ni la pourpre des cardinaux, ni les sept évêques qui s'étaient assis, avant-hier, au pied de la tribune sainte ; car la voilà encore aujourd'hui aussi grossière qu'il y a huit jours.

« Qui donc est-il celui-là qui se dit chrétien, qui se proclame catholique et qui cherche avec tant d'acharnement à compromettre une œuvre de bien, à retarder un mouvement salutaire, un élan régénérateur ? Qui est celui qui se permet de contredire là où les prêtres, les évêques, les cardinaux battent des mains, là où l'autorité applaudit ? Serait-il plus élevé qu'eux dans la hiérarchie ? C'est, à ce qu'il paraît, quelque simple laïc dont l'incroyable outrecuidance et l'incontinent besoin de parler aurait, depuis deux ans, jeté cette boue à l'orateur de Notre-Dame. Cela, en vérité, ne se comprend pas. Etait-il donc dans les destinées de M. Lacordaire de jouir des honneurs antiques, et d'avoir comme les Romains un *insulteur* à son triomphe. »

Je signale encore un article du même journal, du 6 mars 1836, et j'extrais les lignes suivantes d'un autre article du 10 du même mois, car les attaques se multipliaient et la défense ne cessait pas.

« Nous sommes en droit d'affirmer que la conférence prononcée dimanche par M. l'abbé LACORDAIRE (celle du 6 mars) a pleinement satisfait les six évêques qui honoraient de leur présence cette grande assemblée et qu'elle a excité chez eux une sorte d'enthousiasme qu'ils ont été heureux de communiquer et de manifester à tous ceux qui les environnaient, réunis, après le pieux et solennel exercice. Dans l'épanchement de son bonheur, Mgr l'archevêque de Paris a même prié Mgr Garibaldi, chargé d'affaires de Rome, et qui se trouvait aussi à Notre-Dame, d'écrire au Souverain-Pontife et de lui raconter comme une bonne nouvelle ce qu'il avait vu de ses yeux, de consoler SA SAINTETÉ en lui disant les merveilleux effets produits par les prédications de Notre-Dame.

« Ce fait, que nous attestons, nous dispense de nouvelles réponses aux nouvelles attaques dont l'enseignement de Notre-Dame est l'objet dans le journal que nous avons précédemment réfuté. »

Puis, quand à la suite des conférences de 1836 l'abbé Lacordaire partit pour Rome, les mêmes *insulteurs* prétendirent qu'il n'y était allé que sur l'injonction du Pape et pour rendre compte de sa doctrine. M. l'abbé Affre, alors vicaire-général de Paris, publia à cette occasion la lettre suivante qui parut dans l'*Ami de la Religion* du 7 juin 1836 (n° 2664) :

« Un journal a publié un fait dont l'inexactitude nous
« est connue d'une manière trop certaine pour ne pas
« nous empresser de le rectifier. Il assure tenir d'une
« source respectable que M. l'abbé Lacordaire a été
« mandé à Rome pour y rendre compte de sa doctrine.

« Nous pouvons assurer que M. Lacordaire n'a éprouvé
« que des oppositions au projet qu'il avait formé à la fin
« du mois de janvier de cette année de se rendre à Rome.
« Il est certain que le Pape n'a jamais manifesté la
« moindre désapprobation, qu'il a encore eu moins la
« pensée de mander auprès de lui M. Lacordaire.

« Il est certain, au contraire, que cet orateur a fait des
« instances inutiles pour ne pas prêcher la station de
« cette année, et qu'il a cédé, en continuant ses confé-
« rences, à des invitations auxquelles il lui a été impos-
« sible de se refuser.

« Voilà des faits que nous pouvons garantir. Ce n'est
« pas notre seule amitié pour M. Lacordaire qui nous
« porte à réclamer contre un fait sans fondement; l'in-
« térêt de la vérité et beaucoup d'autres considérations,
« dont vos lecteurs comprendront la gravité, nous y ont
« engagé. »

Mgr Affre a dit depuis, dans ses *Mémoires*, comment l'abbé Lacordaire avait conquis cette amitié, et comment il fut amené à le défendre et à le soutenir :

« Je venais de lire l'écrit dans lequel il avait consigné une rétractation pleine de candeur. Je conçus dès lors pour lui un véritable attachement; j'admirais aussi son talent, et sans en dissimuler les graves défauts, je crus y trouver les traits qui décèlent une grande âme et les dons d'une intelligence privilégiée.

« Peu de temps avant que je connusse le P. Lacordaire, il avait donné dans la chapelle du collége Stanislas une suite de conférences qui avaient excité parmi les jeunes gens le plus vif enthousiasme. Malheureusement elles produisirent l'effet opposé sur quelques auditeurs.... Si ceux qui se plaignaient avaient été à l'abri de tout soupçon de rivalité, leur zèle contre le jeune conférencier eût été probablement moins ardent; mais on les accusait, à tort sans doute, de se venger du peu d'intérêt qu'ils avaient excité en essayant de fermer la bouche à un rival qui avait reçu un accueil plein d'enthousiasme.

« L'archevêque alarmé exigea que les conférences fussent écrites et soumises à son examen, avant d'être prononcées en public. M. Lacordaire refusa, alléguant qu'il perdrait tous ses avantages, s'il ne pouvait improviser tout au moins l'expression de ses pensées.

« Je crus devoir plaider sa cause, sans me dissimuler les inconvénients d'une improvisation sur les matières qu'il traitait; mais je pensais que ces inconvénients perdraient une grande partie de leur gravité, à raison du caractère si droit et si franc de l'abbé Lacordaire. Il est, en effet, on ne peut plus éloigné de l'esprit de secte, très-disposé à écouter les conseils des personnes qui s'intéressent à lui. Je pouvais donc espérer que si une assertion inexacte lui échappait, ce ne serait pas une erreur volontaire, et encore moins une erreur opiniâtre, qu'elle ne ferait jamais la matière d'un débat, mais disparaîtrait avec l'improvisation qui l'avait produite.

« .... Je parlai donc en sa faveur à l'archevêque.... Ces observations ne produisirent pas d'abord leur effet, car la permission de prêcher fut retirée à l'abbé Lacordaire.

« Peu de temps après elle lui fut rendue.;.... la condition d'écrire les conférences en entier ne fut plus exigée, mais le prédicateur devait soumettre son canevas à l'un des grands vicaires du diocèse. Autant que je puis m'en souvenir, l'archevêque lui permit de choisir entre M. l'abbé Carrière, savant théologien, membre de la société de Saint-Sulpice, et moi. Je fus préféré par l'abbé Lacordaire sans doute à cause de l'intérêt particulier que je lui avais témoigné. Les conférences eurent lieu, non plus dans une chapelle, mais à Notre-Dame. Je suis certain que la chaire de cette basilique ne fut point désirée par celui qui devait attirer autour d'elle un si nombreux concours. J'ai des raisons de penser que les personnes qui jugeaient sévèrement le jeune conférencier furent favorables au choix qui fut fait de cette église; ils espéraient que l'épreuve serait défavorable, et parvenir ainsi, par ce moyen assez peu loyal, à faire tomber une renommée, dont l'influence leur paraissait dangereuse (1).... »

O cæcas hominum mentes !

Cette protection loyale, accordée par un honnête homme à un honnête homme, calomnié et persécuté, devait servir à l'abbé Affre. Elle lui rendit la jeunesse favorable, elle lui concilia l'opinion, et il a reconnu lui-même dans ses Mémoires que « le faible appui » donné par lui à l'abbé Lacordaire avait été la première cause de son élévation au siége de Paris, élévation si peu prévue par lui et si combattue par les mêmes hommes qui *s'étaient faits les ennemis* de l'abbé Lacordaire.

Archevêque de Paris, Mgr Affre continua au fils de saint Dominique la protection que le vicaire-général avait accordée au jeune prêtre, et il le défendit contre des attaques descendues du trône comme il l'avait fait contre des ennemis plus obscurs. Je laisse ici la parole à l'abbé Castan :

« Le P. Lacordaire était revenu de Rome avec l'habit de saint Dominique. Son plus vif désir était de faire rejaillir sur cet habit la popularité qu'il s'était acquise avant de partir, et de montrer par son exemple que la noblesse de cœur, le dévouement à la France, l'élévation de la pensée, les tendances libres et fières de cette classe de la société à laquelle il se rattachait, pouvaient se loger sous le froc si calomnié et si bafoué du moine ; il voulait, en le faisant monter avec lui dans la chaire de Notre-Dame, l'y consacrer aux yeux de la France et le venger ainsi de tant d'insultes. L'archevêque de Paris était digne de comprendre cet ordre d'idées, et il le comprit si bien que voici tout le courage qu'il déploya pour le soutenir. Une première fois le directeur des cultes fut envoyé pour le

---

(1) V. *Histoire de la Vie et de la Mort de Mgr Affre*, par l'abbé Castan p. 72 et ss.

menacer (1) d'un scandale public ; si le nouveau dominicain se présentait avec l'habit de son ordre, il y aurait, disait cet employé supérieur, un agent de police pour le saisir au pied de la chaire. Cette intimidation n'ayant pas réussi, le roi voulut voir lui-même l'archevêque ; dans cette entrevue, il s'était fait seconder de la reine. Cette fois, il ne s'agissait plus de l'intervention de la police, mais d'une émeute.

« Vous aurez une émeute, lui dit le roi ; je ne pourrai pas vous défendre ; la garde nationale ne donnera pas. » L'archevêque demanda que s'il en était ainsi, le ministre lui adressât une ordonnance pour défendre les conférences de Notre-Dame. Il connaissait bien le gouvernement, et savait combien il était résolu à ne jamais prendre de mesures semblables (2). »

La seule concession, devant des exigences misérables, fut que le P. Lacordaire mettrait un manteau de chanoine sur son froc de moine, et les affiches habituelles annoncèrent pendant un an ou deux que la station serait prêchée par M. *l'abbé Lacordaire, chanoine honoraire de Notre-Dame.*

De son côté le P. Lacordaire n'a jamais failli à la reconnaissance qu'il devait à Mgr Affre, et plus d'une fois, du haut de la chaire de Notre-Dame, il lui en a adressé le public hommage. « Je ne puis oublier, lui disait-il le
« 14 février 1841, qu'à une autre époque je fus soutenu
« dans cette chaire par vos conseils et par votre affection.
« L'occasion solennelle de vous en remercier m'avait

---

(1) « Je certifie le fait, et je l'ai entendu bien souvent raconter par Monseigneur lui-même. Monseigneur, qui crut tout de bon à cette menace, s'élança vers un cordon de sonnette : — Que faites-vous, lui dit M. D. (Dessauret) ? — Je vais faire appeler le P. Lacordaire, le cas est grave, il faut que je m'entende avec lui. M. le directeur, qui n'était chargé que d'intimider, craignant cette entrevue avec le P. Lacordaire, battit en retraite et en sortit comme il put. »

(2) *Histoire de Mgr Affre,* par l'abbé Castan, p. 251 et 252.

« manqué jusqu'aujourd'hui ; je la saisis avec joie. Je me
« félicite de me retrouver sous les mêmes auspices au
« jour où je viens inaugurer l'ordre, l'habit des Frères-
« Prêcheurs français en face de mon pays, et vous achè-
« verez, Monseigneur, de couronner ce moment de ma
« vie, en répandant sur nous votre bénédiction (1). »

Et trois ans plus tard, en terminant, le 21 janvier 1844, sa première station à Notre-Dame, il s'adressait encore pour le remercier à Mgr Affre, et lui disait ces paroles qui ont presque le mérite de la nouveauté, puisqu'elles n'ont pas été recueillies dans ses œuvres :

« Monseigneur, je vous remercie de m'avoir rappelé
« dans cette chaire de Notre-Dame après sept ans d'ab-
« sence. Je vous en remercie avec un sentiment d'autant
« plus vif que c'était depuis longtemps votre pensée, que
« vous me l'aviez manifestée à plusieurs reprises, et
« qu'enfin, pour la réaliser dans les temps présents, il
« vous a fallu déployer un véritable courage apostolique.
« Désormais l'œuvre des Conférences de Notre-Dame n'est
« plus seulement un héritage de votre pieux et bien-aimé
« prédécesseur, elle vous est devenue personnelle, et sera
« l'une des gloires de votre épiscopat. Que Dieu, Monsei-
« gneur, vous conserve de longues années à la tête de
« cette vénérable Eglise de Paris, qu'il vous conserve à
« cette jeunesse ardente et sincère qni se presse avec
« confiance autour de vous, qu'il vous conserve à moi-
« même dont vous fûtes toujours le père et l'ami (2). »

L'histoire est heureuse d'enregistrer ces témoignages d'estime et de respect qu'échangaient entre elles ces grandes âmes du martyr des barricades et de l'apôtre du dix-neuvième siècle.

---

(1) *Discours sur la vocation de la nation française.*
(2) V. l'*Univers* du 28 janvier 1844. On sait qu'à cette époque le P. Lacordaire lui communiquait ses Conférences.

XIV

Un autographe.

Je trouve dans le catalogue de la vente d'autographes Cap.... faite par M. Laverdet, en 1849, la mention suivante :

616. Lacordaire (l'abbé Jean-Baptiste-Henri) prédicateur célèbre (n° 1802).

 L. aut. sig. (à M. l'abbé Fayet). Paris, 17 octobre 1831. 4 grandes pages pleines in-4°. Port. lith. in-4°.

Lettre d'un grand intérêt sur sa vocation ecclésiastique, depuis son origine jusqu'en 1831. Il y est question, d'un bout à l'autre, de l'abbé X*** dont il se plaint amèrement, On y lit :

« J'arrive, Monsieur, à ce que M. l'abbé X*** dit de moi. J'étais, à vingt ans, avocat stagiaire au barreau de Paris. J'y plaidai plusieurs causes civiles et criminelles ; je dois ignorer si ce fut avec talent, mais il était difficile d'être découragé, si jeune, d'une carrière à peine commencée. Je la quittai au bout de dix-huit mois, sous le règne de Louis XVIII, et quelque soit le motif qui m'ait décidé, personne ne le connait que Dieu.

« Pourquoi penser qu'il fut coupable ? Pourquoi le dire comme un fait certain ?.... » (1)

Le nom de M. l'abbé X*** y est écrit en toutes lettres ; il est celui d'un homme dont le père Lacordaire me disait en 1859 : « Je l'ai toujours trouvé sur mon chemin ! »

Mais depuis la mort de P. Lacordaire, il a parlé souvent

---

(1) V. Lettre de sa mère du 20 février 1835.

de lui avec une si éloquente justice, il l'a tellement honoré dans ses plus chers disciples, il a rendu, toujours, de tels services à l'Église et à la France, que j'ai regardé comme un devoir de ne pas écrire son nom, tout en ne laissant pas perdre ces quelques lignes où l'abbé Lacordaire se raconte lui-même. Je signale l'existence de cette lettre, qu'il serait si utile de retrouver, tant elle importe à l'étude que je provoque et que je poursuis, et je demanderais à M. X*** de la publier lui-même, s'il la possède, tant j'ai confiance dans la magnanimité désintéressée de son cœur, et dans son dévouement aux grandes choses et aux grandes causes. Ceux qui ne connaissent pas l'âme humaine dans ses replis intimes, tels que les a noués la main qui l'a créée, s'étonneront ou se scandaliseront peut-être, ce qui n'empêchera pas saint Augustin et saint Jérôme de se donner la main dans le respect des hommes et dans la lumière de Dieu.

XV

Le discours sur la vocation de la nation française.

C'est le 14 février que fut prononcé ce discours destiné à un retentissement si profond et par lequel le P. Lacordaire, affirmant l'œuvre nouvelle de sa vie, prouvait que la solitude et le cloître n'avaient fait qu'ajouter des forces à son génie. Jamais Notre-Dame n'avait vu se presser sous ses voûtes séculaires une aussi grande multitude. « A dix heures il n'y avait plus de place dans la grande nef; à onze heures les nefs latérales et jusqu'aux chapelles à droite et à gauche étaient remplies, et à midi et demi, lorsque Mgr l'archevêque de Paris est arrivé, il a trouvé rassemblées à ses pieds dix ou douze mille personnes de tout âge, de tout sexe, de toute condition. On remarquait au banc d'œuvre, après Mgr l'évêque de Meaux et Mgr l'internonce apostolique, plusieurs de nos grands prédicateurs, M. de Ravignan, M. Combalot, M. Dupanloup, M. de Guerry, les RR. PP. jésuites, des membres de toutes les communautés, etc., et à côté d'eux, M. le ministre de la Justice et des Cultes, des ambassadeurs, des pairs, des députés; on a cru voir dans l'auditoire MM. de Chateaubriand, Guizot et plusieurs autres de nos illustrations littéraires (1). "

Le surlendemain, revêtu de son froc, le fils de saint Dominique dînait chez M. Martin du Nord, son auditeur de la veille : « quel étrange retour des choses d'ici-bas, — « dit à son voisin, M. Bourdeau, ancien ministre de la « Justice sous Charles X, — si, quand j'étais garde des « sceaux, j'avais invité un dominicain à ma table, le len- « demain la Chancellerie eût été brûlée (2). "

Grâce à Dieu, les temps étaient changés! L'enthou-

---

(1) V. l'*Univers* du 16 février 1841. — M. de Chateaubriand était un auditeur du P. Lacordaire aussi assidu que le lui permettait son âge. Ceux qui ont entendu ou lu les Conférences n'ont pas oublié avec quel respect reconnaissant l'orateur de Notre-Dame sut un jour saluer, en quelques-unes de ces paroles qui consacrent la gloire en l'accroissant, l'auteur du *Génie du Christianisme* qu'il avait remarqué dans la foule. C'était le 17 déc. 1843; et le P. Lacordaire venait de parler de la passion des hommes d'Etat et des hommes de génie contre l'Eglise : « Je n'entends pas qu'il en ait été ainsi de « tous, dit l'orateur. Il y a eu de ces hommes dans nos rangs; " puis après avoir énuméré les noms de beaucoup de ceux qui défendirent l'Eglise : « ... et tant d'autres, ajouta-t-il, que je ne veux pas nommer, pour ne pas « approcher trop près des grands noms de notre époque ; car si j'en appro- « chais, pourrais-je m'empêcher de saluer cet illustre vétéran, ce prince de « la littérature française et chrétienne, sur qui la postérité semble avoir « passé déjà, tant on respire dans sa gloire le parfum et la paix de « l'antiquité. »

(15e Conférence.)

(2) V. *Mémoires du P. Lacordaire.*

siasme fut universel, l'admiration fut unanime, et il est curieux, à une distance de trente années, d'en rapporter quelques témoignages.

« L'événement de cette semaine, — disait l'*Univers*, — le premier en date comme en importance, c'est sans contredit le sermon du P. Lacordaire à Notre-Dame. Il n'est guère permis de croire que la parole de l'homme soit jamais montée à un plus haut degré de puissance et d'honneur.... »

« — Tout le monde ici, — écrivait-on d'Angleterre au même journal (numéro du 27 février), — a été vivement ému par l'esquisse du sermon du P. Lacordaire, publiée dans l'*Univers* des 16 et 17 courant.

« Le P. Lacordaire a touché une corde qui remuera les cœurs, non-seulement de tous les chrétiens de France, mais de tous les pays du monde. Quelles nobles idées! quelles vues sublimes! Ah! le P. Lacordaire a trouvé le moyen de toucher les cœurs. Et quel noble et magnifique auditoire; douze mille personnes dans cette vénérable basilique! »

Le *Correo Nacional*, journal de Madrid, publiait de son côté la lettre suivante qu'on lui écrivait de Paris :

« Je viens d'entendre à l'église Notre-Dame le premier orateur du monde, le célèbre Lacordaire, dont les prédications sont plus courues par la haute société que le spectacle mondain le plus en vogue. L'illustre prédicateur s'est présenté en chaire avec l'habit de dominicain, dont il vient rétablir l'Ordre en France avec l'autorisation du Saint-Père. Etrange vicissitude des choses de ce monde! l'ex-monacale Espagne expulse les religieux et renverse les temples; l'ex-voltairienne France revient aux Dominicains, aux Trappistes, aux Capucins, et élève en même temps cinq nouvelles églises dans sa capitale. Et ce n'est pas en ceci seulement que ces Français d'un caractère si léger se montrent rétrogrades.... »

En France, les journaux de la province, l'*Espérance*, de Nancy, le *Réparateur*, de Lyon, etc., faisaient écho à ceux de Paris. Je ne citerai que la *Gazette du Midi* qui les résume :

« Le P. Lacordaire vient de remonter, après une longue absence, dans cette chaire de Notre-Dame, au pied de laquelle son éloquence réunissait, il y a quelques années, l'élite de la jeunesse et de la population parisienne. Le célèbre orateur chrétien a retrouvé la même foule d'auditeurs qu'autrefois, et plus que jamais peut-être, sa parole a été religieusement écoutée. Les journaux qui ont parlé de ce discours, en tête desquels il faut citer la *Revue de Paris*, ont été unanimes à y reconnaître les plus hautes qualités de l'éloquence. Nous qui avons entendu M. Lacordaire, nous savons qu'il ne peut y avoir d'éloges outrés pour lui, et qu'il sera toujours impossible de rendre l'effet qu'il produit sur son auditoire. Science, esprit, imagination, élévation de la pensée, inspiration instantanée, foi ardente, action simple et chaleureuse, tout cela éclate dans la chaire chrétienne quand c'est le P. Lacordaire qui l'occupe…. Qu'on compare, en cette circonstance, la parole d'un moine avec le verbiage des chambres ; qu'on se demande de quel côté se trouvent la véritable intelligence de nos besoins et des remèdes qu'il faut apporter à nos maux, et l'on verra si le christianisme qui, depuis quatorze siècles, a présidé aux destinées de la France, n'est pas encore la meilleure voie du salut. »

Seul, l'*Ami de la Religion*, dont M. de Genoude était alors propriétaire, — ce qui explique son attitude hostile, — jeta son blâme dans le concert des éloges, et c'est tout au plus si une affirmation trois fois répétée de l'*Univers* et de l'*Espérance de Nancy*, finit par le réduire au silence et à l'obliger à ne plus nier la satisfaction que Grégoire XVI témoigna à plusieurs Français avoir éprouvée du discours de Notre-Dame.

En reproduisant ce discours dans ses œuvres, le P. Lacordaire a cru devoir sinon modifier, du moins adoucir et comme atténuer ce qu'il avait dit de la Ligue et il a complètement supprimé ce qu'il avait dit de « nos cousins » les rois de France et qui avait si fort scandalisé certaine partie ou plutôt certain parti de son auditoire, et en particulier le bon M. Guillemin.

Je rétablis ici les deux phrases, à titre de curiosité historique :

— « Oui, nous étions tous là dans notre aïeul Clovis. Notre aïeul ! que ce mot ne vous étonne point, ne sommes-nous pas tous les frères, les cousins des rois ? Dans l'antiquité, les princes n'avaient de cousins que par le rang ou la parenté ; mais le christianisme nous a faits tous une seule chose en Jésus-Christ ; il nous a tous confondus dans une même et sublime solidarité ; les rois ne sont plus nos maîtres, ils sont nos frères, nos cousins ; en me servant de ces expressions, je les honore. »

— « Mais la France ne succomba pas, la France résista. et cette fois non plus par ses rois, mais par l'élan national. par cette sainte et glorieuse ligue dont on peut dire beaucoup de mal, mais dont on comprendra la grandeur chaque jour davantage ; quand on sauve la nationalité d'un peuple, quand on lui conserve sa foi, toutes les fautes se perdent dans la gloire. »

XVI

Le P. Lacordaire et le *Patriote* de Nancy.

J'ai déjà parlé de la lutte qu'eut à soutenir, à Nancy, le P. Lacordaire au cours de 1843 ; la lettre suivante, qu'il écrivit au journal l'*Espérance*, fait suffisamment connaître la question :

Nancy, 9 juillet 1843.

Monsieur le Rédacteur,

« Dans son numéro du 7 juillet, le *Patriote de la Meurthe et des Vosges* a publié un article où je suis accusé d'avoir, en *moine audacieux et passionné*, cherché à *embaucher* les élèves du collége royal de Nancy, et à *les détacher de leurs familles pour les enrôler sous la bannière de saint Dominique;* d'avoir *présenté, sous un aspect odieux, les institutions du pays, les principes professés au sein des familles, l'organisation et les doctrines de l'Université*, d'avoir manqué *de respect pour les oreilles et l'imagination* de mes auditeurs, en leur donnant *une sorte d'autorisation à aimer les vices qui s'offrent sous de grandioses apparences;* et enfin d'avoir *indignement trahi la confiance* de l'Université *et la mission* que j'en avais reçues. Dès le lendemain, l'*Espérance* a adressé au *Patriote* un démenti formel, et taxé de calomnies toutes les assertions contenues dans son article; sur quoi le *Patriote* déclare aujourd'hui qu'il n'assistait point à mon discours, qu'il ne sait pas ce que j'ai dit, mais que l'entrée du collége de Nancy vient de m'être interdite, que l'aumônier a reçu l'ordre de ne plus m'admettre chez lui, même comme ami, et qu'on ne peut s'expliquer la sévérité d'une pareille mesure, si mon discours a été tel qu'il devait être.

« Je viens à mon tour, Monsieur le Rédacteur, vous communiquer sur tout ceci quelques explications.

« Il est vrai que M. le proviseur du collége royal de Nancy m'a invité à porter la parole dans la chapelle de sa maison, et qu'en sa présence, en présence de Mgr le coadjuteur de Nancy, de M. le recteur, de plusieurs professeurs, des élèves, et d'un grand nombre de personnes admises sur des billets imprimés et distribués par l'administration du collége, j'ai prononcé un discours où l'Uuniversité n'a pas été nommée une seule fois, où je n'ai fait aucune allusion défavorable à son enseignement, où je n'ai pas dit un mot de l'ordre de saint Dominique, où je n'ai point attaqué les institutions du pays, ni émis une seule parole blessante pour quoi que ce soit et pour qui que ce soit, mais dans lequel, animé constamment d'un esprit de paix et de charité, j'ai voulu être utile aux élèves qui m'écoutaient, et agréable à tous, même à l'Université.

« Il est vrai qu'au moment où je descendais de chaire, M. le proviseur est venu dans la sacristie me serrer les mains, et me remercier avec l'accent le plus sincère, le plus cordial, le plus affectueux.

« Il est vrai que, parmi les personnes présentes, sans en excepter plusieurs professeurs du collége, pas une n'a témoigné un sentiment de désapprobation, ni pendant le discours, ni depuis.

« Il est vrai cependant que M. le recteur, après avoir su longtemps d'avance l'invitation qui m'avait été faite, et en avoir même parlé avec l'un de MM. les inspecteurs généraux de l'Université, présents à Nancy, s'est plaint tardivement à M. le proviseur qu'il m'eût invité, a blâmé mon discours dans une lettre officielle adressée à ce fonctionnaire, son subordonné; lui a intimé l'ordre de me fermer les portes du collége, et de ne pas même permettre à M. l'aumônier de me recevoir comme ami.

« Et moi, Monsieur le Rédacteur, attaqué de la manière la plus imprévue et la plus indigne, au moment même où j'honorais l'Université, et où j'avais fait entendre à tous un langage pieux, conciliant, en tout point évangélique, j'attends avec calme la décision de l'Université elle-même sur cette affaire. J'ai écrit à M. le ministre de l'instruction publique pour lui demander justice des actes de M. le recteur. Si justice m'est refusée de ce côté, je la demanderai aux tribunaux, en appelant devant eux l'auteur de l'article inséré dans le *Patriote* du 7 juillet. On saura, par la discussion judiciaire, si j'ai émis une seule des idées, prononcé une seule des phrases que l'on m'impute, et en défendant ainsi mon honneur, peut-être serai-je utile à celui des autres ; soit de ceux qui souffrent injustement, comme moi, dans cette cause, soit de ceux à qui j'épargnerai pour l'avenir de semblables injures, en leur montrant, par mon exemple, à demander justice et à l'obtenir.

« Veuillez agréer les sentiments très-distingués, etc... »

FR. HENRI-DOMINIQUE LACORDAIRE,
des Frères-Prêcheurs.

Il n'est pas besoin de dire que M. Villemain se renferma dans un prudent silence; il est vrai que c'était en 1843, qu'il était grand-maître de l'Université et ministre d'un gouvernement né des barricades au nom de la liberté, et qui avait peur de la liberté quand elle lui apparaissait sous un froc de moine. Assignation fut en conséquence donnée au *Patriote* d'avoir à répondre de ses calomnies devant la justice de son pays. La *Gazette spéciale de l'Instruction publique* en versa des larmes de désespoir, au nom de la religion compromise : « .... Un frère-prêcheur « de l'ordre de saint Dominique appeler les huissiers, les « avocats et les juges à son aide ! » — C'était à se voiler d'horreur ! Naturellement le *Constitutionnel* s'en alla en guerre, Durandale en main, contre cet homme « qui bravait les lois de son pays, » sans doute parce qu'il en appelait à leur justice. Bref on parlait pour, on parlait contre, car la question était de la liberté, comme on eût dit à Rome; c'est alors que Mgr Menjaud, alors coadjuteur de Nancy, écrivit au P. Lacordaire la lettre suivante :

Nancy, 2 août 1843.

« Mon révérend Père,

« Au milieu des imputations calomnieuses dont vous avez été l'objet, à propos du discours prononcé par vous et en ma présence au collége royal de Nancy, je me trouve dans la nécessité d'élever la voix pour vous témoigner combien je suis convaincu de la fausseté de ces imputations. Depuis l'époque où vous êtes arrivé parmi nous, j'aime à proclamer que je n'ai eu qu'à me louer de votre ministère et de la pureté de votre doctrine, et je suis certain, en particulier, qu'il n'y a rien eu que de convenable et de pieux dans le discours que vous avez prononcé au collége royal.

« Par suite de cette conviction, les démarches que vous avez faites pour obtenir justice ont eu mon assentiment. Cependant beaucoup de personnes ayant paru s'alarmer d'un conflit judiciaire, je viens aujourd'hui vous demander, dans l'intérêt de la paix, de retirer votre plainte, et de vous contenter de la justice éclatante que je me plais à vous rendre moi-même.

« Je pense, mon révérend Père, que vous apprécierez les motifs qui me font agir ainsi dans cette circonstance, et que l'approbation pleine et entière que je vous donne vous paraîtra suffisante. Je me réserve d'ailleurs de poursuivre, quant à ce qui me regarde, la satisfaction qui est due à M. l'aumônier du collége.

« Vous pouvez, mon révérend Père, rendre ma lettre publique : elle suffira, je l'espère, pour éclairer l'opinion sur cette affaire. Tous les hommes sages et impartiaux vous rendront la justice qui vous est due à tous égards.

« Recevez, mon Révérend Père, la nouvelle assurance de mes sentiments les plus affectueux.

« † ALEXIS,
Coadjuteur de Nancy et de Toul. »

Le P. Lacordaire n'avait qu'à déférer à ce désir. L'affaire passait du dominicain à l'évêque, qui ne cessa la lutte qu'après la victoire et quand M. le recteur se décida enfin, après huit mois de résistance, à retirer sa défense et à permettre à l'aumônier de recevoir chez lui ses amis, fût-ce le P. Lacordaire.

XVII

Les sentiments politiques du P. Lacordaire; — Une lettre à M. Guillemin.

Le P. Lacordaire, dont M. de Montalembert a fait, je ne sais trop comment, un révolutionnaire et un démocrate (1), n'a jamais varié dans ses convictions monarchiques. J'en pourrais multiplier les preuves, mais je me contenterai de citer quelques souvenirs personnels et une lettre à l'appui de mon affirmation.

Le P. Lacordaire regardait la révolution de 1830 comme un malheur, et Louis-Philippe n'était à ses yeux qu'un usurpateur coupable. Dès 1832, à son retour de Rome, il prévoyait et annonçait sa chute à des partisans du nouveau régime, qu'il scaudalisait fort en leur déclarant « que la base de ce gouvernement était mauvaise et qu'il ne dépasserait pas dix-huit ans. » Je tiens ce détail de plusieurs de ceux qui écoutaient alors avec étonnement sa prophétie.

---

(1) Né *démocrate* et nourri dans les idées *républicaines*, il a comprimé de bonne heure, sans l'éteindre jamais, cette lave *révolutionnaire* qui de temps à autre faisait explosion dans sa parole, non plus pour semer la ruine et l'effroi, mais pour illuminer la nuit d'alentour. » *(Le P. Lacordaire,* par M. de Montalembert, p. 4.) Je ne suis pas le seul de ceux qui ont connu le P. Lacordaire à trouver mal fondées ces affirmations de l'illustre orateur; il est vrai que deux cents pages plus loin dans son livre, M. de Montalembert se rappelle que les préférences de son ami « demeurèrent toujours acquises à la monarchie tempérée. « (P. 191). J'engage ceux qui conserveraient quelque doute sur les sentiments politiques du Père Lacordaire à lire les *Souvenirs du Club de l'Union* qui font l'objet de la note suivante.

Dix-sept années plus tard, un soir du mois d'août 1859, que j'avais l'honneur de l'avoir pour hôte, la conversation s'engagea sur la politique et sur le malheur de ces révolutions périodiques qui nous jettent sans cesse de la licence au despotime, et ne permettent ni à l'autorité, ni à la liberté de prendre racine dans notre patrie :

« On a fait une grande faute en 1830, — dit en terminant
« le P. Lacordaire, — il fallait condamner les ministres
« et reconduire Charles X, aux acclamations populaires,
« aux Tuileries, et la France était sauvée ! »

Ces sentiments, le P. Lacordaire les a, je le sais, exprimés dans d'autres circonstances et presque dans les mêmes termes. Faut-il en conclure qu'il était légitimiste ? S'il l'eût été, il n'eût pas si vivement contristé son ancien patron, M. Guillemin. Nous y eussions perdu les *Doléances amicales* de l'excellent vieillard, et nous n'aurions pas la réponse que fit le P. Lacordaire en 1841 à son *Souvenir du Ciel :*

« ...... Je vous assure, mon très-cher maître, — lui
« disait-il, — que je n'ai rien trouvé dans votre longue et
« publique note, qui me prouvât de votre part aucun sen-
« timent dont j'eusse à me plaindre. Vous avez parlé de
« ma personne en ami.

« Et quant au fond de la question, je comprends votre
« point de vue sans l'adopter.

« Jurisconsulte, vous vous en tenez au droit.

« Religieux, je songe surtout à la Providence.

« Il est possible que Charlemagne, Hugues-Capet et
« Napoléon soient des usurpateurs d'un droit encore
« vivant. Je laisse cette question ce qu'elle est, et je
« cherche les raisons de Dieu *qui ôte et donne les sceptres,*
« sacre et répudie Saül.

« J'ai toujours beaucoup aimé Jonathas ; mais je res-
« pecte les conseils de Dieu dans David, même lorsqu'il
« est adultère et meurtrier.

« Je tiens à la souveraineté malheureuse ; mais je sais
« aussi que Dieu immole la souveraineté quand il lui plaît :
« et dans l'incertitude de sa volonté finale, en ces grands

« sacrifices, je m'arrête toujours un peu au-dessus des
« partis qui affirment ce qu'ils ignorent, combattent pour
« ce qui est condamné, ou achèvent la perte des causes
« que la divine Providence regardait encore avec doute.

« En un mot, mon cher maître, je vous concède d'être
« un homme juste. Si je n'étais chrétien, prêtre et reli-
« gieux, je ferais comme vous. »

M. Guillemin n'était pas ébranlé dans ses convictions par l'exposé de cette politique chrétienne, cela va sans dire, mais cela n'ôtait rien à son affection et à son respect pour son ancien secrétaire. Tout au plus le gronda-t-il quelquefois encore, et en vers, ce qui n'empêcha pas, en 1845, le P. Lacordaire de prêcher la vêture de sa fille. Je n'oublierai jamais les émotions de cette cérémonie. C'était un soir de dimanche, au couvent de l'Abbaye aux Bois. Je n'avais pas, à cette époque, l'honneur de connaitre M. Guillemin, mais un mot du P. Lacordaire m'avait ouvert les portes. « *Beati mortui qui moriuntur in Domino:* » Ces paroles du livre de l'Apocalypse furent le texte choisi par le prédicateur. *Beati mortui!* il insista surtout sur ces mots, il en développa le sens et montra tout ce que la mort avait d'heureux pour ceux qui étaient déjà morts au monde par la vie religieuse. Puis, s'adressant plus directement à la nouvelle épouse de Jésus-Christ, il lui rappela qu'il y avait vingt ans il l'avait vue dans son berceau : « Qui m'eût dit alors, à moi, incroyant, qu'un jour viendrait où je serais prêtre et religieux, et où ce serait moi qui recevrais votre consécration à Dieu? Qui eût songé à nous donner ainsi rendez-vous au pied de cet autel!.... Quel rendez-vous puis-je aujourd'hui vous donner, Madame, pour dans vingt autres années?.... Au revoir, au moins, dans le ciel!.... » Le P. Lacordaire parlait de l'autel; je vois encore les pâles rayons d'un soleil couchant de janvier entourer son front d'une auréole et faire briller les larmes dans ses yeux, car il pleurait, et d'autres avec lui, à l'évocation de ces chers souvenirs, et en m'abandonnant aujourd'hui au charme de les raconter, j'espère que le lecteur me pardonnera, à propos de la politique du P. Lacordaire, d'avoir montré son cœur.

XVIII

Le Tiers-Ordre et la Dominicaine.

Au mois de janvier 1844 le P. Lacordaire fut assez heureux pour constituer en congrégation le Tiers-Ordre de Paris. La cérémonie d'inauguration eut lieu le 15 de ce mois, à l'Eglise Notre-Dame-des-Victoires. Voici ce qu'on lit à ce sujet dans deux lettres écrites à cette époque par le P. Lacordaire au P. Besson, lettres qui font partie de la publication faite en 1874 par les Pères de la province de Lyon (1).

.... « C'est le lundi 15 de ce mois, le matin, qu'aura lieu, à l'autel de Notre-Dame-des-Victoires la consécration du rétablissement en France de l'Ordre et du Tiers-Ordre

---

(1) *Lettres inédites du R. P. H.-D. Lacordaire*, — librairie de Poussielgue frères, 1874. — Ces lettres sont adressées à divers religieux, notamment au P. Besson, au P. Aussant, — plusieurs autres à M. de Saint-Beaussant, tros à une femme du monde.

Il y a dans ce recueil d'admirables lettres qui montrent le P. Lacordaire et le font admirer et aimer sous tous ses aspects. Ce qu'elles révèlent surtout, c'est ce bon sens pratique du fondateur d'Ordre, qui se défie des extrêmes, parce qu'il en connaît ou prévoit les périls et qui a pu dire avec une vérité entière, dans une lettre du 21 déc. 1854, à un de ceux qui avaient combattu sa sagesse et sa modération, et qui ne devaient pas tarder à s'en repentir : « Si mes sentiments n'ont pas prévalu en tout, l'expérience a justifié le plus grand nombre, et peut-être l'avenir en justifiera d'autres encore. »

La publication de ces lettres est due aux pères de la province de Lyon, qu'il faut en remercier à plus d'un titre. Elles sont les seules, hélas! qui aient échappé au pillage de leur couvent par les héros lyonnais du

de saint Dominique. Il y aura une messe basse célébrée par moi; la musique sera conduite par le musicien D***, membre du Tiers-Ordre; on a composé un cantique français à cette intention.... »

Paris, 5 janvier 1844.

.... « Notre cérémonie de Notre-Dame-des-Victoires, le 15 janvier, a été magnifique. Il y assistait beaucoup de monde; vingt-six hommes ont fait profession du Tiers-Ordre, quatre ont pris l'habit seulement. On a chanté pendant la messe, un chant en vers français, que nous avons appelé *la Dominicaine* et dont la musique est de toute beauté. On l'imprimera avec la musique.... »

Le musicien D*** était Delsarte; l'auteur des paroles, Raymond Brucker, l'un des plus grands chrétiens de notre âge. Delsarte est mort il y a 2 ou 3 ans, Brucker au mois de janvier de l'année dernière. Voici les paroles de la *Dominicaine*, chant du Tiers-Ordre, que j'ai été assez heureux pour retrouver :

1.

Marie ouvre les bras comme une tendre mère
  A ses enfants;
Que ses droits, même au sein de ce monde éphémère,
  Soient triomphants!
Viens, ô Reine des cœurs qu'enflamme l'espérance,
  Rendre au saint lieu
L'étendard de la paix, qui désigne à la France
  Le camp de Dieu!

4 septembre. L'histoire de ces papiers des religieux, « brûlés, dispersés, détruits de mille manières, » m'inspire un désir que je tiens à consigner ici, c'est que les détenteurs des lettres du P. Lacordaire, notamment de ce que j'ai appelé « les grandes correspondances, » en fassent faire deux ou trois copies qu'ils placeront en des lieux différents et sûrs jusqu'au jour où ils croiront devoir les publier, et je souhaite que ce soit bientôt.

2.

Des ténèbres du doute où grondent tant d'orages
     Monarque obscur,
L'orgueil a trop longtemps égaré nos courages
     Loin d'un ciel pur !
Pour unir désormais nos chants aux chants des Anges,
     Fiers et ravis,
Le Tiers-Ordre s'assemble et groupe ses phalanges
     Aux saints parvis.

3.

Par le sang de Celui qui rend les peuples frères,
     Sang adoré,
Rompons, en rapprochaut nos intérêts contraires,
     Le Pain Sacré ;
Au sein de Jésus-Christ ne formons plus qu'une âme,
     Et qu'à sa voix
Nos rangs disciplinés pour suprême oriflamme
     Prennent la Croix !

4.

L'Eglise voit briller pour sa franche bannière
     Des jours meilleurs ;
L'éloquente clarté de sa chaste lumière
     Parle à nos cœurs.
Satan voudrait en vain effrayer notre zèle !
     Le Saint-Esprit
Peuple d'élus nouveaux la milice fidèle
     De Jésus-Christ.

5.

Etoile des Chrétiens, Reine et Vierge, ô Marie !
     Jette en ce jour,
Sur l'élan généreux de ta France chérie,
     Des yeux d'amour ;
Et vous, dont la prière a vaincu la souffrance,
     Fils des vieux Francs,
Aux cœurs brûlants de foi, d'amour et d'espérance,
     Ouvrez vos rangs !

XIX

Le P. Lacordaire au Club de l'Union, le 11 avril 1848

J'extrais des journaux et publications du temps le récit de cette séance. J'y assistais. Je puis donc garantir l'entière exactitude de ce que je rapporte.

Dès six heures, la grande salle de la Sorbonne est envahie par une foule nombreuse : deux à trois mille personnes s'y placent avec peine ; le reste est refoulé en dehors et forme bientôt dans la cour une foule compacte dont il est difficile d'évaluer le chiffre.

A sept heures et demie le candidat se présente dans la salle, et, porté sur les mains des spectateurs, il parvient à atteindre, non sans peine, le bureau où il prend place à côté du président. De nombreuses acclamations se font entendre à l'intérieur ; dans la cour, la foule a grossi et devient tumultueuse ; la voix du Président est longtemps impuissante, enfin l'ordre renaît, la séance est ouverte.

Le Président. — Citoyens, la parole est au P. Lacordaire, veuillez lui accorder toute votre attention. Les membres qui auront à lui adresser des interpellations n'auront qu'à faire connaître leur nom et à descendre au bureau.

Le P. Lacordaire interrompu plusieurs fois par le bruit qui règne dans la cour et aux extrémités supérieures de la salle, finit par prendre la parole :

Citoyens, je ne ferai pas un long exorde, d'autant plus qu'il vient d'être fait à ma place. Je suis prêt à répondre à toutes les interpellations que vous voudrez bien m'adresser ; ainsi je prie quelques-uns d'entre vous de se lever et de vouloir bien m'émettre, au sujet des écrits, des paroles et des actes de ma vie, quelques-unes des questions qui leur viendront à l'esprit.

Le citoyen Ozias. — Je demanderai au citoyen candidat s'il est partisan de l'impôt proportionnel ou de l'impôt progressif.

Le P. Lacordaire. — On me demande, citoyens, si je suis partisan de l'impôt proportionnel ou de l'impôt progressif. Il est de principe, en matière d'impôts, que tout citoyen doit payer à l'Etat proportionnellement à ses ressources et aux avantages qu'il tire de la société; par conséquent, tout impôt a toujours été, de tout temps, par la force des choses, proportionnel, c'est-à-dire que tout homme a dû payer dans un Etat, proportionnellement à sa propriété, à ses revenus, à ses bénéfices sociaux. Lorsqu'on demande si l'impôt doit être proportionnel, on pose une question d'une façon qui la rend un non-sens parce qu'il est impossible qu'un impôt n'ait pas toujours été proportionnel. (*Bruit dans l'assemblée, mouvement de désapprobation.*) Citoyens, on a demandé, et j'espère, si toutes les personnes veulent bien faire silence, que l'on m'entendra de toutes les extrémités de la salle, on a demandé si je veux l'impôt proportionnel ou non proportionnel, je réponds que la question est mal posée, que l'impôt est toujours proportionnel, parce que chacun paie selon la quotité de ses revenus. L'on demande que l'impôt soit ultra-proportionnel, c'est-à-dire lorsque le revenu est arrivé à un certain degré qu'on pourrait appeler maximum, que l'augmentation progressive de l'impôt éprouve un développement plus considérable; que jusqu'à 2,000 francs par exemple, on paie cinq pour cent de son revenu, et à partir de 2,000 francs, qu'on paie dix, quinze, vingt pour cent du revenu. Voilà les deux modes d'impôt : et l'on me demande pour lequel des deux je voterais. Messieurs, si tout le monde usait de sa fortune d'une manière convenable, si tous les riches étaient de véritables dispensateurs de leur fortune, c'est-à-dire s'ils dépensaient toujours proportionnellement à leurs revenus, la question ne pourrait pas être posée, mais on suppose qu'ayant un revenu très considérable, ayant un excédant bien au-dessus de ce que le commun des citoyens possède, il y a injustice de ne pas les frapper d'un impôt supérieur. Pour ma part je crois qu'il n'y a pas plus de distinctions, de priviléges à établir pour le pauvre que pour le riche. Je comprends que le riche peut ne pas dépenser selon sa fortune, je comprends qu'après avoir payé ses impôts il lui reste de très-grosses sommes dont il peut très-mal user, mais je crois que nous ne devons pas présumer ce cas. Je crois, qu'en définitive, les riches, sauf les exceptions, font des dépenses proportionnées à leur fortune, que ce sont eux qui entretiennent par de très-grandes dépenses le luxe, les arts les plus élevés de la société; que dans une grande société, c'est un inconvénient, c'est une chose contraire au développement social, que d'empêcher le développement de la richesse. Nous ne voulons pas de république spartiate; il n'est pas question de nous faire manger à tous le *brouet de Lycurgue.* Pour ma part je suis prêt, si par hasard la majorité voulait aller jusque là : il y a déjà quelques années que je me suis réduit à vivre à très-bon compte. Mais je crois qu'une grande société a besoin d'avoir des peintres, des sculpteurs, des architectes, de *hauts-métiers,* de ces métiers, enfin, qui exigent un développement d'intelligence. Il n'y a donc, selon moi, que les riches, dans une grande société, qui peuvent payer ces métiers de luxe; par conséquent, tout ce qui peut paraître un ostracisme, je le rejette comme une chose indigne d'une grande société, je dis qu'il ne faut pas plus d'ostracisme contre la richesse que contre le génie. La richesse, chez beaucoup d'individus, est un produit juste de la société, et par conséquent, nous ne devons pas avoir l'air, dans nos lois, de vouloir supprimer la richesse. Il faut mépriser le riche qui abuse de ses richesses, qui entasse des trésors, qui ne fait pas vivre les artistes, qui ne fait pas de dépenses dignes de la portion que lui a léguée son père et que la protection de la société lui a assurée. Je crois qu'en laissant subsister l'impôt proportionnel et en abandonnant aux riches le libre emploi de leur fortune, la quotité d'impôts sera beaucoup plus grande que si on les frappe d'une espèce d'ostracisme. Il faut qu'il y ait des classes riches, car là où il n'y a pas de classes riches il y a une foule de développements qui avorteront. *Je voterai donc pour l'impôt proportionnel*, c'est-à-dire qu'on ne paiera pas plus pour le second cent que pour le premier, pas plus pour le troisième que pour le second..., etc...

Cette question, je la regarde comme secondaire, et je ne serais pas éloigné de changer d'opinion, pour peu que la discussion vînt à éclairer cette impression première que je viens de communiquer; mais, après tout, je crois bien qu'après une discussion il peut me paraître convenable de la modifier : je n'y attache pas assez d'importance pour y avoir réfléchi d'avance. Je serais prêt à faire, à cet égard, tout ce que l'opinion publique manifesterait comme convenable aux besoins de la République.

Le citoyen Ozias. — Je remercie le citoyen candidat de sa réponse, et surtout, de la dernière opinion qu'il vient de manifester.

Pendant toute la durée du discours du P. Lacordaire, le tumulte extérieur n'a fait que s'accroître; les chants de la *Marseillaise*, du *Champ du départ*, de *la Mort des Girondins* se font entendre; plusieurs vitres sont brisées et des cris nombreux *à la cour* retentissent tant dans l'escalier de l'amphithéâtre que hors de l'enceinte.

Le Président, après avoir agité sa sonnette pour ramener l'ordre dans l'assemblée, accorde la parole au citoyen Barnabé.

Le citoyen Barnabé. — Je demande au citoyen Lacordaire s'il partage les opinions émises par le citoyen Montalembert, dans son discours à la Chambre des Pairs sur la question suisse!

Le Président. Je ferai observer à l'interpellateur qu'il ne doit être posé ici que des questions de principe.

Le citoyen Barnabé. — C'est une question très-importante.

Le citoyen Lacordaire. — Laissez, laissez, je vais répondre.

Messieurs, on me demande si je partage les opinions du citoyen Montalembert, telles qu'elles ont été exprimées dans le dernier discours qu'il a prononcé à la Chambre.— Il y a dix-sept ans que je suis lié d'une manière très-intime avec M. de Montalembert, mais je n'éprouve aucun embarras pour m'expliquer sur la question qui m'a été posée. Je crois que la question de la Suisse était une question complexe. Il y avait, d'une part, le principe de liberté religieuse qui paraissait compromis, et de l'autre, *le principe d'unité nationale,* qui paraissait intéressé au triomphe du mouvement qui existait dans ce pays. M. de Montalembert, laisant de côté la question de l'unité nationale helvétique, s'est attaché particulièrement à la question de la liberté religieuse; la pensée que cette liberté religieuse était violée dans la manière dont les affaires de la Suisse étaient conduites l'a seule frappé, et il a par conséquent signalé cette violation à la Chambre des Pairs avec une grande véhémence. Ce que je regrettais, dans son discours, c'est qu'il n'eût pas fait la réserve que j'aurais faite moi-même, si j'avais été dans sa position, à savoir qu'indépendamment des hommes plus ou moins exaltés, qui pouvaient influer sur la solution de cette question, il y avait d'autres hommes très sincèrement attachés à l'unité helvétique; que, par conséquent, tous ces citoyens suisses ne devaient pas être enveloppés... (Ici l'orateur est interrompu d'une manière si bruyante par les clameurs extérieures, clameurs auxquelles les assistants répondent eux-mêmes, qu'il est obligé de s'asseoir. Les cris *à la cour, levez la séance, nous voulons le P. Lacordaire,* se font entendre.)

Le P. Lacordaire. — Messieurs, il y a une manière bien simple d'obtenir le silence, c'est que toutes les personnes ici présentes soient résolues à rester tranquilles à leur place jusqu'à demain matin six heures; oui, jusqu'à demain matin six heures s'il le faut. (Applaudissements.) Pour ma part, si vous le voulez, je suis parfaitement résolu à rester sur ma *chaise curule;* comme les perturbateurs sont au soleil, et nous à l'ombre, ils partiront plus tôt que nous. (Rires d'assentiment.) Ils sont les Gaulois et nous sommes les Romains. (Bravo, bravo.)

Citoyens, vous m'avez posé cette question : si j'approuvais le discours de M. de Montalembert. Je distingue : M. de Montalembert n'a pas vu, à mon sens, la question d'une manière complète. Il n'a vu que la liberté religieuse compromise, il y avait aussi à examiner la question de l'unité de la nationalité helvétique. Pour ma part, si j'avais eu à traiter cette question, j'aurais établi que la Suisse avait le droit de vouloir l'unité helvétique, d'avoir l'unité helvétique; que par conséquent il ne fallait pas confondre tous les mouvements qui se produisent dans ce pays avec des mouvements ecclésiastiques. Je crois donc que M. de Montalembert n'a vu qu'une partie de cette question, et ne l'a pas vue toute entière. Mais toutes les fois qu'un orateur a des vues qui, sans être complètes, partent néanmoins d'un cœur ferme, ami de la liberté, ami de la liberté de tous les peuples, je crois qu'on doit se montrer plus indulgent à l'égard de cet homme. Je n'aurais pas dit ce qu'il a dit, et cependant son discours ne m'empêche pas de reconnaître que M. de Montalembert est un bon Français, un homme de talent, dévoué à la chose publique, et par conséquent, sans avoir dit tout ce qu'il a dit, sans avoir fait tout ce qu'il a fait, je suis resté pénétré d'estime et d'amitié pour lui.

Le citoyen Barnabé. — La question que je posais au candidat n'était pas une question religieuse; je demandais seulement au P. Lacordaire s'il adopte le jugement porté sur les libéraux, en général, et sur les hommes de 93 en particulier, par le citoyen Montalembert?

Le citoyen Lacordaire. — Le citoyen Montalembert, dans son discours, a porté un jugement sur ce qu'il a appelé *les radicaux présents et anciens* : les radicaux de 93 et les radicaux de 1847. Je déclare, pour ma part, que je ne suis pas le moins du monde radical, dans le sens que l'on attache ordinairement à ce mot. — Ce mot, *radical,* est un mot qui a une signification dans notre langue, qui jusqu'à présent n'est pas favorable.

(Nouvelles interruptions. — Mouvements divers à l'intérieur. — Clameurs au dehors.)

Messieurs, en deux mots, M. de Montalembert a dit du mal de 1793. Eh bien ! je déclare que, pour ma part, il y a des hommes de 93 dont je ne pourrais jamais dire du bien ; qu'il y a également en 1847, en 1848, et qu'il y aura même en 1849, des discours, des faits, de certains révolutionnaires dont je ne pourrai jamais dire du bien. Maintenant quels sont ces révolutionnaires dont je ne pourrais jamais dire du bien ? Ce sont ceux qui ne veulent ni l'ordre ni la liberté, ni la liberté dans l'ordre ni l'ordre dans la liberté. Je regarde l'ordre et la liberté comme deux éléments essentiels à la vie humaine, et quiconque est convaincu d'avoir été l'ennemi de l'ordre est l'ennemi de la liberté. (Nouvelles rumeurs au dehors, le calme se rétablit au bout de quelques temps.)

Messieurs, je définissais, lorsque j'ai été interrompu, les *révolutionnaires* que je ne pourrai jamais louer ; je disais que je ne pourrai jamais louer tous ceux qui auront été ennemis ou de l'ordre ou de la liberté ; que c'est la réunion de ces deux choses qui constitue le bon citoyen. — J'ai dit qu'il y a eu à toutes les époques des peuples, des hommes qui n'ont pas été les amis de l'ordre et de la liberté. Nous méprisons les tyrans parce qu'ils ont été les ennemis de la liberté ; je méprise les révolutionnaires parce qu'ils étaient au fond des *tyrans sous un autre nom;* entre les tyrans et ces révolutionnaires je ne fais aucune différence.

Je ne crois pas que l'on puisse demander à un homme d'approuver tous les révolutionnaires. Vous pourriez prendre tel homme, tel individu que vous voudriez pour me demander mon jugement à son égard, mais je ne crois pas que l'on me présentera une question pareille ; j'aime à croire, Messieurs, que personne ici ne s'élèvera contre ma réponse.

Le citoyen Barnabé. — L'honorable candidat vient de

donner ses raisons pour ne pas louer, mais pour blâmer certains libéraux ; ma question était plus positive et plus nettement posée, je ne trouve pas la réponse catégorique. Je demande au citoyen Lacordaire si ce discours, qui était tout entier une longue satyre envenimée, contre nos pères de 93, mérite son éloge ou son blâme ?

(Le tumulte, qui n'a fait qu'augmenter pendant les dernières paroles de l'orateur, commençant à se calmer, le P. Lacordaire reprend en ces termes.)

Le P. Lacordaire. — Messieurs, vous voyez maintenant qu'au dehors nous sommes déjà à peu près maitres du terrain, et dans un quart d'heure nous le serons tout-à-fait. Il ne faudra pas nous plaindre de ceux qui sont dehors, nous sommes tranquilles ; sous peu nous le serons complètement ; je vous prie d'avoir la patience d'écouter la demande et la réponse.

On me dit *catégoriquement* que le discours du citoyen Montalembert était contre nos pères de 1793 ; eh bien ! pour ma part, je déclare que je ne me reconnais aucun père de 93 ; je reconnais, en 1789, des hommes qui ont voulu la destruction d'un grand nombre d'abus ; qui ont combattu pour cette destruction ; je reconnais, de 89 à 93, des hommes qui ont continué et voulu ces abus, des hommes qui sont morts pour ces abus, soit à l'intérieur, sur l'échafaud, soit à l'extérieur, dans les victoires que nous avons remportées, ces hommes persévérants dans leurs volontés, dans leurs luttes, voilà ce que j'appelle mes pères. Parmi ceux-là, il y en a beaucoup qui sont morts à cette époque, mais je distingue ceux qui mouraient pour défendre cette liberté et ceux qui faisaient mourir pour anéantir et faire reculer cette même liberté.

Le citoyen Barnabé. — Laissant à vos méditations la réponse du citoyen Lacordaire, il me semble qu'il est temps de passer à une autre question. Pour ma part, le candidat ne me semble pas avoir répondu ; mais, puisque la majorité semble vouloir le contraire, je poserai d'autres questions ; je crois cependant devoir faire observer que le despotisme de l'opinion ne doit pas régner ici.

(*Mouvements divers.*) Je demande donc que le citoyen candidat me dise aussi, mais plus catégoriquement encore qu'il ne l'a fait jusqu'à ce moment, ce qu'il pense de l'*organisation du travail*, en dehors, je précise ma question, *en dehors de tout esprit de morale*, c'est-à-dire que je lui demande s'il y a un moyen d'organisation du travail qui règle le rapport du maître à l'ouvrier, afin que l'intérêt de celui-ci ou de celui-là ne soit lésé en aucune manière, afin que la justice reste toujours pure dans la société.

Le P. Lacordaire. — Messieurs, on me demande si indépendamment de toute question morale, j'ai un plan pour régler les rapports des maîtres avec les ouvriers. Eh bien! je n'abuserai pas de la facilité qui m'est donnée sur la manière dont la question vient de m'être posée pour *faire de l'éloquence*. Il est bien certain que toutes les fois qu'il s'agira de parler des rapports entre les hommes, il s'agira naturellement de faire de la morale, puisque la morale ne sert qu'à régler les rapports entre les hommes doués d'intelligence. Laissons donc de côté l'incident; j'arrive au fond de la question. Il y a *trois systèmes*. Le premier système est celui-ci : c'est le *laisser faire absolu*. On nous dit : Laissez faire et laissez passer, ne réglez rien, laissez les intérêts de la chose industrielle, maîtres et ouvriers, se régler par la force des choses; l'autre dit : pas du tout, ne laissez rien se régler, établissez des principes tellement forts que personne ne puisse y échapper; voilà les deux systèmes. Je crois que le laisser faire *absolu* est l'abandon du faible entre les mains du fort; je crois que, dans tous les États, il n'y a pas de lois pour le fort, parce que le fort sait toujours se poser par lui-même; que toutes les fois qu'on a fait des lois, ce n'a été que pour protéger les plus faibles. Il est évident que l'ouvrier est plus faible que le maître; je prétends donc, par conséquent, que l'ouvrier doit être protégé par le maître, et que celui qui n'a pas de capitaux doit être protégé par celui qui a des capitaux.

Les capitaux qui existent aujourd'hui s'associent aux dépens de l'ouvrier. Lorsqu'en 89 nous avons détruit toutes les associations, nous avons été trop loin. En ce qui concerne cette question, je dis que si vous laissez les maîtres s'associer, sans laisser aucune faculté aux ouvriers de combattre leurs moyens, je dis qu'il y a injustice, que d'abord le maître et le capitaliste sont plus forts à eux tous seuls, si vous leur permettez d'associer leurs forces sans donner la même faculté aux ouvriers. Mais, d'un autre côté, je n'admets pas, le moins du monde, qu'il ne puisse pas y avoir des association particulières qui se forment, s'organisent, et se portent où elles veulent, et établissent dans l'industrie une certaine mobilité qui dépend de la volonté. Je crois qu'en refusant à l'ouvrier toute espèce de bien être, on arriverait à produire une espèce de malaise profond et à établir une société telle qu'elle est aux colonies, de telle sorte que nous serions des *nègres blancs*. Je crois donc que si nous étions tous enrégimentés dans le travail, cette aggrégation, en définitive, détruirait tout moyen de défense, et que si ces règles pouvaient durer un an, dans ce pays, on aurait bientôt l'exemple de la plus grande tyrannie qui aurait jamais existé sur la terre. Il faut des réglements; mais chacun a ses inconvénients; il faut toujours que cette pensée soit présente à notre esprit, que nous n'arriverons jamais à constituer un bonheur parfait. Il est clair que nous devons souffrir; jamais l'homme ne triomphera de la souffrance; mais il doit toujours tendre à arriver aussi près que possible de la félicité. Le premier pas, c'est d'établir l'association entre les ouvriers, de protéger les ouvriers. Tout cela a été fait dans les temps anciens; on s'était occupé de toutes ces questions, elles se sont produites dans tous les temps. Il y avait certaines expériences qui avaient eu lieu. Ces réglements étaient devenus plus ou moins absolus, on les a détruits : de là est née la liberté. Que faut-il donc faire maintenant? Donner une plus grande liberté aux moines, aux prêtres, aux ouvriers de s'associer pour vivre. Ce n'est pas à dire qu'il faille laisser à l'association toute latitude, il y aurait péril à la laisser aller trop loin. Je veux bien que l'association soit un grand remède aux souffrances du travail;

je crois cependant que ces remèdes ne peuvent pas être souverains, et que l'organisation ne peut pas en retirer tous les profits qu'elle en attend.

Le citoyen Guillemin. — Je demande au citoyen Lacordaire quelle est son opinion à l'égard de l'intervention de la juridiction directe et surtout indirecte du Pape dans les matières temporelles?

Le P. Lacordaire. — On me demande quelle est mon opinion à l'égard de l'intervention de la juridiction directe et, surtout, indirecte du Pape, en fait de matières temporelles.

Quant à l'intervention directe, je suppose que l'on veut me demander si le Pape a le droit, par exemple, de déposer des souverains ou des chefs de magistrature quelconque. L'intervention directe a toujours eu ce sens-là. Je déclare que, pour ma part, je n'ai jamais cru que le Souverain Pontife eût ce droit-là comme Pape. Le moyen âge a donné aux papes des droits très-étendus, mais qui étaient des droits purement humains, des droits purement politiques, n'ayant pas leurs fondements dans la religion, dans l'Ecriture Sainte, dans la tradition, dans les lois de l'Eglise. Ainsi, Messieurs, je n'ai aucun droit de décider les question temporelles qui peuvent être pendantes entre quelques-uns d'entre vous, mais je suppose que deux citoyens viennent me trouver, me poser une question temporelle, et me dire qu'ils s'en rapporteront entièrement à moi. Croyez-vous que je fasse un acte de mauvais citoyen en leur donnant mon avis? Ne croyez-vous pas, au contraire, que j'encourrais un reproche en agissant autrement? Je serais un insensé si je n'usais pas du pouvoir que j'ai sur eux pour les mettre d'accord.

Le Pape n'a pas fait autre chose, au moyen âge, en empêchant les peuples et les rois de se battre, puisqu'ils le prenaient pour arbitre. — Qu'ai-je à faire ici comme moine? j'ai à faire quelque chose, puisque je suis *citoyen*, en même temps que je suis *moine et prêtre*. N'était-ce pas mon devoir de venir ici, en présence de mes concitoyens, répondre aux questions qui me seraient adressées?

Quant au *pouvoir indirect*, c'est une chose chimérique. Qu'est-ce que le pouvoir indirect? Je suis prêtre et je décide des questions de tout genre. On vient me consulter, on me dit : j'occupe une fonction publique, dois-je prêter serment à la République française? On me pose cette question; en définitive, en y répondant, je juge la République, je déclare qu'elle est légitime; c'est là le pouvoir indirect. Je disais que je n'avais pas besoin d'être pape, pas même d'être prêtre; en effet, quel est celui qui, consulté sur une question de devoir, ne donnera pas son opinion et n'aura pas le pouvoir indirect et en se prononçant sur la justice de l'ordre social? Et nous tous, en nous prononçant sur le sort de l'Europe entière, nous usons du pouvoir indirect; il n'y a pas besoin pour cela d'être pape, il suffit d'être homme! Voilà le pouvoir indirect; je ne crois pas que, soit que l'on considère le pouvoir direct ou indirect, on puisse lui adresser quelque espèce de reproche.

Le citoyen Guillemin. — Le pape s'occupe, maintenant, de tracer cette ligne si difficile, qui doit séparer le pouvoir spirituel du pouvoir temporel, je demande si le Souverain Pontife a décidé quelque chose qui dénote une intervention quelconque de sa part dans les matières politiques? Je fais cette question parce que je sais que le candidat appartient aux opinions ultramontaines.

Le P. Lacordaire. — Je crois que c'est la même question qui vient d'être reproduite. Il n'y a rien, au monde, qui ne soit temporel, il n'y a rien au monde qui n'ait des effets temporels. Il est impossible d'écrire, de parler, de décider quoi que ce soit sans qu'il n'en résulte des faits temporels, et, par conséquent, le pape ne peut jamais rien faire, rien écrire, rien dire qui n'ait des effets temporels, et si cela n'avait pas des effets temporels, quels effets voudriez-vous que cela eût? La distinction est une pure chimère; ce n'est pas une chimère en ce sens, si vous me demandez : Le pape a-t-il le droit de donner une constitution à la France? Tous les catholiques se mettront à rire ; mais quand on pose la question d'une manière générale, il n'y a pas possibilité de répondre, parce qu'on ne peut répondre que des nonsens, parce que l'homme étant dans le temps, ne peut rien donner au temps sans fournir des effets dans le temps.

Le Pape n'a pas le droit de régler ce que l'honorable interpellateur appelle le temporel ; j'ai voulu indiquer la difficulté que ce mot produit à l'esprit, parce que ce mot est ambigu ; c'est la même question qui vient d'être posée et j'y ai répondu.

Le citoyen Guillemin. — Je me déclare satisfait des dernières paroles du citoyen Lacordaire.

Le citoyen Clémencey. — J'interpellerai le candidat sur un passage de ses écrits où je trouve l'expression la plus éloquente et la plus nette des passions que j'appellerai contre révolutionnaires. Ce passage, je l'ai extrait d'une lettre sur le Saint-Siége ; cette lettre, si je ne me trompe, a l'intention que voici : La monarchie a fait une faute énorme de ne pas soutenir l'Eglise, l'Eglise, sa sœur fidèle, qui a les mêmes intérêts, les mêmes ennemis qu'elle. Qui a fait les révolutions de 89 et de 1830, et qui fera celle qui pourra venir ? Ce sont les philosophes. C'est bien d'avoir rendu justice aux philosophes, mais reprend l'auteur, il y a un moyen de réparer le mal, d'arrêter ce mouvement révolutionnaire qui veut emporter la Royauté et l'Eglise, ce moyen consiste à établir une alliance intime entre la monarchie et l'Eglise. Elle pourra, ainsi, redevenir absolue. Au reste, je vais vous donner lecture des extraits de cette lettre :

« Ainsi, en religion, la France ne peut être que catholique ou incroyante, parce qu'il n'existe pas de milieu réel entre l'amitié de l'Eglise et l'indépendance absolue de la raison : ainsi, en politique, elle ne peut être qu'une monarchie ou un chaos, parce qu'il n'existe pas de milieu réel entre la soumission commune à un seul chef et l'indépendance radicale de tous les citoyens. Les républiques sont des Etats bâtards, comme les Eglises protestantes sont des églises bâtardes, et les peuples sont toujours allés de la République à l'anarchie, comme les protestants passent de leur foi mutilée à l'incroyance totale ; mais quelle que soit l'explication du fait, il est certain que la France est monarchique par le fond de ses entrailles, et que cependant elle est le foyer de la guerre qui agite l'Europe, d'où il suit que cette guerre n'est pas entre la République et la Monarchie.

« La France a vu avec délices ses vieux Bourbons rentrer dans le royaume de leurs ancêtres ; elle a salué de tout son cœur l'avénement de Charles X, et voilà six années qu'elle fait des efforts incroyables pour maintenir son ancienne forme du gouvernement, jusque-là qu'elle possède à la fois une monarchie régnante et une monarchie prétendante, seuls partis qui aient véritablement de la force dans son sein. On pourrait même dire qu'il n'en existe pas d'autres, si l'on ne découvrait, à fond de cale de la société, je ne sais quelle faction qui se croit républicaine, et dont on n'a le courage de dire du mal, que parce qu'elle a des chances de nous couper la tête dans l'intervalle de deux monarchies. »

La République n'entend couper la tête à personne : je crois qu'elle ne commencera point par celle de l'honorable candidat; mais je lui demande s'il est dans les mêmes idées ou s'il ne s'en repend pas amèrement. (Mouvement de désapprobation.)

L'interpellateur reprend, en s'adressant à l'Assemblée : Vous m'avez mal compris : je voulais dire que les dernières paroles de la citation impliquaient un blâme injuste contre le gouvernement républicain dont le premier acte a été d'abolir la peine de mort en matière politique.

Le P. Lacordaire. — Messieurs, la lecture qui vient de vous être faite d'un passage d'un écrit publié il y a onze ans, ne peut avoir naturellement de signification qu'autant qu'elle est précédée de quelques questions, car si par hasard je n'étais point républicain, vous concevez qu'il n'y aurait rien d'extraordinaire dans cette citation. (Mouvement d'attention.)

Messieurs, j'avais l'honneur de vous dire que la citation qui vous a été faite ne peut avoir de sens qu'autant qu'elle suppose la question de mes sentiments républicains avant, pendant et après la lutte de 1848. D'abord, avant les évènements de 1848. Or, je vous déclare qu'avant le 24 février 1848, pour m'arrêter d'abord à ce point, il n'y avait pas dans toute ma personne un atôme de républicanisme ; je suis né à une époque où le comble de ce qu'on appelait l'esprit libéral, l'esprit moderne, avait admis la charte et la monarchie constitutionnelle.

Messieurs, je ne puis répondre à l'interpellation qui m'a été faite en dernier lieu qu'autant que je vous exposerai nettement ma situation d'esprit antérieurement aux évènements actuels, car il est bien évident que si vous ne connaissez pas cette situation, il ne vous sera pas possible de comprendre le sens intime des lignes qui vous ont été citées.

J'ai donc été élevé à une époque ou le comble de ce qu'on appelait l'esprit libéral, l'esprit moderne, c'était d'être attaché à la monarchie constitutionnelle. C'était en 1814, à l'âge de douze ans, que j'ai entendu ces mots : Vive la liberté ! Et en 1830, époque à laquelle j'ai commencé ma carrière, je n'ai jamais entendu d'autres mots vibrer à mes oreilles que ceux de *Charte* et de *Constitution*. J'ai entendu répéter ces mots par les Foy, les Manuel, les Benjamin-Constant, les Casimir-Perrier. Pendant ces années jamais je n'ai entendu une seule voix crier : *Vive la République !* Par conséquent, jusqu'en 1830, il m'a été pardonnable de ne pousser d'autre cri que celui de la nation entière, et de n'avoir d'autre volonté que celle qu'elle paraissait avoir? L'an 1830 a-t-il fait surgir d'autres idées à l'horizon de notre époque? Ce n'est pas alors que je suis venu au monde, mais lors de cette victoire de 1830, j'étais à Paris, j'étais au milieu de vous. Ai-je entendu une seule voix crier : Vive la République? Non ; j'ai entendu le vieux Lafayette, l'homme des deux Mondes, crier au peuple à l'Hôtel-de-Ville, en lui présentant un roi : « Citoyens, voici la meilleure des Républiques ! »

(Vives interruptions.) Eh bien ! il m'a été pardonnable, et, quoique vous fassiez vous ne dénierez pas les faits. Pendant une demi-heure vous me refusez un fait, parce que les faits sont contre vous ; je ne vous demande qu'un instant d'attention ; je ne vous demande qu'un peu de bonne volonté. Si vous tenez à savoir ce que je suis, si vous tenez à savoir ce que vaut ma candidature, vous devez m'écouter.

(Le bruit extérieur qui n'a point cessé depuis le commencement du discours de l'orateur, redouble en ce moment.)

Le citoyen candidat, qui s'est assis pendant quelques minutes, reprend en ces termes :

J'ai attendu : je suis venu sous la protection de votre appel comme sous la protection de mes opinions politiques. J'ai le droit de répondre à la seule accusation qui, depuis dix-sept ans que dure ma carrière, m'ait été posée en présence de mes concitoyens. Je disais : en 1830, avais-je tort de crier : Vive la monarchie? de la reconduire aux Tuileries au milieu des acclamations, cette monarchie constitutionnelle qui venait de triompher après dix-sept ans, quand nos plus grands hommes de 89 avaient eux-mêmes conduit, à travers les pavés encore fumants et sanglants, ce roi au Capitole de Paris? Quand c'était pour cela qu'on avait crié, combattu, aurais-je pu m'élever contre des cris aussi unanimes? Avais-je le droit, et pouvais-je avoir la pensée de prendre parti pour une minorité contre ce qui composait la majorité magnanime de la nation?

Eh bien, oui, sept ans plus tard que 1830, en 1837 par conséquent, ayant à m'expliquer pour des raisons très graves, très-libérales par rapport au clergé catholique, je vis surgir un parti nouveau qui m'était inconnu, mais un parti que je trouvais, partout, en minorité dans toutes les villes de France que je parcourais, qui était repoussé dans nos places publiques par l'armée nationale, par la garde du peuple, qui était vaincu partout ; je déclare qu'à cette époque je n'étais pas de ce parti et, en définitive, je n'en étais pas parce qu'il était vaincu et qu'il repoussait de son sein ces mots : *Charte, Constitution*. Je ne pouvais pas être autre chose que tout ce que les jeunes gens avaient été par leur éducation. Ayant donc à dire ce que me semblait la France, j'ait dit que la France était avant tout monarchique, qu'elle l'était depuis Clovis, depuis Clovis, chrétien en 481.

La France vit réclamer la République le 22 septembre 93, quatorze siècle après Clovis. Combien dura-t-elle? Dix-huit mois, deux ans. Avec le Directoire cinq ans, puis, un jour, elle vint déposer ses armes, ses lauriers, ses trophées, sa législation, ses souvenirs, entre les mains d'un soldat, qui, la botte au pied, était entré dans le sanctuaire de la législature, et en avait jeté les membres par la fenêtre, sans que l'Europe ait protesté contre cette majesté républicaine si indignement profanée par la victoire. Voilà dans quelle circonstance je déclarai que la France était monarchique.... Je suppose que je me suis trompé, je suppose qu'en 1837 la France fût républicaine; je croyais que la très-grande majorité, la presque unanimité était monarchique. Bientôt il s'est trouvé que je m'étais trompé; qu'une majorité qui ne s'était manifestée que par des défaites était la nation, et qu'elle devait arriver un jour à un triomphe... Je vous le demande, mon erreur serait-elle un crime? (*Mouvements en sens divers*.)

Combien y en a-t-il qui étaient de vrais républicains, des républicains de 1837, des républicains de la veille, croyant à la république, croyant qu'elle devait devenir ce qu'elle est aujourd'hui? J'ai dit que la majorité était comme moi, qu'elle croyait à la France monarchique, qu'elle voulait la monarchie constitutionnelle; j'ai donc aimé la monarchie. Oui, jusqu'au dernier moment, oui, le 23 février 1848, oui, le 24 février 1848; ce jour-là même j'étais encore partisan de la monarchie constitutionnelle, et mon plus grand grief contre ceux qui l'avaient gouvernée depuis dix-sept ans, ce qui fait que je ne les avais jamais vus, jamais approchés, c'est qu'au fond ils avaient déshonoré la royauté constitutionnelle. Voilà ce que je leur reprochais, et si, maintenant, l'on me dit que j'ai taxé cette République d'une manière dure, cette République qui, depuis, a aboli la peine de mort, c'est que je l'avais toujours présente à l'esprit comme un échafaud noir et sanglant; je l'ai dit parce que je le croyais, parce que je n'avais d'autres souvenirs de la République que des souvenirs entachés de sang.

Entre le drapeau blanc de nos premiers pères et le drapeau tricolore de nos seconds pères, entre ces deux monarchies, j'avais vu et j'avais le droit de voir encore la République sous ces funestes images; mais je suis fier, aujourd'hui, et content d'avoir mal pensé d'elle, comme je suis fier et content de ne pas avoir vu mes tristes prévisions se réaliser.

On me demande, messieurs, si je ne me repens pas amèrement d'avoir retardé le triomphe de la République. Je ne m'en repens pas, parce que je n'attache pas à des paroles obscures d'avoir retardé ce triomphe, et, dans tous les cas, quand je l'aurais retardé, j'avais droit de dire, j'avais une excuse très valable pour avoir dit ce que j'ai dit; puisque le pays qui a porté pendant mille quatre cents ans la monarchie, ne porte que d'aujourd'hui la République.

Je serais toutefois un lâche et un imbécile de me repentir de ce que la victoire et ma conscience n'aient pas voulu une seule et même chose. *La victoire est à vous, ma conscience me reste à moi.* C'est une victoire sans tache, eh bien! c'est une victoire sans tache et une conscience sans tache qui s'embrassent dans cette enceinte. (Bravos!)

La dernière partie de ce discours a été écoutée avec silence. A l'extérieur, le calme s'étant rétabli par la présence du candidat Ney-Moskowa, qui haranguait en ce moment la foule pressée dans la cour de la Sorbonne.

Le citoyen Clemencey. — Je me félicite d'avoir adressé la parole au P. Lacordaire, parce que je lui ai procuré l'occasion d'expliquer sa pensée d'une manière plus nette, et quant à vous, Messieurs, vous me devez une heure d'éloquence de plus; cependant le citoyen Lacordaire a un peu détourné, peut-être, le sens de ma question, ou bien je l'ai mal posée, car dans les lignes que j'ai lues, la question n'était pas entre la République et deux formes de gouvernement, mais, selon moi, elle était entre le républicanisme et l'obscurantisme, parce que lorsque le candidat parle de la monarchie, il parle toujours de la monarchie une, il lui offre dans l'alliance avec l'Eglise un moyen de reconstruire son unité. On lui a reproché d'avoir soutenu la cause des rois contre la cause des peuples, voilà un premier point. Un second que reconnait le citoyen Lacordaire, c'est de ne pas avoir été républicain avant les derniers événements. Je lui demanderai donc si, maintenant, il ne croit plus que le parti républicain est un parti d'assassins, et si, en allant s'asseoir au sein de l'Assemblée, il croira s'asseoir à côté de frères, ou bien si c'est seulement l'ardeur du martyre qui le pousse vers un siége de l'Assemblée nationale.

Le P. Lacordaire. — On insiste en disant que dans cette lettre sur le Saint-Sége, je n'ai pas soutenu la monarchie constitutionnelle, mais bien la monarchie absolue. et que je proposais à cette dernière l'alliance avec le Pape, pour arriver à une certaine unité doctrinale et politique. Je pose un fait, et beaucoup d'entre vous le savent, qu'en 1830, au moment de la révision de la Charte, ma carrière a commencé par la publication d'un journal intitulé l'*Avenir,* ayant pour but d'établir l'union de la monarchie constitutionnelle avec l'Eglise. Depuis la Convention, le clergé avait paru à la plupart, et peut-être justement, être l'allié de la monarchie absolue contre la monarchie constitutionnelle. Tout le monde sait que notre journal fut déféré à la cour de Rome, et qu'une accusation fut portée contre l'idée qu'il professait. Tout en condamnant cette idée, le Saint-Père ne voulait point combattre la liberté. L'esprit religieux de plusieurs membres de l'Eglise était encore imbu, relativement à la France, des préjugés d'une autre époque. Quant à ma lettre, il suffit de la lire d'un bout à l'autre pour voir qu'elle est empreinte d'un caractère tout libéral et qu'elle ne proscrit en aucune manière la liberté moderne. L'on m'accuse maintenant d'être un républicain du jour; il est, selon moi, plus facile d'être un républicain du jour que d'être un républicain de la veille. Avant de donner des garanties par mes paroles, je veux en donner par mes actions, et j'espère que la République durera assez pour que je lui prouve le dévouement que je lui porte. Par sa conduite admirable, par la vénération qu'il a montrée pour les choses religieuses, le peuple a acquis toutes mes sympathies, et je tiendrai à le lui prouver autrement que par des paroles prononcées dans cette enceinte. Je ne dis pas que je suis républicain, parce que je suis trop jeune dans mes œuvres. Et je ne dis pas non, parce que je trouve que ce n'est pas mon devoir de dire non. D'un côté, le sentiment de la modestie, le sentiment de ne pas avoir fait assez, m'empêche de me targuer de républicanisme; et, de l'autre, le sentiment de mon devoir m'impose de dire oui, *je suis républicain*. Entre ce oui et ce non, vos cœurs et votre délicatesse prononceront.

Le citoyen Clémencey. — Je demanderai au citoyen Lacordaire ce que l'Eglise, qui est dans une fausse position vis-à-vis de la Révolution, fera pour se réconcilier définitivement avec le siècle, et de quelle manière elle entend se rajeunir pour devenir la croyance de la jeune République.

Le P. Lacordaire. — Citoyens, on vient de poser une question qui est, en effet, très-importante, non seulement au point de vue religieux, mais encore au point de vue politique. Quant à moi, je puis dire que j'ai dévoué ma vie, mes écrits, mes paroles, partout où je me suis trouvé devant mes concitoyens, à sceller cette réconciliation de la génération nouvelle avec cette antique génération de la vérité qui s'appelle l'Eglise. Je ne saisis pas bien, dans ce qui a été dit, quelle est l'opposition qui peut se trouver entre ces deux choses si admirables, la vieille doctrine catholique, celle qui a créé les peuples, et la liberté même des peuples. (Bravo! bravo!) Car, Messieurs, avant Jésus-Christ, avant l'Evangile, il n'y avait pas de peuples, il n'y avait que des maîtres et des esclaves; il n'y avait qu'un petit nombre de citoyens qui possédaient au Forum les richesses et les priviléges, le reste de l'humanité était regardé comme esclave. Le peuple est donc sorti de l'Evangile, de la parole du Christ. Qui nous a donc conservé la tradition? qui est mort dans les catacombes, dans les cirques, pour ce peuple qu'on voulait repousser dans l'esclavage? Ce sont des chrétiens, des prêtres, des religieux. Le sang catholique a coulé et coule encore par toute la terre pour affranchir, pour retremper les peuples. L'égalité! la liberté! comment se fait-il que la République, qui inscrit cette devise au fronton de ses temples, puisse se trouver en opposition avec l'Eglise? Quelle preuve meilleure peut-on fournir de l'union de l'Eglise et du peuple que ces ouvriers que l'on a vus partout entourer de respect les saints ministres du culte ? C'est qu'ils ont reconnu beaucoup de nos prêtres, c'est qu'ils ont parlé avec eux, qu'ils ont fait appel à leurs cœurs, et que ces cœurs ont répondu dignement à cet appel. Pour moi, j'espère que la même réponse sera donnée en tous lieux. Je ne pense pas que la réconciliation soit à faire; mais je pense, au contraire, qu'elle est faite; et si ce peuple que nous avons mis au monde nous-mêmes, abandonnant de part et d'autre des préjugés antiques, si eux et nous, dis-je, nous voulons nous réconcilier, je ne vois pas ce qui peut nous en empêcher. (Bravos prolongés dans la salle.)

L'assemblée dans laquelle, vers la fin de la séance, l'on est parvenu à obtenir quelques moments de silence, se sépare en tumulte aux cris répétés de : *Vive la République! Vive Lacordaire!*

Le P. Lacordaire parvient, non sans peine, à quitter la salle, plusieurs jeunes gens suivent, au pas de course, la voiture dans laquelle il monte pour retourner chez lui, rue de Vaugirard où il demeurait alors nnméro 67, près du couvent des Carmélites, heureux de pouvoir échanger encore avec lui, quand il en descend, quelques paroles de félicitations et d'espérance.

XX

Des candidatures du Clergé.

J'extrais d'un article publié sous ce titre par le P. Lacordaire dans l'*Ere nouvelle* du 22 avril 1848, les passages suivants :

« C'est demain le jour des élections.....

« Le clergé se présente aussi. Pour la première fois depuis un demi-siècle, il trouve en lui-même le courage de s'offrir, et dans les populations le courage de l'accepter...

« Quelle est la cause de cette nouvelle situation du clergé ?

« Devait-il en répudier l'avantage et le péril ?

« Est-ce un état durable ou transitoire pour lui ?

« La cause en est évidemment dans une disposition générale des esprits, mais surtout dans la disposition intime du peuple à l'égard de la religion.....

« Le peuple de Paris avait sacré le prêtre, le prêtre était donc français, citoyen, républicain ; il pouvait voter aux élections, se porter comme candidat et siéger à l'Assemblée nationale : il le pouvait, mais le devait-il ?....

« Cette question a partagé les esprits. Quant à nous, il nous a semblé que la France, dans la situation solennelle où elle est placée, avait besoin du concours de toutes les lumières, de tous les dévouements sans exception. Se retirer en un pareil moment, c'est abdiquer le service militaire à l'heure de la bataille.....

« Mais, par dessus tout, le clergé devait aspirer à marquer sa place à l'Assemblée nationale, pour constater aux yeux de la France et du monde entier l'affaiblissement des passions irréligieuses dans notre pays....

« Cependant, le rôle politique du clergé ne nous paraît qu'un accident transitoire. Une fois la République constituée, le prêtre se retrouvera en présence d'une nation extrêmement jalouse de la distinction des deux pouvoirs spirituel et temporel, et qui s'est fait, dès longtemps, une si haute idée du sacerdoce, qu'elle souffre avec peine tout ce qui le fait descendre, même pour un temps, des hauteurs de l'Horeb et du Calvaire. La France a été douée d'un goût exquis, que les moindres dissonances blessent vivement; nul peuple n'a entouré le sacerdoce chrétien d'une vénération plus élevée, et ceux-là même de ses enfants qui ne croient à la mission divine d'aucun sacerdoce, l'acceptant toutefois comme une hypothèse sociale, exigent de lui une sainteté de mœurs qui satisfasse au moins la pureté de leur goût' intime et l'instinct de foi qui survit à toute incrédulité.

« Le clergé de France ne s'exposera jamais sans dommage au souffle des passions politiques. Si éloquent fût-il, si dévoué et courageux, il paraîtra moins grand à la tribune que dans l'humble chaire où le curé de campagne apporte la gloire de son âge et la simplicité de sa vertu. Il regrettera, dans les applaudissements du Forum, les âmes qui venaient obscurément lui demander la paix de la conscience et la joie de la vérité. On ne retrouvera plus sur sa vie le reflet de la sérénité du ciel, et lui-même, se regardant dans la certitude du sacrifice qu'il aura fait à la chose publique, ne reconnaîtra pas suffisamment dans cette croix volontaire la croix de Jésus-Christ. La France l'y reconnaîtra bien moins encore; elle soupçonnera d'ambition le sacrifice le plus vrai; elle pensera qu'on cache sous des phrases sonores l'orgueil du bruit. Se trompât-elle, elle ne veut pas que l'homme de Dieu l'expose à se tromper. La France qui croit aujourd'hui, et la France qui croira demain, toutes deux demandent à ses prêtres une vie cachée, sobre et digne, une charité connue du pauvre et de Dieu, une grande douceur de jugement, une élévation de l'âme par dessus tous les événements de la terre, une vertu qui n'attend pas l'ostracisme, mais qui s'y condamne d'elle-même, par respect pour Celui qui s'est voilé au Sinaï et qui l'était au Thabor.

« Voilà le prêtre tel que la France le veut, et le respecte, même en l'immolant..... »

XXI

Le P. Lacordaire, ses électeurs et ses amis en 1848.

Les extraits publiés dans la note précédente me semblent justifier à l'avance la conduite du P. Lacordaire en 1848, si méconnue de quelques-uns mêmes de ses amis, et le court séjour qu'il fit à l'Assemblée nationale. Les trois lettres suivantes s'y ajoutent comme des documents indispensables à la justice d'un jugement impartial et complet, et je me persuade que la physionomie du saint religieux s'en éclaire de nouveaux et purs rayons devant les hommes et devant Dieu. J'y joins des extraits de trois lettres de madame Swetchine à mademoiselle de Virieu.

I.

Lettre à M. le Président et à MM. les Membres de l'Association pour la défense des libertés nationales et religieuses de la ville de Marseille.

Paris, 3 mai 1848.

« Messieurs,

« J'ai reçu la lettre où vous m'annoncez en même temps que vous m'aviez porté comme candidat à l'Assemblée nationale, et que ma candidature venait de réussir, grâce à vos efforts et au concours d'un très-grand nombre d'électeurs de Marseille et des Bouches-du-Rhône. Je ne pourrais vous dire, Messieurs, les sentiments qui m'ont pénétré en recevant à l'improviste une nouvelle si honorable pour moi.

« Je n'avais ni recherché ni repoussé la députation.

« Etranger à la vie politique, il me semblait que ma carrière avait été tracée par Dieu bien loin et bien au-dessus des agitations du Forum; et cependant d'un autre côté je ne croyais pas possible de me refuser aux vœux de mon pays, si j'étais appelé par son choix à le servir dans un moment difficile et périlleux. Combattu entre ces deux pensées, j'avais pris la résolution de laisser faire la Providence, et de m'en tenir à ce qu'elle déciderait par une élection où je n'aurais eu aucune part. C'est ainsi que, présenté à Paris, dans les Côtes-du-Nord, dans la Mayenne, dans l'Isère et dans le Var, j'ai partout échoué en ne secondant en rien la bienveillance des électeurs qui me portaient.

« Vous seuls, Messieurs, vous avez été plus forts que mon inertie; vous m'avez voulu et vous m'avez élu sans que j'en susse rien (1). Dieu vous avait choisis pour me donner ses ordres; je les reçois de votre bouche et je m'y conformerai. J'essaierai d'être à l'Assemblée nationale un représentant digne de vous, d'y faire asseoir, dans ma personne, votre foi religieuse, votre amour de la patrie, votre dévouement aux libertés chrétiennes et nationales, votre volonté de venir en aide aux classes pauvres et souffrantes, votre respect de la famille et de la propriété, votre zèle enfin pour la chose divine et humaine qui porte en ce moment le nom de République et qui le portera toujours, si nous savons tous ensemble, comme il faut l'espérer, reconnaître et fonder l'avenir.

« Recevez, Messieurs, mes très-humbles remerciments

---

(1) Le P. Lacordaire avait été élu à Marseille par 32,752 voix.

d'un choix si grand dans mon cœur. Lorsqu'il y a trois mois, vous m'avez accueilli sur vos brillants rivages, je ne me doutais pas que sitôt vos acclamations fraternelles se changeraient en une élection d'un autre ordre, et qu'étant déjà votre ami, je deviendrais votre député. Il me reste maintenant à justifier ces deux titres devant la France. La tâche est hardie ; il sera glorieux d'y périr en vous servant et en servant ce que nous aimons, vous et moi, Dieu, la patrie et l'humanité. »

II

Au Président de l'Assemblée nationale.

Paris, 18 mai 1848.

« Citoyen Président,

« Je vous prie de transmettre à l'Assemblée nationale ma démission de représentant du peuple. Appelé à cette haute charge sans l'avoir sollicitée, je la résigne, après avoir essayé de la remplir et de répondre à la confiance qui m'en avait investi. L'expérience me prouve qu'elle est au-dessus de mes forces, et que j'arriverais mal à concilier dans ma personne les devoirs pacifiques de la vie religieuse avec les devoirs difficiles et sévères de représentant du peuple. Ma position toute exceptionnelle au sein de l'Assemblée ne saurait rendre mon exemple contagieux ; en me séparant d'elle, je ne lui ôte rien qu'une bonne volonté impuissante. Je la prie d'agréer ma démission, mes remercîments de la bienveillance qu'elle m'a gratuitement montrée, et les vœux que je forme pour que de ses travaux sorte le bonheur de la France sous une République juste et libre.

III

Aux Electeurs des Bouches-du-Rhône.

Paris, 19 mai 1848.

« Messieurs,

« J'ai quitté hier le siége de représentant dont vous m'aviez confié la garde et l'honneur : je vous le rends après l'avoir occupé quinze jours, et sans y avoir rien fait de ce que vous attendiez de moi. Ma lettre au Président de l'Assemblée nationale vous aura déjà instruit des motifs de ma retraite ; mais il m'est impossible de ne pas vous les exposer plus longuement, à vous qui m'avez choisi, à vous qui m'avez donné la plus haute marque d'estime qu'il était en votre pouvoir de me donner. Vous comptiez sur moi et je vous fait défaut ; vous espériez dans ma parole, et c'est à peine si je suis monté à la tribune ; vous vous reposiez sur mon courage, et je n'ai couru aucun péril ; comment n'auriez-vous pas le droit de m'interroger, et ne sentirais-je pas le besoin de prévenir la douleur de vos questions ?

« Il y avait en moi deux hommes, le religieux et le citoyen. Leur séparation était impossible ; il fallait que tous deux, dans l'unité de ma personne, fussent dignes l'un de l'autre, et que jamais l'action du citoyen ne causât quelque peine à la conscience du religieux. Or à mesure que j'avançais dans une carrière si nouvelle pour moi, je voyais les partis et les passions se dessiner plus clairement. En vain faisais-je effort pour me tenir dans une ligne supérieure à leur agitation ; l'équilibre me manquait malgré moi. Bientôt je compris que dans une assemblée politique, l'impartialité condamnait à l'impuissance et à l'isolement, qu'il fallait choisir son camp et s'y jeter à corps perdu. Je ne pus m'y résoudre. Ma retraite était dès lors inévitable et je l'ai accomplie.

« Dieu sait, Messieurs, que votre pensée est ce qui a combattu davantage ma résolution. Je craignais de vous attrister ; je me reprochais de briser d'une manière si rapide et si imprévue des liens que j'avais contractés avec tant de bonheur. Ma seule consolation est de penser que dans les très-courts actes de ma vie politique, j'ai suivi l'inspiration d'une conscience qui répond à la vôtre. Elu sans l'avoir recherché, j'ai accepté par dévouement, j'ai siégé sans passions, je me suis retiré par crainte de ne plus être ce que je devais rester toujours devant Dieu et devant vous. Ma démission, comme mon acceptation, est un hommage que je vous ai rendu.

« Veuillez agréer, Messieurs, ces explications imparfaites sans doute, mais je crois suffisantes pour être entendues de vous avec indulgence. Privé de la gloire de vous représenter dans l'Assemblée nationale, je crois encore vous représenter par ma foi et mon patriotisme, et aussi par l'affection respectueuse que je vous conserverai toute ma vie.

« J'ai l'honneur d'être, dans ces sentiments impérissables, Messieurs, votre très-humble et très-dévoué concitoyen.

« Le P. LACORDAIRE. »

IV

Madame Swetchine à mademoiselle de Virieu.

...... Que vous dirai-je de l'effet sur moi de la nouvelle carrière où je vois lancé le P. Lacordaire ? Vous pourrez juger de l'impression que m'a faite l'idée de son journal, sa présence deux ou trois fois dans les clubs, sa candidature à l'Assemblée nationale, quand je vous dirai que, dans mon premier mouvement, je n'aurais pas même souhaité un prêtre parmi les électeurs. Voilà pour le sentiment. Pour mon intelligence, elle est plus réconciliée avec ces voies jusqu'ici insolites. J'entrevois que si saint Jérôme eût vécu de nos jours, au lieu de sa Thébaïde il se serait peut-être fait journaliste, et quoi qu'il en soit, me récusant à cause même de la vivacité de mes répugnances, je baisse pavillon devant l'autorité suprême du diocèse, qui non-seulement l'approuve, mais le pousse dans cette voie. Si vous lisez l'*Ere nouvelle*, vous aurez vu dans l'article du 22 que le P. Lacordaire ne considère l'immersion du clergé dans les affaires politiques du pays que comme tout-à-fait temporaire, et propre seulement à constater une sorte de retour populaire vers le clergé et l'alliance des préceptes de la foi avec les principes d'une liberté raisonnable. A présent, arrivera-t il dans cette assemblée, lui et tant d'autres qui ranimeraient en nous la confiance? Je ne crois pas au succès du P. Lacordaire à Paris ; je ne sais rien de Grenoble, mais on assure qu'il a beaucoup de chances dans le Var....

Paris 20 avril 1848.

V

.... Le P. Lacordaire est bien près de vous, chère amie. Il est allé, profitant d'un moment de loisir, respirer l'air de ses Alpes. Je ne lui ai jamais vu l'idée de se donner complètement à son journal ; il s'est toujours borné à vouloir le fonder et le mettre simplement à flot. Comme vous le dites très-bien, le P. Lacordaire n'est nullement homme d'Etat : il n'a d'autre politique que celle du christianisme ; rien n'en pourra faire un homme de parti, et la ligne suivie par lui jusqu'à présent n'est absolument que celle de sa conscience. Les motifs qui lui ont fait quitter l'Assemblée se réduisent à la certitude acquise (et qu'il aurait pu deviner, je le confesse) qu'il n'y pouvait faire de bien et que l'énorme temps qu'il y donnait pouvait être plus utilement employé ailleurs. Quant à des engagements pris avec qui que ce puisse être, je puis, comme M. Royer-Collard, affirmer ce que j'ignore. C'est là un de ces mille bruits explicatifs qui compliquent par des raisonnements à perte de vue la raison vraie la plus simple du monde.

11 juillet 1848.

VI

Chère bonne amie,

Jamais vous n'avez vu un homme plus content que le P. Lacordaire de s'être débarrassé à la fois de l'Assemblée, de l'*Ere nouvelle*, du monde politique, hommes et choses. Ses idées qui ne font que résumer ses sentiments, ne sont point en lui à l'état de système, et je ne sais pas un parti avec lequel il pût consentir à marcher toujours. Il est trop fidèle à la vérité, telle qu'elle lui apparait, pour fléchir devant des considérations purement humaines et je ne puis encore me rendre compte par quelle déception toute de surprise, il a pu sortir de la sphère du certain et de l'immuable, pour tomber dans celle des affaires humaines susceptibles, selon la face à laquelle on s'arrête, de jugements si divers.

4 mai 1849.

XXII

Le P. Lacordaire à l'Assemblée Nationale.

Le P. Lacordaire a parlé deux fois à l'Assemblée nationale ; une première fois, le 9 mai, à l'occasion de la proposition Dornès. Cette proposition consistait à voter des remerciements au Gouvernement provisoire, « qui avait bien mérité de la patrie par la grandeur des services qu'il avait rendus, » et à nommer, pour le remplacer, une commission exécutive de cinq membres. Le P. Lacordaire appuya cette proposition, et de longs et vifs applaudissements saluèrent à plusieurs reprises une parole qui dut surprendre par sa sincérité ceux qui, monarchistes comme lui avant le 24 février, n'avaient pas cessé de l'être en criant le lendemain : Vive la République ! et en devenant représentants du peuple.

La seconde fois, ce fut le 13 mai. Il s'agissait d'instituer un comité des cultes, et le citoyen Portalis, que le 24 février avait improvisé procureur général près la cour de Paris, protestait, trouvait que c'était déjà trop qu'il y eût un ministère des cultes : c'était donner à certaines questions une importance qu'elles ne méritent pas, et aller plus loin que la Restauration et la quasi-Restauration n'avaient tenté. « Nous avons dans nos assemblées, ajouta-t-il, des hommes qui, autrefois, n'auraient pas osé se présenter dans un costume que les lois ont prohibé. » A l'expression de cette rancune malavisée, qui sentait son ancien régime, l'assemblée républicaine laissa échapper des murmures et le P. Lacordaire demanda la parole.

« — Nous acceptons tout cela, les hommes et les choses, reprit le citoyen Portalis, plus mal inspiré encore ; mais il ne faut pas qu'ils s'imaginent qu'en entrant dans cette assemblée, c'est un piédestal que nous leur avons élevé pour s'emparer du pouvoir. »

Et l'assemblée de réclamer contre cet intempestif langage, si peu digne d'un magistrat républicain.

Il n'est pas hors de propos, aujourd'hui encore, devant certaines tendances et certaines menaces, de reproduire les paroles du P. Lacordaire au sein de cette Assemblée constituante qui les accueillit de son approbation répétée. Je les copie dans l'*Avenir* du 14 mai 1848 :

« Citoyens représentants, j'ai des grâces à rendre à l'honorable préopinant ; car il a dit que, bien que nous nous fussions présentés dans la majesté de cette enceinte avec un habit qui n'était pas entièrement conforme aux lois, cependant la République nous avait pris sous sa sauvegarde, et qu'elle acceptait tout à la fois et l'homme et son habit. Si je ne me suis trompé, ce sont les paroles que l'honorable orateur a prononcées, et j'éprouvais, non pas, par conséquent, le besoin de le combattre en ce point, mais le besoin de lui applaudir et de le remercier.

« Et, en effet, citoyens, je ne veux pas m'arrêter, devant cet hommage, à la phrase incidente qui le précédait, à savoir que je n'aurais pas osé dans d'autres circonstances porter publiquement mon habit. Sous tous les régimes, dans tous les temps, ayant cru convenable de me revêtir d'un habit quelconque, j'aurais eu le courage et la dignité de le porter, et je suis sûr que je l'aurais fait accepter; ou que si la violence eût protesté contre lui, mon droit aurait trouvé un asile et une défense dans ceux qui auraient été témoins d'un tel outrage fait à la liberté individuelle, à la liberté des cultes, à la liberté des opinions, à toutes les libertés qui se condensent ensemble dans un citoyen possesseur de tous ses droits, non pas seulement au sein d'une république, mais au sein de quelque gouvernement que ce soit. (Approbation.)

« L'on a ajouté cependant que l'on craignait que nous ne nous trompassions tant sur l'accueil que vous, représentants du peuple, et sur le péristyle du palais, le peuple nous a fait personnellement à nous-même. Non, citoyens, nous ne nous trompions pas; il n'est pas à craindre que nous nous trompions; non, nous ne pensons pas que, dans notre personne, un piédestal ait été élevé à l'abri de la république, pour des prétentions qui fussent injurieuses ou indignes de notre caractère.

« Le piédestal sur lequel les applaudissements du peuple et votre acceptation nous ont posé, c'est le piédestal de la fraternité, dont je porte l'habit; de l'égalité, dont je porte l'habit; de la liberté, dont je porte l'habit.

« Il fut un temps où une autre république le proscrivit, ce fut le 28 août 1792. Et pourquoi, citoyens? c'est qu'alors, par suite des malheurs du temps, cet habit, aux yeux de tous, aux yeux de cette république, n'était pas le signe de ce que je dis là. C'était le signe peut-être, ou on pouvait le penser, d'une opposition qui protestait par des forces, à l'intérieur et à l'extérieur, contre l'établissement et la solidité de la république. Ces temps sont loin, représentants du peuple, et, encore une fois, ce que représente ici mon habit, c'est la république elle-même, triomphante, généreuse; et ce qui est plus, juste, conséquente à elle-même. » (Marques d'approbation.)

XXIII

Le P. Lacordaire et la société de Saint-Vincent-de-Paul. Une allocution sur le luxe.

Il y aura un beau chapitre à écrire dans la vie du Père Lacordaire, c'est celui de ses rapports avec la jeunesse et particulièrement avec la Société de Saint-Vincent-de-Paul. Il avait, pour celle-ci, une tendresse prodigue, et il le lui a souvent témoigné (1), ne fût-ce qu'en écrivant l'*Eloge*

---

(1) Quelques membres de cette société avaient fondé à Paris, dans les environs de Saint-Sulpice, des *Tables catholiques*, destinées à réunir les jeunes gens des Ecoles et à leur assurer l'accomplissement des prescriptions de l'Eglise. Dieu sait quelles conversations échangeaient entre eux, en ces vivantes années, ces jeunes chrétiens qu'animait une foi commune, mais dont les idées venaient de tous les points de l'horizon; Dieu sait quelles bonnes amitiés se sont alors formées et ont survécu aux circonstances! Chaque année, à l'époque des Conférences de Notre-Dame, nous invitions le P. Lacordaire et c'était fête pour tous le soir où il venait à la rue du Canivet ou à la rue Honoré-Chevalier, sa voisine, partager notre repas d'étudiants. Ce qu'il nous apportait de jeunesse, d'esprit, de vie, comment

d'*Ozanam*, l'un de ses fondateurs, et en aimant à parler dans ses réunions générales, à Paris ou en province. Les *Cercles catholiques* aussi avaient part à ce privilége d'allocutions où l'esprit le plus pétillant se mêlait à l'éloquence la plus haute dans une causerie toujours remplie de charme et d'imprévu. J'indique, dans la notice bibliographique jointe à cet ouvrage, quelques-unes de ces allocutions qui méritent certainement d'être recueillies dans les œuvres complètes du P. Lacordaire, et pour le prouver, j'en extrais une — ou plutôt l'analyse de l'une d'elles — du bulletin de la Société de Saint-Vincent-de-Paule où elle est un peu comme enfouie et perdue. Les conférences de Paris avaient eu leur réunion générale le 8 mars 1851; le rapport avait été fait par un aimable

l'oublier jamais ? Son âme s'épanouissait à l'aise, il était l'un de nous, avec le génie en plus, dont sa conversation nous prodiguait la flamme tour à tour puissante ou légère. Deltarse, l'éminent artiste, Raymond Brucker, le penseur original à la parole pleine d'éclairs, étaient aussi de ces fêtes de la jeunesse, et pour citer avec eux encore un mort illustre, Mgr Darboy, le martyr de la Commune, alors second aumônier à Henri IV, et qui à cette époque, était notre commensal de tous les jours. Et ce nom du glorieux archevêque me rappelle un souvenir personnel qui se rattache à la fois à sa vie et à celle du P. Lacordaire. Mgr Affre avait, en 1843, confié à celui-ci la chaire de Notre-Dame pour cinq années qui devaient prendre fin avec le carême de 1848. Or dès 1846 ou 47, Mgr Affre s'était préoccupé de l'homme qu'il appellerait au redoutable honneur de lui succéder et il avait imposé pour ainsi dire, cette succession à l'abbé Darboy, pour lequel il avait une affection que l'avenir a justifiée. « Je veux tenir la balance égale entre tous, lui avait dit l'archevêque ; j'ai fait prêcher un jésuite et un dominicain dans la chaire de Notre-Dame. Il convient que j'y fasse monter maintenant un prêtre séculier. » L'abbé Darboy, effrayé de cette tâche imprévue qu'on mettait sur ses jeunes épaules, avait accepté cependant ; et immédiatement s'était occupé à la préparation de ses conférences qu'il pensait faire sur l'accord de la raison et de la foi. On sait la suite : la révolution du 24 février, le martyre de Mgr Affre, qui était comme le prélude de celui de son successeur et de son ami, eurent raison de ces projets que j'ai connus de la bouche même de l'abbé Darboy, quelques heures à peine après qu'ils avaient été convenus entre ces deux grandes victimes de nos troubles impies. « *Testimonium perhibeo de his.* »

membre dont ma plume a plaisir à écrire le nom, M. Gustave d'Amécourt; le P. Lacordaire prit la parole :

Analyse d'un discours du R. P. Lacordaire à la réunion des Conférences de Paris, le 8 mai 1851.

.... Le luxe, c'est l'inutile. Dieu, qui n'a rien fait d'inutile et qui a tout fait à bon marché, a permis que l'homme fît beaucoup de choses inutiles et très-chères. Le nécessaire coûte peu, et le rapport même qu'on vient de lire établit qu'à Paris on peut faire dîner un pauvre pour quinze centimes. C'est qu'il est nécessaire que le pauvre dîne, et voilà pourquoi on le peut à bon marché. Mais l'inutile n'a pas coutume de se faire à bon marché. Dès qu'un homme devient plus riche que son voisin, son premier désir n'est pas même de dîner mieux que son voisin, il veut avoir un certain nombre d'ornements inutiles. On ne sait pas décorer autrement le lieu qu'on habite. Entrez dans un salon ; ce qui vous frappe d'abord, c'est la multitude des objets qui ne servent pas. C'est l'étagère, c'est un meuble chargé lui-même d'une foule de petites choses inutiles et coûteuses. Chaque année on y ajoute, et chaque jour on passe une heure à épousseter avec un plumeau qui lui-même peut-être coûte fort cher, toutes ces frivolités dont personne ne peut dire à quoi elles servent, ni ceux qui les vendent, ni ceux qui les ont achetées, ni ceux qui les époussettent. Voilà le luxe. Il est facile de s'en égayer et d'en rire, mais il en faut tirer aussi de sérieuses pensées; car il n'y a rien au monde que Dieu ait plus maudit que le luxe, rien à quoi il ait attaché de plus terribles châtiments.

Le luxe est la ruine de l'aumône, la ruine des familles, la ruine des sociétés.

Le luxe est la ruine de l'aumône. Il en tarit les sources. Je ne demande point qu'en faveur des pauvres on renonce au nécessaire. J'accorde au rang ce qui fait la différence des rangs. Je ne proscris pas l'utile et le convenable. Il faut des lits, des chaises, des fauteuils même, si l'on veut;

mais toutes ces choses sont mesurées par les exigences du corps humain. Elles ont leurs bornes dans les besoins que Dieu a voulus. Mais les besoins que Dieu n'a pas voulus, ceux que notre vanité nous a créés, ceux-là n'ont pas de bornes; ils ne nous permettent plus de faire sur notre bien la part des indigents; ils ne consument pas seulement le superflu, ils finissent par dévorer les patrimoines.

Car le luxe est aussi la ruine des familles. Nous sommes tous, où à peu près tous, de petits bourgeois, et nous risquons de devenir plus petits bourgeois encore. Rien ne pouvant arrêter la multiplication des classes aisées, les héritages vont se divisant toujours; et l'accroissement du luxe est en raison de la diminution des fortunes. Rappelons-nous comment était vêtue, nourrie, logée, la génération de nos pères; regardons-nous; la différence est effrayante. Là où le père vécut heureux avec une chambre qui servait de dortoir, de salon et de salle à manger, avec une table où le vin vieux du crû égayait les jours de fête, le fils, bourgeois comme son père, s'ennuie dans des salons richement meublés, à des repas où cinq ou six sortes de vin ne raniment pas le plaisir. A votre avis, combien cela peut-il durer? Vous économisez peu; vos fils, s'ils n'ont pas d'esprit, et rien ne vous assure qu'ils en auront, ne feront que manger vos économies : à la troisième génération, vous aurez pour héritiers des mendiants.

Enfin le luxe fait la ruine des sociétés. La plupart des économistes ne me pardonneraient pas cette proposition : je vais contre tous leurs sentiments. Non que je nie les mathématiques, mais je n'oublie pas l'histoire, et l'histoire témoigne que les nations corrompues par les richesses sont tombées. Ce n'est pas même le christianisme, c'est la sagesse des païens qui nous apprend que les vieilles vertus vécurent avec la vieille pauvreté, au temps où Cincinnatus menait la charrue de ses mains consulaires. Mais quand Rome eût plié sous les dépouilles de l'univers, quand les bains des Césars avec leurs mille sièges de marbre, ne suffirent plus à la mollesse du peuple roi ; quand les fils de ces guerriers qui avaient essuyé les feux et les glaces de tous les climats, ne purent pas supporter le soleil du Forum, alors l'empire fut perdu. Les barbares vinrent; des hommes vêtus de peaux de chèvres et de peaux de loups, balayèrent cette race dégénérée; car elle ne savait plus qu'étaler des paillettes d'or sur des poitrines qui avaient été celles des Romains.

Faut-il donc, direz-vous, nous réduire au brouet noir des Spartiates, renoncer à toute grandeur et à toute joie?

Le luxe ne fait pas la grandeur. Une cathédrale n'est pas une œuvre de luxe, car elle est utile. Depuis vingt ans, plusieurs fois la volonté de Dieu m'a conduit à Rome ; plusieurs fois, j'ai eu l'honneur de pénétrer dans la demeure des papes, au Quirinal, au Vatican ; et depuis vingt ans, je n'ai pas vu un meuble nouveau, ni d'autre changement que celui-ci : les escabeaux de bois où figurait le nom de Grégoire XVI ont été repeints pour recevoir le nom de Pie IX. Et pourtant, de l'aveu de tout l'univers, il n'y a rien de plus grand que le Vatican et le Quirinal. Pendant ce temps-là, le moindre bourgeois de Paris change de mobilier trois fois dans sa vie; mais, en revanche, la demeure qu'il habite est étroite, tout y sent la recherche et la petitesse; rien de haut, rien de large, rien de profond. Si vous aimiez sagement vos enfants, vous voudriez leur laisser vos meubles, comme nos ancêtres nous laissaient les leurs, afin que votre fils pût dire un jour, en les montrant avec affection : « Voilà le fauteuil où s'asseyait mon père ! »

Le luxe ne donne pas la joie. Les jouissances du luxe sont faites pour des esprits faibles. Encore une fois, je ne veux pas la confusion des rangs; mais quand on peut porter un habit de cent francs, en porter un de deux cents par vanité, c'est un plaisir pitoyable. Ce qui garde les rangs, ce qui maintient les convenances, c'est le goût. Vous voyez des personnes tombées de haut: elles sont pauvres, mais avec du goût, elles savent porter noblement leur pauvreté. La gaieté ne fréquente pas les tables richement servies, ces grandes tables d'où l'on ne sort ni content, ni même rassasié; mais elle fait les honneurs du diner chez les curés de campagne. Je ne connais rien de plus agréable que le diner du curé de village. On y trouve tout ce qui fait le véritable plaisir, on y trouve le cœur, la générosité sincère; et cependant qu'est-ce qu'un curé de village? Un homme qui a 800 francs de revenu et deux poules dans sa basse-cour. Qu'est-ce qu'un moine? Ce n'est plus un souvenir, une abstraction: vous en avez devant vous. C'est un homme dont l'habit coûte 48 francs et dure trois ans, un homme qui se prive, un homme qui vit de peu. Voilà ce qui fait la force de l'Eglise. L'Eglise a été très-riche, elle est devenue très-pauvre, elle ne s'en trouve que plus forte. Les sociétés qui ne savent pas se passer de luxe périssent parce que le luxe coûte cher. Mais le chrétien vit toujours, parce qu'il vit du nécessaire qui coûte fort peu: il lui suffit d'un morceau de pain et d'une écuelle de bois. Les nations gâtées par l'opulence finissent tôt ou tard; mais le curé de campagne, son bréviaire sous le bras, le moine, son bâton à la main, s'il est vieux et qu'il ait besoin d'un bâton, continuent leur route et on en voit toujours.

Vous ne vous sauverez qu'à ce prix. Vous n'échapperez aux périls de ce temps que par la simplicité, par la vertu. Voilà ce que l'Evangile nous enseigne. Et maintenant, si chacun de vous, en rentrant chez lui, ce soir, interrogeait son luxe et se demandait: qu'ai-je d'inutile? il serait étonné de tout ce qu'il pourrait donner aux pauvres. Et en se retranchant l'inutile pour donner aux pauvres le nécessaire, il ferait plus de bien que s'il avait écrit le plus beau livre: car, disait un homme sage, le plus beau livre ne vaut pas la moindre des bonnes actions. Pénétrez-vous de ces vérités, sévères malgré le tour enjoué que je leur ai donné, comme m'y engageait la cordialité de cette réunion, comme j'en trouvais l'exemple dans le rapport pieux et charmant que nous venons d'entendre.

XXIV

Lettre au *Corsaire.*

Au mois d'avril 1851, le journal légitimiste le *Corsaire* avait trouvé plaisant de faire du P. Lacordaire je ne sais quel socialiste insensé et de défigurer notamment sa conférence sur le nombre des élus. Le P. Lacordaire lui répondit à cette occasion la lettre suivante :

« .... J'admire, monsieur, comment un honnête homme peut imputer d'aussi horribles choses et aussi dénuées de fondement à un homme qu'il n'a pas entendu, à un prêtre qui, depuis dix-sept ans, annonce la parole de Dieu dans les chaires de la capitale avec l'approbation et en présence de son archevêque; qui a publié des livres où sa doctrine est exposée et dont jamais une seule ligne n'a été censurée par quelqu'autorité que ce soit; qui, enfin, dans une carrière déjà longue n'a cessé de prêcher l'ordre, la paix, le respect de tous les devoirs et a réduit ses adversaires à l'impuissance de comprendre et surtout de prouver ce qu'ils poursuivent en lui. J'admire cela, monsieur, et je m'en plains à vous-même. Vous dites, en terminant votre article, que *vous lirez sans doute ces hérésies sociales et que vous en rendrez compte*. Vous avez pu les lire, car elles ont été publiées, quoique sans mon consentement. Eh bien! y avez-vous vu ce dont vous m'accusez ? Trois volumes de mes conférences ont paru; j'y traite de toutes les questions sociales possibles; y avez-vous vu rien de semblable à ce dont vous m'accusez?

« Il est vrai, monsieur, je ne suis pas de votre parti, car je ne suis d'aucun parti, sans exception. Et plus j'avance dans la vie, plus en voyant l'injustice et la fureur des partis, plus je me félicite d'avoir mis mon sacerdoce à l'abri de tout engagement politique. C'est là mon vrai péché, je le sais ; mais quoi qu'il arrive et de quelque calomnie qu'on m'abreuve, j'y mourrai. Je ne vous requiers ni ne vous prie d'insérer cette lettre dans le journal où vous m'avez impardonnablement insulté. Vous ferez ce que votre conscience vous dira, et quoi qu'elle décide, je m'y soumets. Il y a vingt ans que je n'ai que Dieu pour appui et je n'en souhaite point d'autre.

« Veuillez agréer, monsieur, ce que doit être pour vous un chrétien calomnié par vous. (1)

XXV

Le discours de Saint-Roch et l'exil du P. Lacordaire.

C'est le 10 février 1853, qu'à propos des *écoles chrétiennes libres*, le P. Lacordaire prononça à Saint-Roch sur *la grandeur du caractère* et sous ce texte ESTO VIR, ce sermon qui fit tant de bruit et fut l'objet de tant de sots

---

(1) « Le P. Lacordaire n'a jamais eu d'admirateurs passionnés dans les salons ; il en aura peut-être moins que jamais, jusqu'à ce que la confiance en lui s'établisse, c'est-à-dire jusqu'au jour de la justice qui viendra, mais, comme toujours, chèrement acheté. Concevez-vous qu'encore hier, le plus sérieusement du monde, on me demandait si positivement il n'était pas socialiste, communiste, etc ? on le croyait ! Je puis me rendre le témoignage qu'en répondant, je n'avais pas le plus petit espoir d'en dissuader, ce qui fait grand honneur à ma judiciaire. Je sens tous ses périls, je tremble à chaque écueil, je ressens tous les coups ; mais, ce qui me met à l'abri de tout découragement, c'est que je me sens toujours plus amie de la vérité d'abord, de l'énergie qu'elle réclame, et de notre ami par dessus le marché. »

Mme Swetchine à Mme de Mesnard 1848.

propos. Peu de jours avant sa mort, il en jeta au feu la sténographie, avec d'autres manuscrits encore. Mais « la Providence avait *voulu* qu'il fût sauvé, » comme le dit très-bien le docteur Ozanam qui vient d'en raconter l'histoire et d'en publier, dans *le Contemporain* du 1er février 1876, « le texte total dans son intégrité. » Je suis du nombre de ceux qui, avec le savant médecin, « remercient Dieu de ce qu'il a permis de retrouver un si précieux souvenir. »

Les colères politiques d'alors exploitèrent ce discours. De prétendues copies s'en répandirent, et le bruit en fut tel, surtout dans la presse étrangère qui avait à cette époque le monopole des scandales et des indiscrétions, que le ministre des cultes crut devoir en écrire à l'archevêque de Paris. Voici la réponse de Mgr Sibour :

« Monsieur le Ministre,

« J'ai reçu, avec votre lettre du 12 mars, les extraits de l'*Observateur Belge*, renfermant l'exorde prétendu du discours que le P. Lacordaire a prononcé à Saint-Roch, en ma présence, en faveur des écoles chrétiennes.

« Nous n'avons reconnu, ni moi ni mes grands vicaires, dans ces extraits, qu'on dit sténographiés, le discours que nous avons entendu. Pendant une heure entière qu'à duré l'improvisation du célèbre dominicain, je n'ai remarqué, comme je vous le disais dans ma précédente lettre, que quelques citations inopportunes et quelques paroles que le P. Lacordaire disait tout simplement, mais dont je voyais bien que l'esprit de parti et la malignité pourraient abuser pour y chercher des allusions qui étaient loin, j'en suis convaincu, de la pensée de l'orateur. Il faut si peu de choses pour changer en épigrammes des paroles inoffensives ! C'est ce qu'on a fait pour le discours du P. Lacordaire, en en rapportant des phrases d'une manière inexacte, soit par des additions, soit par des changements de mots, ainsi que nous l'avons positivement reconnu à la lecture des extraits que vous m'avez fait l'honneur de me communiquer.

« Je n'ai rien autre chose à ajouter, monsieur le Ministre, sinon que je ne souffrirai jamais que la chaire chrétienne devienne une tribune, et que la liberté de la parole sainte dégénère en licence. C'est mon devoir. Je saurai au besoin le remplir.

« Votre Excellence peut faire de ma lettre l'usage qui lui semblera bon.

« Recevez, monsieur le Ministre, la nouvelle assurance de ma haute considération.

« DOMINIQUE-AUGUSTE,
« *Archevêque de Paris.* »

De son côté, le P. Lacordaire écrivit les deux lettres suivantes qui appartiennent à son histoire comme à celle de notre temps et qui à ce titre ont dû trouver place dans cet Appendice ;

Lettre du R. P. Lacordaire au R. P. Matthys, recteur du collége de la paix à Namur.

Flavigny, 15 mars 1853.

« Mon très-révérend Père,

« Je vous remercie des deux pièces que vous m'envoyez.

« La lettre que l'on m'attribue est une pure invention où il n'y a pas un mot de vrai d'un bout à l'autre.

« Quant à l'extrait de mon discours du 10 février, il est inexact et très-exagéré. Je possède la sténographie authentique de mon discours, et même dans le choix du sujet, qui pouvait paraître une critique générale du temps, je ne crois pas avoir été au-delà d'une liberté évangélique modérée et digne.

« Le gouvernement s'est borné à en faire l'éloge dans

le *Moniteur*, et je n'ai reçu d'aucune autorité, à ce sujet, d'autre marque de désapprobation; j'ai parlé à Saint-Roch comme je parle depuis vingt ans, voilà tout.

« Si l'on croit utile de publier cette lettre, je ne m'y oppose pas, quoique je répugne à démentir des bruits qui tombent par leur propre exagération, et qu'une réalité sensible démentira tôt ou tard.

« Fr. HENRI-DOMINIQUE LACORDAIRE,
« Prov. des Fr. Prêch. »

Lettre du R. P. Lacordaire au Spectateur *de Dijon*

Flavigny, 16 mars.

« On a imprimé en Belgique et l'on répand à Paris un extrait du discours que j'ai prononcé à Saint-Roch, le 10 février dernier. Cet extrait, quelle que soit l'intention qui ait excité à le produire, est inexact, exagéré, sans suite, et ne peut donner aucune espèce d'idée de mon discours à ceux qui ne l'ont pas entendu. Je le désavoue, me réservant de publier ce que j'ai dit, quand je le jugerai opportun.

« On a aussi édité dans les feuilles belges une lettre que l'on m'attribue, au sujet des persécutions que j'aurais essuyées par suite de ce même discours. Cette lettre n'est pas de moi; elle est d'un bout à l'autre un chef-d'œuvre de ridicule. Je n'ai essuyé aucune persécution du gouvernement à aucune époque. J'ai quitté la France quand il m'a plu, j'y suis revenu quand je l'ai trouvé bon : je prêche quand je le veux, et je me tais quand cela entre dans mes convenances. Je n'ai à me plaindre ni du gouvernement, ni de personne, et ce serait de ma part une injustice de me laisser poser comme une victime. Je suis un religieux prêchant l'Evangile avec la conviction et l'indépendance qui conviennent à mon état, et ceux qui m'ont lu ou entendu me défendront toujours, je l'espère, d'avoir été en toute ma vie autre chose que cela.

« Vous m'obligerez beaucoup, monsieur le Rédacteur, de publier cette réclamation, et je vous prie d'en agréer d'avance mes remerciments, ainsi que l'hommage de mes sentiments très-distingués.

« Fr. HENRI-DOMINIQUE LACORDAIRE. »

XXVI

Le P. Lacordaire et l'Académie de Toulouse.

Dans toutes les villes où prêchait le P. Lacordaire et qui possédaient une Université ou une Académie, on s'empressait de le choisir pour membre ; — ainsi en 1845, après le carême qui remua si profondément la vieille cité de saint Irénée, l'Académie de Lyon lui avait « spontanément et par acclamation, » décerné le titre de membre associé, « titre, lui disait-elle, qu'elle n'accorde qu'après de longues formalités et sur leur demande, à des hommes d'élite choisis par les sommités de la France et de l'Europe (1). » Ainsi en 1847, l'Université de Liége lui conférait le titre de *docteur honoraire ;* la société *libre d'émulation* de la même ville le choisissait pour l'un de ses membres, etc. Il n'est donc pas surprenant que l'Académie de législation

(1) « Voulant vous donner, mon Père, lui disait encore le président de l'Académie, un témoignage de notre profond respect pour la sainte mission confiée à votre génie, nous venons de renouveler un acte qui n'a eu lieu que dans des circonstances rares et solennelles, en faveur des Buffon, des Servan, des Thomas, des Ducis, en faveur du courageux défenseur de l'infortuné Louis XVI et de l'illustre auteur du *Génie du Christianisme.* »

de Toulouse l'ait, en 1854, nommé associé libre. Il y eut une séance de réception dont je trouve le détail dans la *Revue critique de Législation et de Jurisprudence.* (Tome IV, page 171.)

La séance que l'Acacémie de législation a tenue mercredi, 18 de ce mois, a retiré un intérêt tout particulier de la réception du P. Lacordaire, qui avait été nommé précédemment associé libre. La réunion n'avait jamais été aussi nombreuse, car plus de trente membres étaient présents.

Après la lecture du procès-verbal, M. le professeur Delpech, président, a exprimé au R. P. les sentiments qui avaient animé l'Académie, lorsqu'elle lui avait conféré le titre d'associé libre ; il a rappelé au récipiendaire ses premières études juridiques, sa participation dans d'autres temps aux exercices du barreau ; il a dit que sa nomination était un hommage rendu à son génie providentiel, aux vérités morales dont il est devenu l'éloquent apôtre, et témoigné enfin le bonheur qu'avait ressenti l'Académie, en formant ainsi entre la cité et son hôte illustre un lien nouveau.

Le R. P. Lacordaire a répondu en ces termes :

Messieurs,

« Si je ne considérais que ma personne dans le choix par lequel vous m'avez appelé à siéger dans une assemblée de jurisconsultes, j'éprouverais à vous remercier une sorte d'embarras, tant mes titres à cet honneur ont peu de réalité. J'ai, il est vrai, consacré quelques années de ma jeunesse à l'étude du droit et des circonstances singulières m'ont permis de défendre devant la haute magistrature de l'ancienne pairie une liberté précieuse que la loi a prise plus tard sous sa souveraine protection. En d'autres circonstances encore, il m'est arrivé de faire servir à des causes justes les souvenirs de ma première éducation civile. Mais, en votre présence, ces rares bonnes fortunes de ma vie ne me causent aucune illusion et me laissent désarmé devant la faveur de vos suffrages.

« Aussi pour me réjouir en pleine sûreté de la place que vous m'avez ouverte à côté de vous, ai-je besoin de détourner mes regards de moi-même et de voir, au lieu de moi, la religion s'asseyant à vos conseils. C'est elle que vous honorez, c'est elle qui vous remercie.

« Dans nos temps divisés, l'unique espérance de l'avenir est dans la réconciliation sincère de tous les rangs, de tous les services, de tous les devoirs. Il n'existe plus de classes proprement dites parmi nous, tant les vicissitudes politiques ont broyé et mêlé les hommes; mais il existe encore des rangs, des services et des devoirs divers; ce sont eux qui, en se rapprochant dans une estime mutuelle, et par le sentiment de leur nécessité formeront un jour la pierre solide où se reposera le genre humain.

« Longtemps, dans nos pays, la religion a été exclue de l'hospitalité des cœurs et reléguée loin du concile des choses nécessaires à la vie publique; on la regardait comme une étrangère importune plutôt que comme une portion sacrée des droits et des offices de la patrie. Aujourd'hui cette erreur commence à s'évanouir; la France comprend qu'elle a besoin de tous les dévouements, de toutes les aptitudes, de toutes les fidélités, et que rien n'est de trop ici-bas de ce que Dieu a fait pour les hommes. Vous donnez, Messieurs, en me faisant asseoir parmi vous, un exemple élevé de cette réconciliation qui contient l'avenir, et je me reproche, en considérant ce point de vue, de si mal vous remercier de tant d'honneur; mais l'esprit pour s'exprimer avec empire a besoin d'être libre, et rien ne lui ôte plus la liberté qu'une vive gratitude. »

Le *Journal de Toulouse* ajoute que ces nobles et belles paroles ont produit la plus profonde sensation, et ont été accueillies par des marques unanimes d'une respectueuse sympathie.

XXVII

La guerre de Russie.

Au mois d'avril 1853, le P. Lacordaire prêcha, à l'Eglise Saint-Bénigne de Dijon, un sermon de charité, celui-là même dont j'ai l'heureuse fortune de donner une analyse dans ce volume. On fêtait l'inauguration d'un conseil provincial (1) pour les conférences de saint Vincent de Paul, des diocèses d'Autun, de Dijon et de Langres. C'était le temps, on le voit, où la société de Saint-Vincent-de-Paul vivait dans la sainte liberté de ses œuvres et avec le respect de tous, même du pouvoir. Dans la soirée, les membres nombreux des conférences, qui étaient venus des extrémités des trois diocèses, se réunirent en assemblée générale au grand amphithéâtre de l'Ecole de droit, et sous la présidence du vénérable évêque de Dijon dont ils avaient, le matin dans sa chapelle, entendu la messe et recueilli la *spirituelle* parole. Après divers rapports, le P. Lacordaire parla. Plus d'un de ses auditeurs, je le sais, trouva sa parole téméraire et ses affirmations hasardées. Il nous montrait cependant, en traits ardents comme la flamme et rapides comme elle, cette double et formidable extension du schisme et de l'hérésie, de la Russie et

---

(1) Le mot *provincial* irritant les oreilles chatouilleuses de certains de nos gouvernants d'alors, on l'avait remplacé par celui de *central*, qui était plus moderne et moins français ; mais cet excès de prudence ne désarma pas les foudres de M. F. de Persigny, ce duc de création récente si dur à saint Vincent de Paul et si tendre aux francs-maçons.

J'ai à peine besoin de dire que le président du conseil provincial était M. Foisset.

de l'Angleterre, menaçant les deux extrémités de l'Europe, l'Eglise et la civilisation catholique.

Je m'imagine que les événements, si imprévus alors, de l'année suivante durent singulièrement modifier ces appréciations effarouchées, et que le P. Lacordaire eut alors raison dans une partie de ses craintes, aux yeux de tous ses auditeurs de 1853. Je souhaite de tout mon cœur que l'avenir ne les détrompe pas davantage encore ; mais en rappelant ces souvenirs, je ne voulais qu'une occasion de citer deux lettres du P. Lacordaire que j'ai recueillies à cette époque ; l'une qui nous dira sa pensée sur la Russie et sur la guerre que nous lui faisions alors ; — l'autre qui nous montrera son patriotisme dans sa charité.

I

A monsieur Péladan.

Toulouse, 24 juillet 1854.

Monsieur,

J'ai reçu et lu avec intérêt l'écrit que vous avez publié sur la Russie et dont vous avez bien voulu me faire présent. Il est propre à détromper ceux qui voient dans cette puissance un appui de l'ordre, tandis qu'elle est ce qu'il y a au monde actuellement de plus corrompu et de plus ennemi de l'Eglise. Je crois, comme vous, que Dieu va la frapper d'un de ces coups qui révèlent sa justice, et sous lesquels ont succombé de siècle en siècle les successeurs de Nabuchodonosor. Vous aurez eu votre part, Monsieur, dans ce châtiment que l'Eglise espère, que l'Europe attend et qui sera parmi tant de miracles, dont notre âge surabonde, une nouvelle manifestation de la puissance du bien sur le mal.

Veuillez,...

Fr. H. D. Lacordaire.

II

A l'intendant militaire de Toulouse.

Sorèze, 3 avril 1855.

Monsieur l'intendant militaire,

J'ai l'honneur de vous transmettre sous ce pli une somme de *deux cents francs*, produit d'une souscription ouverte à l'école de Sorèze en faveur de notre armée d'Orient. Si je me trompais, en vous la faisant parvenir, vous m'obligeriez beaucoup de la transmettre à qui de droit, en agréant mes excuses et mes remerciements.

Veuillez agréer les sentiments de considération très-distinguée avec lesquels j'ai l'honneur d'être, monsieur l'intendant militaire, votre très-humble et très-obéissant serviteur.

Fr. H.-D. Lacordaire,

des Fr. Prêch.

XXVIII

Le P. Lacordaire et la question italienne.

Les sentiments du P. Lacordaire sur la question italienne ont été trop méconnus et trop attaqués pour qu'il ne soit pas nécessaire que celui qui écrira sa vie les éclaire d'une pleine lumière, et la chose ne lui sera pas difficile, car il suffira, pour ainsi dire, de laisser parler le P. Lacordaire.

Humble et dévoué serviteur de la papauté, il a assez écrit et parlé de Pie IX pour qu'il ne soit permis à personne d'ignorer le filial respect qu'il portait à ce grand pape, dont le pontificat aura eu le privilége de toutes les douleurs et de toutes les gloires. Ses lettres à Mme Swetchine sont là comme un témoignage; l'avenir en révèlera d'autres qui seront unanimes, puisque celui qui les écrivit n'a jamais varié dans son amour et dans son dévouement. En voici une que j'ai recueillie dans le n° du 6 novembre 1847 de l'*Ami de la religion*, qui, lui-même l'avait empruntée au *Spectateur de Dijon*.

« J'ai revu Rome, j'ai vu Pie IX. Vous me demandez ce que je pense de lui, de ses réformes, de ses adversaires, de ses partisans; je ne demande pas mieux que de vous satisfaire, ayant la vieille habitude de vous confier mes pensées, toutes les fois que le bon Dieu m'en donne l'occasion.

« Pie IX est la bonté, la sincérité, la douceur, la simplicité, LE CALME en personne. C'est de plus une âme ferme. Au milieu de ce déluge de conseils et de prédictions, le pape paraît serein et sûr de lui-même; il compte sur Dieu et sur son peuple, peuple droit, honnête, sincère, *profondément attaché à la religion,* et qui donne en ce moment au monde entier le spectacle persévérant d'une docilité virile, d'une reconnaissance pieuse et sans tache, d'un admirable discernement de ses vrais intérêts

« La papauté était entre deux abimes : l'Autriche et le radicalisme italien. Pie IX a regardé à droite et à gauche; il a trouvé dans son cœur et dans sa foi une route entre les deux écueils. Il a voulu *de son propre mouvement* et avec une invincible sincérité, correspondre aux besoins de son peuple; et seul, sans appuis diplomatiques, il a rencontré dans les entrailles mêmes de ses enfants, toute la force qu'il leur fallait pour leur faire du bien.

« L'accord entre le peuple et le souverain est à son comble. Rien ne peut peindre Rome en ce moment. C'est une fête qui dure depuis dix-huit mois, fête religieuse et nationale tout ensemble, où tous les sentiments les plus chers à Rome ont leur place, leur expansion, leur *élan, leur silence*. Pour moi je ne puis croire à une si triste issue d'un si beau mouvement; Dieu est là. Toute l'Italie, avec des nuances est sous le même charme. Pie IX règne d'un bout à l'autre de la péninsule. Ces choses-là ne sont pas de l'homme tout seul. Jésus-Christ a voulu montrer une fois ce qu'est une révolution chrétienne, et il ne pouvait donner aux nations et aux rois un plus salutaire exemple. „

Nobles espérances, que devaient sitôt ruiner les événements!

Douze ans plus tard, l'Empire avait déclaré la guerre à l'Autriche, cette amie perfide ou, pour dire vrai, cette ennemie séculaire de la papauté. Cette guerre mettait trois questions en jeu : la question italienne, la question catholique et la question française, dont aucune n'était contradictoire à l'autre, si la politique avait eu assez de conscience et d'intelligence pour ne méconnaître les droits légitimes de personne.

Dès le 23 avril 1859, le P. Lacordaire avait écrit à l'abbé Péreyre la lettre suivante :

Mon cher ami,

« Je suis d'avis que vous avez tout à fait raison sur la question italienne, et j'ai écrit un mot en ce sens à M. Augustin Cochin, ainsi qu'au prince Albert de Broglie. L'Autriche ne pèse pas seulement sur l'Italie d'un poids injuste et oppressif qui retient ces pays sous un régime militaire, elle pèse encore sur l'Eglise, en empêchant la papauté de conserver en Italie le caractère qu'elle y avait toujours eu, et qui la rendait chère à ses habitants. Depuis 1815, uniquement appuyé sur le bras de fer de l'Autriche, elle s'est peu à peu aliéné le cœur de tout ce qui l'entoure, et elle n'a plus vu de salut que dans la compression par la main de l'étranger. Soit donc que je considère l'Italie comme une nationalité ou un ensemble de nationalités évidemment opprimées ; soit que je la considère au point de vue de la Papauté et de l'Eglise, je crois que l'état actuel est intolérable et qu'il faut en souhaiter la fin. Ce fut du reste toujours la politique de nos rois de rendre à l'Italie sa pleine indépendance. Henri IV, Richelieu, Louis XV, firent des traités en ce sens, et si telle était leur pensée lorsque l'Autriche ne possédait, du sol italien, que le chétif duché de de Milan, que serait-ce aujourd'hui où l'anéantissement de l'Etat de Venise a fait de cette puissance la dominatrice absolue de vingt-deux millions d'hommes de la péninsule? Sans doute l'élément révolutionnaire et antichrétien est fort à craindre ; mais il se nourrit précisément des généreuses passions du patriotisme, et c'est cette place d'armes qu'il faut lui enlever par une guerre de puissance à puissance où l'on a des chances de vaincre l'ennemi sur le champ de bataille, et de contenir en même temps l'esprit révolutionnaire et anti-chrétien. Que si la Providence permet aux passions déchaînées de prévaloir un moment, ce sera sans doute une grande calamité, mais ce sera la faute de ceux qui, en 1815, ont tellement abusé de la force contre les nationalités dignes de respect, et leur ont fait une situation qui n'a cessé de s'aggraver depuis quarante-cinq ans. Nous aurons du moins en France l'honneur de briser avec ce pacte injuste et de verser notre sang pour une cause juste et libérale.

« Vous savez que l'Empire n'a point mes sympathies. Il s'est inauguré par une insurrection militaire et l'abolition de nos libertés politiques fondées en 1815. Mais quelque coupable que soit l'origine d'un gouvernement, et quelque sévère qu'on soit pour lui, il faut reconnaître ce qu'il tente de bien, et j'avoue que si la politique actuelle de l'Empire ne cache aucun piége, s'il soutient à la fois la cause de l'indépendance italienne et la cause des libertés de l'Eglise, je ne pourrais m'empêcher de lui en être reconnaissant. La guerre de Crimée était déjà une belle guerre, mais sans grand péril, à cause de l'alliance étroite de la France et de l'Angleterre; celle-ci, au contraire, est périlleuse, plus juste encore, et à ces deux points de vue, elle mérite un assentiment plus marqué. L'Empire joue son existence, et devant l'égoïsme politique qui nous étreint depuis 1815, c'est une noble attitude que l'on n'était pas en droit d'espérer.

« Voilà, mon cher ami, mes sentiments. Je ne crains rien pour Rome; elle peut souffrir un jour, mais il vaut mieux souffrir en se sauvant que jouir en se perdant. Les malheurs de l'Eglise de France de 1789 à 1801 l'ont épurée et rajeunie; il en sera de même de l'Eglise Romaine et de l'Eglise Italique, si Dieu les appelle toutes deux à des épreuves et à des expiations.

« Ne vous figurez pas du reste, que nous soyons les seuls catholiques à penser ainsi. Il en est une multitude qui ne forment pas d'autres vœux. Mais le régime autrichien a franchi les Alpes, et les violences de la presse qui se dit ultramontaine parmi nous imprime aux esprits une sorte de terreur puérile. Cette tyrannie passera comme toutes les autres; elle est à la veille, je crois, de recevoir un grand coup, et, dans tous les cas, il en sera ce qu'il plaira à Dieu. »

Cette confidence, ou si vous aimez mieux cette causerie d'un ami avec son ami devint presque publique et ne le devint pas assez, puisque, incomplétement connue, elle fut en proie à tous les commentaires et interprétée au gré de la passion de chacun. Quelques mois s'écoulèrent; les choses avaient été telles que M. Cochin pouvait écrire, avec raison, cette phrase trop cruellement exacte : « Ni l'intérêt de l'Italie, ni celui du catholicisme, ni celui de la France ne me semblent satisfaits. » C'est après la publication de l'article de M. Cochin, d'où cette phrase est tirée, que le P. Lacordaire lui écrivit la lettre suivante :

Sorèze, 27 juin 1860.

Monsieur,

« Je viens de lire le travail que vous avez publié dans *le Correspondant* du 25 de ce mois sous ce titre : « *La question italienne et l'opinion catholique en France.* » Aucun écrit jusqu'aujourd'hui ne m'a paru plus franc, plus large, embrassant mieux toutes les phases et toutes les parties du drame douloureux qui préoccupe aujourd'hui tous les cœurs vraiment chrétiens, vous avez su défendre la cause du Saint-Père sans abandonner la cause de l'Italie, et la liberté de l'Eglise, sans méconnaitre les droits d'un peuple trop longtemps victime de l'étranger. C'est pourquoi j'éprouve le besoin de vous témoigner ma gratitude d'une si heureuse et si complète expression de la plupart de mes sentiments personnels. Je vous remercie en particulier d'avoir désavoué l'abus qu'on a fait, dans ces derniers temps, de deux lettres mal connues, et qui, écrites au début de la guerre italienne, lorsque rien encore n'arrêtait mes vœux et mes espérances, ne pouvaient s'appliquer à une situation dont la nouveauté est à la fois trop évidente et trop regrettable.

« Pie IX est maintenant trop près de Pie VII par ses malheurs, comme il l'a été par ses généreux desseins, pour que la piété filiale ne domine pas mes pensées et mes paroles.

« Je dois aussi m'associer de plus près à ce dernier paragraphe de votre œuvre où vous restez si bien sur ce terrain catholique et libéral qui fut, pendant quinze ans, celui de tous les catholiques de France, et sur lequel les dernières expériences m'eussent amené, lors même qu'il n'eût pas été le théâtre des combats et des épreuves de toute ma vie. »

Quelques jours après, le P. Lacordaire déjà gravement malade, mais convaincu qu'il lui était défendu de garder plus longtemps sa pensée, publia sa brochure sur *la liberté de l'Italie et de l'Eglise,* qu'il mit moins de huit heures à composer (nous appprend le P. Mourey) et qu'il dicta à deux secrétaires à la fois.

Ce sont tous ces documents qu'il faudra joindre à certaines conférences de Notre-Dame, à *la lettre sur le Saint-Siége* et consulter, quand on voudra d'une manière impartiale et calme, sans autre passion que celle de la vérité, juger le P. Lacordaire sur la question qui fait l'objet de cette note.

XXIX.

La Sorézienne.

I

Formons, amis, formons nos trois phalanges,
Avec orgueil levons notre drapeau;
Qu'à son aspect le bruit de nos louanges
Pour l'exalter prenne un essor nouveau;
Car aujourd'hui dans sa triple auréole
Brille à nos yeux tout un siècle d'honneur.
Oui, soyons fiers de notre vieille école
Et pour jamais gardons lui notre cœur.

II

Non moins qu'ailleurs nous admirons Horace
Et les beautés d'Homère et de Platon;
Non moins qu'ailleurs nous poursuivons la trace
Des grands secrets d'Euclide et de Newton;
Mais, plus qu'ailleurs, fidèles au symbole,
De la vertu nous conservons l'honneur;
Soyons donc fiers de notre vieille école,
Et pour jamais gardons-lui notre cœur.

III

Les arts aussi, premiers nés du génie,
A notre oreille, à nos yeux, à nos mains,
De leurs trésors prodiguent l'harmonie,
Ils sont du beau les prophètes divins,
Et du ciel même échauffant la parole,
Versent en nous la lumière et l'honneur.
Soyons donc fiers de notre vieille école.
Et pour jamais gardons-lui notre cœur

IV

Si nos aînés furent de Louis-Seize
Les défenseurs et les derniers amis;
Si Bonaparte a trouvé dans Sorèze
Vingt généraux et cinq Caffarellis;
De leurs exemples, écoutant la parole,
A notre tour soyons fils de l'honneur;
A notre tour, grandissons notre école,
Et pour jamais gardons-lui notre cœur.

XXX

L'obélisque de Sorèze.

Lorsque le P. Lacordaire célébra les fêtes séculaires de Sorèze en 1857, on planta, au centre du parc, un obélisque commémoratif. Voici les inscriptions que le P. Lacordaire fit graver sur les quatre faces de la base; elles prouveront que le style lapidaire lui était aussi facile que l'autre.

ANNO DOMINI MDCCCLVII
DIE XII AUGUSTI
ANTIQUÆ ET JUNIORIS SCHOLÆ SORICINIANÆ ALUMNI
ELAPSO JAM CHARISSIMÆ SCHOLÆ PRIMO SÆCULO
IN MEMORIAM ET CONCORDIAM
UNA MANU, UNA VOCE, UNO CORDE
GRATI ANIMI MONUMENTUM
PONEBANT.

—

PRIMUM SCHOLÆ SÆCULUM
POST
DECEM ABBATIÆ SÆCULA.

—

ATAVIS
ET
POSTERIS.

—

STA MOLES
ET
LOQUERE.

XXXI

**Le P. Lacordaire à Recey; — une lettre de M. de Montalembert;
La statue de Bonassieux.**

Un prêtre, compatriote de Recey du P. Lacordaire, que j'interrogeai sur les premières années de sa vie et sur ses rapports avec son pays natal, m'a répondu par la lettre suivante, qui est de nature à intéresser les lecteurs et que je copie sans y rien changer.

« Lorsque le R. P. Henri-Dominique Lacordaire, des Frères-Prêcheurs, était le petit Henri, il réunissait, à Recey-sur-Ource, son pays natal, dans la maison de son père, quelques jeunes camarades pour s'amuser avec eux. Croirait-on que l'un des amusements favoris du futur étudiant et philosophe était de dire la messe? Le voilà dans la chambre qui sert de chapelle : l'assistance est quelquefois nombreuse. A toutes les messes d'Henri il y avait un sermon! et le prédicateur, c'était le futur dominicain. Ce sermon fut toujours le même; aussi le savait-il fort bien. Il était tout court, mais il y a dans ce discours quelque chose qui frappe. L'orateur se retourne vers l'assemblée recueillie, avec un ton particulier au jeune enfant; d'une voix douce et accentuée, il disait : *Mes Frères, c'est dimanche la Madelaine.* Et tous ses petits auditeurs applaudissaient, et la cérémonie s'arrêtait là. C'est son premier sermon; n'est-on pas frappé du choix du sujet? N'était-ce pas une espèce d'instinct qui lui fit parler de sainte Madelaine, puisque le chant du cygne fut le récit de la vie de cette sainte?

« Le P. Lacordaire est venu dans son pays en 1831,

après son procès sur la liberté des écoles. Il était prêtre, mais il vint en laïque. M. Nargent, curé de Voulaines, l'accompagnait. M. Morisot, curé de Recey, étant très-âgé alors, pria M. Nargent d'accompagner en visite l'illustre enfant de sa paroisse. Ils entrent chez M. l'abbé Détoges, diacre de Recey; M. le curé de Voulaines annonce à M. Détoges qu'il se fait un plaisir de le mettre en rapport avec M. Lacordaire, de Paris. Le diacre, qui n'avait pas vu encore le célèbre maître d'école et qui ne pense pas de suite voir un prêtre devant lui, hasarde timidement un mot d'éloges, en disant qu'il est très-flatté de cette visite, car il soupçonne que c'est non-seulement l'homonyme, mais encore le parent du prêtre qui fait tant parler de lui. Et M. Nargent de répondre : « Monsieur est le seul ecclésiastique de sa famille. Ainsi vous voyez que Recey peut continuer dans notre temps la réputation que dans leurs siècles respectifs ont commencée pour la Bourgogne saint Bernard et Bossuet. »

« A une visite postérieure, encore dans son pays natal, alors que La Mennais céda à l'esprit mauvais, qui trouva une si généreuse résistance dans l'humble et noble moine, l'ami d'un compagnon devenu misérable fut questionné sur celui avec qui il avait lutté pendant longtemps pour la bonne cause : « Qu'est devenu, lui demanda-t-on, votre « collaborateur, M. de la Mennais? » Le bon cœur du religieux évita la réponse sur la conduite, pour ne parler que la détresse de l'écrivain déchu. « Il imprime, dit-il, mais « il est réduit à la pauvreté la plus grande, car il s'en « manque 5 centimes qu'il n'ait un sou vaillant. »

« Le 2 février 1849, le P. Lacordaire disait la sainte messe à Recey. La paroisse lui fit l'honneur d'apprécier sa visite, l'église se trouva remplie comme aux jours de solennités. Le grand orateur sentit la valeur de cet accueil ; il adressa depuis l'autel, à la réunion qui cette fois pouvait le comprendre, de ces mots du cœur qui font tant de plaisir à entendre ; ses amis de la messe de 1806, au lieu de battre des mains parce que le sermon terminait la cérémonie, pleuraient ce jour-là de joie et de bonheur. Et comme il venait de dire qu'il se sentait à l'aise au milieu de ceux qui, comme lui baptisés dans cette église, avaient été placés et offerts à Dieu sur l'autel où il était monté, il communiqua une espèce d'enthousiasme à ceux qui se sont trouvés là et qui se hâtèrent de le prier de les bénir. On le vit avec plaisir retourner dans la maison où il prit naissance, aller embrasser chez lui son frère nourricier, et porter sa prière au cimetière sur les sépultures de ses compatriotes.

« La nomination du dominicain à l'Académie française occasionna l'adresse que rédigea le vicaire de la paroisse, que signèrent les principaux habitants de Recey; on sait l'intéressante réponse que fit à ce sujet à ses compatriotes le R. P. Lacordaire. »

Voici l'adresse dont parle la lettre ci-dessus :

Très-Révérend-Père,

« Tandis que Paris et la France entière applaudissaient avec enthousiasme à la fête littéraire qui vous proclamait l'un des quarante immortels, le modeste pays qui vous a vu naître s'associait bien vivement à ce nouvel honneur décerné au plus illustre de ses enfants. Heureux et fier de cette distinction qui rejaillit en quelque sorte sur lui, nous venons, nous, ses représentants et vos compatriotes, vous adresser ses plus sincères félicitations.

« Peut-être, Très-Révérend Père, ce témoignage de sympathie ne vous sera-t-il pas complètement indifférent; si faible et si humble qu'il soit par lui-même, il revêt à vos yeux, nous en sommes convaincus, un tout autre caractère de grandeur et de dignité, lorsqu'il vient de cette patrie, dans la patrie que l'on nomme le pays, et lorsqu'il éveille *tous ces doux souvenirs qui rappellent l'âme au lieu natal* (1).

---

(1) *Vie de saint Dominique*, par le P. Lacordaire, 2ᵉ édit., p. 20.

« Assurément l'Académie française a honoré votre personne et votre nom en vous recevant dans son sein : mais on peut et l'on doit dire aussi qu'elle s'est honorée elle-même par cet heureux choix, qui prouve si bien qu'*elle sait reconnaître les siens dans quelque rang et sous quelque habit qu'elle les rencontre* (1). L'illustre compagnie a salué en vous, par une voix éloquente, *l'éloquent prédicateur;* par une plume brillante, *le brillant écrivain* et le moraliste à la fois sévère et tendre, sympathique et pur (2). Nous aussi, Très-Révérend Père, nous vous saluons sous ces titres éclatants ; nous vous saluons, en outre, comme le glorieux restaurateur d'un ordre célèbre, qui peut maintenant, grâce à vous, répandre ses bienfaits non-seulement au milieu de nous, mais encore dans les plus lointaines régions ; nous vous saluons enfin comme le digne couronnement de cette immortelle trinité bourguignonne :

« SAINT BERNARD, BOSSUET, LACORDAIRE. »

Quelques années plus tard la pensée d'élever une statue au P. Lacordaire dans son pays natal vint à plusieurs de ses compatriotes. M. le curé de Recey en écrivit à M. de Montalembert, qui lui répondit par la lettre suivante que j'ai copiée sur l'original :

Paris, ce février 1869.

« Monsieur le curé,

« Je suis vraiment confus de ne pouvoir répondre à la précieuse communication dont vous m'avez honoré le 19 janvier, avec l'adhésion sans réserve que vous devez attendre de ma part. Je crains de vous affliger et j'en serai vraiment désolé : mais d'un autre côté, le caractère même du grand homme que vous voulez honorer comme moi, et

---

(1) Réponse de M. Guizot, au P. Lacordaire.
(2) Id.

qui était la droiture et la sincérité mêmes, m'interdit toute réticence. Je me sens donc obligé de vous dire que, comme ancien ami et admirateur du P. Lacordaire, je ne puis en aucune façon goûter l'idée de lui élever une statue. Dans un temps et dans un pays où ce genre de distinction a été prostitué à des hommes tels que M. N*** et M. de X***; il ne convient pas à un homme tel que Lacordaire de partager avec eux cette notoriété de carrefour. Il viendra peut-être un temps où la renommée populaire s'égarera moins et où les bronzes et les marbres de l'Etat trouveront un emploi plus honorable. Bossuet n'a point encore de statue au lieu de sa naissance; mais Voltaire va avoir la sienne. Cette coïncidence caractérise très-exactement l'état de la France sous le second empire, et, me plaçant, comme cela m'est arrivé si souvent dans ma vie, au point de vue de l'illustre mort, je crois être sûr que celui dont vous relevez avec tant de raison la virile indépendance, eût préféré attendre, avec Bossuet, la justice de l'avenir.

« Telle est, monsieur le curé, la conviction bien arrêtée de mon âme, et je dois à votre caractère sacré, comme à la sympathie que vous témoignez à votre immortel paroissien, de vous en faire la confidence toute entière.

« Toutefois, je suis bien loin de vouloir en faire une règle de conduite pour autrui, et si vous persévérez dans votre idée, si vous obtenez le concours de juges plus autorisés ou plus impartiaux que moi, je ne manquerai certes pas de contribuer pour ma part et selon la mesure de mes moyens au monument que la commune de Recey-sur-Ource aura l'honneur d'élever au plus éloquent des enfants de la Bourgogne, comme au prêtre le plus illustre de l'Eglise de France en notre siècle.

Agréez, monsieur le curé, l'hommage de ma respectueuse considération.

« Ch. de Montalembert. »

Ce vœu des compatriotes du P. Lacordaire devait être réalisé par les fils de sa parole et de son cœur. Le

10 juin 1875, en présence de Mgr Rivet, évêque du diocèse, on inaugurait dans la cour du couvent de Flavigny, la statue du P. Lacordaire, due à l'éloquent et pieux ciseau de Bonassieux, statue du père, de l'ami,

> « ..... tel qu'on le vit de près
> « Murmurant les conseils de son âme prudente ;
> « Tel que l'ont peint en nous nos immortels regrets. » (1)

Et c'est bien ainsi que je l'ai vu moi-même le 4 août 1875, jour d'inoubliable souvenir !.... Je ne résiste pas à la tentation de rapporter ici les paroles que le saint et aimable évêque de Dijon a prononcées à cette fête de l'inauguration de la chère statue. Il me semble qu'elles ont eu un écho dans l'âme de tous ceux qui, après avoir connu et aimé le P. Lacordaire conservent un cœur fidèle à sa mémoire :

« Il y a 27 ans, j'introduisais le P. Lacordaire dans
« cette chère maison de Flavigny. Quelques années après,
« je venais bénir sa nouvelle chapelle. Oh ! quel bonheur
« pour mon cœur d'évêque de doter mon diocèse d'une
« maison de Frères-Prêcheurs !

« Montalembert et Foisset étaient là ! Aujourd'hui, s'ils
« eussent été ici, devant cette image de leur fidèle et
« intime ami, comme ils l'auraient acclamé ! comme ils
« auraient tressailli de joie, eux qui l'avaient si bien
« connu ! Il ne reste que moi ! et lorsque, tout-à-l'heure,
« on me recevait dans cette maison par ce salut : » votre
« ami vous attend, » j'ai tressailli jusqu'au fond de mon
« âme, car la gloire de mon épiscopat sera d'avoir été
« son ami. »

---

(1) T. R. P. Monsabré.

XXXII

Le P. Lacordaire et l'Académie Française.

C'est le 2 février 1860 que le P. Lacordaire avait été nommé membre de l'Académie française par 21 voix, au nombre desquelles il ne faut pas compter celle de l'auteur de *Volupté* (1). Trois voix furent données à M. Camille Doucet, qui n'avait pas eu la bonne pensée et le bon goût d'attendre une circonstance plus propice à ses désirs, comblés du reste aujourd'hui, et sept à un spirituel inconnu, M. Mazères.

La réception eut lieu le 24 janvier 1861. L'impératrice et le prince Napoléon avaient voulu y assister. Le lendemain, le P. Lacordaire fit la visite obligatoire aux Tuileries, en compagnie de M. Guizot et de M. Villemain (2). L'empereur, dit-on, le loua beaucoup de son éloge du

---

(1) Le P. Lacordaire n'en dut pas être surpris : Un jour des vacances précédentes, en effet, que je nommais devant lui les académiciens qui, à mon avis, voteraient pour lui, je citai Sainte-Beuve, dont la voix me semblait commandée par sa haute intelligence littéraire non moins que par les souvenirs d'une vieille amitié et de services rendus. Le P. Lacordaire me détrompa, et comme j'insistais en demandant pourquoi : « Non, mon cher ami, Sainte-Beuve ne votera pas pour moi, il est trop..... *gâté.* » Le mot, pour avoir encore plus d'énergie n'était, hélas ! que trop vrai.

(2) Je me suis laissé raconter, par un homme véridique qui n'est autre que M. Foisset, une répartie de M. Villemain, qui n'étonnera pas ceux qui connaissent le spirituel secrétaire perpétuel des Quarante : Au cours de la visite académique, l'empereur lui annonça qu'il venait le matin même de nommer sous-préfet un de ses proches parents, son gendre, je crois, qui, paraît-il, ne l'avait pas sollicité. « Sire, reprit M. Villemain, j'en suis aussi charmé que surpris. »

général Drouot. Ce devoir rempli, le P. Lacordaire rentra à Sorèze

J'extrais d'une *Causerie* de Sainte-Beuve, du 20 janvier 1862, sur *les prochaines élections de l'Académie*, les lignes suivantes:

« L'héritage du P. Lacordaire a dû occuper beaucoup ceux des académiciens qui composent la majorité de la Compagnie, et qui l'y avaient fait entrer. L'éloquent dominicain est de ceux dont l'éloge ne saurait être confié indifféremment. Il n'était pas un académicien comme un autre. On a beau dire, on a beau s'intituler confrère, l'égalité entre les Quarante n'est pas absolue. Il y avait dans l'Olympe les grands et les moindres dieux ; on dirait qu'il y a de même les grands et les petits académiciens ; on ne fera jamais que M. Dupaty soit réputé exactement l'égal de M. de Châteaubriand. Cela se voit et se marque à bien des signes. L'autre jour, quoique M. Lacordaire fût mort depuis près d'une semaine, et que la première émotion de cette triste nouvelle fût passée, l'Académie, assemblée un jeudi, — le premier jeudi depuis qu'on avait reçu la lettre de faire part, — leva incontinent la séance, après cette lettre entendue. Voilà les honneurs et les distinctions réservés aux vrais immortels. » (*Nouveaux lundis*, t. I, page 400.)

Ce fut, on le sait, le prince (aujourd'hui le duc) Albert de Broglie qui, à l'unanimité des votants, fut nommé pour remplacer le P. Lacordaire. Il fut reçu le 26 février 1863, et en faisant l'éloge du grand et saint moine qu'il avait l'honneur de remplacer, et qui, « peu confiant dans les faveurs qui obligent, qui compromettent et qui passent, n'avait jamais voulu de la France que sa justice, » il remercia noblement les Académiciens d'avoir été pour lui « les organes de cette justice. » M. Saint-Marc Girardin, qui lui répondit, fit, lui aussi, l'éloge du P. Lacordaire en d'éloquentes paroles, dont je suis heureux de citer quelques unes.

» Ah! grand et généreux esprit, si j'osais ici m'adresser

à vous-même, c'est nous aujourd'hui qui pleurons sur le mort, parce qu'il s'est reposé (1); c'est nous qui comprenons, non pas mieux que vous, mais par vous, qu'il y a des morts dont il faut pleurer le repos, parce que leur travail est fini, mais non leur œuvre, parce que vous ne pouvez plus vivre pour ce siècle agité, dont l'agitation ne vous déplaisait pas, tant que c'était l'agitation des idées et non pas celle des intérêts, pour cette société à qui vous ne demandiez pas le droit de vous reposer, mais le devoir et la joie de la consoler dans ses tristesses et de la relever dans ses découragements

XXXIII

Deux lettres de M. Guizot.

(Je dois la communication de ces lettres à la bienveillance du T. R. P. Mourey, à qui M. Guizot les a écrites.)

I

« J'ai reçu, Monsieur, et lu avec une bien douloureuse sympathie la lettre que vous m'avez fait l'honneur de m'écrire pour m'annoncer les vives et prochaines inquiétudes que vous inspire l'état du P. Lacordaire. Je ne suis plus directeur de l'Académie française ; mais je m'empresse de renvoyer votre lettre à son secrétaire perpétuel, M. Villemain, qui lui en donnera connaissance. L'Académie ressentira certainement d'avance, avec un profond regret, la perte qu'elle est sur le point de faire. Pour moi,

---

(1) M. Saint-Marc venait de citer cette admirable page qui termine la *Lettre sur le Saint-Siége* : » Je me promenais, etc. »

cette perte me causera et me cause déjà un regret tout particulier. Veuillez, je vous prie, être auprès des amis du P. Lacordaire, l'interprète de mes sentiments, et recevoir pour vous-même, l'assurance de ma considération la plus distinguée.

GUIZOT.

Val Richer, 11 novembre 1861.

II

Val-Richer, 26 novembre 1861.

Je n'avais que bien faiblement accepté, monsieur, l'espérance qui s'est laissée un moment entrevoir sur l'état du P. Lacordaire, et j'apprends avec beaucoup de tristesse et peu de surprise que l'Eglise, l'Académie et ses amis viennent de le perdre. La perte est grande pour tous. Il a brillé partout où il a passé, et partout il a brillé d'un éclat pur, de l'éclat qui vient d'en-Haut. Je ne l'ai rencontré que tard, et en passant; mais son souvenir me restera présent, jusqu'au moment où nous nous retrouverons, j'espère, à la source de la lumière et de la paix. Je vous remercie, monsieur, du soin que avez pris de me tenir au courant de ses derniers moments de séjour ici-bas, et je regrette vivement que ma santé ne me permette pas d'assister à ses obsèques : j'aurais été heureux de lui rendre encore cet hommage.

Recevez, je vous prie, monsieur, avec mes remerciements, l'assurance de ma sincère sympathie et de ma considération la plus distinguée.

GUIZOT.

XXXIV

Un portrait du P. Lacordaire en 1841.

« ..... Depuis ce commencement de lettre, M. Lacordaire est venu en habit de dominicain, qui sied parfaitement à son visage ascétique, humble et inspiré. Rien n'est comparable à ce regard flamboyant d'intelligence ; mais le plus beau, c'est sa parole sainte et consolante.

« ..... Encore une visite du P. Lacordaire, la dernière, par malheur ! Il part pour Rome plus tôt qu'il ne comptait....; il parle peu, mais en dit tant du regard ! Je lui trouve le front inspiré et resplendissant de saint Dominique. Dieu veuille qu'il le fasse revivre avec le même bien pour la société ! Elle en a autant besoin que celle du moyen âge, mais M. Lacordaire en espère beaucoup, surtout de la France.

« ..... Avec quel intérêt je l'ai vu, ce jeune saint, un instant lié à Maurice à l'école de La Chênaie ! » (1)

Eugénie de GUÉRIN.

XXXV

Les jugements de Madame Swetchine.

Toutes les fois que l'occasion m'en a été donnée dans cette édition nouvelle, j'ai cité en note des extraits des lettres de madame Swetchine parlant du P. Lacordaire dans l'intimité de sa correspondance avec ses amis. Il m'a paru utile de consacrer un chapitre de cet Appendice à des citations de même nature qui n'ont pu trouver leur place dans mon étude biographique, et qui sont de nature à faire apprécier davantage par tous ceux qui aiment le Père Lacordaire, l'affection que lui portait sa maternelle amie. Elles ouvrent d'ailleurs sur sa vie, des jours que ne

(1) Lettres p. 403, 406, 412.

dédaignera point un biographe qui voudra être complet, quand l'heure en sera venue.

« .... Je n'ai pas perdu un instant pour dire à M. X*** ma pensée. Je ne l'exprime pas toute entière, mais elle est d'autant plus intelligible et plus pénétrante lorsqu'elle laisse à deviner. J'ai été secondée dans cette tâche par M. Lacordaire à qui le bon Dieu a fait depuis longtemps la grâce de l'éclairer et de le faire marcher hors de cette voie toute de dangers et d'écueils. C'est un homme d'un esprit bien distingué et d'un talent bien remarquable, destiné à grandir et à produire un jour, je l'espère, de grands fruits. Je le vois beaucoup; il s'est rapproché de moi d'affection et de confiance, et quand je le vois si déterminé à m'écouter, à ne consulter jamais que l'autorité, je jouis pleinement, avec sécurité, d'une conquête que l'Eglise ne peut perdre.... »

(Lettre à Dom Guéranger, 21 nov. 1833.)

― ― ― ― ―

« .... Laissez-moi à présent vous demander une autre preuve d'amitié; j'ai une idée confuse que vous ne connaissez pas assez le P. Lacordaire, je crois que vous me l'avez dit. Eh bien, moi, qui l'aime tendrement, je viens vous demander au nom de votre affection, au nom de celle que je vous ai vouée, au nom de ma profonde douleur et de cette cruelle séparation, de rendre bienveillantes vos dispositions pour lui. Etre à la fois les amis d'une même amie, c'est presque se trouver frères. Vous vous ressemblez peu ou point, vous avez dû facilement vous choquer ou vous déplaire; mais, croyez-m'en, c'est parce que vous ne vous connaissez pas, et l'effort que vous aurez fait pour moi, plus tard tous deux vous en recueillerez personnellement le fruit. Je ne vous demande pas d'autre démarche que de me dire qu'intérieurement vous avez modifié une impression qu'on est toujours aise d'avoir vaincue ; car l'indifférence même est trop loin de la charité pour ne pas oppresser un cœur chrétien.... »

(Lettre à Dom Guéranger, 28 août 1834.)

« .... J'avais là la lettre de M***, et M. Lacordaire m'a fait lire la sienne, toutes deux représentant le maître et le disciple, le premier mouvement du jeune homme imprimé par son imagination et le premier mouvement du prêtre grave et recueilli comme la conscience. J'ai fort approuvé M. Lacordaire qui dans tous ses droits n'use que d'un seul, c'est d'oser toute la vérité, et qui la découvre davantage à mesure qu'on l'intéresse. Celle qu'on réclame ici n'est pas difficile à dire ; elle comprend jusqu'aux éloges qu'une sage réserve retranche. Les conseils de M. Lacordaire sont pris de haut ; il ne juge que du point de vue chrétien, et la distinction de l'esprit, l'essor qu'il faut prendre, sont considérés par lui dans leurs écarts possibles et leurs rapports avec les vertus pieuses et les qualités solides du caractère. L'absence de toute vanité donne à ses leçons cette candeur, cette incomparable simplicité, cette sobriété philosophique enfin qui font de lui un être rare.

In wit a man, simplicity a child. (1)

Ce vers lui va au moins aussi bien qu'à Gay, et il est loin de rendre encore tout ce qu'il y a de sublime dans l'alliance du génie avec une naïveté humble et désarmée. Voilà l'homme, chère Pache, qui est prêt à suivre M*** de ses conseils et de ses vœux. Il sait qu'aucune partie de son instruction n'a été négligée, mais il n'en persiste pas moins dans son désir de le voir demeurer longtemps encore dans la région des faits et des matériaux, de le

(1) Il a l'esprit d'un homme, la simplicité d'un enfant.
(Epitaphe de Gay, par Pope, à Westminster.)

voir resserrer son cercle, concentrer ses forces, pour arriver à posséder ce que l'on se contente trop souvent d'effleurer. Il voudrait le défendre de la séduction des idées purement spéculatives, le faire descendre de leur hauteur, afin que plus tard il puisse s'élever jusqu'à elles d'un essor à la fois pur et rapide ; c'est sa propre expérience qui le fait parler... »

(Lettre à la comtesse Frédro, déc. 1835.)

« .... Par égard pour le malheur de famille qui vient de frapper M. Lacordaire, j'ai cru prudent de suspendre pour un temps les premiers rapports qui s'étaient établis entre lui et M***. Du reste, son esprit eût-il été plus libre, je crois que je me serais abstenue de lui communiquer les lettres que j'ai reçues de vous, par la conviction où je suis que sa nature indépendante et toute d'une pièce n'est point propre à ce que vous désirez.

Vous savez qu'il faut encore que les meilleures choses correspondent par des affinités particulières pour porter tous leurs fruits, et c'est ce qui n'aurait peut-être pas été ici. Ce n'est à aucune des parties de la précédente lettre de M*** que M. Lacordaire a répondu, mais à l'impression générale qu'elle lui a faite. Il l'a exprimée dans toute sa vérité, avec affection selon lui, mais sans ces ménagements qui sont hors de ses habitudes et auxquels aucun de ses rapports ne le façonne. J'admets avec vous que quelquefois ces ménagements peuvent être nécessaires, mais alors M. Lacordaire n'est plus l'organe convenable. Je doute que sa meilleure volonté puisse se ployer à la transaction, que son humeur sauvage et sa simplicité primitive puissent se tirer des complications qui exigent autant de soins apportés à la forme qu'à l'étude du fond. Je suis même, chère amie, si parfaitement convaincue de son incapacité à cet égard que j'ai supprimé vos lettres, bien sûre que votre confiance en moi s'en rapporterait à un jugement fondé sur la connaissance approfondie que j'ai du caractère et de la nature d'esprit de M. Lacordaire. Tout ce qui ôterait à sa franche allure et lui suggérerait une arrière pensée l'annulerait et le dépouillerait de son ascendant et de sa force. Ne me croyez pourtant pas sans regret de ne point voir une suite à ces rapports que j'avais aimés. Commencez par me croire sur parole, et plus tard, quelques jours de contact avec mon jeune, candide et pieux ami suffiront à votre sagacité et me justifieront. D'ici-là, soyez patiente, attendez que son influence soit affranchie de toute contrainte et rendue à son génie prime-sautier, comme disait Montaigne, alors elle se complaira dans tous moyens d'être utile. L'adresse de Rome que je vous ai donnée vous étonnera peut-être, si vous n'avez pas su qu'à la suite des plus marquants succès, la profonde et sincère humilité de M. Lacordaire au milieu de l'enthousiasme dont il était l'objet, lui fit désirer quelques années d'études et de recueillement dans une vie séparée et obscure. Rome dans ce but-là lui offrait toutes les convenances avec toutes les ressources. C'est toujours là que l'esprit catholique va chercher ses inspirations, et la foi qui y conduit est bien sûre de se redresser encore sous son charme divin.... »

(Lettre à la comtesse Frédro, 15 février 1836.)

« .... Je vous remercie, ainsi que votre bon frère, d'aimer un peu M. Lacordaire, mon autre adoption. Ce que j'aimerais ce serait de vous le faire connaître, et en attendant, si c'est possible, de vous donner une idée de ses conférences à Notre-Dame. Les voilà interrompues par l'humble et sage résolution qu'il a prise de se retirer à Rome pendant deux ou trois ans, et de s'y livrer, dans la retraite, aux travaux que demandent sa vocation toute spéciale et les encouragements inouïs qu'il a reçus. C'est une belle et bonne chose qu'un sacrifice qui doit coûter beaucoup même au zèle! Il a été fait avec tant de dévouement et de pureté d'intention que j'espère le voir accepté et béni.

(Lettre à la comtesse Edling, 4 juillet 1836.)

« .... Vous aurez su peut-être le retour à Paris de M. Lacordaire, quinze jours avant la date fixée. Il est à merveille de santé et de disposition, très-content de Metz, d'où il a emporté les témoignages les plus flatteurs. Tous les matins à huit heures, il vient dire la messe dans ma chère chapelle, et cet arrangement, tout en lui convenant, ménage mes forces, qui pour le moment ne sont pas brillantes.... »

(Lettre à la comtesse de Germiny, 6 mars 1838.)

« Hier s'est trouvée accomplie dans ma chapelle l'œuvre de foi et de zèle qui a tant occupé M. Lacordaire dans ces derniers temps; jamais catéchumène (1) n'a été plus digne de la charité dont il était l'objet, par son recueillement et son émotion ardente et profonde. Combien je vous ai regrettée, ma chère amie, à cette vraiment belle cérémonie qui rappelait les temps primitifs. M. Lacordaire a parlé deux fois au jeune néophyte, et jamais sa parole vibrante n'a été plus à l'âme.... »

(Lettre à Mme La Rochefoucauld, 23 juillet 1838.)

« Aujourd'hui j'attends madame de Rauzan, et chaque jour mon ami Lacordaire, qui m'écrit des lettres adorables de cœur; on lui sait tant de gré de ne pas apercevoir son esprit. »

(Lettre à Mme de La Rochefoucauld, 26 sept. 1838.)

---

(1) Ce catéchumène était le vicomte de Serre, neveu de l'illustre orateur de la Restauration, mort en 1859 à Athènes où il était ministre de France.

« .... J'ai eu ce matin une petite lettre de M. Lacordaire qui m'annonce son arrivée pour jeudi (1). Il ne se doute pas qu'il vient fêter ce jour-là avec moi l'anniversaire de mon abjuration, ce jour entre tous les autres qui a posé la première pierre de mon bonheur. »

(Lettre à madame de B., 5 novembre 1838.)

« Hier matin, pendant que je causais de choses tout autres avec M. Lacordaire, m'est arrivé M. de Genoude, et une demi-heure ne s'était point écoulée, après les premières politesses faites, que l'ultramontain était aux prises avec le gallican le plus exagéré de France. Il serait bien difficile de dire lequel des deux a attaqué le premier ; à peine s'étaient-ils aperçus que l'un et l'autre n'ont plus songé qu'à combattre. Au moment où la bataille se trouvait le plus engagée, la porte s'ouvre et l'on annonce M. Deguerry. M. Lacordaire s'interrompt un moment pour s'écrier : c'est un concile ! puis reprend immédiatement ; M. de Genoude riposte ; M. Deguerry s'en mêle : tous les trois parlent et tempêtent à la fois. Enfin ce bel épisode de concile me tint jusqu'à six heures dans un état qui ne laissait pas d'être angoisseux et perplexe. M. de Genoude, dans un sens opposé, allait bien aussi loin que M. Lacordaire ; mais sa situation faite, l'appui plus ou moins avoué que reçoit son opinion, son expression plus calculée le plaçaient beaucoup mieux que mon éloquent ami, qui se montrait plus entraîné et plus imprudent. Je souffrais beaucoup parce que je sentais que ses paroles, proférées comme s'il les eût jetées au vent, tombaient dans la mémoire exacte et sèche de son antagoniste, qu'elles seraient répétées et composeraient la première page du factum que l'on dresse contre lui. M. Deguerry qui, par la nature de ses opinions, aurait pu paraître là comme modérateur,

---

(1) V. lettre de l'abbé Lacordaire d'Aisey-le-Duc, 1ᵉʳ novembre 1838.

s'arrêtant aux surfaces, ne répondait guère qu'à M. Lacordaire, qui s'en animait davantage; enfin, le premier, il quitta le champ de bataille. Cette prise a achevé de me donner la mesure de toutes les difficultés qui attendaient M. Lacordaire. Je ne sais pas une plus admirable vertu que la sienne, une vertu plus faite pour s'élever à la sainteté, si cette vertu veut se courber et s'enfermer dans l'obéissance ; mais par cela même que son empire sur lui-même n'est que la puissance du dévouement et du sacrifice, qu'elle absorbe toutes les qualités secondaires de la sagesse humaine, comment conduira-t-il une grande entreprise à fin? »

(Lettre à M. de Melun, 18 novembre 1838.)

« .... Vous paraissez certain que je ne pouvais être qu'engouée de la brochure de M. Lacordaire. Engouée ! non ; non ; l'affection en moi tendrait davantage à se faire inquiète ou sévère. Si j'avais quelque influence, je pousserais à un plus long travail, à des consultations plus sérieuses, enfin à sacrifier au temps la timidité inquiète, ayant besoin de cet élément pour se familiariser avec le péril. Mais voilà ce que des gens bien autrement influents sur M. Lacordaire n'en auraient pas obtenu davantage. Le chapitre auquel vous trouveriez le plus à reprendre est celui précisément qui a paru le plus merveilleux, le chapitre de l'Inquisition, sur lequel, du reste, il est assez simple que votre jugement pieux et savant ne coïncide pas avec celui du monde qui est précisément le contraire. Le système de M. Lacordaire admis, il est vrai qu'il l'a étayé d'aperçus ingénieux, et de vues assez philosophiques, lorsqu'il a montré que l'inquisition religieuse ne s'est trouvée en général sombre et violente, que par l'immixtion du principe politique. L'essai qu'il croit y voir également du système pénitentiaire est assez adroit, surtout s'il importe encore davantage de se concilier les hommes que de les éclairer. Enfin, ici, pour juger l'exécution, il faut voir le programme. Que voulait M. Lacordaire ? Rendre l'ordre des dominicains, malgré les souvenirs de l'inquisition, acceptable à son temps. Hé bien, il y a réussi, jusqu'à un certain point, car ne point le révolter, c'était le vaincre presque. A tout prendre, ce mémoire a fait un bon effet; quant à sa portée, c'est une autre question, et je suis dans une profonde incertitude de ce qui doit suivre à cet égard. »

(Lettre à dom Guéranger, 18 juin 1839.)

« .... Ce que vous me mandez du P. Lacordaire me fait un plaisir toujours nouveau. Il a lui-même une spécialité que d'autres spécialités, rebelles encore à la vérité, semblent attendre pour y revenir. Je suis heureuse du bien qu'il fait aux autres, mais heureuse surtout de ses progrès intérieurs, qui me paraissent non moins incontestables. »

(Lettre à la Ctesse de Chelaincourt, 1840.)

« .... J'ai eu, en dernier lieu, d'excellentes lettres du P. Lacordaire, et aujourd'hui m'est arrivée une brochure d'un protestant bordelais, converti par sa parole, et qui rend compte de la voie que la Providence lui a fait suivre. Il est décidé que le P. Lacordaire prêchera à Nancy l'Avent et le Carême, longues stations comme il a raison de les aimer.... »

(Lettre à dom Guéranger, 24 juin 1842.)

« J'ai eu deux excellentes longues lettres du P. Lacordaire depuis que je suis ici (à Aix-la-Chapelle) : il allait très-bien et sa sérénité est parfaite. Il ira décidément prêcher l'Avent et le Carême à Nancy ; j'espère que Dieu bénira cette prédication, de cette même bénédiction puissante qui a porté à Bordeaux des fruits si solides. On vient de m'envoyer une brochure écrite par un protestant rentré dans le sein de l'Eglise à la suite de ce carême de Bordeaux, et qui rend compte de ses motifs. »

(Mme Swetchine à Mme de la Rochefoucauld, 26 juillet 1842.)

« Le P. Lacordaire s'est encore tellement surpassé dans la conférence de dimanche dernier (1), qu'au sortir de l'église, n'étant encore qu'à la troisième conférence, je me préoccupais un peu de l'impossibilité presque manifeste où il serait, non pas de s'élever davantage, mais seulement de se maintenir à cette hauteur. Comme je ne l'ai pas encore lue, je ne sais si l'effet à la lecture en aura été reproduit : il y a eu des moments où l'auditoire était vraiment enlevé. Demandons à Dieu que ces mystérieuses et saintes commotions ne se limitent pas à des effets éphémères. »

(Mme Swetchine au P. Gagarin, déc. 1845.)

« J'ai bien regretté que vous ayiez quitté Paris sitôt : d'abord vous auriez été rassurée sur la santé du P. Lacordaire qui était déjà beaucoup mieux ; et puis quelques mots prononcés par lui à l'occasion du tiers-ordre de saint Dominique, vous eussent laissé l'impression intime et si pieusement pénétrante que sa parole a toujours : il semble que pour toucher il n'ait vraiment qu'à se recueillir. »

(Mme Swetchine à Mme de Mesnard, 1845.)

---

(1) Si la date de la lettre est exacte, cette conférence est la 31e sur « l'organisation et l'expansion de la société catholique. »

« On me dit de tous côtés que la station du P. Lacordaire à Strasbourg va à merveille et que de solides effets suivront. Dieu le veuille ! la moisson n'est vraiment belle que rentrée dans les greniers de la Providence.

(Mme Swetchine à Mme de Mesnard, 1846.)

« .... Ce que j'aurais voulu, c'est qu'une voix puissante pût se faire entendre aux rebelles. Si une mission de paix était possible, qui aurait plus de droit que notre ami d'en être investi ? Figurez-vous que depuis ce matin cette pensée m'obsède.

(Mme Swetchine à Mme de Mesnard, 24 juin 1848.)

« En attendant, j'ai toujours la bonne fortune de ceux qui restent, les gens qui traversent Paris. Hier, c'était Montalembert ; avant-hier le P. Lacordaire, qui fonde une maison à Toulouse, et qui en couvrirait la France, si sa famille était assez nombreuse pour suffire aux demandes qu'on lui fait. »

(Mme Swetchine à Mme Craven, 27 sept. 1853.)

Il faudra bien cependant qu'un jour où l'autre le P. Lacordaire revoie Paris, et je fais des vœux pour que ce jour soit prochain. Je lis tout ce qu'il publie, et bien plus encore les courtes lignes qu'il m'adresse, et qu'il sait rendre pénétrantes de bonté. L'éclat de sa parole augmente toujours et sa beauté est incomparable : on n'a jamais vu un talent mûrir sous des conditions plus brillantes et qui semblent appartenir exclusivement à la jeunesse.

(Mme Swetchine à Mme de Mesnard, 8 sept. 1856.)

« J'étais bien sûre que vous seriez frappée de l'article du P. Lacordaire sur les deux volumes d'Albert de Broglie. C'est un très-beau morceau ; c'est la statue qui sort du piédestal même et s'achève magnifiquement. J'ai eu à cette occasion une admirable lettre du P. Lacordaire (1) ; ses lettres seront peut-être un jour une notable partie de sa gloire d'écrivain. J'ai été pour quelque chose dans son rapprochement avec M. de Broglie et je m'en félicite. Ils se ressemblent trop peu pour se nuire, et ils ont plus d'une condition pour s'être mutuellement utiles... »

(1856. — Lettre à la duchesse de La Rochefoucauld.)

XXXVI

Le libéralisme de Lacordaire.

Je pourrais, dès aujourd'hui, ajouter plusieurs chapitres à cet appendice. Je m'en refuse la tristesse ou la joie. Le P. Lacordaire a trouvé l'épreuve et la douleur, là où il ne devait rencontrer que la reconnaissance et la fidélité. *Scribantur hæc in generatione alterâ!* (2) Je ne citerai

---

(1) V. Lettre du P. Lacordaire du 30 sept. 1856.

(1) Cette tristesse publique, qui fut la plus vive et la plus longue de sa vie, n'était pas la seule dont il fut abreuvé. Il en connut d'autres, plus intimes et non moins inattendues ; il rencontra l'ingratitude sous toutes ses formes, et la division là où il devait le moins la prévoir. Jetons un voile sur ces épreuves qui sont l'apanage commun de tous les hommes, et qui d'ailleurs ne réussirent jamais à creuser dans son cœur un doute sur la justice de Dieu, même ici bas, ni à l'aigrir contre les hommes pris en masse. Mais il ne revenait que lentement du trouble où le plongeaient cer-

plus que deux choses : une lettre de lui écrite à l'*Univers* en 1850 à la suite d'une attaque d'un ami des anciens jours, qui lui était aussi imprévue que cruelle, et des extraits d'une revue anglaise « *The Month* » du mois de juin 1870, dirigée par des Pères de la Compagnie de Jésus.

Voici d'abord la lettre :

« Paris, 28 avril 1850.

« Monsieur le Rédacteur,

« Vous avez donné au public une longue lettre de Monsieur l'abbé Morel (1) au sujet d'un discours que j'ai prononcé dans une réunion du Cercle catholique, discours où cet honorable ecclésiastique a cru remarquer, en ce qui concerne l'intolérance civile et l'Inquisition, quelques idées peu conformes à la vérité. Je me permets de renvoyer M. l'abbé Morel à deux écrits que j'ai publiés sur cette matière. L'un est une conférence de 1835, qui a pour titre : *De la puissance coercitive de l'Eglise;* l'autre est un chapitre sur l'Inquisition, qui fait partie de mon mémoire pour le rétablissement en France de l'Ordre des Frères-Prêcheurs. Ces deux pièces, qui expriment toute

---

tains mécomptes, certaines défections ; il en demeurait quelque temps étourdi et comme accablé. Puis redressant la tête, il en rejetait loin derrière lui le souvenir, comme un fardeau qui souille plus encore qu'il ne pèse, et s'enfonçait dans ce qui était devenu la préoccupation de ses dernières années, l'éducation de la jeunesse. « Une des consolations de ma vie présente, disait-il, est de ne plus vivre qu'avec Dieu et des enfants : ceux-ci ont leurs défauts, mais ils n'ont encore rien trahi et rien déshonoré. » (*)

M. de Montalembert.

(*) Lettre du 11 octobre 1854.

(1) « M. l'abbé Jules Morel et Henri Lacordaire s'étaient rencontrés sur
« les bancs du séminaire St-Sulpice et ils s'étaient pris l'un pour l'autre
« de la plus étroite amitié. C'était M. Jules Morel, ardent libéral et men-
« naisien fervent, qui avait triomphé de la longue résistance de Lacordaire
« et l'avait entraîné à La Chênaie : il devait l'accompagner en Amérique si
« Lacordaire eut donné suite à son projet de New-Yorck.... »

Foisset, t. 2. p. 163.

ma pensée sur l'intolérance civile et l'Inquisition, ont été imprimées plusieurs fois à un grand nombre d'exemplaires, sans que personne jusqu'ici y ait signalé rien de contraire aux enseignements de la foi. En y renvoyant purement et simplement M. l'abbé Morel, je n'entends pas dédaigner d'entrer en discussion avec lui; il y a beaucoup d'exemples de théologiens qui ont discuté publiquement des thèses sur lesquelles ils n'étaient pas d'accord. Mais il me semble que nous avons trop à faire aujourd'hui pour nous livrer à cette sorte de gymnastique. C'est pourquoi, si après avoir pris connaissance des textes anciens et fort développés que je lui indique, M. l'abbé Morel persistait à combattre mon opinion, je me bornerais au regret de penser autrement que lui, et j'attendrais paisiblement le jugement de l'Eglise, à laquelle je soumets tous mes écrits dans le passé, le présent et l'avenir.

« Veuillez être assez bon, Monsieur le Rédacteur, pour insérer dans vos colonnes cette courte réponse et pour agréer l'expression de mes sentiments très-distingués.

« Frère Henri-Dominique LACORDAIRE,
des Frères-Prêcheurs. »

Voici les extraits « du Mois. » Je suis d'autant plus heureux de les citer ici qu'ils mettent dans son vrai jour « le libéralisme de Lacordaire » et qu'ils sont l'éloge le plus juste et le plus mérité de l'admirable livre de M. Foisset. Je n'ai qu'un regret pour le Père Lacordaire et pour son historien, c'est de ne pouvoir transcrire ici tout entier cet article qui n'a pas moins de 34 pages in-8º dans la traduction qu'une main amie m'a procurée :

« La vie d'un grand chrétien, qui a occupé dans les événements publics de son temps en ce qui touche l'Eglise, une place marquante, doit inévitablement, si son action a laissé une trace durable, remuer beaucoup de questions et contenir beaucoup d'enseignements...

« ... Or, à beaucoup d'égards, le travail de M. Foisset est si admirable qu'il ne nous laisse aucun regret de ce que M. Perreyve n'a pu le devancer. Au contraire, beaucoup de raisons nous portent à nous en féliciter ; il convenait, en effet, que le biographe de Lacordaire fût précisément M. Foisset. Celui-ci a l'avantage, non-seulement d'avoir été son correspondant pendant la plus grande partie de sa vie, mais encore d'apporter à l'accomplissement d'une tâche délicate une somme d'expérience que, sur les temps où s'est formé l'esprit de Lacordaire, un homme plus jeune ne pouvait posséder, comme aussi le mérite d'avoir peu de rivaux quant au calme du jugement, et au poids que donne ce calme à l'autorité des appréciations. C'est assurément un rare bonheur pour Lacordaire que sa vie ait été écrite par un ami à peu près de son âge, et par un ami laïque qui a observé du dehors ; et, de plus, par quelqu'un qui, ayant passé ses meilleures années dans la magistrature, a contracté l'habitude de prononcer impartialement, par quelqu'un qui parle avec la modération d'un juge sur les événements irritants du siècle. Ces espérances ne seront pas trompées ; et le caractère donné par l'auteur à son ouvrage lui acquerra une autorité que n'obtiennent pas ordinairement les biographies enthousiastes. Lacordaire, à notre avis, est plus noble et plus grand en vérité dans le récit clair et sans passion de M. Foisset qu'il ne le pourrait être sous la plume d'un panégyriste...

« ... Quelques explications sur ce qu'on appelle le libéralisme de Lacordaire seront bien accueillies, nous le pensons, par ceux qui désirent le plus sincèrement admirer le grand orateur de Notre-Dame, et le restaurateur de l'ordre de saint Dominique en France.

« Le mot *libéralisme* est un mot d'une signification vague et élastique. Bien que le sens étymologique du terme soit de nature à lui attirer faveur, il est probable qu'il est considéré par les gens de bien comme représentant quelque chose de mauvais. Du reste, il veut dire une chose en Angleterre et en Irlande ; il en veut dire une autre en Belgique, en France ou en Italie. Il a une signification purement politique et une autre signification purement religieuse ; il en a une aussi qui pourrait être appelée politico-religieuse. Un homme peut être un libéral en politique, et pas du tout un libéral en religion. En général, toutefois, le mot *libéralisme*, nous l'avons dit, sonne mal pour beaucoup d'honnêtes gens. Il doit en partie son mauvais renom aux folies de ceux qui se vantent de représenter ce système, mais beaucoup aussi aux idées fausses et à l'insolence blessante de ceux qui le décrient. C'est tout assez, pour quelques personnes, qu'un homme soit l'ami personnel de l'ami de quelque homme distingué qu'on nomme *libéral,* pour qu'il soit décidé que, chez lui, tout est détestable, en politique et en religion, à moins que, au commandement de quelque inquisiteur sans mission, cet ami ne préfère dénoncer son ami (ou l'ami de son ami), sur une accusation avec laquelle ce dernier n'a rien du tout à faire.

« Comme Lacordaire s'est toujours déclaré et a toujours été libéral dans un certain sens vrai, il vaut la peine d'examiner ce qu'étaient réellement ses opinions, et ce qu'elles n'étaient pas.

« En premier lieu, nous rencontrons sa collaboration au journal l'*Avenir*, dont les principes furent condamnés par Grégoire XVI, et l'allégation qu'il a été l'ami et le disciple de l'infortuné Félicité de La Mennais.

« Nous avons à remercier M. Foisset de nous avoir donné une idée parfaitement claire de M. de La Mennais, de son système et de sa carrière, et d'avoir aussi complètement lavé la mémoire de Lacordaire de la tache en question, en prouvant qu'il n'y eut entr'eux qu'une union tout-à-fait partielle et temporaire...

« ... Lacordaire résista longtemps aux avances qui lui furent faites de la part du *Maître* par M. Gerbet, et quand enfin il se détermina à s'approcher de lui, ce fut sans enthousiasme...

« ... L'alliance réelle de Lacordaire avec La Mennais ne dura vraiment qu'un an, savoir l'année qui embrassa la publication de l'*Avenir*. Dès le début du voyage que firent à Rome, sur la proposition de Lacordaire, La Mennais et ses deux amis, pour obtenir un jugement du Saint-Siége sur leurs principes, la division avait déjà commencé à fermenter parmi eux. La noble conduite de Lacordaire durant tout ce voyage et pendant les mois qui suivirent, est connue de tous ceux qui ont lu une vie quelconque de lui. La rupture ouverte entr'eux ne fut retardée que par la charité, la patience et la loyauté du plus jeune des deux...

« ... Nul doute que l'alliance de Lacordaire avec La Mennais ne fût une fausse démarche. Mais, si nous examinons la conduite du premier en regard de celle de l'homme qui est peut-être, dans l'histoire, l'exemple le plus frappant du malheur causé par une vocation mal comprise, comme aussi par le tort d'une éducation *faite par soi seul* en philosophie et en théologie, nous trouvons cette conduite (celle de Lacordaire), marquée par une délicatesse de sentiments singulièrement nobles, par beaucoup d'humilité, par une grande patience, par une charité généreuse aussi bien que par la plus incontestable fidélité à l'Eglise et à ses chefs légitimes. Ceux qui, en secret, dans les années suivantes, nuisirent constamment à Lacordaire en le représentant comme un Mennaisien qui essayait de faire revivre l'école de son maître sous une forme déguisée et plus dangereuse, sous prétexte de restaurer en France l'ordre de Saint Dominique, ceux-là, dirons-nous, tiraient à un degré tout particulier leurs inspirations de leur propre malice. Trop souvent de pareilles insinuations s'attachent aux pas des grands serviteurs de Dieu et de l'Eglise; trop souvent elles font d'eux un objet de suscipion là même où ils devraient le plus être crus; trop souvent elles les excluent des champs de travail où, pour la gloire de Dieu et le salut des âmes, peuvent être obtenues de grandes moissons que nulle autre main que la leur n'est capable de recueillir; mais rarement elles sont aussi complètement dénuées de fondement que les calomnies dont l'esprit de parti et peut-être la jalousie personnelle ont si continuellement poursuivi le beau nom d'Henri Lacordaire...

« ... L'inimitié qui poursuivit Lacordaire fut singulièrement impitoyable. Ç'a été un trait de plus de cette disposition de notre nature corrompue que Tacite caractérise par ces mots : *Odisse quem læseris*. Elle est la preuve de la réelle grandeur qui élevait Lacordaire si au-dessus des hommes de sa génération. Mais ce n'est pas moins un triste exemple du ravage que peut faire l'envie dans des âmes qui sont jusqu'à un certain point du côté du droit, comme un exemple aussi des entraves mises à la gloire de Dieu par l'étroitesse de beaucoup de ceux qui prétendent le servir.

« Toutefois, si nous nous demandons la cause de cette persistante hostilité qui s'acharna sur Lacordaire jusqu'à la fin de sa vie, il faut la chercher ailleurs que dans sa liaison avec l'école de La Mennais. La cause n'en était pas là ; elle était, comme nous le dit M. Foisset, dans la constance et, pour nous servir d'une expression de Lacordaire lui-même, dans l'*impénitence* de son libéralisme.

« Nous voici ramené au sujet principal de notre article. — En quoi consiste ce *libéralisme* ?

« Quoi qu'aient pu dire de lui ceux qui ne connaissent pas ses œuvres, Lacordaire, d'un bout à l'autre de sa vie, fut d'une remarquable consistance dans ses principes politiques. C'est cette consistance même qui, après la révolution de 1830, le rendit suspect à Mgr de Quélen et à ses amis, légitimistes entiers et exclusifs. C'est cette consistance encore qui fit que Lacordaire fut si sévère, après le coup d'Etat de 1851, pour ce qu'il regardait comme l'apostasie de beaucoup de catholiques influents, qui, après avoir écrit et parlé en faveur de la liberté politique et du gouvernement parlementaire, devinrent les avocats du *césarisme* du moment, et déclarèrent le régime parlementaire irréconciliable avec le catholicisme. Lacordaire entrait dans la vie comme jeune homme quand Louis XVIII eut donné la Charte dont le principe était la limitation de la monarchie par l'action des deux

Chambres. Ce principe, comme l'a dit M. Foisset, devint vraiment une sorte de religion pour les jeunes hommes de cette époque, et Lacordaire lui demeura fidèle jusqu'à la fin de sa vie. Mais les royalistes et le clergé étaient au contraire, alors, pour le vieil absolutisme; et le gouvernement arbitraire d'un seul ou de plusieurs fut toujours odieux à Lacordaire. Quand ce dernier entra au séminaire et qu'il devint prêtre, les sentiments légitimistes et les opinions absolutistes exerçaient sur l'esprit et la conduite du clergé la plus grande influence, en sorte que Lacordaire se trouva tout-à-fait isolé. L'impression pénible qu'il ressentit de cet isolement lui donna d'abord la pensée d'entrer dans la Compagnie de Jésus (cette démarche fut arrêtée par M. de Quélen), puis d'aller en Amérique, où des arrangements avaient été pris pour lui donner un poste très-important dans le diocèse de New-York, et, enfin de se jeter aussi avant qu'il le fit dans les bras de M. de La Mennais, qui venait de rompre avec le parti royaliste et absolutiste...

« ... Eh bien! après tout, le libéralisme de Lacordaire était très-modéré; il serait presque appelé *sentiment conservateur* en Angleterre. Du reste, toute la nature et le ton général de son esprit l'inclinaient vers la modération, et ceux qui demandent à en être convaincus n'ont qu'à lire ses lettres, ou bien les quelques lignes que M. Foisset consacre à ce sujet à la fin de son second volume.

« Le biographe montre qu'en théorie, Lacordaire n'avait aucune admiration pour la séparation de l'Eglise et de l'Etat; il pensait que l'état normal des choses devait être la subordination morale de l'Etat à l'Eglise...

« ... En ce qui touche la forme du gouvernement, Lacordaire était un monarchiste déterminé, mais il n'était attaché à aucune dynastie en particulier. C'était son grand tort aux yeux des légitimistes, presque tout puissants au sein du clergé sous Louis-Philippe...

« ... Pour qui étudie les écrits de Lacordaire et ses paroles, il ne peut rester le moindre doute sur ses principes monarchiques. Jamais il ne fut démocrate ni républicain. »

« .... Il n'accepta jamais la République de 1848 que comme une expérience. »

« .... Une fois que le grand dominicain, pour conjurer le danger de la crise, se fut fait écrivain politique, il se trouva presque inévitablement entraîné à se porter candidat à l'Assemblée nationale. Mais quand il parut devant les clubs électoraux de Paris, il déclara hautement que, le 23 février 1848, il n'y avait pas en lui « un atôme de « républicanisme, » et il repoussa de la façon la plus noble toute solidarité avec les hommes de 93. »

« .... Du reste, une fois son adhésion donnée à la République à titre d'expérience, Lacordaire se crut obligé de la soutenir jusqu'au bout contre les manœuvres du parti qui finit par triompher au moyen du coup d'Etat. Il avait peu de sympathie pour les vues de la majorité de l'Assemblée, qui fut si rudement dissoute par Napoléon. Toutefois, cette assemblée représentait la forme du gouvernement adoptée par la France de propos délibéré (au moins comme expérience), forme de gouvernement sous laquelle d'ailleurs l'Eglise et la religion avaient reçu de très-importants à-compte de protection et de liberté. La dispersion violente de la représentation nationale fut donc, aux yeux de Lacordaire, une grande calamité publique « préparant pour l'avenir de nouveaux coups de « fortune et l'avilissement de l'ordre civil. » Selon lui, cela conduisait droit au Bas-Empire.

« Un mot sur l'attitude politique de Lacordaire dans les dernières années de sa vie. Sa retraite de la chaire de Paris après le coup d'Etat lui parut une nécessité. « Lui « aussi, disait-il, il était une sorte de liberté, qui devait « disparaître avec les autres. »

« .... Lacordaire fut l'un des hommes les plus candides de son temps. Plusieurs des incidents de sa vie qui prêtent le plus à la critique s'expliquent par cette considération qu'il était si prompt à croire aux bonnes intentions des autres, à celle des partis comme à celle des individus, qu'il jugea souvent les questions du jour d'après des informations imparfaites. C'est tout-à-fait une erreur de supposer qu'un homme de cette trempe, un homme de la position et de la vocation de Lacordaire, ait eu un ensemble de principes politiques et d'aspirations séculières qui fussent à part de son zèle pour les âmes et de la pureté avec laquelle il souhaitait l'avènement du règne de Dieu, ou qui ne s'y subordonnassent qu'accidentellement et avec peine. Non, s'il fut libéral en toute occurence depuis sa conversion, c'est qu'il était convaincu que ce qu'il regardait comme constituant les principes libéraux était, dans le nouvel état de société qui avait suivi la Révolution, l'unique moyen de rendre à l'Eglise et à la religion leur empire légitime sur les hommes. Les lecteurs de M. Foisset seront frappés de la force avec laquelle il parle de l'insuccès aussi déplorable que signalé des tentatives faites par le premier Empire et sous la Restauration pour regagner à la foi et à la pratique de la religion le peuple français. Comme Lacordaire, il attribue cet insuccès au caractère officiel et gouvernemental que revêtait l'Eglise, et à la fin, et durant la plus longue période de temps, à l'alliance étroite et exclusive du clergé avec la dynastie des Bourbons.

« Nous pouvons rappeler aussi que Lacordaire lui-même commença sa carrière sacerdotale en qualité d'aumônier d'un collége royal de Paris, et que, dans cette position, malgré son jeune zèle, malgré toute son éloquence naturelle, malgré toute son incontestable puissance d'attirer les cœurs, et spécialement ceux de la jeunesse, son ministère fut complétement stérile ; l'échec fut total et absolu, et cela sous un gouvernement vraiment désireux de favoriser la religion. »

« .... Ce fut l'extrême désappointement qu'éprouvaient les jeunes catholiques de voir s'accroître de plus en plus, tous les jours, l'éloignement du peuple pour l'Eglise sous les Bourbons, qui jeta ces jeunes gens dans les bras de La Mennais, les seuls qui s'ouvrissent pour les recevoir. Lacordaire vécut assez pour voir deux révolutions, sans compter le coup d'Etat. En 1830, il avait vu les prêtres forcés de cacher leur caractère ; il avait vu saccager une des grandes églises de Paris et l'archevêché détruit de fond en comble par la multitude ; les jours de proscription du catholicisme avaient un moment semblé près de revenir ; tout cela, pensait Lacordaire, parce que les ministres de la religion s'étaient faits solidaires de la branche ainée des Bourbons. En 1848, au contraire, après un règne voltairien qui avait duré 18 ans, règne pendant lequel l'Eglise avait été opprimée par le gouvernement, mais où elle avait commencé à combattre ses propres combats contre l'oppression, dans les Chambres, dans la presse, et à la barre de l'opinion publique ; on vit le crucifix porté en triomphe du sac des Tuileries à l'église Saint-Roch, et non-seulement la soutane du prêtre, mais le froc du moine, respectés et applaudis au milieu de l'effervescence révolutionnaire. On vit en outre, comme le dit M. Foisset, la restauration de la liberté d'éducation, la tolérance accordée aux ordres religieux, et l'Eglise mise à même pendant la courte durée de la république, de tenir de nouveau ses synodes diocésains et provinciaux.

« Tout cela, dans l'esprit de Lacordaire, n'était pas vraiment le fruit de la liberté. Ce n'était que le signe extérieur d'une œuvre beaucoup plus puissante, savoir, l'œuvre de l'esprit de Dieu, qui ramenait les jours les plus glorieux de l'Eglise de France, après tant de souffrances et tant d'esclavage. C'était le fruit de l'Esprit Bon ; mais ce fruit avait mûri sous la condition extérieure de la liberté. L'Eglise s'élançait elle-même vers le peuple, se faisait toute à tous, usait pour ainsi dire de ses droits de cité, comme le faisait saint Paul quand il en appelait à César.

« Nous ne pouvons ensuite nous étonner qu'après une telle expérience, Lacordaire attachât beaucoup de prix à l'action de ce valeureux groupe d'hommes publics qui suivirent la direction de M. de Montalembert... »

« .... Le seul point du reste que nous veuillions faire ressortir en ce moment, c'est qu'il ne fut pas avant tout

libéral, et secondairement catholique. Au contraire, son libéralisme n'était qu'une des faces de son dévouement à la cause catholique, et de son zèle pour le salut des âmes. Il résumait lui-même sa profession de foi politique en ces termes : « Premièrement, en dehors du chris-
« tianisme il n'y a point de société possible, si ce n'est
« une société haletante entre le despotisme d'un seul ou
« le despotisme de tous. Secondement, le christianisme
« ne peut reprendre son empire sur le monde que par une
« lutte sincère, où il ne soit ni oppresseur, ni opprimé.
« Je vis là-dedans et je suis étranger à tout le reste. »

« Nous croyons qu'il serait vraiment difficile de trouver dans ce qui est sorti avec réflexion de la plume de Lacordaire, rien de ce moderne libéralisme *doctrinaire* qu'il est si malaisé de mettre d'accord avec les principes catholiques sur l'Eglise et sur ses rapports avec la société, genre de libéralisme où ont été conduits, nous le reconnaissons avec regret, quelques-uns des anciens collaborateurs du Père, par plusieurs années de vexations et par la domination de ce qu'un d'entr'eux a nommé une *école d'invectives et d'oppression*. Nous ne croyons pas que jamais Lacordaire ait érigé la liberté de la presse en principe de droit nécessaire, non plus que la tolérance, ou qu'il ait nié le pouvoir coërcitif de l'Eglise, sujet spécial de l'une de ses conférences de Notre-Dame. »

« .... Redisons-le. Si, après tout, on trouvait çà et là, dans les écrits et dans les actes de cet homme, aussi grand qu'étonnamment simple, quelques traces d'une excessive adhésion aux principes et aux opinions modernes, en tant qu'ils sont, jusqu'à un certain point, en apparence ou en réalité, en désaccord avec les meilleures traditions du christianisme, nous devons nous bien ressouvenir que quelques torts de ce genre seraient plus que contrebalancés par une disposition caractéristique de son âme, qu'aucun de ceux qui l'ont connu ou qui ont étudié sa vie d'homme ou de religieux n'hésitera à reconnaître et à admirer. Ordinairement le *libéralisme* n'est pas réputé nourrir la docilité, la soumission à l'autorité, la promptitude à écouter les avis, le désir d'apprendre même de ceux qui n'ont nul titre pour enseigner. Eh bien! cette docilité d'esprit était un trait saillant du noble caractère de Lacordaire; elle remplit toute sa vie. Nous le voyons dans sa conduite envers M. de Quélen. Nous le voyons dans ses rapports avec La Mennais. Nous le voyons dans sa correspondance avec ses amis, notamment avec madame Swetchine. Nous le voyons par-dessus tout, du commencement à la fin, dans toute sa conduite envers le Saint-Siège. Les faits sont trop explicites et trop avérés pour que nous les rappelions en détail. Jamais le Vicaire de Jésus-Christ n'eut un fils plus soumis que Lacordaire; à peine en a-t-il eu un qui lui ait donné des preuves plus frappantes de cette soumission. Nous pouvons donc tenir pour certain que, si Lacordaire eût été vivant au moment de l'Encyclique de 1864, il l'eût reçue avec une docilité d'enfant, quand bien même, ce que nous ne croyons pas, il eût jamais eu quelques opinions en désaccord avec la doctrine de cet acte pontifical.... »

XXXVII

Sermon de charité prêché par le R. P. Lacordaire à la Société de Saint-Vincent-de-Paul, dans l'église de Saint-Michel, à Dijon, le 3 avril 1853 (1).

Beatus qui intelligit super egenum et pauperem!
Heureux celui qui a l'intelligence du pauvre!
(Ps. XL, 1.)

MONSEIGNEUR (2), MESSIEURS,

Heureux celui qui sait comprendre cette dignité du pauvre dans l'Eglise de Jésus-Christ, si admirablement

(1) Ce discours et le suivant sont encore inédits; ils ont été recueillis avec une exactitude qui ne laisse rien à désirer, par un des auditeurs du P. Lacordaire, Mlle Marie de Saint-Juan, à qui je dois cette précieuse communication.
(2) Mgr Rivet, évêque de Dijon.

décrite par Bossuet. Dieu lui a révélé le secret de son cœur. « Il ne suffit pas, disait ce grand évêque, votre illustre compatriote, il ne suffit pas d'ouvrir sur les pauvres les yeux de la chair, il faut les considérer par les yeux de l'intelligence. *Beatus qui intelligit.* Ceux qui ne les regardent que des yeux corporels n'y voient rien que de bas, et ils les méprisent. Ceux qui ouvrent sur eux l'œil intérieur de l'intelligence guidée par la foi, remarquent en eux Jésus-Christ, ils y voient des images de sa pauvreté, les citoyens de son royaume, les véritables enfants de son Eglise, les premiers membres de son corps mystique. C'est là ce qui les porte à les assister. Encore n'est-ce pas assez de les secourir dans leurs besoins; tel assiste le pauvre qui n'a pas l'intelligence du pauvre. »

Il semble inutile de rappeler le langage de ce Père de l'Eglise à vous, Messieurs, membres zélés de cette Société de Saint-Vincent de Paul, que notre patrie et notre siècle ont eu la gloire de voir naître, et qui s'est répandue avec une si merveilleuse rapidité au delà de nos frontières, comme elle se répandra au delà de notre âge : *vous avez l'intelligence du pauvre.* Cependant il est des hommes qui se croient chrétiens, depuis vingt ans, cinquante ans peut-être, et qui ne savent pas ce que c'est que le pauvre de Jésus-Christ ; j'espère le leur apprendre : je voudrais élargir devant eux l'horizon de la charité. Je demande cette grâce à celui *qui est venu annoncer l'Evangile aux pauvres.* (Luc., IV, 15.)

C'est le christianisme qui a inauguré dans le monde le soin du pauvre. Dès l'origine le pauvre a été le bien-aimé de l'Eglise. Quand les premiers chrétiens apportaient volontairement leurs biens aux Apôtres, il en était fait trois parts : l'une pour le prêtre, l'autre pour le culte, la troisième pour le pauvre, qui depuis ne fut jamais oublié. Jésus-Christ a voulu que son Eglise fût pauvre, comme il l'avait été lui-même; il ne lui a point fait de patrimoine sur la terre. Pendant trois cents ans, elle a vécu dans des trous, appelés catacombes, pour témoigner devant tous les âges qu'elle était née et avait grandi dans la pauvreté. Les richesses ne lui vinrent plus tard qu'à titre d'aumônes; elle sait qu'elle ne peut en user que pour ses besoins, et que le surplus doit retourner en aumônes. Aujourd'hui, le traitement qu'elle reçoit parmi nous en est encore un débris; c'est une indemnité pour les biens qui lui ont été ravis dans des jours exécrés, et qui ne lui avaient été donnés que par l'aumône des siècles.

Mes frères, *vous avez l'intelligence du pauvre,* vous n'êtes pas venus vous presser autour de cette chaire, attirés par une vaine curiosité; vous y êtes accourus pour réchauffer en vous la charité; vous attendez de moi une parole d'apôtre, une parole de Dieu, la voici : Il faut croire au pauvre, Il faut aimer le pauvre.

PREMIER POINT.

Le pauvre est un mystère dans l'Eglise, un mystère presque aussi incompréhensible que le mystère de la Sainte-Trinité, et que nous devons croire, comme tous les autres mystères de notre religion, d'après la révélation divine. La raison n'y comprend rien, elle pensera tout au plus que le pauvre est, par nature, notre égal devant le Créateur? elle ira peut-être jusqu'à la compassion pour sa misère et dira avec un ancien poëte :

Et, malheureux, j'appris à plaindre le malheur.

Ou avec un autre poëte plus profond :

« Rien de ce qui regarde l'homme ne peut m'être étranger. »

Mais, croire à la dignité du pauvre, c'est impossible, la raison seule ne l'admettra jamais. Toute dignité suppose un assemblage d'élévation et de puissance. Comment imaginer rien de pareil dans le pauvre? Voilà le langage de la logique; écoutons maintenant celui de la foi.

1º Messieurs, quand vous marchez sur la surface de terre parfaitement unie qu'on appelle une plaine et que vous apercevez à l'horizon une colline, vous dites : voilà une élévation ; et si, après avoir franchi la colline, vous gravissez une haute montagne et que de son sommet vous plongiez vos regards dans la plaine, vous verrez que toute éminence a disparu ou plutôt s'est confondue dans l'uniformité du sol. Dans le monde, nous avons établi pour le gouvernement de nos affaires une position élevée et exceptionnelle : la royauté. C'est le pouvoir de tous résumé en un seul, c'est ce qu'il y a de plus haut parmi les hommes...., et ce n'est pas même une colline devant lui !

Plus les fonctions sociales se rapprochent du trône, plus elles sont réputées glorieuses ; plus elles s'en éloignent, plus elles semblent obscures. Messieurs, il y a dans l'Eglise un Roi au-dessus de tous les rois, une Majesté au-dessus de toutes les majestés : c'est le Souverain Seigneur du ciel et de la terre, le Dominateur des dominateurs, Jésus-Christ, Fils de Dieu, qui, en parlant de sa personne adorable dans les occasions les plus solennelles de l'Evangile, a dit : *Je suis roi. C'est pour régner que je suis né!* C'est lui dont les prophètes ont célébré la royauté dans des termes si grandioses, c'est lui dont l'ange annonçait à Marie la mystérieuse incarnation, avec cette magnifique promesse : *Dieu lui donnera le trône de David son père, et son règne n'aura pas de fin.* C'est de lui que le sublime saint Paul a écrit : *Il a reçu un nom au-dessus de tous les noms, afin qu'au nom de Jésus tout genou fléchisse dans le ciel, sur la terre et dans les enfers.* Et cependant, quand son prophète chante au-devant de ses pas, précédant son royal cortège à travers les siècles : *Voici votre roi qui vient à vous plein de douceur,* il se hâte d'ajouter : IL EST PAUVRE ! il est monté sur *le fils de l'ânesse.* Quels sont les hommes qu'il choisira pour les faire asseoir sur les degrés de son trône ? Qui d'entre nous approchera le plus près de sa personne ? Qui occupera les premières places de son royaume ? Ce sont les pauvres ! Bossuet nous les montre, dans l'éloquence de sa foi ; il les aperçoit recouverts de la pourpre du Calvaire, ornés de la tunique sans couture, symbole d'une charité que rien ne peut déchirer ; il voit le sang divin ruisseler sur leurs têtes en diadème de pierres précieuses, et il nous dit : voilà les héritiers des promesses, les distributeurs des grâces de Jésus-Christ.

2º Quant à la seconde condition de la dignité, que j'ai dit être la puissance, notre raison ne la trouvera pas davantage dans le pauvre. Quelle puissance découvrirait-elle dans un homme qui n'a rien à lui, rien pour lui, qui ne possède pas même un grain de poussière où se pose l'empreinte de son pied ? Je sais qu'on l'a vu, à l'heure des calamités révolutionnaires, sortir de dessous terre, inconnu et hagard, envahir les places publiques de ses hordes menaçantes, en répandant la terreur sur son passage. Mais, est-il possible d'appeler puissance cette fermentation maladive de l'émeute ? Le pauvre n'agit pas même alors d'après sa propre force, il reçoit l'impulsion d'autrui, il devient une machine de guerre dans une main ambitieuse. Bientôt les flots de ce torrent fangeux s'écoulent sans avoir rien fécondé, et le pauvre n'est jamais retombé plus bas ; il n'est jamais plus misérable, plus oublié, plus méprisé qu'au lendemain de cet accès de fièvre furieuse. Un seul cœur l'aime encore, c'est celui de son Dieu et de son Église.

Messieurs, lorsque le Tout-Puissant a voulu fonder la puissance du pauvre, voici comment il s'y est pris. Il passait, en faisant le bien, sur les rivages des lacs de Galilée, quand il aperçut des pêcheurs sur de frêles embarcations, et il leur dit : *Suivez-moi,* cessez de jeter vos filets aux paisibles habitants de l'onde (non, il ne se servait pas de cette prose triomphale... c'est moi qui ose orner son style...), il leur dit simplement : *Vous étiez pêcheurs de poissons, je vous ferai pêcheurs d'hommes!* Et ces pêcheurs, ces pauvres, ont conquis le monde à Jésus-Christ : il est vrai qu'il les avait inondés des flammes du Saint-Esprit et que leurs lèvres portaient cette parole inspirée dont l'humanité jusqu'alors ignorait la puissance.

Le pauvre est un sacrement comme il est un mystère ; il est un sacrement intermédiaire qui n'exige de nous aucune préparation, mais qui nous communique la grâce et nous dispose à recevoir le fruit des sacrements proprement dits. Voilà la grande, la magnifique puissance des pauvres. Ils habitent le vestibule du palais de Dieu ; nul ne peut voir le maître sans avoir vu les serviteurs ; depuis dix-huit siècles on essaie en vain de les chasser des portes de nos églises : ils y reviendront toujours, ils sont là pour nous instruire, ils ont dans leurs mains la clef qui ouvre le sanctuaire. Si quelqu'un pouvait être assuré mathématiquement de son salut, ce serait le chrétien charitable pour qui s'élève chaque jour la prière du pauvre.

Vous connaissez un homme qui occupe avec honneur un poste important, qui jouit depuis de longues années de la considération qu'il s'est acquise parmi ces concitoyens ; toutes les qualités sont en lui, toutes, excepté la foi...., il résiste avec obstination, sur ce point unique, aux prières de sa femme et de ses amis. Reviendra-t-il un jour ?... Demandez si les pauvres parlent de lui. Si on vous répond que sa main leur est connue, soyez pleins d'espérance, ils l'introduiront dans les tabernacles éternels, et tandis qu'il soutient la vie de leur corps par ses aumônes, eux, les plus puissants, lui obtiendront la vie de l'âme.

Mes frères, croyons au pauvre, ayons confiance au pauvre, ne passons jamais auprès de lui sans nous en faire un ami. Saint Ferdinand disait : J'aimerais mieux avoir à combattre une armée que la malédiction d'une vieille femme. Mais j'anticipe sur ma seconde proposition. Il faut aimer le pauvre.

DEUXIÈME POINT.

Messieurs, je ne me servirai pas du mot *charité*, plus profond et plus pur que celui d'amour. Ce divin mot de charité a été malheureusement affaibli par l'irréligion dans le langage humain ; j'emploierai donc à dessein le mot d'amour pour vous dire qu'il faut aimer le pauvre.

L'amour, ce sentiment si doux, si fort, si passionné, qui

nous pénètre jusqu'aux entrailles, je ne vois rien dans le pauvre qui puisse l'éveiller en nous. La beauté morale et la beauté physique lui sont presque toujours également refusées; la jeunesse même, ce charme attaché aux premières années de la vie, n'existe pas chez lui. Vous ne rencontrerez parmi les pauvres, ni un jeune homme ni une jeune fille, mais des êtres chétifs, défigurés par la douleur et la misère. Leurs traits, en se développant, se sont contractés et ont pris une forme grossière ; leurs visages sont sillonnés et recouverts d'une couche de terre détrempée de larmes, qui leur a donné une teinte sombre et repoussante que je ne puis nommer dans un discours élevé. Mais Jésus-Christ a dit une courte parole qui leur assure l'amour de toutes les générations chrétiennes. La parole qui a créé le monde a créé l'amour du pauvre et les a tous deux arrachés au néant. Ecoutez bien ce code immortel de l'amour : *Ce que vous ferez au moindre des miens, c'est à moi que vous l'aurez fait.* C'est donc Jésus-Christ que nous aimons, caché sous le sacrement du pauvre, Jésus-Christ que nous ne pouvons atteindre dans sa gloire, et qui se livre à nos embrassements et à notre tendresse.

O vous tous qui vous croyez aimés, vous n'êtes point aimés comme les pauvres de Jésus-Christ! Cependant, vous dites avec un orgueil bien légitime : Voilà dix ans que mon mari m'aime, vingt ans que mon père et ma mère m'entourent d'un incessant amour. Et s'il est dans cet auditoire un homme assez heureux pour s'écrier : Oui, je suis aimé! je lui répondrai : Mon frère, il en est de plus aimés que vous : ce sont les pauvres de Jésus-Christ. Jamais, dans les emportements de la passion, vous n'avez reçu des caresses comparables à celles que Madeleine prodiguait aux pieds du Sauveur! Les pieds sont un membre réservé à l'amour divin. Et cependant, les saints, les rois et les reines se sont jetés aux pieds des pauvres, ils les ont baisés dans le délire de leur tendresse : l'amour humain ne va pas jusque-là. Il existe encore parmi nous des âmes choisies qui connaissent ces extases de l'amour du pauvre ; respectons leurs saintes délices, si nous ne pouvons ni les comprendre ni les imiter.

1º Le premier effet de l'amour, c'est de vouloir du bien à ce qu'on aime ; ce désir supplée à notre impuissance, il est le seul sentiment qui nous égale à Dieu, non par l'intensité de la volonté, mais par la quantité de biens que nous souhaitons à la personne aimée. Nous lui voulons tout le bien que Dieu peut lui faire ; il n'y a pas de bornes à notre ambition pour elle, c'est l'infini. Un poëte a dit :

> La bonté vit au fond de toutes nos vertus.

C'est Jésus-Christ qui a apporté sur la terre cette divine bienveillance, et il en a laissé le parfum à tout ce qu'il a touché. Comparez vos mœurs et vos idées actuelles à celles de l'antiquité, et vous verrez à quel point la bienveillance du Christ a pénétré profondément les sociétés modernes. Si les barbares fondaient encore une fois sur l'Europe, l'élément sauvage ne saurait résister longtemps à l'action du principe chrétien. Vous l'avez déjà pu remarquer, quand l'erreur veut essayer d'étendre ses doctrines parmi nous, il faut avant toutes choses qu'elle recouvre son visage du masque de cette bienveillance universelle léguée au monde par Jésus-Christ.

Un jour, à Alexandrie en Piémont, un homme vint à moi, me prit les mains et me dit : Père Lacordaire, je vous veux du bien ! Messieurs, je ne connais pas cet homme, je ne sais pas son nom, j'ignore ce qu'il est ou ce qu'il n'est pas ; et cependant son souvenir est gravé dans mon cœur ; je l'emporte partout avec moi.

Le premier effet de l'amour envers le pauvre est donc de lui vouloir du bien. Vous n'avez aucun prétexte pour vous en dispenser ; c'est d'autant plus facile que cela ne coûte rien....

2º Le second effet de l'amour consiste à dire du bien de ce qu'on aime. Rien ne nous charme comme de savoir que quelqu'un fait notre éloge. Tout le monde a besoin de gloire, le pauvre comme les autres, et chacun, dans sa petite sphère, peut contribuer à la réputation d'autrui : la louange qui sort de notre bouche est l'une des cent voix que les anciens prêtaient à la renommée. Oui, la gloire est nécessaire à la vie des individus, comme à la vie des nations : le point important, c'est de bien placer sa gloire. Dans sa direction, bonne ou mauvaise, vous trouverez le secret de la grandeur ou de l'abaissement. A ce propos, Messieurs, permettez-moi une digression. Voyons où les peuples les plus illustres ont placé leur gloire.

La gloire d'Athènes, c'était l'éloquence ; ce furent ses chaînes d'or qui conduisirent les Grecs à ce haut degré de civilisation que la postérité admirera, tant que les lettres et les arts auront un culte sur la terre. Le jeune homme à peine sorti de l'enfance, en se promenant devant les rostres de la tribune, rêvait déjà les jours où ses lèvres seraient assez fortes pour retenir captive à ses pieds l'élite de ses concitoyens.

A Rome, la gloire consistait dans la simplicité et le courage austère du soldat, fier de n'avoir besoin de rien et de porter partout avec lui toute sa fortune dans ses armes. Bientôt, de ce mâle caractère sortit la République romaine, dont la force invincible soumit l'univers.

La gloire du moyen âge fut la chevalerie : la fidélité à Dieu, le respect des femmes, la protection des faibles, l'esclavage de la parole donnée, la loyauté partout et toujours jointe à la valeur personnelle d'un héros, voilà ce qui a fait du chevalier le plus beau type de l'homme.

Au XVIIe siècle, sous le règne de Louis XIV, ce grand roi dont le nom enveloppa son temps et sa patrie, la gloire de la France, c'était l'honneur ! reste auguste de la chevalerie, communiqué, ainsi qu'un germe vital, à toute la nation française. L'épée du capitaine combattait pour l'honneur, le poète chantait l'honneur ; l'artisan, dans son échoppe, croyait qu'il était de son honneur de ne pas échanger une marchandise détériorée contre la pièce de monnaie du passant. Il avait reçu la probité en héritage de son père, il tenait à la transmettre comme un trésor à ses enfants. C'était l'honneur de sa famille, et vous ajouterez avec moi, c'était l'honneur de son pays.

Messieurs, je ne vous dirai pas ce qui a été substitué en France à cette noble passion de l'honneur. Je ne vous dirai pas où la France place maintenant sa gloire..... Hélas! vous ne le savez que trop...., la gloire de la France, aujourd'hui, c'est l'argent, c'est le bien être, le luxe, la mollesse, triste symptôme de la décadence des grands peuples.

Ainsi, quand je vous demande de dire du bien des pauvres, je ne prétends pas faire ouvrir vos bourses. Non, vos bourses pourraient s'épuiser, et.... je ne veux rien de ce qui s'épuise.

Mais quand vous chanteriez du matin au soir les louanges de ce que vous aimez, vos lèvres seraient aussi fraîches le soir qu'elles l'étaient au matin, comme le rayon de soleil, après avoir éclairé le jour, n'a rien perdu au couchant des splendeurs de l'aurore.

Mes frères, il est impossible de ne pas parler de ce qu'on aime, de ne pas dire du bien de ce qu'on aime. Je vous en conjure, dites du bien des pauvres; ne permettez pas qu'on les méprise ni qu'on raconte leurs vices en votre présence. Cachez leurs défauts sous le manteau de saint Martin, ou plutôt sous la tunique sans couture de Jésus-Christ. Dire du bien...., c'est si facile...., et cela ne coûte rien.

3º Le troisième effet de l'amour, c'est de faire du bien à ce qu'on aime. Si vous aimez Notre-Seigneur Jésus-Christ dans les pauvres, vous ferez du bien aux pauvres, vous servirez les pauvres. Que ce mot *servir* ne vous étonne pas. Le Sauveur lui-même nous enseigne qu'il *n'est pas sur la terre pour être servi, mais bien pour servir.* Quel langage! un Dieu servir! Toute répugnance est inadmissible après un tel exemple.

Vous croyez, Messieurs, que je vais enfin vous parler de l'aumône, de l'aumône, dont l'Ecriture sainte nous apprend tant de merveilles, de l'aumône, qui *couvre la multitude de nos péchés, qui sauve la mort*; non, mes frères, je ne vous parlerai pas de l'aumône...., ne faites pas l'aumône ; écoutez seulement. Lorsque saint Pierre montait au temple avec saint Jean, il y avait devant la porte appelée *Speciosa*, la belle porte, un homme perclus qui leur demandait l'aumône. Pierre, arrêtant ses yeux sur ce pauvre, lui dit : *Regarde-nous! Je n'ai ni or ni argent, mais ce que j'ai je te le donne : Au nom de Jésus-Christ, lève-toi et marche!* Et le pauvre se leva, ajoutent les Actes des Apôtres, et il sortit du temple en louant Dieu.

Eh bien! mes frères, faites comme saint Pierre. Vous me direz que je vous demande un miracle. Oui, c'est un miracle que je vous demande, un miracle de charité. Vous n'avez ni or ni argent (vous en avez peut-être, je n'en sais rien, je ne veux pas le savoir). Vous n'avez ni or ni argent, mais ce que vous avez, vous tous qui m'écoutez, ce que vous avez, donnez-le. Vous avez des yeux, regardez le pauvre ; vous avez des oreilles, entendez sa plainte ; vous avez une bouche, parlez-lui ; vous avez des mains, servez-le, tendez-les-lui, aidez-le à relever son âme ; vous avez des pieds, allez à sa demeure ; vous avez un cœur, aimez-le, et qu'il le voie dans votre physionomie, aimez-le, et qu'il le sente rien qu'à votre approche. Que trouverez-vous à m'objecter encore, mes frères? Cela ne coûte rien. Je sais qu'on nous reproche de parler sans cesse de la pauvreté, comme si nous excitions des convoitises contre la richesse, comme si nos discours ne protégeaient pas la richesse? Aimez le pauvre, Messieurs, et le pauvre vous aimera ; et, chose plus étonnante, il aimera sa pauvreté, qui lui aura valu l'honneur d'être aimé de vous, et qui le rend si cher à Jésus-Chist. Vous êtes riches.... Eh! qu'est-ce que cela nous fait que vous soyez riches? Nous sommes heureux d'être pauvres, comme Dieu, avec Dieu : nous ne vous portons pas envie. La petite fontaine ignorée, qui coule à l'ombre pour elle seule et le voyageur, porte-t-elle envie au grand fleuve qui roule ses eaux profondes jusqu'à l'Océan? Le même ciel est au-dessus de tous.

Aimez donc le pauvre, et faites-lui du bien par amour. Puis ne vous inquiétez pas des crises sociales. La bénédiction que vous donneront les membres souffrants de Jésus-Christ attirera sur vous la bénédiction de leur divin chef. Et si Dieu est pour vous, qui sera contre vous ?

Quant à vous, Mesdames, qui depuis longtemps employez vos loisirs à travailler pour le pauvre de vos mains vénérées, songez à la joie qui inondera votre âme quand Jésus-Christ, vous ouvrant ses palais, vous dira : *Venez ! j'étais nu, et vous m'avez vêtu !* Ah ! s'il était dans cette immense assemblée une femme assez ennemie d'elle-même, assez abandonnée de la grâce, pour n'avoir point encore travaillé pour les pauvres, je voudrais aller à elle et la supplier de ne plus se priver à l'avenir de cette source de miséricorde.

Mes frères, vous n'ignorez pas, et je ne puis vous cacher que je suis monté dans cette chaire pour vous prier de venir en aide aux pauvres secourus par la Société de Saint-Vincent de Paul ; j'en descends, plein d'espérance. Que ne donne-t-on pas quand on a donné son cœur ?

XXXVIII

Discours prononcé par le P. Lacordaire pour la bénédiction de la chapelle du monastère de Flavigny, le 4 août 1853. (1)

MESSEIGNEURS (2), MES FRÈRES,

J'ai remarqué dans l'histoire, et dans les faits dont j'ai été moi-même témoin, que, parmi toutes les fêtes des

---

(1) « ... Jamais je n'ai eu moins le courage de bouger ; aujourd'hui nommément, 4 août, j'aurais dû me rendre à la très-instante et très-amicale sommation du P. Lacordaire qui reçoit ses amis à Flavigny, pour l'inauguration de la chapelle qui vient d'être fort agrandie, et qu'il fait coïncider avec la solennité du grand patron, saint Dominique. M. de Montalembert, M. Foisset, doivent s'y trouver et beaucoup d'autres, s'ils ne sont pas empêchés, ce qui arrive rarement même aux plus petits projets. »
(Mme Swetchine à Mme Craven, 4 août 1853,

(2) Mgr Rivet, évêque de Dijon, et Mgr Marguerye, évêque d'Autun.

hommes, la bénédiction d'un temple est peut-être celle qui attire le plus grand concours de peuple. Je me demande pourquoi cet empressement. Ce n'est pas là un bien curieux spectacle; il ne s'agit que de pierres plus ou moins sculptées, posées les unes sur les autres. Je me demande aussi comment nous osons élever des temples de pierre au Dieu qui s'est bâti l'univers; au Dieu qui a parsemé la voûte de son grand temple de ces étoiles d'or sur fond d'azur, dont l'admirable profusion éblouit notre esprit et nos yeux dans la splendeur des nuits; au Dieu qui a jonché le sol de ce merveilleux édifice d'autres étoiles plus précieuses encore, et qu'on appelle des âmes? Je me demande, enfin, pourquoi cet entraînement, cette joie, ces fêtes, quand il s'agit de consacrer au Seigneur des temples si petits et si pauvres, au milieu de cet autre temple, chef-d'œuvre de la main du Très-Haut.

Lorsqu'une bande de barbares, fatiguée de la vie errante, voulut s'établir et demeurer quelque part sur la terre, au lieu de continuer à transporter d'un endroit à un autre les tentes où elle s'abritait, elle fit cette chose simple, et cependant majestueuse, cette chose inerte que notre cœur aime comme si elle avait une âme, et que nous nommons une maison. Le jour où la première maison fut bâtie, ce jour-là même la société humaine fut fondée et la civilisation commencée. Y a-t-il rien de plus doux à l'homme que sa maison? Mais combien lui devient-elle plus chère lorsqu'il l'a élevée de ses propres mains et cimentée de cette sueur du travail qui est aussi la transpiration de son âme! Quand il la voit enfin debout, achevée, solide, hospitalière, il la regarde avec un attendrissement mêlé d'orgueil, et il se dit: Voilà mon œuvre! Mes enfants y naîtront; j'y mourrai, les laissant à ma place pour perpétuer ma postérité et mon souvenir. Je vais l'ombrager d'arbres fertiles et protecteurs, l'entourer de plantes et de fleurs qui, en se renouvelant sans cesse, assureront à ma mémoire une sorte d'immortalité! L'homme, tant qu'il n'a pas bâti, n'est qu'un voyageur.

Telle est la maison, mes frères, et c'est la réunion de

plusieurs maisons qui a fait la société. Lors donc que la société s'est établie dans un lieu choisi, elle édifie en commun un palais. Vous croyez peut-être que c'est pour y faire régner un chef, et personnifier en lui la force de tous ; vous vous trompez : le palais est, avant tout, la demeure de la justice, dont les princes ne sont que les dispensateurs ; l'épée même qu'ils portent dans leurs mains n'a d'autre but que de la défendre. Notre langue est tellement habituée, et depuis si longue date, à unir ces deux mots de palais et de justice, que maintenant encore on appelle l'habitation des rois un château ; quant au palais, il est resté l'endroit où siègent les juges.

La société élève bientôt un troisième monument : c'est la citadelle et ses remparts, destinés à protéger les familles et les lois contre les agressions des ennemis et des envahisseurs. Ce sont ces trois édifices qui constituent la cité. Est-ce là tout ? Non, mes frères ; il en est un quatrième que l'homme n'a jamais oublié, et qu'il place au-dessus de tous les autres. Voyez Rome revêtir de son architecture immortelle l'immense espace des sept collines et élever sur la plus haute d'entre elles, comme pour le faire planer sur le faîte des maisons, du palais et de la citadelle, aux yeux de la ville et du monde, le temple de Jupiter Capitolin. C'est que l'homme a besoin du temple, il ne peut s'en passer ; il lui faut la maison commune des âmes, le palais et la citadelle des âmes, où règne Dieu, père de la famille, de la justice et de la force ; Dieu, par qui règnent les rois et par qui prospèrent les peuples. Aussi, remarquez la conduite de Dieu, le premier des législateurs ; il donne à Moïse ses lois sur le Sinaï, mais il les accompagne des plans d'un temple et daigne être lui-même le premier des architectes.

Ce n'est pas pour lui que Dieu s'est choisi une maison ; il n'en a pas besoin ; c'est pour nous, c'est pour notre âme ; Dieu et l'âme ont besoin l'un de l'autre. Je n'entends pas dire, par là, que Dieu n'aurait pas pu se passer de nos âmes. Il était maître absolu de rester éternellement seul, dans la contemplation béatifique de la Trinité adorable ;

mais, puisqu'il lui a plu d'appeler, dans le temps, les âmes à la connaissance et à la jouissance de sa bonté infinie, il n'est pas exagéré maintenant d'affirmer que Dieu a besoin de nos âmes pour leur communiquer son bonheur. Combien, à plus forte raison, nos pauvres âmes ont-elles besoin de lui ! de lui, qui les a créées, qui a mis en elles ce je ne sais quoi d'indéfinissable qui ne réside ni dans nos yeux, ni dans nos oreilles, ni dans notre bouche, mais dans notre cœur, et qui est le besoin de Dieu.

Voilà pourquoi l'homme élève des temples : c'est pour venir s'y reposer, demander du soulagement dans sa peine, sentir Dieu plus près de lui et le retrouver enfin quand il craint de l'avoir perdu. Que lui importe qu'une partie de l'humanité ne croie pas à la présence réelle de Dieu dans les temples ? Une autre partie y croit, cela lui suffit, et il garde toujours dans son sein ce doux sentiment d'une foi confiante que nul ne lui enlèvera jamais. Aussi le temple résume en lui la maison, le palais et la citadelle; il est la maison des âmes, le vrai palais de la justice et la citadelle de la vérité; il est la charité unie à la sagesse, qui n'est autre chose que la sainteté. Oui, cette sainteté qui nous unit à Dieu dans ce monde et dans l'autre, c'est dans les murs du temple qu'on la demande et qu'on l'obtient.

Vous comprenez maintenant, mes frères, pourquoi la bénédiction d'un temple est la grande fête de la famille humaine et attire en foule des troupes de fidèles; ils savent que dans son enceinte plusieurs naîtront à Jésus-Christ, que d'autres y retrouveront leur patrie, oui, cette patrie qui n'est ni vallée, ni montagne, ni plaine, ni fleuve, ni bourgade, et qui du premier coup d'œil, se fait sentir et reconnaître à l'homme voyageur, dont elle abrite le berceau.

Chaque temple, palais, citadelle ou maison, a son histoire secrète; cette chapelle de Flavigny a aussi la sienne, et puisque nous sommes ici en famille, si j'en juge par la bienveillance de mes auditeurs, permettez-moi, mes frères, de vous la révéler ; j'espère ne point trop abuser de votre patience.

Il y a vingt-cinq ans, un jeune homme studieux quittait Paris pour chercher la fortune au-delà des mers, et il eut le bonheur de l'y rencontrer. Cependant, il n'était pas heureux. Un jour, fatigué de son exil volontaire et de l'aspect monotone de cette nature tropicale qui ne se repose jamais dans sa végétation et sa floraison perpétuelles, il éprouva un ardent désir de revoir notre vieille Gaule, avec sa terre aride et son climat inégal, mais qu'il apercevait dans ses rêves si fièrement assise aux bords de deux mers, drapée dans les plis de ses montagnes et de ses vallées, parée de ses forêts et de ses fleuves et surtout des souvenirs qui la rendent si belle. Il s'embarqua donc sur un navire balloté par les vagues de l'Océan, image de sa vie, où jamais il n'avait connu le repos. Il était bien changé ; ses amis auraient eu peine à le reconnaître après une si longue absence. Lui qui avait quitté la France si jeune et si plein de sève et d'espérance, il revenait vieux, le visage sillonné de rides et le cœur triste et découragé. C'est qu'il avait passé par de rudes épreuves, dont il ressentait encore comme un contrecoup lointain qui résonnait dans ses entrailles. L'homme qui garde longtemps un front lisse et sans nuage, avec cette sorte d'insouciance si charmante dans la jeunesse, a l'âme un peu morte, ou du moins peu sensible.

J'étais alors à Paris ; je vis un matin entrer dans ma chambre un visiteur de quarante à quarante-cinq ans, qui m'était complètement inconnu. Il me dit très-simplement : « Mon père, je suis un jurisconsulte français ; « j'arrive de l'île Maurice, où j'étais au service de l'An- « gleterre, mais je ne suis pas naturalisé anglais. J'ai « acquis une fortune de deux cent mille francs ; néan- « moins, je ne suis pas heureux. » Ne croyez pas, mes frères, qu'il fût las de la vie, un chrétien ne saurait l'être, il était seulement désabusé. Il me dit qu'il croyait en Dieu, en Jésus-Christ et en son Eglise, mais qu'il ne les aimait pas encore assez et qu'il voudrait éprouver dans son cœur ces extases de l'amour divin qui ravissaient les saints. « Pour obtenir cette grâce, ajouta-t-il, je vais « d'abord faire un grand sacrifice. (Dieu, sacrifiant son Fils sur la croix, lui avait inspiré cette pensée.) Il poursuivit : « Je ne vous donnerai pas tout mon argent ; mais « si une somme de cinquante mille francs peut vous être « utile, je vous l'offre avec plaisir. Je vais revoir encore « une fois l'île que j'ai habitée pendant de si longues « années ; je ne vais pas revoir ma maison, je n'en ai « jamais eu à moi, je veux dire adieu à mes amis, et leur « laisser ma fortune en mémoire de notre amitié. »

Six mois après, je recevais une traite de cinquante mille francs sur la banque d'Angleterre, et je faisais bâtir cette chapelle et ces cellules. Un an plus tard, un nouveau fils de saint Dominique prenait ici l'habit, et nous comptions un frère de plus (1).

Je ne vous ai point raconté cette anecdote pour vous porter à croire que nous faisons tout ce que nous voulons, ni pour vous empêcher de dire : Ils entreprennent plus qu'ils ne peuvent exécuter ; je vous l'ai racontée afin de vous apprendre que les trésors de Dieu, tout infinis qu'ils sont, ne détruisent jamais la sainte pauvreté. Le jour où il a besoin d'un million, Dieu le trouve ; et le lendemain, ses serviteurs sont aussi pauvres que la veille, et sentent de nouveau la douleur et les morsures de cette bienheureuse lime de la pauvreté, qui polit et fait briller l'or des vertus monastiques.

Telle est donc l'histoire secrète de ce temple. Dieu sait amener de bien loin les hommes qu'il destine à accomplir des œuvres connues de lui seul. Nous sommes des puits profonds, qu'il creuse pour contenir les eaux vivifiantes de sa grâce et en abreuver peut-être bien des cœurs desséchés. Souvent, en nous réveillant le matin, nous sommes

---

(1) C'est Mgr Gonin, aujourd'hui archevêque de la Trinidad, mission dominicaine d'Amérique. Son coadjuteur, Mgr O'Carroll assistait à l'inauguration de la statue du P. Lacordaire à Flavigny le 10 juin 1875.

surpris de nous trouver plus triste qu'au moment où nous nous étions endormis. C'est que la main de Dieu a passé par là, pendant notre sommeil, et a enlevé une pelletée de terre au fond de notre âme.

Vous voyez, mes frères, qu'il se fait toujours du bien, même dans ce siècle, dont il ne faut pas dire plus de mal qu'il ne le mérite. Le mal est grand, et le bien est petit, j'en conviens; mais oubliez-vous la parabole du grain de senevé? Une imperceptible semence devient un arbre dans l'Evangile.

Et maintenant que j'ai bâti une demeure à mes enfants, je puis mourir en paix : *Nunc dimittis servum tuum, Domine!* et je m'écrie avec le prophète: *Les fondements de cette maison sont assis sur la montagne sainte. Le Seigneur aime les portes de Sion plus que toutes les tentes de Jacob.*

O rocs qui soutenez ce temple, qui est pour nous semblable aux portes de Sion, puisqu'il nous ouvre le ciel, servez-lui de fondements inébranlables, sur lesquels il demeure longtemps, solide et intact! Et vous, murs bien aimés, qui venez de recevoir une consécration divine, puissiez-vous entendre répéter pendant des siècles: *De glorieuses choses ont été dites de vous, ô cité de Dieu, et un grand nombre d'hommes sont nés dans votre sein!* O murs de Flavigny! je vous bénis; puissiez-vous voir s'élever dans votre enceinte l'encens de la prière des générations et des générations! Que les cœurs troublés viennent y retrouver la paix, et que des fils dignes du Père céleste soient enfantés au Seigneur.

Avant de descendre de cette chaire, où mon âme vient d'exhaler les transports de sa joie, je veux remercier monseigneur l'évêque d'avoir bien voulu honorer de sa présence cette fête de famille, et cet autre vénérable pontife qui, comme lui, a abandonné les travaux de son diocèse pour venir consacrer notre humble chapelle et bénir nos jeunes religieux. Je remercie ces dignes magistrats, cette autre prélature civile qui a mêlé ses prières aux nôtres, sans songer aux fatigues du voyage. Je remercie ces membres innombrables du clergé, dont la plupart me sont inconnus, mais dont la sympathie m'est si précieuse. Je remercie enfin toute cette immense assemblée, accourue de si loin comme pour ravir mes yeux. Je reconnais dans ces rangs pressés des amis de ma jeunesse, dont la vue m'attendrit jusqu'aux larmes. Qu'ils reçoivent le dernier élan de ma gratitude, ces hommes si chers et si distingués qui ont voulu doubler mon bonheur en venant le partager. Puis-je les oublier, ces éloquents défenseurs de la sainte cause de Dieu, toujours pendante devant l'opinion incertaine de ce siècle? Puis-je oublier jamais des amis qui, de près comme de loin, dans la tristesse comme dans la joie, ont senti tout ce qui battait dans mon cœur (1)?

Merci donc encore, vénérés prélats, hôtes amis; merci d'avoir contribué à l'allégresse qui inonde mon âme. Ah! fasse le Ciel que le temple qui n'est pas bâti de la main des hommes nous réunisse tous dans les splendeurs de l'éternité!

---

(1) MM. Foisset et de Montalembert.

NOTICE BIBLIOGRAPHIQUE

Du droit public; février 1824. — Article publié dans le *Mémorial catholique*. — p. 149 à 155.

ARTICLES DE L'*AVENIR*

Titres des articles (1).	N° du journal
Reconnaissance du roi des Français par N.-S. P. le Pape.	1
De la liberté d'enseignement	2, 3, 10
* Sur un recueil de prédictions	2
Goetz de Berlichingen à la main de fer.	5
De la suppression du budget du clergé	12, 15, 18, 21
Le clergé doit-il renoncer à sa dotation ? Le peut-il?	31
Ce qu'ils sont et ce que nous sommes	29
* Réponse au *Courrier français*, sur le budget du clergé	32
* Réponse à la *Quotidienne* et au *Courrier français* sur la dotation du clergé.	35
Un tombeau de juillet.	38

(1) Les articles précédés d'un astérisque (*) ne portent pour signature que leur style. *Ex ungue leonem*. Mais je ne devais me permettre de les attribuer au P. Lacordaire qu'avec une réserve et appeler ainsi la *reconnaissance* ou la contradiction des contemporains et des amis d'alors, si rares soient-ils, hélas! devenus.

Titre des articles.	N° du journal
Aux évêques de France	41
* Souscription pour les deux procès catholiques	44
Au *Courrier français*	45
Affaire des aumôniers des colléges royaux contre le *Lycée*. Mémoire des aumôniers	45
Tribunal de police correctionnel ; — Même affaire	47
* Réponse au *Courrier français*	49
D'une circulaire de M. le ministre des cultes aux évêques de France et d'un article de *Figaro*	69
Quelques mots à la suite d'un article du *Globe*, intitulé : Décadence du catholicisme	78
Mouvement d'ascension du catholicisme	83
Plaidoyer devant la cour royale dans l'affaire des aumôniers des colléges royaux de Paris contre le *Lycée*. Le prêtre est-il fonctionnaire public ?	97
Lettre au rédacteur en chef de l'*Avenir*	109
Lettre au même	114
Plaidoyer devant la Cour d'assises dans le procès de l'*Avenir*	115
Révolution d'Italie	136
* Sur un article du *Spectateur de Dijon*	138
D'une circulaire de M. le ministre des cultes au sujet de la prière pour le Roi	140
* Réponse au *Globe*	141
* Fermeture du petit séminaire de Langres	144
* La Pologne	145
Changement dans le ministère	148
D'une publication officielle de M. le préfet de la Loire	152
* Enlèvement de croix	160
De la brochure de M. de Châteaubriand	163
* Des deux partis catholiques	168
Début de M. de Montalivet au ministère de l'instruction publique et des cultes	169
* La liberté	177
* Quelques mots de réponse à la *Gazette des Ecoles*	177
Des procès de la presse	178

Titre des articles.	N° du journal
De la protestation de M. de Montbel	180
* Sur les dernières émeutes de Paris.	184
* Sophismes de l'*Ami de la Religion*	186
* Aux catholiques électeurs.	192
* Contre le monopole universitaire	192
Des deux articles du *Catholic Miscellany* de Charlestown, sur la suppression du budget en France.	193
De la nouvelle ordonnance sur l'instruction primaire	194
Prospectus de l'*Ecole gratuite*, par l'*Agence générale*	195
* Des mandements à l'occasion de la fête du Roi	201
Décoration de juillet. — Serment.	204
Discours à l'ouverture de l'*Ecole gratuite*.	206
Protestation contre la fermeture de l'*Ecole gratuite*	207
Expulsion d'un citoyen de son domicile	208
Protestation devant le juge d'instruction	209, 210
L'archevêque de Paris et le cadavre futur de M. Grégoire.	211
* Sur l'opinion des divers journaux relativement à la fermeture de l'*Ecole gratuite*	211
Réponse au *Messager des Chambres*	215
* De la liberté	219
* Sur la réponse du Roi pendant son voyage	222
Ce que c'est enfin que la loi.	225
A propos des obsèques de M. Grégoire	227
Le *Messager des Chambres*, les Décrétales et l'Eglise gallicane.	229
Affaire de l'*Ecole libre*. — Déclaration et plaidoyer.	231
Bataille d'Ostrolenka.	236
Proclamation du général Skrzynecki	237
* Sur les voyages du Roi.	237
De la liberté de la presse	239
* Lettre de l'agence générale au clergé de Beauvais	241
De l'élection et de la nomination des évêques.	244
Plaidoyer devant la Cour d'appel.	245
Université. — Sacrilége.	247

Titre des articles.	N° du journal
Réflexions curieuses de la *Gazette des Ecoles*	252
* Inconséquence de l'*Ami de la Religion*	252
* Incompatibilité prétendue des fonctions ecclésiastiques et des fonctions publiques	253
* Différence entre la censure de l'Eglise et celle de l'Etat	253
Encore de la liberté de la presse	254
Notice funèbre sur feu M. le comte de Montalembert	261
De la position et du devoir des catholiques pendant la prochaine session	268
Entrée du prince Léopold en Belgique	277
Réponse au *Messager*	280
* Des dangers de la Pologne	282
Fêtes de Juillet	287
De la nomination de M. Rey à l'évêché de Dijon	309
Souscription pour le rétablissement du palais archiépiscopal de Paris	316
Discours devant la Cour des Pairs	341
Rentrée de l'Université	361
* Inquisition de M. de Montalivet	362
Du collége de Beaupréau	364
* Pétition de l'*Agence générale* aux députés pour demander justice pour les Trappistes de Meilleray	369
Nouveau sacrilége ministériel	371
Situation actuelle de l'abbaye de Meilleray	372
Réponse au *Temps* et au *Courrier français* sur l'attentat sacrilége à Saint-Louis	374
A propos du livre de M. Gerbet : *Coup d'œil* sur la controverse chrétienne depuis les premiers siècles jusqu'à nos jours	387
* De la servitude où tombe insensiblement le clergé catholique	388

NOTA. — Une faible partie de ces articles a été recueillie dans les *Mélanges catholiques*, publiés en 1831.

* (1) (*Mémoire* présenté à Grégoire XVI par les rédacteurs de l'*Avenir* (V. les *Affaires de Rome* par M. de la Mennais). 1832
* *Lettre* au baron d'Ekstein (*Univers* du 22 juin) . 1834
Considérations sur le système philosophique de M. de La Mennais (Paris, Derivaux) 1834
Lettre sur le Saint-Siége (Paris, Debécourt). . . 1838
Mémoire pour le rétablissement en France de l'Ordre des Frères-Prêcheurs (Paris, Debécourt) . . 1839
Vie de saint Dominique (Paris, Debécourt) . . . 1841
* *Œuvre dominicaine* (Brochure de 6 pages, Paris, Bailly.) 1841
Discours sur la vocation de nation française . . . 1841
* *Dédicace* aux frères du Tiers-Ordre de Saint-Dominique de Paris de la première édition du manuel . 1844
* *Paul de Narp*. (V. *Année dominicaine*, 2ᵉ v. p. 665 1844
Eloge funèbre de Mgr de Forbin-Janson (Paris, Sagnier et Bray). 1844
* *Lettre* à M. Auguste Nicolas (en tête des *Etudes philosophiques sur le Christianisme* de celui-ci). 1846
Eloge funèbre du général Drouot (Paris, Sagnier et Bray) 1847
Eloge funèbre d'O'Connell (Paris, Sagnier et Bray). 1848
* *Mémoire* pour la restauration des Frères-Prêcheurs dans la chrétienté, présenté à la commission de réforme instituée par la sacrée Congrégation des évêques et réguliers (Dijon, Loireau-Feuchot) 1852
Discours pour la translation du chef de saint Thomas d'Aquin (Paris, Sagnier et Bray). 1852
Panégyrique du bienheureux Pierre Fourier (Paris, Sagnier et Bray). 1853

---

(1) Les ouvrages précédés d'un astérique n'ont pas été recueillis encore dans les Œuvres du P. Lacordaire.

* *Discours* de réception à l'Académie de législation de Toulouse (V. *Revue de législation et de jurisprudence*, 1854, p. 191) 1854
Discours sur la loi de l'histoire (Toulouse) . . . 1854
* *Notice* sur l'Ecole de Sorèze 1854
* *Histoire de Jésus-Christ*, par M. Foisset (V. *Correspondant*, décembre) 1854
Frédéric Ozanam (Paris, Lecoffre) 1856
Discours prononcé à la distribution des prix de Sorèze le 7 août (Paris, Poussielgue) 1856
L'Eglise et l'Empire romain au IVe siècle, par le prince Albert de Broglie, 1re partie (V. *Correspondant*, septembre) 1856
* *Madame Swetchine*, (Voir *Correspondant* du 25 octobre) 1857
* *Réponse* au discours de Mgr de la Bouillerie prononcé à la distribution des prix de Sorèze, le 3 août (V. *Enseignement catholique*, t. VII, p. 800) 1857
Lettres à un jeune homme sur la vie chrétienne (Paris, Poussielgue) 1858
* Discours pour la bénédiction nuptiale de M. le vicomte de Meaux et de Mlle Elisabeth de Montalembert (V. *Ami de la Religion* du 28 octobre ; — *Enseignement catholique*, t. III. 2e série, 1865, p. 150).
* *Le R. P. de Ravignan* (V. *Correspondant* du 25 mars) 1858
Discours prononcés à la distribution des prix de Solèze en 1858 et 1859 (Paris, Poussielgue). . . 1859
L'Eglise et l'Empire romain au IVe siècle, par le prince de Broglie, 2e partie (V. *Correspondant*, t. II, p. 201) 1859
De la liberté de l'Eglise et de l'Italie (Paris, Poussielgue). 1860
Sainte Marie-Madeleine (Paris, Poussielgue). . . 1860
Discours de réception à l'Académie française (Paris, Poussielgue). 1861

Conférence de Notre-Dame de Paris de 1835-36 ; —
1843 à 1851.
Conférences de Toulouse 1854 1854
Correspondance du P. Lacordaire avec Mme Swet-
chine, publiée par M. de Falloux (Paris, Didier) . 1862
Correspondance du P. Lacordaire avec Mme la com-
tesse de La Tour du Pin (Paris, Douniol). . . . 1863
Lettres à des jeunes gens publiées par l'abbé Pereyve
(Paris, Douniol) 1864
Lettres inédites publiées par les dominicains de la
province de Lyon (Paris, Poussielgue) 1872

ARTICLES DE L'ÈRE NOUVELLE

Prospectus du journal (mars 1848).
Premier Paris du n° 1 (15 avril 1848).
Du budget des cultes sous la république, n° 4, 6, 11, et 15.
Des candidatures du clergé, n° 8.
Premier Paris du n° 20 (5 mai).
A nos abonnés, n° 43.
L'ancien régime et l'ancien libéralisme (n° 57).
M. l'archevêque de Paris (n° 71).
Mort de Mgr l'archevêque de Paris (n° 73).

Je crois devoir indiquer ici, à ceux qui ne veulent rien perdre des paroles du P. Lacordaire des discours recueillis par les journaux du temps, et qui n'ont pas été publiés dans ses œuvres complètes.

Discours pour le Sacré-Cœur, prononcé à Saint-Roch pour
l'érection de l'église du Sacré-Cœur, à Moulins. —
(V. *Tribune Sacrée*, t. II, p. 355.)
Conférences de Dijon, pendant l'Avent 1848. — (V. *Tri-
bune Sacrée*, t. IV.)
La Magdeleine, discours prononcé à la Magdeleine. —
(V. *Tribune sacrée*, t. IV, p. 393.)

Discours de Charité sur l'inégalité des conditions, prononcé à Nancy au mois d'août 1849. — (V. *Tribune Sacrée*, t. IV, p. 589.)

Homélies aux Carmes sur l'Evangile du jour. — (V. *Tribune Sacrée*, t. V, p. 27, 87, 130, 200, 252, 261. V. aussi pour la deuxième : *Enseignement catholique*, 2º série, t. I, p. 106, et pour la 7e, t. I, p. 18.)

Sermon à Notre-Dame le 14 avril 1850, pour la fondation d'une église Greco-Slave. — (V. *Tribune Sacrée*, t. V, p. 557.)

Sermon à Notre-Dame, en faveur de l'œuvre de la Propagation de la foi. — (V. *Tribune Sacrée*, t. VI, p. 3.)

Sermon sur la *Présence réelle*, prononcé à Notre-Dame le 1er décembre 1850. — (V. *Tribune Sacrée*, t. VI, p. 16 ; — V. *Enseignement catholique*, t. I, p. 33.)

Sermon pour l'œuvre de la visite des malades. — (V. *Tribune Sacrée*, t. VI, p. 61 ; — V. *Enseignement Catholique*, t. I, p. 201.)

Sermon pour l'œuvre de saint Régis, prononcé à Saint-Roch le 23 décembre 1851. — (V. *Tribune Sacrée*, t. VI, p. 121 ; — V. *Enseignement catholique*, t. I, p. 57.)

La *Communion du cœur*, sermon prêché aux Carmes le 13 décembre 1850. — (V. *Tribune sacrée*, t. VI, p. 390 ; — *Enseignement catholique*, t. I, p. 17.)

Sermon prêché aux Carmes le premier dimanche de l'Avent de 1850. — (V. *Tribune Sacrée*, t. VI, p. 638.)

Sermon prêché le 22 janvier 1852 à Notre-Dame, pour l'établissement des RR. PP. Capucins. — (V. *Tribune Sacrée*, t. VII, p. 130.)

Le discours de Saint-Roch du 10 février 1853 (sur la grandeur du caractère. — (V. *Tribune Sacrée*, t. VIII, p. 121 ; — V. *Enseignement catholique*, t. III, p. 136 ;

Sermon *sur le capital*, prêché au petit séminaire Saint-— *contemporain*, 1er février 1876.) — Bernard, à Plombières-lez-Dijon. — (V. *Enseignement Catholique*, t. II, p. 651.)

Sermon prononcé à *Sainte-Reine* le 19 juillet 1849. — (V. *Spectateur* de Dijon, 9 septembre 1849.)

Analyse d'un discours prêché à Dijon le 2 juin 1844, et d'un discours prononcé à Langres le 9 juin 1844. — (V. *Spectateur* de Dijon, des 4, 6 et 15 juin 1844.)

Sermon sur l'*Enfance*, prononcé à Lyon, le 8 janvier 1852 pour la fondation d'un hospice destiné à recevoir des petits garçons. (V. *Année dominicaine*, t. II, p. 369 et 400.)

Sermon prononcé le 2 février 1853 au *Bon-Pasteur* de Dijon pour la prise d'habit de madame la comtesse d'Aisy. — (V. *Spectateur* de Dijon, du 5 février 1853.)

Allocution prononcée à Oullins à l'occasion de l'anniversaire de la mort du frère de Saint-Beaussant. — (V. *Année dominicaine*, t. II, p. 456.)

— La septième conférence de Notre-Dame, en 1835, et celle du 20 mars 1836 n'ont pas été recueillies dans les œuvres du P. Lacordaire. On peut les trouver dans l'*Univers* de 1835 et de 1836 (mars et avril.)

— L'*Univers* (décembre 1835 et janvier 1836) a également reproduit un sermon prononcé par l'abbé Lacordaire à Notre-Dame le 28 décembre 1835, à l'occasion des orphelins du choléra. Ce sermon avait lieu tous les ans, et jusque-là l'archevêque l'avait prêché lui-même. (1)

— On trouve dans le même journal (numéro du 7 décembre 1843) la reproduction de la première partie de la conférence de Notre-Dame du 3 décembre 1843, par

---

(1) Voici ce qu'on lit dans l'*Univers* du 29 décembre (p. 1945) à l'occasion de ce sermon :

« C'était hier le jour depuis longtemps désigné pour la réunion de l'œuvre des orphelins du choléra. Malgré le froid, dès midi, la métropole était envahie par les jeunes gens et les dames. A 2 heures, M. l'abbé Lacordaire est monté en chaire. Sa parole, d'abord méditative, s'est bientôt animée ; sa pensée, après s'être d'abord arrêtée quelque temps dans les hauteurs métaphysiques de la théologie chrétienne, s'est graduellement abaissée et a dévoilé à nos yeux les mystères de la charité. Malgré les différences des sujets, M. Lacordaire a été aussi grand orateur que dans les conférences du carême. »

laquelle le P. Lacordaire inaugurait la deuxième série de sa prédication à la cathédrale de Paris. Cette première partie (non reproduite dans les œuvres complètes) avait été communiquée à l'*Univers* par le P. Lacordaire.

— Enfin l'*Univers* du 28 janvier 1844 a donné la conclusion de la 20e conférence prêchée le 21 à Notre-Dame et qui n'a pas été reproduite par le P. Lacordaire, dans ses œuvres.

Allocution prononcée à 1,500 jeunes gens de Bordeaux, le 9 janvier 1842. — (V. *Univers* du 13 janvier 1842.)

Discours à l'institut catholique de Lyon. — (V. *Univers* du 19 janvier 1842.)

Discours à la conférence de Saint-Vincent-de-Paul de Tours le 15 avril 1842. — (V. *Univers* du 20 avril 1842.)

L'*Etoile du matin*, de Lyon, a publié les *Souvenirs des conférences* du R. P. Lacordaire à Lyon, pendant le carême de 1845.

M. Redouté, libraire à Liége, a publié l'analyse des conférences prêchées dans cette ville, en 1847.

L'*Espérance* a publié en 1863 l'analyse des 22 conférences prêchées à Nancy pendant l'hiver de cette année. Je possède un recueil manuscrit assez complet de ces conférences.

TABLE

DES MATIÈRES (1)

Préface. v
Préface de la première édition. ix
Etude biographique 1
Lettres du R. P. Lacordaire. . . . . 131.
* I. — Ses débuts d'avocat; — ses études et ses plaisirs; — Talma. . 133
* II. — Affaires de famille 136
III. — Les bains de Louëche. 139
* IV. — A M. Lacordaire, ingénieur 142
V. — Le monde, l'Eglise; — la vocation; — ce qu'est le prêtre. . . 144
VI. — La religion et le travail; — les bonnes mœurs; — l'homme inutile; — ce qu'est un ami. 151
VII. — Le parti des temps nouveaux et le parti des temps anciens; — le respect des croyances 158
VIII. — Une déclaration. 160
IX. — Un élève de la Flèche en vacances 162
X. — Le cœur c'est la foudre 164
XI. — La liberté du prêtre; — nos maux en France 166
XII. — Soldat et prêtre; — la guerre; — la liberté et la justice. . . 169
XIII. — Les rois et la liberté; — la guerre. 171
XIV. — Bussières; — sa vie en 1831. 173
XV. — L'affection désintéressée; — la solitude et les champs; — Rome 175
* XVI. — Les prisons de Silvio-Pellico. 177
XVII. — M. de La Mennais; — l'Encyclique; — l'indépendance . . 178
XVIII. — L'éternité des peines; — ce qu'est l'enfer; — la bonté de Dieu 180

(1) Les lettres marquées d'un astérisque sont publiées pour la première fois.

XIX. — Mgr de Quélen et les conférences de Notre-Dame; — la perle qui orne la vie	183
XX. — Maladie de son frère aîné	185
XXI. — Mort de son frère; — premières conférences de Notre-Dame	186
XXII. — Mort de sa mère; — quelle femme elle était	188
XXIII. — Mort de sa mère	190
XXIV. — Bussières; — séparation de la famille.	192
XXV. — Départ pour Rome.	194
XXVI. — La génération des âmes; — sa vie à Rome	196
XXVII. — Ce qu'est la religion; — mouvement de retour; — l'Italie.	198
XXVIII. — A M. le comte de Coëstloquet.	201
XXIX. — Ce qui manque le moins dans le monde.	202
XXX. — La vie en Dieu; — l'œuvre qu'il a entreprise.	204
XXXI. — La bourgeoisie française et le christianisme	207
XXXII. — Deuil de famille; — ses vœux; — ses projets.	210
XXXIII. — L'habit de moine; — la vieille nature	212
XXXIV. — La condition d'un bon sacerdoce	214
XXXV. — Les conférences de Notre-Dame.	215
XXXVI. — L'étude; — la règle; — la vie chrétienne	217
XXXVII. — La grande cause.	219
XXXVIII. — Les deux forces; — la grande pénitence extérieure de l'homme; — *age quod agis*.	221
XXXIX. — La croix de chaque jour; — le jardin des Olives; — le sang sur les paroles	223
XL. — La lutte; — la persévérance; — le but.	226
XLI. — A Madame L. B***	228
XLII. — Dieu regardé dans sa croix; — consolation à un père	230
XLIII. — La science de Dieu; — les armes de l'apôtre.	232
XLIV. — Les idées religieuses; — l'inanité spirituelle; — les livres à lire	234
XLV. — L'absolutisme dans les idées; — le prochain	237
XLVI. — Les difficultés du noviciat; — l'esclave du bon Dieu	238
XLVII. — L'ambition des grandes villes; — les vertus qui font des amis; — le barreau	240
XLVIII. — La prédiction d'Orval; — les avertissements de la Providence	242
XLIX. — Le bonheur et la vertu	244
L. — Un nom sur une image; — l'ère nouvelle	246
LI. — Les premiers nés d'Israël; — les Carmes; — les martyrs	248
LII. — Saint Thomas; — le desespoir des apologistes; — la théologie positive	250
LIII. — L'abandon à la Providence; — affaires de l'Ordre; — la lumière des révolutions	252
LIV. — Les peines et les consolations de la vie	255
LV. — A M. de Valroger	257

LVI. — La joie et la responsabilité du prêtre; — le maître de l'éloquence. 258

LVII. — La vocation et la famille 260

LVIII. — L'armée pontificale; — l'avenir et la Providence 261

LIX. — Les voyages nécessaires; — la politique à Notre-Dame . . 263

LX. — Le petit nombre des élus. 265

LXI. — L'exemple aux religieux; — les moines et leur famille. . . 269

LXII. — La persévérance; — l'indépendance du barreau; — la semence divine. 271

LXIII. — Le couvent de Bosco et Napoléon Ier; — Saint Pie V; — le frère Piel. 273

LXIV. — La mort donne la mesure de tout; — les chutes possibles; — le repos dans une gloire oubliée 277

LXV. — Le droit des auteurs 279

LXVI. — La fête de saint Thomas d'Aquin; — le repos ne vient pas avec l'âge. 281

LXVII. — L'étude et le ministère apostolique 283

LXVIII. — Le sommeil des moines 285

LXVIX. — Les admissions au Tiers-Ordre 287

LXX. — A un religieux 288

LXXI. — Le coup d'Etat et le nouvel empire; — la force du ministère apostolique 289

LXXII. — L'orgueil et la misère de l'homme. 291

LXXIII. — Encore le sommeil des moines 292

LXXIV. — Le dernier degré du bonheur; — la chasteté dans le mariage 294

LXXV. — Le talent et la vocation 297

LXXVI. — La fausse pitié; — les fêtes de Flavigny 299

LXXVII. — Laissez faire Dieu; — la St-Dominique à Flavigny; — Oullins 301

LXXVIII. — Le feu et la flamme; — les prix à Oullins; — une retraite 303

LXXIX. — Un religieux malade; — la solitude à Toulouse 305

LXXX. — Les conférences de Toulouse; — la sève spirituelle . . . 307

LXXXI. — La pénitence du travail; — une position civile; — une retraite à Flavigny 309

LXXXII. — Les idées qui effarouchent; — l'esprit du monde et l'amour de Dieu 312

LXXXIII. — Les faiblesses d'auteur. 314

LXXXIV. — Nature et virginité 315

LXXXV. — Les ombrages de Sorèze; — le maître d'école 318

LXXXVI. — Les liens du magistrat; — les feux des passions; — l'épine inévitable 320

LXXXVII. — Le Tiers-Ordre enseignant; — Sorèze qui se relève; — le retour à Dieu dans la vieillesse 322

LXXXVIII. — Le soupir des âmes ; — le poids de la parole	324
LXXXIX. — Les collèges ecclésiastiques ; — Dieu qui s'agrandit ; — l'apostolat du père de famille	327
XC. — Souvenirs de jeunesse ; — le Tiers-Ordre	329
XCI. — Encore le Tiers-Ordre	331
XCII. — Encore le Tiers-Ordre	332
XCIII. — Le goût de ses fonctions ; — la croix ; — la vie à Sorèze et l'avenir	334
XCIV. — A M. V***	336
XCV. — Les confréries et la vie chrétienne	337
XCVI. — Souvenirs de jeunesse	339
XCVII. — A Mademoiselle H. M***	340
XCVIII. — Le Tiers-Ordre enseignant	341
XCIX. — A Madame M***	343
C. — La modération dans la polémique	344
CI. — L'invention en histoire	345
CII. — La Providence conduit tout ; — le point fixe	346
CIII. — A Mademoiselle H. N***	347
CIV. — La confiance en Dieu ; — le petit séminaire de Bourges . .	348
CV. — A Mademoiselle H. N***	350
CVI. — La mort d'un enfant ; — le règne de Jésus-Christ ; — l'amour des saints.	351
CVII. — Le mouvement du monde ; — la vraie lumière	353
CVIII. — Les consolations de la mort	354
CIX. — Savonarole ; — l'excès	355
CX. — La théorie et la pratique ; — Sorèze	356
CXI. — Le Tiers-Ordre séculier	358
CXII. — Un bonheur et un mérite ; — le petit séminaire de Bourges	360
CXIII. — Le chemin des cœurs égarés ; — les joies de la lumière . .	362
CXIV. — A Mademoiselle Henriette N***	364
CXV. — Bussières et la maison paternelle	366
CXVI. — La route de la vérité	368
CXVII. — A Mademoiselle H. M***	369
CXVIII. — Un fardeau ; — cinquante ans en arrière	370
CXIX. — A Mademoiselle H. M***	372
CXX. — Le cardinal de Bourges	373
CXXI. — A Mademoiselle H. M***	375
CXXII. — Le démon du midi ; — la seconde jeunesse	377
CXXIII. — Sorèze ; — la question italienne	379
CXXIV. — La tombe de son père	381
CXXV. — Les choses de Dieu ; — Mgr Menjaud	382
CXXVI. — L'Académie ; — un dîner d'ami	384
CXXVII. — Caractère de son élection à l'Académie	385
CXXVIII. — L'Académie française ; — la question romaine	387
CXXIX. — L'Académie ; — St-Claude ; — Sorèze	389
CXXX. — L'Église et la liberté	391

CXXXI. — Un deuil de famille ; — l'espoir d'une mort chrétienne . . 392
CXXXII. — Les leçons de la mort 393
CXXXIII. — La préparation à la mort ; — le retour à Dieu 395
CXXXIV. — A M. Henri Villard. 397
* CXXXV. — Saint Célestin ; — le cardinal Dupont 398
CXXXVI. — Nomination d'un vicaire provincial ; — le P. Chocarne . 400
CXXXVII. — La prudence dans les prédications ; — la ligne inattaquable. 402
* CXXXVIII. — La patience de Dieu ; — saint Célestin 403
CXXXIX. — Aux notables habitants de Recey-sur-Ource 405
* CXL. — Un succès ; — une crise. 407
* CXLI. — A M. François Beslay. 408
CXLII. — Sa maladie ; — la maison paternelle 410
CXLIII. — Les religieux et leur famille. 412
* CXLIV. — A Mademoiselle H. N***. 414
* CXLV. — A la même 415
CXLVI. — Le vrai catholique libéral ; — les hommes et les principes 416
CXLVII. — L'hospitalité de la famille ; — la maison paternelle. . . 418
* CXLVIII. — A Mademoiselle Henriette M***. 420
CXLIX. — A M. Villard. 421
CL. . . . .

Extraits de lettres inédites de Anne Dugied, mère du P. Lacordaire 425

Appendice 465
I. — Origine de la famille du P. Lacordaire 468
II. — Extrait du registre de l'état civil de la commune de Recey-sur-Ource 472
III. — Extrait des registres des actes religieux de la paroisse de Lucey pour l'année 1802 473
IV. — Certificat de noblesse délivré à F.-G. Clerget 474
V. — Les premières années du P. Lacordaire. 476
VI. — Henri Lacordaire à la Faculté de droit de Dijon 478
VII. — Conversion du P. Lacordaire. 478
VIII. — L'exeat de l'évêque de Dijon. 483
IX. — L'abbé Lacordaire avocat 485
X. — L'abbé Lacordaire et l'Encyclique. 491
XI. — Les conférences de Notre-Dame en 1835 et en 1836. . . . 503
XII. — Discours de Mgr de Quélen après la dernière conférence en 1836 508
XIII. — Mgr Affre ; l'abbé Lacordaire et ses ennemis 511
XIV. — Un autographe 519
XV. — Le discours sur la vocation de la nation française. . . . 520
XVI. — Le P. Lacordaire et le *Patriote* de Nancy 524
XVII. — Les sentiments politiques du P. Lacordaire ; — une lettre à M. Guillemin 529

XVIII. — Le Tiers-Ordre et la *Dominicaine*	532
XIX. — Le P. Lacordaire au club de l'Union en 1848	535
XX. — Des candidatures du clergé	556
XXI. — Le P. Lacordaire; ses électeurs et ses amis en 1848	558
XXII. — Le P. Lacordaire à l'Assemblée nationale	564
XXIII. — Le P. Lacordaire et la société de St-Vincent-de-Paul	567
XXIV. — Lettre au *Corsaire*	573
XXV. — Le discours de St-Roch et l'exil du P. Lacordaire	574
XXVI. — Le P. Lacordaire et l'Académie de Toulouse	578
XXVII. — La guerre de Russie	581
XXVIII. — Le P. Lacordaire et la question italienne	583
XXIX. — La *Sorézienne*	589
XXX. — L'obélisque de Sorèze	590
XXXI. — Le P. Lacordaire à Recey; — une lettre de M. de Montalembert; — la statue de Bonassieux	591
XXXII. — Le P. Lacordaire et l'Académie française	597
XXXIII. — Deux lettres de M. Guizot	599
XXXIV. — Un portrait du P. Lacordaire en 1841	600
XXXV. — Les jugements de Madame Swetchine	601
XXXVI. — Le libéralisme de Lacordaire	612
XXXVII. — Sermon de charité prêché par le P. Lacordaire à la société de St-Vincent-de-Paul dans l'église St-Michel de Dijon, le 3 avril 1853	624
XXXVIII. — Discours prononcé par le P. Lacordaire pour la bénédiction de la chapelle du monastère de Flavigny, le 4 août 1853	635
NOTICE BIBLIOGRAPHIQUE	643
TABLE DES MATIÈRES	653

www.ingramcontent.com/pod-product-compliance
Lightning Source LLC
Chambersburg PA
CBHW050317240426
43673CB00042B/1437